이미지 문화 커뮤니케이션
현실의 체계 해체

이미지 문화 커뮤니케이션

현실의 체계 해체

김 만 기 지음

한국학술정보㈜

머리말

　지금 우리는 이미지 범람 시대에 살고 있다. 영화, 텔레비전, 만화, 현란한 광고홍보물 등 우리가 눈을 뜨는 순간부터 온갖 이미지들이 우리를 현혹하고, 정신을 물들이고, 욕망을 자극하고, 우리들을 세뇌하고 유혹한다. 온갖 현란한 이미지의 그물 속에 휩싸인 현대를 몰가치적이고 환상적인 이미지 시대로 규정하는 시도가 인식론적 관점에서 올바르고 능동적인 판단인지 논의의 가치가 있다. 이런 이미지란 그 어떤 대상에 대한 개념적 혹은 추상적인 의미 규정과는 달리 대상을 구체적이고 감각적으로 재현해 낸 것이기 때문이다.

　전통적 미디어에서 이미지와 현실의 관계는 어떠한가? 지금까지 이미지는 미디어를 통해 현실을 최대한 반영한 것으로 인식되어 왔다. 이는 우리의 현실에서 일어난 사건을 미디어가 얼마나 진실하게 보도를 하는가, 또는 드라마를 통해 우리의 현실을 재현하는 데 리얼리티(reality)의 가치-존재에 대한 논의들이 우리 생활과 맞물려 있기 때문이다. 즉 우리 주변의 여러 사건 및 사고들이 진실과 현실, 그리고 이미지가 다르게 때문에 문제시되어왔다.

　이렇게 이미지가 우리 생활에 많은 영향을 끼치고 있음에도 불구하고, 지금까지 많은 학자들의 연구가 이미지의 실체에 대하여 시원한 해답을 주지 못하고 있다. 그 동안 이미지에 관한 책들이 시중에 많이 나와서 산·학계의 현재, 혹은 잠재적 이미지 관리자에게 도움을 준 것이 사실이다. 필자도 많은 책을 가지고 강의하면서 책마다 가지는 장·단점을 살펴 볼 수 있었다. 그동안 강의 경험과 이론을 바탕으로 국내외에 걸친 좋은 책들을 벤치마킹하고 새로운 시각에 맞춰 신선한 자료를 정선하여 통합적이면서 장르별로 정리된 하나의 『이미지 문화 커뮤니케이션 현실 체계 해체』, 교재를 내놓게 되었다.

이 책을 집필하면서 필자는 이미지를 어떤 시각으로 접근해야 하는가에 대하여 많은 생각해 보았다.

첫째, 어떤 대상체가 공중들에게 어떻게 각인되고 있는가하는 기호학적(semiotics) 접근이다. 기호학에서 이미지 대상(objects)은 마음속 밖에 물리적 실체가 의미작용(signification)으로 생기는 외부이미지(denotation)이며, 마음속 안에 개념적 실체는 내부 이미지이다.

둘째, 전통적 미디어에서 이미지와 현실의 관계는 미디어가 현실을 재현할 때 현실과 재현의 '차이'가 얼마나 있는가에 대한 논의이다. 여기서 모방, 재현, 원본, 복사 같은 용어들이 이미지와 관련지어지면서 피스크(J. Fiske), 장 보드리야르(J. Baudrillard)등 학자들이 등장한다.

셋째, 이미지는 우리 생활에서 얼마만큼 영향을 미치고 있는가 하는 것이다. 즉 정치인, 기업, 상품, 서비스 등 우리 생활과 밀접한 관계 속에서 그 이미지의 중요성과 영향, 그리고 그 속성(attributes), 이미지의 인식과 신뢰성, 비판과 성찰 등 진위를 살펴보아야 하고 학자들의 이미지 인식론을 고찰해 본다.

넷째, 후기자본주의 문화논리는 포스트모더니즘 측면에서 논의를 해 볼 수 있다. 여기서 프레드렉 제임슨의 자본론, 장 보드리야르의 내파현상, 시뮬라크르 실재성과의 연관지어 정치 문화적, 경제적 논리를 재현해 볼 수 있다.

다섯째, 이미지를 내파이론에 입각하여 데리다의 해체주의 관점에서 언어의 커뮤니케이션 확장과 이분법 구조, 가짜와 진짜의 진정성에 따른 재현의 논리를 해부해 볼 수 있다.

여섯째, 이미지가 갖는 대중매체에서 그 속성과 시장에서 내파외파 논리를 사례로 들어 볼 수 있다.

　그리고 이미지에 대한 향후의 연구방향을 모색해 보면 더 좋은 연구를 진행할 수 있을 것이다.

　위와 같은 시각에서 이 책은 크게 두 가지, 즉 통합적 접근과 주요 장르로 구분하여 구성되었다. 통합적 접근은 기존의 여러 학자들의 다양한 연구를 저자 나름대로 융합, 혹은 종합한 데서 찾아볼 수 있다. 그리고 지식 정보화 사회에서 이미지가 어떻게 적용되고 논의 되고 있는지를 사례를 들어 분석해 보았다.

　이 책의 구성은 차례에서 알 수 있는 바와 같이 제1장에서 제5장까지는 미디어와 이미지에 관한 제반 이론과 학자들의 논리를 바탕으로 이미지의 실체를 다루었고, 제6장부터 제7장은 대중문화와 실제 우리 생활에 어떻게 영향을 미치고 있는가를 그 사례로 들어 보았다. 제8장부터 제11장까지는 이미지에 대한 장 보드리야르의 기호정치경제논리와 문화현상 특성, 이분적 사고체계, 재현이론을 집중적으로 다루었다. 그리고 본 집필에서 못 다한 부문은 추가 연구 및 논의를 위한 '향후 연구문제'로 후발자들의 몫으로 남겨두었다. 집필 중 용어의 이해를 돕기 위해 페이지의 밑에 '각주'로 더 많은 설명을 달아놓았다.

　이 책이 나오도록 기획하고 출판하여 주신 한국학술정보(주) 채종준 대표이사님과 정성껏 편집을 하여주신 출판사업부 편집팀 송지연 님께 감사드린다. 박사지도 때부터 지금까지 늘 학문적으로 격려해주신 조종혁 교수님(한국외대), 박기순 교수님(성균관대 명예교수), 이두원 교수님(청주대)의 은덕을 기리고 싶다. 그리고 무엇보다 항시 필자의 삶과 학문에 멘토의 역할을 하여 주신 변동현 교수님(서강대), 최창섭 교수님(서강대 명예교수)에 무한한 감사함을 드린다.

　그리고 항시 이해주고 잘 따라준 사랑하는 아내 장정숙, 의젓한 아들 김규현, 필자에게 힘과 용기를 불어 넣어준 딸 수빈에게 이 책을 바친다. 사실 이 책을 집필하는 데 많은 분의 도움을 받고 정성을 다하였으나, 아직 미흡한 데가 많다고 본다.

항시 독자의 소리에 귀를 기울여 부족한 부분을 보완해 나가고자 한다. 특히나 필자보다 앞서 연구한 학자들의 연구를 인용함에 더 좋은 책을 내 놓게 됨에 그 분들에게 깊은 감사함을 드립니다.

　이 책이 나옴으로써 필자의 주제가 편향되거나 미흡한 점을 독자들께서 더 넓은 아량으로 이해해줄 것을 바란다. 독자 여러분의 따뜻한 성원과 냉철한 권고를 달갑게 받아들일 것이며, 독자 여러분의 행운을 빈다.

2008. 5.

지은이 씀

차 례

제1장

미디어와 현실에 관한 이해

제1절 우리는 이미지 범람 시대에 살고 있다

2007년 서울 관광경쟁력 강화를 위한 외국인 마케팅 조사에 따르면 서울을 방문한 외국인들은 '서울 하면 떠오르는 이미지'에 대해 20.7%가 '김치'로 응답했다. 혁명가 체 게바라가 처형된 지 40년 맞아 곳곳서 '이미지 상품'으로 활용되고 있다. 이처럼 우리는 21세기의 이미지 범람 시대에 살고 있으며 디지털 시대에 살고 있다. 영화, 텔레비전, 만화, 현란한 광고홍보물 등 우리가 눈을 뜨는 순간부터 온갖 이미지들이 우리를 현혹하고, 정신을 물들이고, 욕망을 자극하고, 우리들을 세뇌하고 유혹한다. 한마디로 우리는 이미지 범람 시대에 살고 그리고 이미지의 홍수와 범람에 함께 휩쓸려가고 있다. 온갖 현란한 이미지의 그물 속에 휩싸인 현대를 물가치적이고 환상적인 이미지 시대로 규정하는 시도가 인식론적 관점에서 올바르고 능동적인 판단인지 논의 가치가 있다.

그런 이미지란 무엇인가? 이 질문을 던져 놓고 우리는 금방 딜레마에 빠져든다.

그것은 이미지가 그 어떤 대상(객관적 혹은 물질적)에 대한 개념적 혹은 추상적인 의미 규정과는 달리 대상을 구체적이고 감각적으로 재현해 낸 것이기 때문이다. 이미지는 어떤 대상체(Objects Referent)가 사람의 마음에 도장을 찍듯이 인각해 놓은 자국(impression)을 가리킨다. 예를 들어 정체성(identity)은 거울에 비친 사람의 실제 모습이다. 그리고 그 사람이 스스로 생각하는 형태이다. 즉 이미지(image)는 거울에 비친, 겉으로 드러난 그 사람 모습이며, 이때 우리를 바라본 거울은 공중(public)인 것이다. 기호학적으로 이미지는 기호(semiotics, semiology)의 기호작용

(semiosis)이고, 의미작용(signification)은 지각작용(perception)[1]에서 형성된다. 기호학에서 이미지 대상(Objects)은 마음속 밖에 물리적 실체가 의미작용(signification)으로 생기는 외부 이미지(denotation)이며, 마음속 안에 개념적 실체는 내부 이미지(connotation)이다. 즉 의미작용은 심리 – 논리(psycho – logic)에 기인된다. 예를 들어 달(月) 전체로서의 달은 외부 이미지이고, 동경하고 사모하는 임의 얼굴은 내부 이미지이다. 이때 전자는 표상적 이미지(raw image)이고 후자는 격조 높은 진짜 이미지라고 불 수 있다. 우리가 생각하는 이미지는 우리의 느낌을 열고 지각의 마당에 들어와서 오직 느낌의 수준에서만 우리와 유희하는 기호(sign)이다. 이런 의미에서 이미지는 이성적, 논리적 담론을 회피한다. 이미지는 내장적(visceral)인 것이다. 다만 이미지를 계기로 우리는 이야기를 엮어갈 뿐이다. 시, 미술, 영화, 음악, TV, 신화, 신학 등이 그러한 담론이다. 이미지 관점에서 우리가 펴는 담론의 마당은 이미지가 의식에 드리우는 모호한 그림자일지도 모른다. 이미지는 그것의 기의를 인간의 자유로운 담론에 위양(委讓)하고, 늘 모호한 기표로 남기고자 하는 특별한 기호라고 볼 수 있다. 즉, 느낌에 와 닿는 저 밖의 물질계와 느낌의 이면에 펼쳐지는 의식과 논리로 된 관념적 세계이다. 이미지는 우리의 지각이 변별의 원리에 의하여 떼어내는 것만큼의 편린으로 우리의 내부세계로 들어오며 개념으로 변신하고 관념의 세계로 쌓여간다. 인간이 창출하는 이미지는 모두 편린화한 이미지의 돌연변이다. 나머지 이미지는 저 밖에 남아서 위협적인 모습으로 우리를 끊임없이 응시하고, 유혹한다. 이처럼 이미지는 우리 생활 속에서 항상 붙어 다니는 수식어이다.

---

1) 외부 대상체가 마음에 이미지를 인각하는 의미작용은 지각작용(perception), 유사개념의 감각 자료 능동적 행위이다. 지각작용은 저 밖의 현실에서 마음이 보고자 하는 것을 보는 현상이다. 그리고 내부 대상체가 마음에 이미지를 불러일으키는 작용은 상상작용(imagination)으로, 이미지는 마음속에 있다. 마음이란 개념의 망상조직이고 개념의 투사 망이다.

제2절 전통 미디어에서 이미지와 현실의 관계

지금까지의 전통적인 주류미디어 연구는 이미지[2]와 현실의 관계에 대한 설명과 연결되어 있다고 보고, 미디어를 통해 접하게 되는 이미지와 현실과의 관계에 끊임없이 주목해 왔다. 따라서 전통적인 주류미디어 연구에서 이미지는 미디어를 통해 현실을 최대한 재현한 것으로 인식되어 왔다. 이에 미디어가 현실을 재연할 때 현실과 재현의 '차이', 혹은 '거리'가 얼마나 있느냐 하는 것의 대립에 대한 논의가 중요한 관심사로 되어왔다.

이러한 관심은 크게 모방(mimesis)과 재현(representation)에 관한 논의로 나누어 볼 수 있다. 또한 이 두 개념은 미디어 연구의 역사적 흐름과 맞물려 있다. 초기 미디어 연구에서 미디어란 커뮤니케이션의 작용에서 소스의 메시지를 전달하는 순수한 채널로서 인식되었다. 따라서 미디어를 통해 접하게 되는 내용들은 현실을 그대로 옮겨 온 순수한 메시지로 여겨진 것이다. 그러나 이러한 미디어에 대한 초기의 시각에 '미디어가 곧 메시지이다'라는 유명한 명제 언급으로 새로운 인식을 더한 마샬 맥루한은 미디어를 통해 전달되는 메시지가 자연 속의 순수한 현실 그 자체가 아니며 미디어의 종류와 그 특성에 따라 메시지에는 또 다른 의미가 가감된다고 주장하여 미디어와 현실 사이의 간극을 간접적으로 제안했다. 또한 거브너(G. Gerbner, 1973)의 경우에는 미디어가 재현하는 현실에 수용자들이 배양된다고 말해 엄밀히 말하면 현실과 이미지 사이에 경계를 구분 지었다.

미디어와 현실의 관계가 사회문화적인 이슈들과 함께 보다 깊이 논의된 것은 구조언어학에 영향을 받은 일단의 구조주의 미디어 연구의 영역이라 하겠다. 구조주

---

2) 이미지란 그리스 어원인 아이콘(eikon), 에이돌론(eidolon), 판타스마(phantasma) 외에도 라틴어 어원인 이마고(imago)가 있지만, 그 용어는 오늘날의 이미지와 거의 동일어로 쓰인다. 이미지는 하나의 학문적, 의미론적, 해석적, 인식론적 고정 틀을 가지고 있는 것이 아니라 그 모든 것을 연결해 주는 구체적인 직물로 존재하며, 그 구체성에 바로 이미지 존재의 핵심적 의미가 있고, 그 구체성이 바로 이미지의 편재성을 낳게 하는 것이다.

의 관점에서 보는 미디어 연구는 미디어가 현실을 생산하거나 구성한다는 논지를 펼쳐왔다. 이는 인간을 둘러싸고 있는 현실세계는 그가 살고 있는 사회를 구성하고 있는 기호들의 상징구조의 특성에 따르는 상이한 의미의 세계 안에서 구축되는 것이라는 뜻이다. 이는 다시 말해 객관적 현실이란 있을 수 없으며 현실은 구조3) 안에서 구축될 뿐이라는 것이다. 이러한 점에서는 분명히 기존의 미디어 연구에서 현실을 바라보는 입장을 달리하고 있다.

그러나 우리의 현실이 상징구조 안에서 구축된 현실이라는 주장 안에서도 미디어를 매개로 또 다른 현실을 재구축하게 되므로 미디어를 통해 나타나는 이미지와 그 이미지가 지시하는 현실 사이에는 엄연한 차이가 존재하고 있다는 것이다.

이렇게 마샬 맥루한과 구조주의가 등장한 이후 미디어를 의미가 작용하는 현장으로 바라보게 되었고 우리의 현실 자체가 저 밖 자연 속의 객관적인 현실이 아니라 구조 안에서 존재한다는 것을 밝혀내면서 미디어는 처음부터 순수하게 현실을 옮겨올 수 없다는 인식의 전환이 일어났다. 이러한 미디어에 대한 인식의 전환은 미디어가 현실을 모방하는지 또는 재현하는지에 대한 논의에도 변화를 가져왔다.

모방이란 무엇보다 객관적인 현실세계, 혹은 대상을 재현해 내는 한 양태로서 모방할 대상이 존재하고 있다는 전제가 있어야만 가능한 것이다. 미디어가 이러한 모방을 하는 채널이라면 결국 미디어가 직면하는 것은 더 현실, 기원에 가깝게, 더 원

---

3) 구조라는 개념은 19세기에 들어서서 본격적으로 지식의 각 분야에서 사용되기 시작했다(Bushev, 1994: 42). 사회적 관계망은 한 사회를 구성하는 구조이다. 일반적으로, 구조는 주어진 조건하에서 요소들 사이에 정상적인 질서를 가진 관계들의 존재를 말한다. 즉 구조는 그 체계의 요소들 사이에 상대적으로 안정적인 연관과 관계들의 총체이다. 따라서 구조는 요소들 사이의 상대적으로 불변적인 질서를 가리킨다. 그러나 구조는 시공간적인 범주에서 안정적일 뿐이다. 기든스(A. Giddens)에 의하면 구조란 "행위자와 사회적 실천을 동시적으로 구성하며, 또 이러한 구성이 발생되는 가운데 존재하는 것"이라고 규정하고 있다(Giddens, 1976, 윤병철, 박병규 옮김 1979: 14). 즉 구조는 무형인 것이 아니며 구체적인 존재이며 그것은 행위를 구속하기도 하고 또 행위의 결과라는 상호 이율배반적인 모습이라고 설명한다. 하이에크(F. A Hayek)의 경우에도 구조는 인간행위의 결과이다. 그러나 그것은 인간의 의도적인 고안의 결과가 아니고 개인은 언제나 이미 존재하는 질서의 억압을 승인함으로써 사회적 개인이 되고 이 사회적 개인이 이 질서를 만드는 것이라고 주장한다(김미경, 1999: 23).

본에 가깝게, 즉 더 '리얼(real)'하게 되라는 요구를 받게 된다. 다시 말해 이런 모방에 관한 논의들의 입장에서 미디어에 대한 비판의 초점은 절대적인 현실에서 미디어의 이미지가 얼마나 편향됐는지, 또는 다른 무엇으로 대치됐는지에 모인다는 것이다. 이런 맥락에서 모방이론의 입장에서는 현실의 이미지가 얼마나 더 진실하고 정확한지가 비중 있게 비교된다.

그러나 현실 자체의 존재가 고정된 존재가 아닌 구조 안에서 끊임없이 변화하는 것이라는 인식의 전환이 일어나면서 다분히 경험주의적인 세계관에 위치한 '모방'은 '재현'이라는 개념으로 전환되었다. '재현'의 상식적인 뜻은 "어떤 의미 있는 것에 대해서 언어를 사용해서 말하거나 다른 사람들에게 이 세계를 의미 있게 표현한다"는 것이다(Hall, 1997: 15). 재현의 의미는 대상, 행위, 상태, 사건 등 다양한 측면에서 이해될 수 있기 때문에 다양한 양상을 가진다. 재현은 인간의 활동 영역에 따라 재현이 상이하게 나타나기도 한다. 우선 대상으로서 재현은 사진이나 그림처럼 이미지로서, 또 하나는 재현은 부재하는 어떤 것을 나타나게 하는 행위나 실천을 가리킨다(강내희, 2000: 15). 이 실천적 행위는 우리의 현실을 이미지를 통하여 최대한 반영하려는 인간의 노력은 오히려 굴절되고 왜곡된 현실로 재현될 수 있다. 왜냐하면 재현자나 재현물은 그 존재 또는 작용을 통하여 그 안에 지금은 없는 어떤 것을 부호화하여 현전(現前)으로 투영된 다음 현존(現存)된다. 그래서 재현된 것은 현실이 아니라 이데올로기이다. 현실은 바깥에 존재하지만, 언어에 의해서 또는 언어를 통해서 만들어야 하기 때문이다.

이렇게 볼 때 재현은 원본과 그 복사라는 관계에서 세 가지 측면을 함축한다고 할 수 있다. 첫째로 재현은 언제나 일정한 '거리나 차이'가 개재되고, 둘째로 재현은 주어진 실재를 그대로 '전사나 복사'한다. 셋째로 재현은 그대로 아닌 것을 보여 준다는 면에서 '환상'적인 것이라고 할 수 있다.

결국 재현이론에서도 그 전통적인 인식론은 주체와 객체, 의식과 무의식, 현실과 기호, 그리고 진리와 허위 등의 구분이 전제되어 있고 재현할 인식대상이 존재함을 전제하고 있다. 그러나 모방론이 현실을 객관성의 규준들에서 과학적으로 검증된 실증주의적 용어로 규정하여 상식에 기초한 세계의 모습에 집중하는(Fiske, in

Curran 1993: 102) 데 반해 재현이론에서는 미디어의 인식론적 문제가 이데올로기적
으로 결정된 담론성(discursivity)[4])에 자리 잡고 있다.

따라서 재현에 관한 논의들에서 이 '현실'은 한 사회의 구조와 변화의 법칙을 경제
구조의 본성과 진화로 설명하는 역사적 유물론적(歷史的 唯物論, materialism history)[5])
용어로 규정된다.

피스크(J. Fiske, 1990)는 미디어가 우리의 현실을 어떻게 재현하고 있는가를 텔레비
전의 화면의 유상적 이미지(iconic images) 속에 들어 있는 약호들의 위계적 순서와 약
호들 사이의 중층적 관계를 나타내고 있는 텍스트를 구성하는 약호들을 잘 설명해 내
고 있다. 그는 텍스트의 약호들을 '현실'과 '재현' 그리고 '매체논리(이데올로기)'의 세
수준에서 논의하며 그 관행들의 이면의 의미들을 발견하려 했다(Fiske, 1990: 4∼13).
그가 말하는 첫 번째 수준의 현실은 사회적 관습에 따라가 이미 '재현적 약호
(representational codes)'로 부호화된다. 이것을 '기계적 약호(technical codes)'라 한다.
이 두 요소가 텔레비전에 비치는 3단계 수준의 '재현'을 만들어낸다.

다음은 텔레비전이 사용하는 약호들과 그것의 관계를 도식화한 것이다(Fiske, 1990:

---

4) 피스크(J. Fiske)가 주장하듯이, 모방이론올 실증주의(實證主義, positivism)적 용어로 규정한
   것은 '현실'이 객관성의 규준들에서 과학적으로 검증하려는 의도에서 출발한다. 모방이론들
   에서 비판의 초점은 절대적인 진실에서 영상이 얼마나 편향됐는지, 또는 다른 무엇으로 대치
   됐는지에 모인다. 그리고 현실의 이미지가 얼마나 더 진실하고 정확한지가 비중 있게 비교된
   다. 모방이론들에서 이미지는 경험주의적 현실(empiricst reality)과의 관계에 위치해 있기
   때문이다. 경험주의적 방법은 상식, 과학에 기초한 세계의 모습(science-based picture of
   the world)에 적절히 들어맞는다. 재현이론에서 '현실'을 역사적 유물론(歷史的 唯物論,
   materialism history)의 용어로 규정하는 이유는 텔레비전이 현실을 구성하는 데 대한 이데올
   로기적 비판을 제공한다는 것이다. 즉, 텔레비전이 잘못 재현하거나 신화화하는 것은 텔레비
   전의 고유한 이데올로기적 실천관행이자, 나아가 현실에 대한 이데올로기의 관계라는 것이
   다. 따라서 현실과 이데올로기를 비교하는 중요한 핵심은 보다 정치적으로 받아들일 만하고
   상호 경합적인 현실에 대한 이해에 있다. 재현이론들에서는 텔레비전의 인식론적 문제가 이
   데올로기적으로 결정된 담론성(discursivity)에 자리 잡고 있다(Fiske: in Curran 1993, 김지운
   외 옮김, 1993 & Élisabeth Clément et al, 이정우 옮김, 2000).
5) 유물론이란 최종 분석에 이르면 모든 것이 물질로 보일 수 있다는 입장, 심적이고 영적인
   현상은 존재하지 않거나 물질과 독립된 존재성을 갖지 않는다고 보는 입장이며 대개 홉
   스(T. Hobbes), 마르크스(K. Marx)와 연관하여 이해된다.

4~13 / 박정순, 1997: 323에 참고하여 재구성하였다). 텔레비전에 방영된 사건은 다음과 같은 언어적 코드 또는 비언어적인 사회적 코드로서 이미 부호화되어 있다.

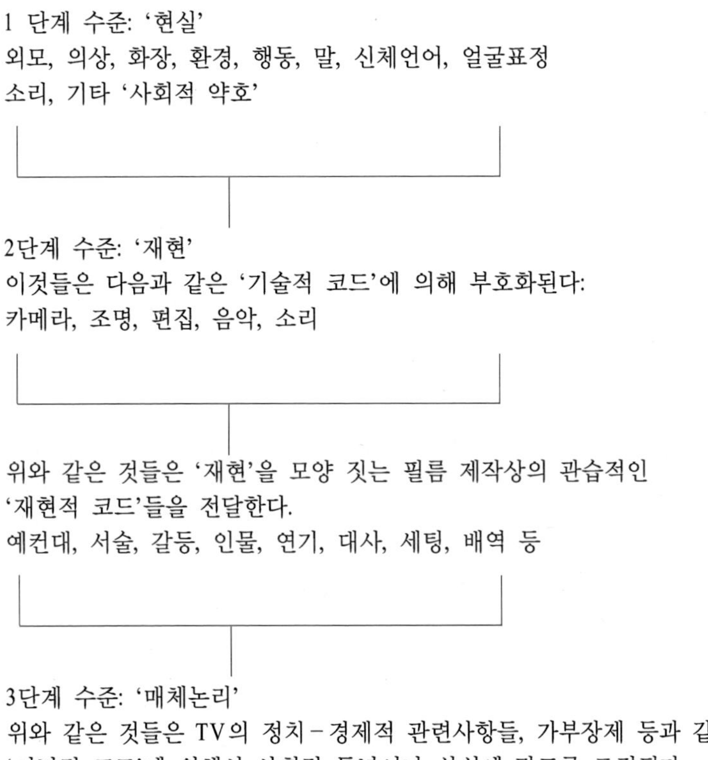

결국 '재현적 약호'나 '기계적 약호'는 현실의 일부를 '환유적'으로 전환(metonymical transposition)시키는 선택기준이 되며, 한편으로는 현실 속의 이데올로기(이념적 약호)를 유상적 이미지로 구체화시켜 주는 약호가 되기도 한다(박정순, 1997: 323).

피스크가 주장하듯이 우리의 현실을 부호화한다는 것은 기계가 새 언어[6]를 만들

---

6) 새 언어라 하는 것은 소쉬르 구조언어학을 지칭한다. 그러나 오늘날 컴퓨터가 기술적으로 새 언어를 만들어 내기 때문에 테크놀리지 자체를 새 언어라고 한다. 이를 논자에 따라

어 내는 과정인 것이다. 이는 TV 프로그램 제작자들에 의해서 TV에 기표와 기의가 수용되는 과정(process) 일체를 지칭한다. 좀 더 구체적으로 말하면, 우리가 갖고 있는 문화적 약호를 떠난 현실을 객관적으로 이해할 수 있는 방법은 따로 없다. 이런 점에서 새 언어로서의 TV는 우리가 알고 있는 현실(외모, 의상, 화장, 환경, 행동, 말, 신체언어, 얼굴 표정, 소리, 기타 사회적 약호)을 기술적 코드에 부호화하여, 즉 TV 카메라맨과 TV 제작자가 동시에 운영하는 영상의 조작과정들(카메라 각도, 카메라, 조명, 편집, 음악, 소리, 배경 클로즈업 등)과 매체논리(TV의 정치－경제적 관련사항들, 가부장제 등과 같은 '이데올로기적 코드'에 의해서 사회적 통념이나 상식에 맞게끔 조직된다)와 이에 따라 일어나는 제작 형식상에 고려되어야 할 사항 등 TV 매체의 고유의 여러 가지 특성 같은 것의 총체로 이루어진다(Fiske, 1990: 4～13). 피스크가 말하는 첫 번째 수준의 '현실'은 사회적 관습(약호)에 따라 이미 부호화되어 있다. 이미 부호화된 기호는 바로 이곳에서, 어떤 문화의 깊은 의미 규칙과 교차하여 보다 적극적으로 작용하는 이데올로기적 차원을 덧붙여 갖게 된다. 이것이 바로 언어가 갖는 이데올로기이다. 이는 결국 재현에서 편향된 거리를 만들 수 있다는 것이다.

우리가 현실을 인식하고 이해하는 유일한 방법은 우리 문화가 갖는 약호에 따르는 것이다. 비록 우리의 인식과는 별개로 객관적이고 실증적인 현실이 따로 존재한

기술적 언어, 테크놀리지 언어, 사이버네틱 언어 등 다양하게 쓰이고 있지만 실상은 같은 언어체계이다. 본 저자는 장 보드리야르의 과실재성 현상은 일종의 기계적인 사이버네틱 하고도 연관이 있음으로써 과실재성 언어라고도 볼 수 있다. 즉 이 언어는 형식상, 기표가 언어를 대신하듯이 테크놀리지는 새 언어를 대신한다고 볼 수 있다. 따라서 본 연구에서는 언어체계를 다음과 같이 정리한다. 즉 기표와 기의가 다른 두 평면에서 기능을 하는 언어세계관을 전통적인 언어체계라고 본다. 이는 내포의 체계에서 발생된다. 그러나 내파질서에서 만들어진 언어는 기표와 기의가 일치된 수평적 차원에서 의미작용하는 언어체계이다. 이를 포스트모던 언어체계라고 한다. 특히 장 보드리야르의 언어세계관에서는 기의가 소멸되고 기표만이 그 기호의 역할을 총체한 언어세계관이다. 이후 본 연구의 진행상 혼돈을 피하기 위하여, 내파로 기호작용체계를 벗어난, 기의 없이 기표들로만 이루어지는 언어체계를 '과실재성 언어' 혹은 '기계적 언어'라고 쓰겠다. 한편 후기구조주의자 쟈크 데리다의 해체주의 관점에서 보는 기의의 끝없는 미끄러짐으로 기표가 기의를 대신하는 언어체계는 전통적 언어체계 범주로 간주한다.

다 하더라도 우리가 갖고 있는 문화적 약호를 떠난 현실을 객관적으로 이해할 수 있는 방법은 따로 없다. 이런 점에서 어느 문화에서나 우리가 인식하는 현실이란 항상 한 문화의 약호에 의한 산물일 수밖에 없다. 결국 우리가 알고 있는 현실은 이미 부호화되어 있는 것이며, 결코 '있는 그대로'일 수는 없다. 그리고 만약 약호화된 현실의 일부가 방영될 경우 이것은 다시 (1) 문화적으로 이해 가능한 것으로, (2) 그리고 기술적으로 전달 가능한 것으로 만들어져 나타나게 된다.

이와 같이 부호화한다는 것은 현실에서부터 이데올로기(혹은 신화, myth[7])적인 의미를 생산하는 것이다. 따라서 재현되는 것은 현실이 아니라 이데올로기적인 의미를 생산하는 것이다. 즉, 재현되는 것은 현실이 아니라 이데올로기다. 현실은 언어 바깥에 존재하지만, 언어에 의해 또 언어를 통해 만들어져야 한다. 이는 언어가 현실적 관계와 조건에 접합(articulation)[8]된 것이다. 따라서 의미의 규칙, 즉 기호의 규칙이 작동하지 않으면 우리는 어떤 담론도 이해할 수가 없다. 사물이나 개념을 충실하게 재현한 듯 보이는 자연주의와 리얼리즘은 언어가 '현실'에 어떤 구체적인 방식으로 접합됨으로써 생겨난 결과 또는 효과이다. 이렇게 우리의 현실은 구조 속

---

7) 여기서 말하는 신화(myth)는 통상적으로 믿을 수 없는 이야기를 가리키는 말이나 또는 잘못된 관념이나 억지 설명이라고 이해하는 게 아니라 세계를 이해하는 기본 틀로 이해한다. 기호학에서 보는 신화란 우리들의 주변에서 일어나는 일상적인 담론들을 신화라 한다. 즉 신화란 문화적 이야기, 문화적 사고방식, 혹은 문화적 설명방법을 뜻한다. 바르트(R. Barthes)는 신화를 담론에 채용되는 '특수한 언술'이라고 정의한다. 신화에 대한 좀 더 구체적인 정의는 '기의들의 고리'이다(김경용, 1995: 321). 이 정의에 근거해 볼 때 신화들은 신화의 제작의 한 가지 기본 틀을 적용함으로써 훌륭한 신화를 만들 수 있다.

8) '접합(articulation)'이라는 용어는 스튜어트 홀이 사용한 용어이다. 그는 모든 계급들에게 하나의 법칙이나 삶의 사실로서 필연적으로 주어지는 것이 아니지만 드러나는 존재의 특정 조건들을 요구하는, 그 과정들에 의해 지속되어야 하고, '영속적'이지는 않지만 끊임없이 새로워져야 하고, 이전의 낡은 연계는 해체하고 새로운 연계, 즉 '재접변'을 시도를 의미한다. 그는 쟈크 데리다가 주장한 기의의 영속적인 미끄러짐, 이른바 지속적인 '연기'가 항상 존재한다는 주장이 옳다면, 어떤 자의적인 '고정' 혹은 이 '접합'이라고 부르는 것 없이는 의미작용이나 의미화가 전혀 나타나지 않은 것이라고 주장하는 것도 옳다 하겠다(James Curran, 1996, 백선기 옮김, 1999: 33). '접합'이나 '해체'는 '기의'가 약화된 가운데 일어난 내부적인 기호의 의미작용이라는 점에서는 장 보드리야르의 '내파이론'하고 같은 맥락에서 볼 수 있다.

에서 만들어진 규칙이다. 그 규칙은 인간의 약속이다. 그 규칙은 본질이 아닌 실존일 뿐이다. 그래서 현실은 정의된 것, 구축되고 쟁취되는 것이다. 그 현실은 저 밖에 객관적으로 존재하는 무엇이 아니라 우리 주변에서 펼쳐진 담론들의 신화이다. 인간은 그 신화의 현실을 구축한다.

이렇게 재현과 모방에 관한 논의들은 서로 구분되는 논리를 포함하고 있기는 하지만 모두 미디어의 이미지는 현실이라는 지시대상을 반영한다는 공통된 가정을 바탕에 깔고 있으며, 이 가정은 미디어 연구에서 통찰력을 제시해 왔다. 이는 미디어를 통해 사회적 경험을 이해하는 것이 가능한 일이고, 또한 그러한 이해가 적절한 학문의 대상이 된다는 미디어 연구의 믿음으로 이어지기도 했다. 두 개념 모두 기왕에 존재하는 것 혹은 있었던 것을 다시 보여준다는 의미이므로 이분법적인 분할이 가능한 것이다. 미디어의 재현을 논의하는 데 있어서도 또한 기호에 의한 인간의 모든 활동 즉 예술, 학문, 사회조직 등은 이분적인 형태의(binary pattern) 분할을 가정하지 않으면 불가능하다고 할 것이다.

그런데 후기산업사회의 도래 이후 재현은 전통적인 인식론과의 단절 양상을 띠며, 이를 언어적 범주(기호학적 범주)로 재구성하려는 시도로 드러나곤 한다. 이에 모방에 관한 논의도 새롭게 진행된다. 이는 현실의 재현능력에 대한 믿음의 허위성에 그 바탕을 두기 때문이다.

그중 급진적으로 나타난 학자가 장 보드리야르이다. 그는 미디어가 오늘날 현실과 진실을 불안정하게 하는 기구이며, 대중이 미디어에 보이는 중독증은 미디어 안에서 일어나는 진실과 허위의 도착(倒錯, inversion), 그리고 파괴에서 오는 결과라고 보고 있다(Baudrillard, 1988a: 217).

장 보드리야르가 본 시뮬라크르(simulacra)[9]의 핵심은 전통적인 재현체계 속의 이

---

9) 장 보드리야르의 시뮬라크르는 르네상스 이후 가치의 법칙에 의하여 세 가지 차원으로 변형되어 왔다. ① 1차적 시뮬라크르는 '위조물(counterfeit)'이다. 이 형태는 르네상스에서 산업혁명에 이르기까지 고전시대(classical)의 지배적 형태였다—자연에 대한 '위조'가 재현의 활용양태가 되는 것으로, 모방과 이미지가 창조된다. ② 2차적 시뮬라크르는 '생산(production)'이다. 이는 산업화 시대의 지배적 형태이다—기계적 모방물인 시리즈물(series) 등이다. ③ 3차적 시뮬라크르는 '시뮬라크르(Simulacra)'이다. 이 시뮬라크르는 코

미지가 아니라 흉내 낼 대상이 없는 이미지이며, 이 원본이 없는 이미지가 그 자체로써 현실을 대체하고, 현실은 이 이미지에 의해서 지배받게 되므로 오히려 현실보다 더 현실적인 것이다. 즉 이미지가 원실체를 가정하지 않고, 스스로 이미지 혹은 모델을 만드는 것이다. 우리가 지금까지 실재라고 생각하였던 것들이 이 비현실이라고 하였던 시뮬라크르로부터 나온다. 상황이 완전히 전도되었다. 흉내 내거나 시뮬라크르할 때는 이미지란 실재 대상을 복사하는 것이었지만, 여기서는 오히려 실재 대상이 가장된 이미지를 따라야 한다. 즉 이미지를 지시대상보다 더 중요하게 여긴다. 이것을 장 보드리야르는 시뮬라크르(simulacra)라 한다.

각 학자들마다 이 시뮬라크르의 개념에 대하여 좀 상이한 점들이 있다. 들뢰즈(G. Deleuze) 관점에서 본 시뮬라크르는 사건, 순간적인 것, 지속성을 가지지 않는 것, 자기 동일성이 없는 것, 이런 것이 시뮬라크르이다. 여기에는 '가짜'라고 하는 뉘앙스가 암암리에 들어가 있는 것이다(이정우, 1999: 44). 들뢰즈의 시뮬라크르의 예는 컴퓨터를 다룰 때의 '시뮬레이션(simulation)'이 좋은 예이다. 그 게임은 진짜로 하는 것이 아니라 가짜로 하는 것이기 때문이다. 그리고 나폴레옹이 머리에 왕관을 쓰고 대관식을 갖는 순간의 의식을 시뮬라크르한다. 미첼 푸코(M. Foucault)가 본 시뮬라크르의 개념은 오리지널의 의미가 없는 무수한 수평적 동일성(a1, a2, a3……) 차이만 주어진 개념으로 본다. 이를 그는 '상사성(similitude)'이라고 한다. 앤디 워홀(A. Warhol)의 작품에서 똑같은 깡통을 늘어놓은 작품이나, 마릴린 먼로(M. Marilyn)를 그린 작품으로 예를 드는데 이는 모두 똑같고 색깔만 다르다. 한편, 쟈크 데리다에

드(code)가 지배하는 현 상황의 지배적 형태이다—오리지널과 위조물 간의 유사물(analogy) 혹은 반영(reflection)의 관계가 아닌 등가물(equivalence)의 관계로 된다.
여기 1차적 시뮬라크르물은 가치의 자연법칙에, 2차적 시뮬라크르물은 가치의 상품법칙에, 3차적 시뮬라크르물은 가치의 구조적 법칙에 의해서 좌우되는 것이다. 장 보드리야르가 본 제1 혹은 제2차에 속하는 시뮬라크르는 이미지를 반영하거나 감추는 전통적인 재현의 체계이고, 3차적 시뮬라크르는 '원본도 사실성도 없는 실재'이다. 이는 흉내 낼 대상이 없는 이미지이며, 이 원본이 없는 이미지가 그 자체로서 현실을 대체하고, 현실은 이 이미지에 의해서 지배받게 되므로, 오히려 현실보다 더 현실적인 것이다. 즉 이미지는 사실성과 무관한 이미지 자신이 시뮬라크르가 되는 단계이다. 이는 곧 플라톤의 예술적 재현(모방)의 세계이다.

게 있어서 재현은 '흔적(trace)'[10]의 논리를 지니고 있다고 하였다(강내희, 2000: 32). 즉 흔적은 원본을 전제하지만 동시에 언제나 이미 원본의 사라짐을 조건으로 해야만 성립한다 하였다. 이는 흔적의 기원인 시원(始原, originality)이 사라진다고 할 수는 없다. 그보다는 원본이 언제나 사라진 시원적 상태에서, 언제나 사라지고 없는 원본의 자리를 재현이 채워야 하는 역사적 선험(historical a priori)이 전제되고 있음을 나타낸다고 하겠다. 이는 또 한번 이미지의 우위성을 강조하고 있는 것이다.

종합하면 모방이란 순간적인 것, 사건, 이미지(image), 환각, 가짜, 비현실(비실재)적인 것이 된다. 그러므로 이것들은 실재와 현상, 본질과 외관이 구분되는 이분법이 있다는 것이다. 고전적 플라톤의 '가치 − 존재론'에서는 존재론에 가치론이 섞인다는 의미로 내파적이고 이분법이 전제된다. 따라서 재현은 존재론 바탕에서 가치론으로 순환되는 것이다. 그리고 장 보드리야르의 시뮬라크르는 플라톤 관점에서 보는 재현으로서 이데아로부터 벗어난 모방의 모방이라는 개념이다.[11] 플라톤은 『티마에우스(*Timaeus,*)』에서 현상세계에 존재하는 사물들은 '이데아'의 모방에 불과하며, 진정한 존재인 '이데아'는 현상세계(감각 경험)를 초월하여 존재한다고 말한다(이승환, 2000: 360).

이 현상이 플라톤에게 원본 없는 재현이다. 이렇게 볼 때, 장 보드리야르의 시뮬라크르의 개념은 플라톤, 푸코, 들뢰즈의 시뮬라크르와 약간 다른 맥락으로 보인다.

다음 <그림 1>은 그간 미디어 연구에서 바라본 이미지와 현실 간의 차이, 다시 말해 재현거리의 변화를 도식화한 것이다.

---

10) '흔적(trace)'이란, 하나의 체험이 의미 있게 되기 위해서는, 즉 하나의 체험이 차이의 절대적 부재로부터 벗어나서 의미의 관계 속에서 위치를 차지하게 되기 위해서는, 당연히 전제되어야 할 차이의 체계라고 말할 수 있을 것이다(차이의 체계야말로 문자 정의에 의해 언어적 속성의 기본을 이루고 있으므로 우리는 이를 언어적 구조라고 말할 수도 있을 것이다). 쟈크 데리다는 흔적을 '원초적 기록', '차이'를 동의어로 사용하고 있다.

11) 모방은 유사성을 지닌 이미지이며 시뮬라크르는 유사성을 지니지 못한 이미지이다(Deleuze, 1969, 이정우 옮김, 2000: 297). 그러므로 모방과 시뮬라크르 사이엔 '본질' 사이의 차이가 존재하며, 동일자(이데아)와 시뮬라크르 사이엔 '무한하게 느슨한 유사성(같은 곳)'만이 존재한다.

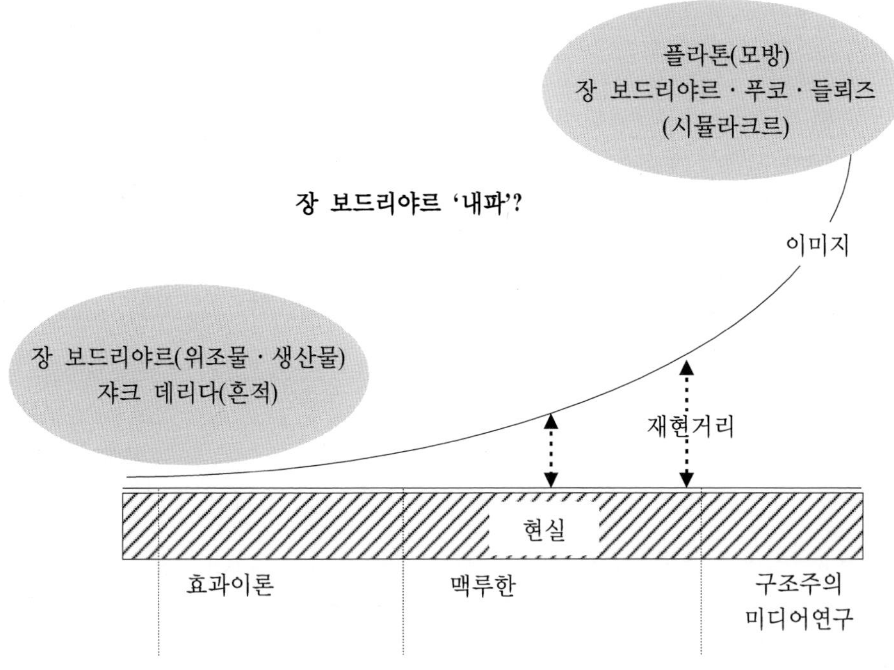

〈그림 1〉 미디어의 이미지와 현실 차이, 재현거리

위 〈그림 1〉에서 보는 바와 같이 전통적인 미디어에서는 현실을 이미지로 재현할 때 최소한 '반영(reflection)'하는 데 역점을 두고 있다. 이런 현실을 반영하는 데는 그동안 많은 학자들은 주로 커뮤니케이션 과정(the process of communication)의 모델을 전통적으로 〈그림 2〉 같은 S-M-C-R의 모델형태로 발전시켜 왔다.

그러나 후기산업사회로 접어들면서, 현실과 이미지 관계에서 전통 이미지는 소스 중심으로 메시지가 수용자에게 효과적으로 전달되는 S-M-C-R-E 관계를 중시하게 되었다. 이 효과를 바로 이미지로 연결하는 수단과 방법을 모색한 대표적인 학자가 호블랜드(C. I. Hovland)이다. 또한 비트켄슈타인(Ludwig Wittgenstein)의 언어그림이론은 언어가 실재세계를 있는 그대로 반영하며 언어의 구조와 실재세계의 구조가 구조적으로 대응하기 때문에 언어는 실재의 모사 혹은 사진과 같다고 보았다. 그러나 과거 S-M-C-R-E라는 선형적인 모델 대신에 시대의 변화에 따라 새로운 형태의 비선형적인 네트워크 모델[12])을 여러 학자들이 탐색하기 시작했다(손용, 1884, 1989). 이런 성찰적 판단은 마샬 맥루한이 주장한 '사회는 커뮤니케이션의 내용보다는 커뮤니케이션의 수단이 되는 미디어에 의해 결정된다'는 기술주의 논리에서 장 보드리야르의 시뮬라시옹(simulation) 시대로 이어진다. 이 시뮬라시옹은 시대적으로 '위조물(counterfeit)에서 생산물(production), 그리고 시뮬라크르(simulacra)' 단계를 걸치면서 '진짜 가짜(pure simulacrum)'로 만들어지는 과정에 이르게 된다. 이 과정은 기호(이미지)가 어떤 기본적인 실재를 있는 그대로 반영하는 단계(Baudrillard. 1988b: 170)에서 점차 그 단계를 넘어서는 과실재성(hyperreality)에 이르게 된다.

<그림 2> 벌로(Berlo)의 커뮤니케이션 모델(Model)

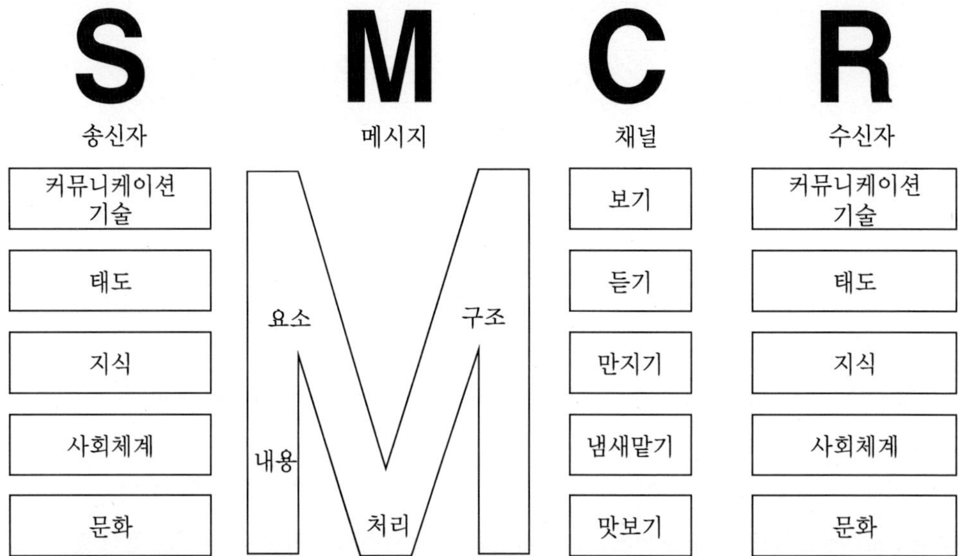

출처: Brent D. Ruben, *Communication and Human Behavior,* 정근원 옮김, 『인간의 행동과 커뮤니케이션』, 민문사, 1994, p.70.

---

12) 여기서 비선형적인 모델이라고 하면, 우선 컴퓨터 매개 커뮤니케이션(CMC: Computer-Mediated Communication)이라는 새로운 패러다임 같은 경우이다. 이 매개 커뮤니케이션(CMC)은 새로운 사회관계망을 확산, 그리고 사회구조의 변화를 적절히 설명할 수 있는 개념으로 가상공간이란 개념을 도출하였던 것이다(라도삼, 1997: 3).

이렇게 됨으로써 이제 커뮤니케이션 메시지들이 점차 의미중심으로 변화를 주면서 현실과 이미지 간에는 간격이 생기면서 점차 그 재현거리는 커지게 된다. 즉 재현거리가 커진다는 의미는 진짜와 가짜를 구별하는 진정성이 더 커진다는 것이다. 이 경우를 쟈크 데리다에 있어서는 기표와 기의 간에 간극이 암암리에 있음을 암시하고 있다. 이를 쟈크 데리다는 하나의 '흔적'으로 표현한다. 사르트르도 역시 언어를 하나의 의식상태로 표현하는 도구로 보면서도 표현하려는 의도와 표현에 동원된 언어 간에 간극이 있음을 인정하였다. 거브너 같은 경우도 미디어가 우리의 현실을 재현하는 현실에 수용자가 배양된다고 말해 현실과 이미지 사이 경계를 구분 짓고 있다. 앞에서 설명한 바와 같이 피스크 또한 어떤 사건이 텔레비전에 방영될 때, 현실⇒재현⇒매체논리의 3단계를 걸치면서 언어적 코드 또는 비언어적인 사회적 코드로서 이미 부호화되었다는 것이다. 이미 부호화되었다는 의미는 현실과 이미지 간에 차이가 있다는 것이다.

장 보드리야르의 논리에서 사물의 진짜 가짜가 만들어진 경우에 있어서, 그의 두 번째 단계인 기호가 어떤 실재를 왜곡하는 단계와 기호는 어떤 기본적인 실재의 부재(absence)를 은폐하려고 세 번째 단계를 시도한다(Baudrillard, 1988b: 170). 여기서 왜곡이나 부재하다는 용어선택은 바로 현실과 기호 간에 차이가 있음을 암시하고 있다. 이런 현실에 대한 반영관계는 마샬 맥루한의 '미디어는 메시지이다'라는 명제에서 그 답을 찾을 수 있다. 이는 현실이 미디어를 통한 인간확장에 두면서, 메시지가 미디어와 등가(equivalence)관계에서 미디어 중심으로 옮겨갈 때 현실과 기호(이미지)의 차이가 생기는 것이 바로 왜곡이나 부재이다. 이런 변화는 마샬 맥루한이 언급한 '기계의 발달이 곧 인간의 확장이다'란 명제가 바로 구조주의자들의 미디어 연구에 큰 획을 긋게 하였다. 즉 이제 메시지 중심이나 미디어의 중심에서 다시 기호과정으로 변화되고 있다는 것이다. 이는 커뮤니케이션이나 기호의 의미작용 중에 현실 자체가 고정된 것이 아니라 구조 안에서 끊임없이 변하고 있다는 것이다. 이를 쟈크 데리다는 '차연(différance)'[13]이란 표현에서 고정된 의미는 끝없이 지연되는

---

13) 이 말은 '차이(差移)'라는 뜻의 'différence'라는 명사와 '계속하여 차이를 보인다'라는 뜻의 현재분사 'différant'을 교묘하게 합쳐서 만든 것이다(발음은 같고 단지 e를 a로 바꿨

하나의 '흔적'이라고 보고 있다. 한편 장 보드리야르의 경우는 위조물(countetrfeit)이나 생산물(production)에 해당되는 과정으로 보고 있다.

이제 현실은 후기구조주의에 이르러 기표와 기의 간의 고정된 관계로부터 해방되고 자율성을 획득하게 되었고 자유로운 유희를 하게 되었다. 이미 구축된 우리의 현실은 미디어를 매개로 또 다른 현실을 구축한다. 기호 속에 반영된 존재는 단순히 반영되는 것이 아니라 굴절된다는 것이다. 이는 현실과 이미지의 그 재현거리 간격을 말한다. 이런 후기구조주의 특징은 언어 외적인 의미의 원천도 없고, 의미의 중심도 없으며, 기의 유희가 정박할 최종적 기의도 없기 때문에, 오직 다양한 해석이 난무할 뿐이다. 이런 시대적 변화에 이제 미디어는 순수하게 현실을 옮겨 올 수 없다는 새로운 인식하에 과거에는 지시대상체 사이 현실과 이미지 사이 재현거리를 핵심으로 했다면 이제는 재현이 아닌 전유(專有, appropriation)의 문제를 제기하게 되었다. 이는 현실과 미디어, 대상체들 사이의 거리가 변질되어 실재보다 더 실재적으로 변화되어 실재와 가상 사이에 착각과 혼동을 일으키는 단계에 이르렀다. 이를 장 보드리야르는 커뮤니케이션이나 기호의미작용 과정 중에 내파란 것이 일어나 다른 메시지를 전달한다는 것이다. 이 내파란 무엇인가에 대해서는 다음 장에서 자세히 다루기로 하겠다.

이번 절에서는 미디어 연구에 있어서 미디어를 통한 이미지와 현실의 관계를 모방과 재현이라는 두 개념으로 살펴보았다. 초기 주류미디어 연구에서는 이미지를 현실의 모방물로 전제해 현실과 이미지 사이의 간극이나 차이에 주의를 기울이지 않았으나 점차 커뮤니케이션 과정에서의 미디어에 대한 인식에 변화가 일어나면서 미디어를 통해 접하게 되는 이미지와 현실의 관계에 대한 새로운 논의가 일어났다.

다. 우리말로는 '차연(差延)'이라고 옮기고 있다(이상섭, 2001: 337). 우선 차이는 소쉬르가 말한 기호의 자의성과 차이의 체계로서의 언어를 지칭하고자 한다. '차이의 체계'라고 하면 곧 랑그(langue)를 연상할 수 있을 것이다. 그러나 소쉬르가 말하는 차이의 체계는 쟈크 데리다의 '차이'의 산물이라고 해야 할 것이다(이성원, 1994: 87).

제3절 미디어의 이미지와 현실 간의 차이

지금까지 이미지는 미디어를 통해 현실을 최대한 반영한 것으로 인식되어왔다. 이는 우리의 현실에서 일어난 사건을 미디어가 얼마나 진실하게 보도를 하는가, 또는 드라마를 통해 우리의 현실을 재현하는 데 리얼리티(reality)의 가치 - 존재에 대한 논의들이 우리 생활과 맞물려 있기 때문이다.

장 보드리야르는 오늘의 우리는 실재와 비(非)실재의 경계 자체가 모호해진 세계에 살고 있다고 주장하고 있다. 이미지가 그 지시대상(referent)보다 진실하게 만들어진다는 것이다. 이는 이미지와 현실 간에는 아무런 차이가 존재하지 않으며 오히려 이미지가 더 실재와 같다는 것이다. 즉 미디어가 생산한 이미지가 스펙터클(spectacle)[14]로 변질되어 실제현실과 가상현실의 차이가 좁혀진다는 의미로 해석될 수 있다.

장 보드리야(J. Baudrillard)의 '내파(內破, implosion)이론'[15]은 경계를 허무는 사회

---

14) 기 드보르(Guy Debord)에 따르면, 오늘날의 소비자본주의 사회에서 본 차이는 증폭되는 선전, 광고, 여흥 프로 등으로 특징짓는 스펙터클의 사회(society of the spectacle)이며, 이러한 사회의 인간관계는 미디어와 이미지가 매개하는 차이(왜곡)되고 소외된 사회적 관계라는 것이다. '스펙터클'이란, 총체적으로 현존하는 생산양식의 결과이자 그 기획이다. 또한 그것은 현실(실재) 사회의 비현실(비실재)의 심장이다. '스펙터클'이라는 개념은 매우 다양한 외견상의 현상들을 통합하고 설명해 준다. 이 사회에서 가장 발전한 상품 형식이 구체적 물질이라기보다 이미지라는 점에서 기 드보르는 오늘날의 삶을 스펙터클 사회라 진단한다. 스펙터클의 언어는 지배적 생산조직의 기호들로 구성되는데, 이 기호들은 동시에 생산조직의 최종 목표이기도 하다(Guy Debord, 1996).

15) 이 내파의 개념은 원래 마샬 맥루한(M. McLuhan)의 『미디어의 이해』의 첫 구절에서 따온 것이다. "세분화와 기계화의 기술로 인하여 3천 년에 걸쳐 '외파(explosion)'해온 서구 세계가 이제 '내파(implosion)'하게 되었다."(McLuhan, 박정규 옮김, 1990: 295) 내파(implosion)는 외파(explosion)와 방향이 반대인 같은 힘이다. 외파는 팽창, 진보, 식민지화를 가치로 여겼던 모더니즘을 대변하는 것이 에너지 폭발이었다면, 내파는 그와는 반대로 포스트모더니즘 특징으로 나타난 현상으로 그동안 외파로 갈라지고 쪼개졌던 것들이 다시 분할 이전의 상태로 응축되어 가는 현상이다. 학자에 따라 'implosion'을 내파

적 엔트로피의 진행과정을 서술하고 있다. 이것은 미디어에서 의미가 내파되고, 대중에게서 미디어와 사회적인 것이 내파되는 것을 포함한다(Baudrillard, J. 1983b). 장 보드리야르 이론을 기호체계에 적용하면 한 기호가 '내파'되었다는 것은, 이항대립을 이루는 기표와 기의가 뭉개진다는 것이다. 그러나 이런 맥락에서 장 보드리야르는 이미지가 현실을 재현한 것이 아니라, 이미지 그 자체가 현실이라고 주장하는 것이다. 그렇다면 이미지와 현실은 서로 다른 존재론적(ontological)[16] 지위를 갖는 것이 아니다. 이에 따르면 이미지의 본래의 현실이란 존재할 수가 없다. 따라서 이 세계에서는 리얼리티의 부재를 은폐하는(dissimulate) 전혀 다른 영역의 문제이다. 다시 말해 모더니즘 시대의 모든 실물을 구분 짓던 이분구도의 작용이 소멸된 상태에서, 재현할 현실이 모두 기호화되었으므로 반사될 현실이 사라진 세계이다. 즉 이미지와 현실 사이에는 아무런 '차이' 및 '편향거리'가 없다는 것이다.

그러나 과연 이미지는 내파적일 수 있는가? 장 보드리야르의 내파현상이 본초 인식선상의 오류를 지니는 것은 아닌가 하는 의문을 제기하게 된다. 과연 이미지가 아무런 지시대상을 가지지 않고 존재한다는 것이 가능한가라는 의문이다. 이런 장 보드리야르의 인식하에서 이미지와 현실을 전혀 차이가 없이 이미지가 현실이고 현실이 이미지란 말이 성립되는지 의문을 갖게 된다. 장 보드리야르의 이미지는 학문적으로 철학적으로 어떤 위치에 있는지 타 학자들의 논의와 주장에서 자세히 관할할 필요가 있다.

지난 30여 년간 서구 이론가들이 현대사회를 후기산업사회(post-industrial society)[17]

또는 함열이라고도 번역하며, 'explosion'은 외파 또는 폭발로 번역된다. 본 연구에서는 문맥에 따라 'implosion'은 내파로, 혹은 함열로, 'explosion'은 외파로, 혹은 폭발 및 팽창으로 표현하겠다.

16) 존재론적(ontological)이란 사물의 실재성을 연구하는 학문이다. 존재론은 어떤 사물에 '더 실제적인' 또는 '사실상 존재하는 것'과 같은 등급을 매긴다. 그러한 등급은 '비실재적인, 가짜의, 희미한, 환각적인, 덧없는, 또 순전히 지각적인'이라는 술어와 반대되는 것들이다. 존재론은 실제적인 것과 비실제적인 것의 차이를 구분하며, 실제적인 것을 비실제적인 것과 구별 짓는 방법에 대해 논의한다. 전통 존재론은 우리가 실재를 존재자에 귀속시키는 조건을 관찰함으로써 존재자를 연구한다(Michael, Heim, 여명숙 역, 1997: 254).

17) 다니엘 벨(D. Bell, 1919-)은 그의 저서 *The Measurement of Knowledge and Technology*

로 규정하고 그 문화적 특성을 포스트모더니즘(postmodernism)[18] 관점에서 설명하고
자 시도하면서, 오늘의 우리는 실재와 비(非)실재의 경계 자체가 모호해진 세계에
살고 있다는 주장이 제기되었다. 이런 시대의 사람들은 기호의 유혹에 사로잡혀 가
상환경의 세계로 빠져들고 있다는 것이다. 이런 현상은 이미지와 그 지시대상
(referent)의 관계에서 그 자체의 진실한 관계를 뒤집고, 이미지를 그 지시대상보다
더 중요한 것으로 여긴다. 따라서 우리의 현실에서는 이제 현실의 참된 가치보다는
이미지를 재생산하고 유포하는 데 초점이 맞춰진 '이미지 조작'이 전반적으로 발전
하게 된다. 특히 테크놀로지의 급격한 발달이 가져온 가공적 기호세계는 이미지 조
작에 더욱더 익숙한 이 시대 (젊은) 사람들의 삶의 양식[19]들에 큰 변화를 가져왔다.
이런 시대의 변화상이나 현상들은 사회문화적 의미들을 설득력 있게 설명할 수 있
다. 이런 논의는 우리가 이미지와 그 밖의 다른 경험들 간에 아무런 차이가 없는

에서 현대사회의 두 가지 주요 특징을 변화속도의 가속화와 스케일의 변화라고 보았다.
그리고 이러한 특징으로 말미암아 현대사회의 구조에 변화가 일어나서 새로운 후기산업
사회라고 한다. 이에 벨은 공업사회가 공업 후 사회로 이행되는 과정에서 서비스 경제출
현, 전문적 및 기술직 계층의 증대, 이론적 지식의 우위, 지적 기술의 창조 등 변화가
일어날 것으로 예상한다(김우룡, 1992a: 29). 또한 프레드릭 프레드렉 제임슨(F. Jameson)
은 포스트모더니즘 이론을 설명하는 과정에서 후기산업사회(postindustrial socirty), 소비
사회(consumer society), 미디어사회(media society), 정보사회(information society), 전자화
사회(electronic society) 또는 고도기술사회(high tech society) 등으로 통칭되는 새로운 유
형의 사회가 도래했다는 것을 주장하였다(Jameson, 1984: 196).

18) 포스트모더니즘(postmodernism)은 언어에 의해 현실이 대체될 수 있는 가능성(즉 재현,
진리의 상대성)을 부인하고 기호와 언어에 의해 재현된 세계의 진리와 허구성을 폭로하
는 최근의 사회·문화적, 철학적 흐름이다. 포스트모더니즘에는 구조적 포스트모더니즘
과 해체적 포스트모더니즘의 두 지류가 있다. 구조적 포스트모더니즘은 모더니즘과의
타협을 통하여 새로운 시각을 창출하려 함에 비해서, 해체적 포스트모더니즘은 모더니
즘과 결별할 뿐만 아니라 모더니즘의 가장 깊은 근본 가정을 뒤엎어서 세계를 다시 보
는 새로운 시작을 찾으려 한다(김경용, 1994: 326). 전자는 장 보드리야르의 기호론(외
파, 내파)이고, 후자는 쟈크 데리다의 해체주의이다.

19) 여기서 삶의 양식이란 어느 특정 계급(청소년, 학생, 노동자 등)이나 혹은 어느 집단(시장의
특정 부류의 상인들)의 특유한 '생활방식'이며 의미인 동시에, 제도와 사회관계 혹은 신념
체계, 그리고 관습이나 물질적인 삶과 사물의 이용에 구현된 가치와 관념을 말한다.

포스트모던 시대에 살고 있다는 것으로 해석할 수 있다. 오늘날 포스트모더니즘에서 이미지는 실재의 모방, 재현이라는 제약으로부터 분리되고, 자유롭게 되어 현실에 의해 통제될 수 없기 때문이다. 이러한 현실의 재현과 이미지에 대한 새로운 논의가 기존 미디어 연구에 많은 영향을 끼쳤다. 즉 미디어가 생산한 이미지와 현실에 대한 위의 상기의 새로운 논의에서는, 이미지의 현실성／사실성 여부와 상관없이 그 이미지 자체가 현실을 스펙터클(spectacle)로 만들려는 노력의 수단으로 변질되었다고 보기 때문에 여러 가지 인식론적 혼돈이 일어나는 것이다(홍석경, 1999: 198). 물론 거브너(G. Gerbner, 1973)의 경우에는 미디어가 재현하는 가상의 현실에 수용자들이 배양되어 실제현실과 가상현실의 차이가 좁혀진다는 주장을 하기도 했으나 그의 주장은 엄밀히 말하면 현실과 이미지 사이에 경계를 두어 구분 짓고 있다고 하겠다. 미디어에 의해 현실세계가 편향(왜곡)된 것에 수용자들이 배양된다는 주장은 기본적으로 객관적인 자연 속의 현실이 존재하며 그 현실을 미디어가 편향(왜곡)시킨다는 것이다. 미디어가 생산한 이미지와 현실은 가까운 거리를 사이에 두고 있을지라도 여전히 현실과 비현실로 대치되고 있기 때문이다.

그러나 위의 차이개념과 관련한 전통적인 인식론과의 극단적인 단절을 시도한 학자가 등장했는데 그가 바로 장 보드리야르(J. Baudrillard)이다. 그는 오늘날 우리의 존재를 성찰하는 데는 전적으로 새로운 방식이 요청된다는 주장으로 많은 급진적인 이론들을 펼쳤다. 이 급진적인 이론에 의해 장 보드리야르는 미디어 연구가들과 포스트모던 문화 연구가들로부터 많은 주목을 받게 되었다. 그의 추종자들[20]은 새로운 포스트모더니즘의 영역에서 장 보드리야르를 포스트모던 세계에 이론적인 활력을 불어넣은 자극적이고 탁월한 이론가로 높이 떠받든다(Kroker, 1984: 6).

장 보드리야르는 인간의 행위가 기호의 의미를 소비하고 발산하는 것이라는 기본

---

20) 추종자들이라 함은 장 보드리야르처럼 포스트모던 조건에 대한 그런 거대한 반영과 어깨를 나란히 하면서 서 있는 학자들로 장 보드리야르의 '내파'나 '시뮬라크르'의 논리와 거의 같은 맥락이나 그 용어의 표현만을 달리하고 있는 학자들이다. 예컨대, 들뢰즈(Gilles Deleuze), 과타리(Félix Guattari), 더럼(Scott Durham), 앤디 워홀(Andy Warhol)은 포스트모더니즘 자체의 한계를 시험할 한 형태로서 시뮬라크르의 문화에 대한 논의를 전개하고 있다.

적인 가설에 기반을 두어 사회를 분석하기 시작했다. 그의 작업은 철저히 기호학적 문제 틀에 서 있으며 기호학적 분석의 한계까지 도달하는 모습을 보여주고 있다. 우리는 단지 그를 포스트모더니즘 이론가로 또는 허무주의자로 파악하고 있다. 그러나 그의 기호학적 입장을 파악하지 않고서는 그의 포스트모더니즘적 기호론에 접근할 수 없는 것이다. 여기서는 그의 작업을 통해서 기호학적 접근이 갈 수 있는 사회·문화적 분석의 극한을 보고자 한다. 그 작업은 모더니즘적이고 합리적 근대 주체에 대한 철저한 배격과 그것이 나오게 된 배경 그리고 그것이 가지고 있는 이데올로기를 설명해 주고 있다. 또한 그의 작업은 기호의 체계로서의 자본주의에 대한 설명과 더불어 한 걸음 더 나아가 그 기호학적 체계의 파괴를 시도하고 있다. 그는 포스트모더니즘 시대를 기호의 체계가 붕괴된 사회로 보고 질서가 파괴된 하나의 무질서 상태로 보고 있다. 이 논리가 의미의 발산이다. 의미의 발산은 기호학적 체계에서 벗어나는 것으로 볼 수 있는가? 기존의 기호학은 의미의 소비만을 강조하고 있고, 그것은 인간이 주어진 의미망 속에서 단지 그 의미들을 소비할 뿐이지 그 의미망을 변화시킬 수 없다는 것을 의미한다. 이것이 바로 구조주의의 하나의 단점으로 볼 수 있는 것이다. 그러나 의미를 발산한다는 것은 인간이 의미를 단지 소비하는 것이 아니라 의미체계를 변화시키려는 노력을 하고 있음을 보여주는 과정이다(이진경, 1999: 162). 이 새로운 개념과 범주를 제안하는 것이 '내파이론'이다. 장 보드리야르에 의하면, 포스트모던 사회에서는 기존의 모든 경계·영역·구분들이 내파된다고 한다. 이 내파는 현실(실재)과 기호(이미지) 간의 구분의 경계가 소멸되었음을 뜻한다. 즉 기호체계에서 기표와 기의 간에 의미의 차이가 뭉개진다는 것이다. 이런 맥락에서 볼 때, 오늘의 우리가 체험한 이미지는 현실을 재현한 것이 아니라, 이미지 그 자체가 현실이라고 주장한다. 이런 논리라면 이미지와 현실은 서로 다른 존재론적(ontological)[21] 지위를 갖는 것으로서, 그 이미지 본래의 현실이란

---

21) 존재론적(ontological)이란 사물의 실재성을 연구하는 학문이다. 존재론은 어떤 사물에 '더 실제적인' 또는 '사실상 존재하는 것'과 같은 등급을 매긴다. 그러한 등급은 '비실재적인, 가짜의, 희미한, 환각적인, 덧없는, 또 순전히 지각적인'이라는 술어와 반대되는 것들이다. 존재론은 실제적인 것과 비실제적인 것의 차이를 구분하며, 실제적인 것을 비실제적인 것과 구별 짓는 방법에 대해 논의한다. 전통 존재론은 우리가 실재를 존재자

존재할 수가 없다. 즉 내파가 이미지와 현실, 지시대상 사이에 좁힐 수 없는 최소한의 의미의 거리나 그 깊이를 사라지게 한 것이다. 그렇다면 전통적인 재현체계에서 현실에 대한 이미지지가 리얼리티(reality)의 최소한 반영이라는 논리에 비춰 볼 때, 과연 이미지가 내파적일 수 있는가라는 문제에 직면하게 된다. 이에 대하여 피스크의 표현을 빌리면, "이미지는 지시대상과 차이에 의존하기 때문에 내파적이지 않다"(Fiske, 1993: 57)라고 한다. 그런데도 장 보드리야르는 시뮬라시옹(simulation)이란 개념을 다음과 같이 표현하고 있다. "시뮬라시옹은 이미지 / 현실 / 기표 / 기의 / 이데올로기가 내파되어, 본래의 지시대상인 객관적 현실과 차이가 없이 하나로 통합된 개념(a single concept)으로 보고 있다." 그 내파이론은 '현실보다 더 현실적인 (more real than real) 과실재성(hyperreality)이 '오늘날의 현실'이라는 것이다. 그러나 '더 현실적일 수 있다'는 것은 이미 그 이미지와 차이를 갖고 있는 '이미지보다 덜 현실적인' 객관적 현실을 전제하는 것이 된다. 그러므로 '현실보다 더 현실적인' 이미지와 객관적인 현실은 같은 존재론적 지위를 가질 수 없게 된다. 따라서 내파로 하나로 통합된 로고스 중심주는 현실과 이미지의 차이에 의해 존재하고 있다는 것이 발견된다. 그렇다면 장 보드리야르의 과실재성은 리얼리티의 연장이 아니라 그 너머에 있는 것으로 이해하는 장 보드리야르의 내파이론이 가지는 모호성을 밝힐 필요가 있다. 이러한 모호성은 쟈크 데리다(J. Derrida)의 해체주의(deconstructionism)[22] 관점을 환기시킨다. 쟈크 데리다의 해체에서 보는 그의 언어의 세계관은 현실과 이미지 간에 차이와 대립 그리고 상관적 관계에서 구성되기 때문에 완결적인(본래의 것, 토대와 근본적인 것) 의미구성은 불가능하다는 입장이다. 따라서 장 보드리야르의 로고스 중심주의는 기존 서열을 전도(reversed)시킨 근거 없이 상정해 온 인간의 폭력적인 이원적 형이상학적 서열제도라고 간주한다. 바로 이런 점에서 장

에 귀속시키는 조건을 관찰함으로써 존재자를 연구한다(Michael, Heim, 여명숙 옮김, 1997: 254).

22) 쟈크 데리다(J. Derrida)의 해체(deconstruction) 또는 해체주의(deconstructionism)를 중심으로 한 후기구조주의(poststructuralism)는 텍스트로서의 세계와 그것의 현상들을 '읽는' 새로운 시각이다. 보다 자세한 내용은 본서 후기구조주의: 쟈크 데리다 해체주의를 참조할 것.

보드리야르가 다분히 근원적이고 이분법을 넘어서 기호물신주의에 빠져 있는 형이상학적 사상가라고 비판받는다. 그러나 장 보드리야르의 내파이론은 이런 모호성에도 불구하고, 후기자본주의에서 내파이론이 사회적·문화적, 경제적, 그리고 철학적 특성을 잘 설명할 수 있는 적절한 이론적 틀로서 성립 가능한가에 대하여 그동안 많은 학자들 간에 그 논리적 타당성이 직, 간접적으로 시도되어 왔다. 내파이론이 갖는 시대적 환경의 변화에 따라 학자들이 주장한 제 이론에 어느 정도 영향을 끼쳤다고 볼 수 있다. 예컨대 베버(M. Weber)와 하버마스(J. Habermas)의 '생활영역과 사회적 규정' 료타르(J. F. Lyotard)의 '이미지와 실재 간의 관계', 프레드렉 제임슨(F. Jameson)의 '자본주의 문화론', 그리고 들뢰즈(G. Deleuze)의 '시뮬라크르(simulacra)' 등을 사건의 개념으로 보는 관점들은, 우리 생활의 다양한 영역에서 많은 영향을 끼치고 있기 때문이다. 더욱이나 오늘날 테크놀로지의 발달에 힘입어 현실의 시뮬라크르가 현실 그 자체를 대신하며 '진실, 지시대상, 객체적 원인'은 시야에서 사라진다(김성기, 1993: 120). 이 경우 텔레비전이 그 전형이며, '생활 속으로 텔레비전 내파, 텔레비전 안으로 생활의 내파'라는 장 보드리야르의 명제가 성립된다는 것이다(Baudrillard, 1993a: 55). 텔레비전 미디어는 초현실 안으로 현실의 내파를 규제하는 유전자(DNA) 코드 같은 것이다. 이런 현상은 우리에게 '일상생활의 심미화' '시공간의 압축에 따른 사회적인 것의 신축성 증대' 그리고 '하이퍼리얼리티의 새로운 영역의 확대'를 가져온다.

지금까지 논의대로 장 보드리야르의 '내파이론'은 전통적인 '편향(왜곡) / 재현거리'23) 개념과 마찬가지로 미디어가 제시하는 이미지 밖의 객관적인 현실을 전제하

---

23) 언어의 확장에서 현실을 반영하는 데 재현적 거리가 좁혀짐에 따라 편향된 거리(편향거리)는 상반적으로 커진다. 이 '거리'의 개념은 미디어 기술의 발전에 따라 더 커질 수도 있고 좁혀질 수도 있다는 논리이다. 여기서 발생된 거리는 물리적 거리가 아니라 개념적 거리를 의미한다. 본 연구에서는 두 개념(재현거리와 편향된 거리) 간 내파로 발생된 '차이'를 중점 연구 대상으로 삼았기 때문에 거리가 있다는 표현은 편견(prejudice), 편향(bias), 왜곡(bending) 등으로 표현할 수 있다. 사전적 의미로 편견은 불완전한 정보에 근거한 단순한 특성에 의해 스테레오 타입화되어 일군의 사람들을 향해 있는 공격적 편향이다. 편향(bias)은 미디어에 의한 재현(representation)에 있어서 추정되는 왜곡을 의미하는 용어인데, 이는 이야기의 한 국면이나 논쟁의 어느 한편에 대한 (1)의식적인 선입견이나 (2)무의식적인 무시

는 개념임을 예측할 수 있다. 이에 내파이론 역시 편향(왜곡)된 개념의 또 다른 변형에 불과한 것으로 여겨진다. 이러한 한계가 예측되는 가운데도 장 보드리야르의 내파이론이 구성하는 두 가지 힘은 대중과 미디어, 이미지 간에 현대사회의 문화적 특성을 규정하려는 시도가 계속되고 있다. 특히 국내에서는 대중문화를 포스트모더니즘 이론으로 설명하려는 시도 가운데, 장 보드리야르가 제시한 개념들의 편린이 보인다. 이렇게 내파는 앞서 말한 불충분하게 규정된(ill-defined) 그 이론적 한계와 모호성이 예상되는 가운데, 후기산업사회의 문화현상을 특징짓는 그의 극단적인 이론은 모더니티와 포스트모더니티에서 실재와 그 어떠한 관계를 밝히는 데 논의할 가치가 있다.

특히 초기 주류미디어 연구에서 미디어에 대한 새로운 인식의 필요성이 제기되면서 이미지에 대한 심층 있는 연구와 그 속성에 대하여 깊은 관찰이 필요하게 되었다. 따라서 다음 장에서는 이미지와 그 속에 대하여 살펴보도록 하겠다.

로부터 온다(박명진, 1994: 327). 왜곡이란 미디어가 실제의 세계를 반영하는 데 있어서 조작된 행위가 강하게 반영된 표현이고, 편견이나 왜곡은 현실이나 사실과는 너무 동떨어진 의미를 내포하고 있다. 편향은 왜곡과 같은 의미로 사용될 수 있지만 보다 완곡한 표현이다. 따라서 본 논문은 편향이라는 용어를 왜곡과 동일 의미로 사용하도록 하겠다. 또한 왜곡된 거리도 편향된 거리로 표현한다. 왜냐하면 본 논문에서 설명하는 재현이론은 실제를 최소한 반영한다는 전제가 가정되어 있기에 편향이라는 용어가 보다 본 논문의 취지에 부합되기 때문이다. 여기서 거리의 의미가 '차이'를 뜻하므로 이를 영어로 표현하면 'distance'보다는 'difference'라는 의역이 더 가까운 표현이 되겠다. 따라서 재현거리는 'representational difference'로, 편향거리는 'biased difference' 왜곡거리는 'bending difference'라고 표기한다.

제 2 장

이미지(image)와 그 속성(attributes)

제1절 기호학적 이미지

언어학자인 소쉬르는 기표와 기의 사이에 필연적이고 자연적인 관계는 존재하지 않는다는 기호의 자의성(恣意性성)을 주장하였다. 기표와 기의의 관계가 자의성으로 맺어져 있는 예를 우리는 얼마든지 들 수 있다. 우리들이 각자 지니고 있는 이름이 그러하며, 세종로, 을지로, 퇴계로 등 거리 이름이 그러하다. 예컨대 세종로라는 거리와 세종대왕과는 그렇게 맺어질 아무런 필연성을 지니고 있지 않다(유평근·진형준, 2001, p.63). <그림 3>처럼 소쉬르(1966)는 기호(sign-image)의 체계를 의미(이미지)의 운반체인 기표(signifier)와 추상적인 관념인 기의(signified)의 합성체라고 한다. 이처럼 하나의 기호를 만들기 위해서, 기표와 기의를 결합시키는 작용을 의미작용(signification) 또는 의미화라고 부른다. 의미작용은 다음의 두 가지 기호학적 조작을 뜻한다. 기표에 기의를 연결하여 기호를 만듦으로써 기호로 하여금 기의의 가치를 표현하게 하는 것이 하나이고, 다른 하나는 기호에 담아놓은 기의가치를 추출해내는 작용이다. 가령 보낸 뜻이 분명치 않은 선물(기호)을 받았을 때 그것이 진정으로 뜻하는 이미지가 '감사'의 뜻인지 '뇌물'의 뜻인지 아니면 '관례'가 그런 것인지 가려내는 것이 의미작용이다. 그런 선물을 한 사람도 어떤 뜻(기의)을 선물에 심어 놓았음이 틀림없다. 즉 의미작용을 선물에 가한 것이다. 의미작용은 기호를 만들어 낼 때와 기호를 풀이할 때 일어난다. 가령 애인으로부터 장미꽃을 받았을 때, 장미꽃 실체는 기표(Sr)이고, 나를 좋아한다는 '사랑'의 의미가 바로 기의(Sd)이다. 그리고 기호(장미꽃)를 매개로 '그가 날 좋아하는구나' 하는 생각에 이르는 의미작용은 두 남녀 사이의 커뮤니케이션(소통)이 일어나는 것이다. 그리고 기호의 이미지(기표)로서 '장미'라고 소리 내어 읽고 귀로 들을 때는 음성이미지이고, 장미꽃 자체로서 우리 눈으로 볼 수 있고, 또 손으로 만질 수 있을 때는 시각이미지이다.

<그림 3> 소쉬르(1966) 기호(sign) 체계

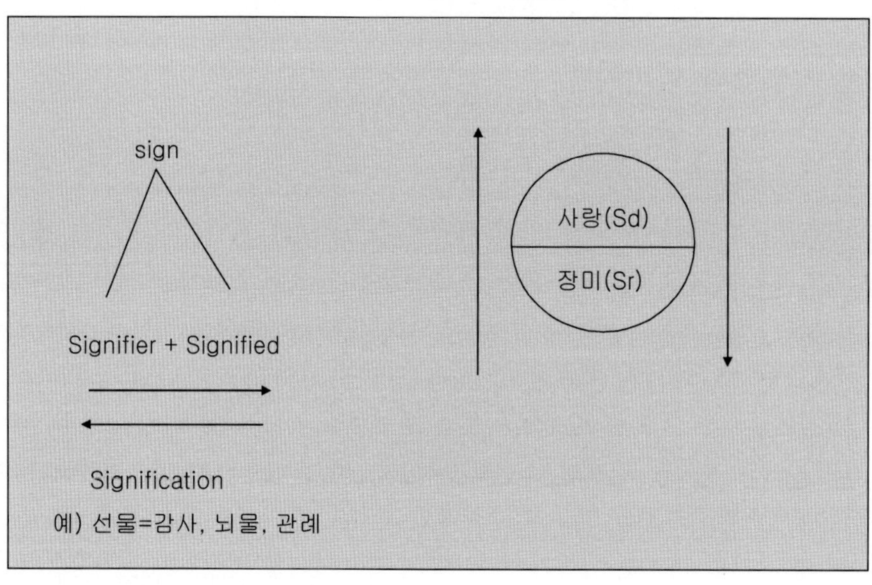

김경용, 『기호학이란 무엇인가』, 민음사, 1991, p.20에서 재구성

<그림 4>처럼, 소쉬르의 기호는 세 가지의 다른 요소들로 이루어져 있다.

하나는 외부세계가 공급하는 기표, 둘째는 마음이라고 하는 내부세계가 공급하는 기의, 셋째는 이 두 가지가 합성되어 표상의 세계에 편입되는 기호이다. 위 그림은 이 세 가지 관계를 종합해서 나타낸 것이다.

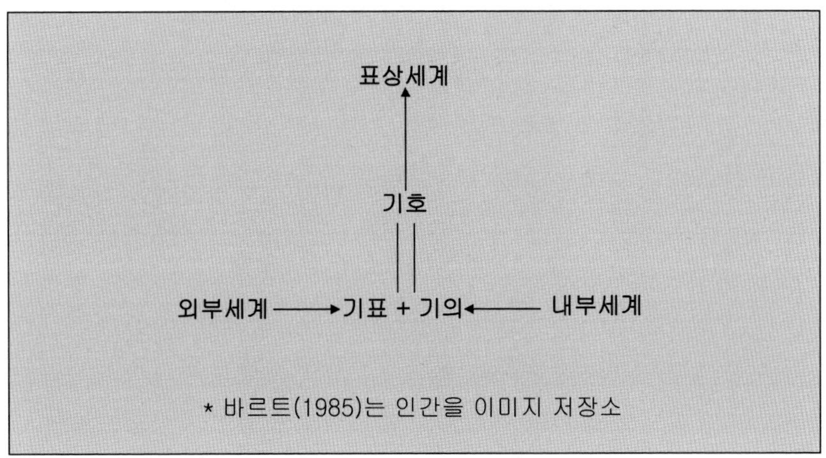

김경용, 『기호학이란 무엇인가』, 민음사, 1991, p.27에서 재구성

다음 <그림 5>은 기호의 표상성을 잘 나타낸 것이 미국 기호학의 창시자인 퍼스 (Peirce, 1931-1958)의 모형이다. 그림에서 왼쪽 기호는 자기 자신 이외의 어떤 것, 즉 물체를 대표한다. 예를 들어 그림 오른쪽 꼭대기에 있는 하트모양은 기호로서, 심장(염통)을 표상한다. 그림 왼쪽에 있는 해석체는 해설자나 기호의 사용자가 아니고, 기호에 의해서 일어난 어떤 정신적 개념이다. 이런 해석체는 물론 기호 사용자의 과거 경험으로부터 떠오르기도 한다. 하트 모양의 기호가 유발시키는 정신적 개념은 '사랑'이다(김경용, 1991). 바르트는 인간이 모든 기호를 재생산한다는 의미에서 인간을 이미지 저장소라고 지칭하였다.

이미지(image), 범주(category), 은유(metaphor), 환유(metonym)는 우리가 세계를 이해하고 그 안에서 적절히 기능하는 기본 수단이 되어왔다. 이미지는 현실의 표피를, 범주는 현실체 간의 유사성을, 은유는 문화적 체험의 유사성을, 환유는 현실과 접촉점을 표상한다.

특히 영상이미지에서 영상이미지의 텍스트 의미는 작가가 부여한 의미 안에 고정되어 있지 않고 텍스트가 놓이는 상황에 따라, 그리고 시간에 따라 변화한다. 예를 들어 한 그림이 도서관에 걸려 있을 때와 미술관에서 전시되었을 때와는 시각적 이미지, 언어적 이미지, 언어적 지시내용, 그리고 내연적(connotative meaning) 이미지가 다를 수 있다. 이미지에 대한 견해차이, 다중 의미성을 지니는 것은 이데올로기 조작에서 온다.

〈그림 5〉 퍼스(Peirce)의 삼부모형

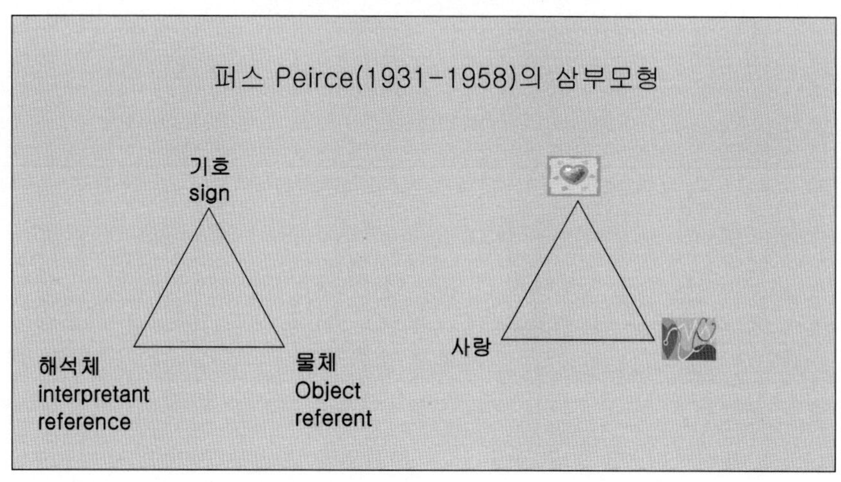

이미지 기본 기제는 변별의 원칙(the principle of discrimination)에서 발생된다. 즉 이미지가 마음속에 떠오르기 위해서는 필요한 경계를 분별해 내는 것이다. 다시 말해 우리들의 마음속에 던져지거나 떠오르는 이미지들은 모두 기표(signifier)이고 '비슷함'은 이들이 갖는 기의(signified)이며, 심적-논리 비슷한 긍정함으로써 이미지는 성립된다. 그렇지 못한 것은 혼돈이다. 이미지의 모호성은 또 다른 기의나 이미지에 끌려간다. 예를 들어 이미지 변신, 숲 속의 승냥이 같은 개, 또 벽에 누가 서 있는 것처럼 보인다. 벽에 물이 스미듯 이미지는 모호성에서 마음을 붙잡고 연쇄적이다. 철학적으로 논리중심적 담론(logo-centric discourse)의 총체가 이미지를 능가하는 법은 없다. 이미지는 동형이질성(isomprphism)이 확인되는 순간 힘을 잃는다.

제2절 이미지 어원과 학문적 범주

이미지는 여러 형태로 쓰이고 해석될 수 있다. 이미지의 어원도 그리스와 라틴어에서 그 기원을 찾을 수 있다. 이미지의 그리스어 어원은 아이콘(Eikon), 에이돌론(Eidolon), 판타스마(hantasma), 라틴어로는 이마고(Imago)이지만 그 용어는 오늘날의 이미지와 거의 동의어로 쓰인다. 아이콘(Eikon)은 이미지를 이해하는 핵심적 단어로서 어원적으로는 닮은(remblance)이다. 에이돌론(Eidolon)은 모양, 형태를 의미하는 에이도스(Eidos)로부터 파생된 용어로서 그 뿌리는 '본다'는 뜻의 바이드(weid)이다. 판타스마(Phantasma)는 빛나게 해서 보이게 한다는 피이노(phaino)라는 동사에 뿌리를 둔다. 환영(vision), 꿈(songe), 유령(fant)의 뜻으로 쓰인다. 가시적인 형태의 어원으로 독일어 빌드(Bild)와 게슈탈트(Gestalt), 영어의 그림(picture), 형상, 유형(pattern) 틀 등을 지칭한다. 이미지와 관계되는 용어를 정리하면 기호(signe), 상징(symbole), 이미타리(imitari, 모방), 우의(allgorie), 메타포(mtaphore), 엠블렘(emblme), 유형(type), 원형(archtype), 전형(prototype), 표상(schme), 스키마(schma), 도표(diagramme), 엔그렘(engramme), 모노그램(monogramme), 형상(figure) 등 각기 어원이 다른 표현들과 잔해(vestige), 흔적(trace), 초상(portrait), 인장(sceau), 각인(empreinte) 등 그 표출 양상이 각기 다른 표현들로 현란하게 이루어진다. 이미지는 하나의 학문적, 의미론적, 해석적, 인식론적 고정 틀을 가지고 있는 것이 아니라 그 모든 것을 연결해 주는 구체적인 직물로 존재하며, 그 구체성에 바로 이미지 존재의 핵심적 의미가 있고 그 구체성이 바로 이미지의 편재성을 낳게 하는 것이다. 이미지는 우리의 직관에 나타나 있는 그대로의 객관적 실재로 환원시킬 수도 없고(이미지는 이미 그 무엇의 표현이므로 대상과는 거리를 지니며, 어떤 경우에는 대상 자체가 현실내부 내에 부재해 있을 수도 있다), 경험적인 현실에 대한 추상적 개념, 사고(이미지라는 구체성이 결여된 추상적 사고, 추상적 개념이 불가능하다)로 환원시킬 수도 없다. 따라서 이미지를 바라보고 인식하는 주체가 이미지에 대해 어떤 가치를 부여하느냐에 따라 이미지의 정의는 달라질 수밖에 없다는 어려움도 우리 앞에 놓여 있다. 또한 이미지의 발생·형성의 관점에서만 바라보아도 이미지는 수없이 다양해지며, 심리적·정신적 기층의 관점에서 이미지를 이해하느냐(심상心像이라고 우리는 부른다), 우리의 눈앞에 하나의 객관적 실체로 드러난 대상을 이미지로 간주하느냐에 따라 이미지는 각기 다른 방식으로 다양해지기 마련이다. 실제로 이미지 연구와 관련된 학문분야를 나열하더라도, 언어학, 수사학, 인식론, 형이상학, 신학, 예술사, 심리학, 정신분석학, 사회학 등 거의 전 분야에 걸쳐 있다.

한편 미첼은 이미지 범위를 다음과 같이 분류하고 있다(Mitchell, 1986).

도형적 이미지는 그림, 사진, 도상, 도안 등이다. 광학적 이미지는 영상, 투사, 지각적 이미지는 감각자료, 외모 등이다. 정신적 이미지는 꿈, 기억, 관념, 환상언어적 이미지는 은유, 서술 등을 지칭한다.

제3절 이미지의 중요성과 영향 그리고 속성(attributes)

이미지는 우리들의 생활에서 중요하게 작용되고 있으며 많은 영향을 미치고 있다. 그것은 이미지가 지니고 있는 속성들 때문일 것이다. 특히 이미지의 중요성과 영향은 특히 기관이나 기업 및 판매자, 그리고 정치인에게는 이미지 관리가 매우 중요한 부분이다. 왜냐하면 좋지 못한 이미지를 지니고 있는 조직이나 판매자는 결코 성공적으로 기업명성 및 상품, 서비스를 판매할 수 없기 때문이며, 정치인은 좋은 이미지나 평판이 대중에게 중요하게 작용하기 때문이다.

현대사회에서 이미지의 중요성은 점점 커지고 여러 조직체에서 그 영향은 다양하게 미치고 있다. 이미지의 중요성을 다음 세 가지로 나누어 볼 수 있다. 첫째, 현대사회의 조직체 PR에 있어서는 이미지의 중요성이 매우 커지고 있다. 둘째, 이미지의 영향—기업의 경우 이미지는 제품에 대한 소비자들의 신뢰와 구매에서부터 주주나 은행 등 금융 및 투자들의 투자행동, 입사의 동기, 정부나 정치권과의 관계 등 다양한 방면에서 영향력을 발휘하고 있다. 셋째, 이미지는 여러 중요 공중들로부터의 신뢰를 결정짓는 직접적인 동기가 있다.

이런 이미지 속성(attributes)은 첫째, 현실과 다르다(이미지와 현실을 분리할 수 없으면서도 서로 다른 개념). 이미지는 언제나 현실과 거리가 있으며 현실을 과장하거나 과소평가하는 경향이 있다. 둘째, 새로운 변화에 저항하는 경향이 있다(이미지는 우리의 머릿속에 깊이 잠재해 있기 때문에 변화에 저항하는 힘이 강하다). 셋째, 비과학적이고, 편견에 치우쳐 있고, 불완전하며, 대상을 지나치게 일반화하는 경향이 있다. 왜냐하면 이미지란 단편적이고 부정확한 지식과 정보에 의하여 얻어지는 것이기 때문이다. 더 세부적으로 이미지의 12가지 속성은 청렴성, 봉사 및 서비스, 친절성, 정치적 중립성, 공평성, 민주성, 근면성, 투명성, 과학 / 전문성, 애국심 정의성, 단결성이다.

또한 이미지(image)의 속성을 수용자인 객체나 공중이 주체인 주에 대하여 반응하는 공중의 주관적인 마음상(像)의 정도와 강도에 따라서 분류해 볼 수 있다. 첫째 희망－약한 이미지, 둘째 긍정적 이미지－부정적 이미지, 셋째 강한 이미지－약한 이미지, 넷째 주관적 이미지－객관적 이미지, 다섯째 이성적 이미지－감성적 이미지, 여섯째 발전적 이미지－정체적 이미지, 일곱째 보수적 이미지－진보적 이미지, 여덟째 이념적 이미지－현실적 이미지, 그리고 국제 지향적 이미지－자국 지향적 이미지이다.

제4절 조직관점에서 이미지의 인식과 신뢰성

조직체 관점에서 학자들에 따라 이미지를 다음과 같이 인식하고 있다. 우선 전문적인 용어로서 조직과 관련지어 이미지(Imagery)는 모든 경험을 분류하고 기억하는 수단(대상, 사건, 질, 관계, 신체적 경험의 정신적인 개념으로 정의)으로 볼 수 있다.

조직체 관점에서 이미지를 그루닉은 조직체 이미지의 인식분야는 퍼블리시티 활동에 국한되어 기업과 사회 전반을 잇는 사회 역동적인 것으로 이어지지 않는 것으로 간주하고 있다. 한편 한정호는 조직체의 이미지를 도식의 이름으로 설명하고 있다. 첫째, 도식의 개념이 특정 조직체라는 대상에 대한 인식, 기억, 태도로 형성된다. 특히 과정, 사회적 인지, 담론, 문제해결 모두에도 적용된다고 보고 있다. 이는 조직체의 이미지 연구에 많은 시사를 해준다고 주장한다. 둘째, 조직체의 이미지는 조직체에 관한 정보, 신념, 지식, 인식, 선호, 연상의도보다는 뭉뚱그려진 태도를 의미한다면 이는 도식의 개념과 매우 흡사하다.

조직체의 이미지를 형성하는 요소로 첫째, 평가적 이미지 요소이다. 평가적 이미지는 소비자 행동론과 태도이론에서 가장 보편적으로 적용되는 것으로 조직체의 활동이나 그 결과에 대한 잘못을 평가하는 차원의 이미지이다. 소비자 태도연구, 소비자 행동연구에서 평가적 이미지가 기준이 된다. 그리고 명성은 평가적 이미지를 주로 지칭한다. 둘째로 차별적 이미지 요소이다. 평가적 이미지가 수직적인 차원의 이미지는 수평적인 차원의 이미지이다. 차별적 이미지는 이미지 전략에서 매우 중요한 것으로 어떤 조직체가 특성적으로 다른 면을 가지는 것이다. 차별적 이미지는 상대적인 것으로서 절대적으로 좋고 나쁘고의 차원이 아니라 어떤 개성, 혹은 특성을 가지는 문제이다. 셋째로, 상징적 이미지 요소로서 이것은 이미지는 평가적인 면에서의 차별적 우위성과 다른 것과의 상대적 차별성을 동시에 의미한다.

그리고 조직체의 이미지를 나타내기 위한 상징은 언어적 상징, 시각적 상징, 청각적인 상징의 3가지가 있는데 이 모든 조직체가 사람들에게 나타내고자 하는 여러 가지 이념이나 주장, 역사 등을 하나의 뭉뚱그려진 상징을 통해 단순화된 이미지를 나타내고자 하는 노력이다.

조직 신뢰성의 차원에서 이미지는 첫째, 공언 이행적 신뢰성은 조직체가 한 약속을 잘 이행하는 것을 뜻한다. 둘째, 순수성적인 신뢰성은 조직체가 소비자나 공중을 기만하거나 이용하지 않는 것을 의미한다. 셋째, 전문적인 신뢰성은 산업과 제품분야에서 기술과 지식, 생산이 가장 전문적으로 이루어진다는 것을 의미한다. 넷째, 도덕적 신뢰성은 사회적 봉사를 의미한다. 즉 좋은 제품 생산과 소비자들을 속이지 않고 고객 약속을 잘 지키며 국가에 세금 등을 정직하게 잘 내는 것을 의미한다.

이미지의 신뢰성 구축은 첫째, 기업이 신뢰를 구축하기 위해서는 항시적이고 시스템적인 노력이 필요하며 가시적인 결실이 있어야 한다. 둘째, 한 기업이 명성을 유지한다는 것은 신뢰성을 항시적으로 유지하는 노력을 의미한다. 셋째, 명성의 부정적 접근과 긍정적인 접근이 있다. 즉 부정적인 접근은 기업이 위기나 비난에 봉착했을 때 신뢰적이고 효과적인 명성을 만회하기 위해서이다. 그리고 긍정적인 접근 노력은 부가적이고 축적적인 신뢰와 인정을 받는 노력을 의미한다. 이미지를 결정하는 요인에는 열한 가지가 있다. ① 인식(perception), ② 정보(information), ③ 신념(belief), ④ 지식(knowledge), ⑤ 선호(preference), ⑥ 이해(comprehension), ⑦ 흥미(interest), ⑧ 상기(recall), ⑨ 연상(association), ⑩ 기억 (remembrance), ⑪ 인상(impression), ⑫ 감정(emotion) 등이다. 그리고 이미지의 측정과 평가에는 보통 세 가지로 분류한다. 첫째, 평가적 이미지의 측정은 흔히 이미지 조준 원의 기법이 많이 이용된다. 둘째, 차별적 이미지의 측정은 어의 판별법(semitic differential)이 잘 이용된다. 마지막으로 상징적인 이미지의 평가는 우리가 일반적으로 잘 아는 사물이나 인물을 이용하여 조사하려는 조직체의 이미지와 가장 잘 맞는 것들을 고르게 하는 방법이 많이 이용된다.

여러 형태로 쓰이고 해석된 이미지는 '정보이미지 시대'의 도래에 따라 부정적 인식이 만연하고 있다. 어떤 실체가 잘 발달된 정보와 미디어의 범람으로 인식론적 가치적 혼란의 이미지 그물 속에 휩싸인 현대를 물가치적이고 환상적인 시대로 규정한다. 예를 들어 장 보드리야르(Jean Baudrillard)는 현대 삶을 "현실 자체가 사라진 현실"로 규정하고 이미지의 증식을 (사진, 영화, 텔레비전) 전염병에 비유하면서, 그 현상이 인간으로 하여금 상상계와 현실을 착각하게 만들고 급기야 현실이 이미지 속으로 사라져 버리게 만들 것이라고 경고한다. 롤랑 바르트(Roland Barthes)는 현대사회를 '믿음을 소비하는 사회, 한마디로 육체가 없는 눈만 가진 인간사회'로 규정하고, 그렇게 세상을 덮어버린 이미지가 "갈등과 욕망으로 이루어진 인간 세상을 완벽하게 비현실화해 버린다. 이미지실체 – 가상세계 – 현실 없이도 – 살아가는 것이 가능하다는 착각을 불러일으킨다. 우리의 지적 풍토에서는 그러한 부정적인 인식이 큰 힘과 영향력을 발휘해온 것 또한 사실이다. 예컨대 이미지 전쟁 최근 들어 1983년 그레나다 침공, 1986년 리비아 공습, 1989년 파나마 침략, 1991년 페르시아만 전쟁, 2002년 아프간 전쟁 및 이라크 전쟁 등은 전쟁 자체가 TV에 내파(implosion)됨으로써 TV 스크린이 전쟁터가 되었다. 예를 들어 TV 화면에 비친 레이더 교량 폭파 장면, TV 화면에 비친 '깨끗한 전쟁의 영상'—세척된 이미지로 이루어진다. 이를 장 보드리야르의 과실재적(hyperreality) 전쟁이라고도 할 수 있다. 실재보다 더 실재적인 것을 우리 주변에서 흔히 찾아볼 수 있다. 예를 들어 길의 과실재성 고속도로, 시장의 과실재성 shopping mole, 사람의 과실재성 밀랍, TV 영상 등이다. 과실재성이다.

현대사회에서 이미지의 중요성은 점점 커지고 여러 조직체에서 그 영향을 다양하게 미치고 있다. 첫째, 현대사회의 조직체 PR에 있어서는 이미지의 중요성이 매우 커지고 있다. 둘째, 이미지의 영향—기업의 경우 이미지는 제품에 대한 소비자들의 신뢰와 구매에서부터 주주나 은행 등 금융 및 투자들의 투자행동, 입사의 동기, 정부나 정치권과의 관계 등 다양한 방면에서 영향력을 발휘하고 있다. 셋째, 이미지는 여러 중요 공중들로부터의 신뢰를 결정짓는 직접적인 동기이다.

제5절 이미지에 대한 비판과 성찰

우리가 만들어낸 이미지는 그 광범위한 영역에 두루 산재해 있다. 그 의미작용이 달라져, 이미지에 대한 인식의 갈래 및 이미지에 대한 부정적인 의미가 더 많이 내포된다. 이러한 이미지는 시각·청각·후각·촉각 등의 형성에 참여하여 우리의 삶에서 이미지에 대한 비판들을 재생산하고 있다. 즉 시각이미지는 유추적 사유를, 청각 이미지는 분석적이고 디지털한 사유를 지향한다. 여기서 시각이미지의 범람이 곧 인식의 경박화, 천박화를 불러온다. 그런데 이미지는 실재하는 만큼 중요한 대접을 받지 못하고 있는가? 여기에서 논의점은 이미지가 모델과 닮아야 하는가 아니면 모델과 달라야 하는가에 대한 논란이다. 즉 모델 없는 이미지－이미지 창조이다. 또한 이미지는 기만적이다. 이미지는 주체를 소외시킨다. 이미지는 신성 모독적이다. 현대 이미지의 증식은 현실을 덮어버린다. 전복의 신화를 만드는 이미지. 이미지는 인류학적 윤리의 정립에 직접 관여한다. 이미지는 과학이나 합리성에 대립하지 않는다. 즉 이미지는 객관적 탐구의 가능성을 오히려 확장하고, 추상적 지식에 육체성을 부여한다. 그리고 일단 하나의 논리로 정립된 과학적 지식은 과학자들의 사회에서뿐만 아니라 일반대중에게도 전파되고 유포되고 있다. 그때 이미지는 그러한 과학적 지식이 보다 쉽게 이해될 수 있도록 해준다. 그때 이미지가 맡게 되는 역할이 추상과 구체를 접목시키고, 복잡한 논리를 제한된 공간 속에 시각화시키고, 수많은 정보를 재생산하고 대중이 세상을 다시 바라보는 내적인 동기를 유발시킨다. 이러한 이미지가 서구인식론 내에서 평가절하의 흐름으로 논의되었다. 즉 이미지는 로고스 중심주의에 입각한 이원론적 세계관, 기독교사 내부에서 성상파괴주의 논란, 합리주의적인 인식 내에서의 성상파괴주의이다. 그렇지만 이미지에 대한 인식은 서구에서도 옹호의 흐름이 있었다. 이미지는 언제나 그 근원으로 우리를 이끌 수 있는 영원하고 신비적인 방향성을 지니고 있으며, 결국 이미지 속에 천명된 그 본질 세계는 그 이미지 자체의 존재를 보증해 준다. 또한 이미지는 부재와 현존을 맺어준다. 게다가 이미지는 우리에게 이 부재를 현존케 하고, 그 부재의 현존을 하나의 기호 관계로 뚜렷하게 해준다(유평근・진형준, 2001, p.128에서 재인용). 오늘날 이미지는 창의적이고 균형 잡힌 인간을 교육하는 데 필수적이다. 즉 이미지에 의한 삶의 표본들을 우리에게 간접적으로 보여주고, 우리들이 지각하고 경험하는 현실과는 다른 세상이 존재할 수 있음을 알게 하는 것, 지신의 믿음을 부정하고 아집에서 벗어나게 하는 것, 나와는 다른 존재의 삶의 방식과 사유 방식을 인정하게 하는 것, 이 모든 것들이 바로 이미지에 의한 혜택이다. 모든 이미지의 힘(power)은 사물과 인간, 인간과 인간의 쌍방향 불균형(Two－way Asymmetric) 모형에서 발생된다. 다음은 이미지의 힘(power)에 대한 몇 가지 사례를 들어보겠다.

제6절 이미지 사례

1) 연예인의 기업이미지 훼손

최진실 씨, 아파트업체에 2억 5천만 원 배상 서태지도 3억 5천만 원 패소

―기업이미지 훼손―

조선일보 2005.9.24일자

탤런트 최진실 측은 2억 5000만 원, 가수 서태지 측은 3억 5200만 원을 물어주라는 법원의 판결을 23일 각각 받았다. 최 씨는 지난해 3월 ㈜신한과 아파트 분양광고 모델 계약을 맺고 모델료로 2억 5000만 원을 받았다. 광고가 방송되던 8월 최 씨가 가정 내 폭행 사건을 겪고 파경을 맞자, 신한은 기업이미지가 떨어져 사업에 차질이 생겼다며 최 씨와 소속사를 상대로 30억 5000만 원의 손해배상 청구 소송을 냈다. 서울중앙지법 민사 26부(재판장 조해섭)는 "최 씨 스스로 부부간 가정불화에 대해 인터뷰하고, 파손된 집 안까지 공개했다"며 "이는 주택분양사업과 연상작용을 일으켜 부정적 영향을 끼친 것으로 인정된다"고 밝혔다. 최 씨 측 강지원 변호사는 "가정폭력을 당한 여성에 대한 배려가 없는 판결"이라며 항소하겠다고 했다. 서 씨는 지난해 2월 공연기획사 KM스타로부터 4억 4000만 원의 출연료를 받고 공연계약을 맺었지만, 장소 대관이 안 돼 공연이 무산됐다. 그 후 서 씨 소속 기획사는 "공연 기획사의 준비 미비로 공연이 무산된 만큼 출연료를 반환할 필요가 없다"며 출연료를 돌려주지 않자 KM스타는 법원에 소송을 냈다.

2) 모조화된 대통령직 수행

모조화된 대통령직(the simulated presidency) 수행

로널드 레이건 미국 대통령이 전문 배우로 훈련되었기 때문에 그로 하여금 고도로 능률적인 연설을 행할 수 있게 했고 사람들에게 유쾌하고도 강력한 이미지를 투영할 수 있게 했다. 매일 밤 레이건에게 암기할 요목 카드(cue card)가 주어졌고, 그의 공직 중 대부분의 나날은 미리 쓰인 대사들을 연출하는 연습에 보냈다. 연설문은 치밀하게 대본으로 쓰였다. 그가 하는 간단한 이야기, 농담, 전화 같은 것조차 미리 쓰였고 레이건은 그것을 암기했다. 레이건이 서야 할 곳, 말을 할 상대자 등을 도표들이나 화살표들로 표시했다. 상징적 정치를 수행하였는데, 간판과 그의 보수적 정책을 팔고 관장하기 위하여 이미지를 생산하고 TV를 사용하면서 대부분의 시간을 활용했다.

3) 에드버 베너즈(Edward L. Bernays)의 이미지 변신

에드버 베너즈(Edward L. Bernays)의 이미지 변신

자신의 결혼조차 마케팅(MPR) 도구로 사용한 에드버 베너즈(Edward L. Bernays)는 이미지전술에 능수능란하였다. 1922년 Bernays와 Doris E. Fleischman는 뉴욕 최고급 월도프 아스트리아 호텔에서 간소하게 결혼한 후 결혼 첫날밤, 호텔에서 친한 친구들에게 결혼한 사실을 전화로 알리고 이 사실을 기사들에게 알린다. 미국 전역 약 250개가 넘는 신문에서 "새 신부, 그녀의 처녀성 때 성(maiden name)으로 호텔에 등록하다"라는 1면 톱 기사로 다루어졌다. 당시 시대적으로 도리스가 남편의 성씨를 따르지 않는 것은 쇼킹하고 획기적인 사건이었다. 월도프 아스트리아 호텔은 한 푼의 광고료도 지불도 않은 채 호텔 이름이 미국 전역에 알려진 홍보 효과 창출했고 이후 도리스는 미국 그리고 전 세계에서 여성운동의 상징이며 선두자가 되었다. 이 호텔은 여성운동을 허용한 새롭고 현대적인 호텔로 이미지 탈바꿈했고 그 후 저명인사는 뉴욕 방문 시 꼭 머물고 가는 호텔(우리나라 대통령도 머물고 간 호텔)이 되었다. 이런 이미지 홍보로 도리스는 그녀의 처녀 때 성을 사용하여 여권을 발급받은 최초의 여성이 되었다. 하지만 베너스는 월도프 아스트리아 호텔의 PR의 담당했다는 사실을 아무도 모르고 있었다. 몇 년의 세월이 흐른 후 결국 그녀는 남편의 이름을 따라 'Doris Bernays'로 바꿨다.

자신들의 결혼조차 PR(홍보)의 이미지로 활용한 에드버 베너즈(Edward L. Bernays)와 베이즈의 PR인생 내내 최고의 비즈니스 파트너로 활동했던 그의 부인 도리스 플레스맨(Dosris Fleischman). Dennis L. Wulcix, Glen T. Cameron, Philip H. Ault, Warren K. Agee.(2003). *Public Relations, Strategies and Tactics*, Pearson Education, Inc, pp.44-45.

4) 록펠러의 이미지관리(imagement＝image＋management)

록펠러의 이미지관리(imagement＝image＋management)

20세기 초 자본주의 발전으로 내기업인 록펠러는 부징 폭리와 노동운동 강경 진압으로 '기업악의 화신(the epitome of the evils of business)'이란 비난을 받았다. 그러자 록펠러는 전문 PR인 아이비 리를 록펠러의 PR맨으로 발탁하였다. 이 당시 록펠러는 대중으로부터 '탐욕스럽고 뻔뻔한 서민의 적(a rapacious, unscrupulous enemy of the common man)'이라는 부정적인 이미지를 받아왔다. 이런 록펠러의 부정적인 이미지를 '친근한 영감님(the kindly old fellow)'이라는 긍정적인 이미지로 바꾸기 위해 다음과 같은 세 가지 이미지관리 전략을 세웠다.

첫째, 록펠러의 사업과 자선기금에 대한 호의적인 보도를 광범위하게 하도록 만들기 위해 교육기관과 의료기관에 총 5억 달러를 기부했다. 둘째, 록펠러가 만찬회 등 공공행사에 참석, 만찬연설을 통해 보도 기회를 획득했다. 셋째, 록펠러의 '자애롭고 인간적인' 이미지를 조성할 수 있는 모든 활동을 기사화했다(아이들에게 은화 건네주는 행동, 의사의 지시를 무시하고 마음 내키는 대로 골프 즐기기 등 인간적 흥미(human interest)를 불러일으키는 기사를 개발했다. 또한 록펠러와 가족의 동정적 부고 자료를 배포하고 문필가에게 의뢰하여 그의 전기를 저술하게 했다. 과연 아이비는 언론이 기업의 추문을 폭로하는 '폭로성 저널리즘(muckraking journalism)' 만연시기의 상황에서 '원칙선원'을 하면서 공개적으로 정확한 정보를 주는 PR을 표명하고 나선 아이비 리는 '현대 미국 PR의 아버지'라고 불린 만하다.

존 D. 록펠러는 PR(홍보) 전문가에 의해 계획되고 의도된 홍보전략을 실행하였다. 아이들에게 은화를 건네줌으로써 그의 호감(goodwill) 있는 이미지의 변화를 꾀하고 있다. 김경해(2003). 『Let's PR』, 매일경제신문사. p.125.

5) 정치인, 기업들의 서민기법 이미지홍보(Plain folks) 창출

정치인, 기업들의 서민기법 이미지홍보(Plain folks) 창출

2008년 1월 미 뉴햄프셔의 대통령 프라이머리(예비선거)에서 힐러리 클린턴의 '차갑고 이성적인 이미지'를 '그녀의 눈물이' '따뜻한 인간성의 이미지로' 보여 상대 후보인 버락 오바마 상원 의원을 3% 앞선 39%로 눌렀다. 이는 바로 이미지의 정치 한 면을 보여주고 있으며, 다시 한번 이미지의 중요성을 강조할 수 있다.

서민적 이미지 기법은 정치인들이나 기업인들이 자신을 평범한 서민, 시민으로 내세워 우호적인 이미지를 얻고 어떤 이미지를 부각시켜서 좋아하는 감정이 들도록 하는 기법이다. 화자가 자신과 자신의 견해가 서민처럼 순박성을 지니고 있음을 청중에게 설득시키고자 하는 기법으로서 이 기법은 상품광고보다는 정치광고에 많이 이용된다.

예를 들어, 지미카터는 땅콩 가꾸기에 역점을 둔 정치 홍보를 했다. 또한 클린턴 힐러리 여사가 비서민적이라는 평이 있자, 집에서 평범한 가정주부와 마찬가지로 일하는 모습을 TV 화면에 보이게 했다.

노태우 대통령은 '보통사람 노태우'란 구호 이미지를 정치에 많이 사용했다. 이회창 후보가 가락시장에서 농민과 상인들 사이에서 비빔밥을 먹는 장면 연출이나 노무현 대통령 감성표현으로 영상화면에 눈물을 흘리는 장면 등이 좋은 예이다. 2007년 대통령 출마를 위해 각 당에서 예비 경선하고 있는 정치인들의 부인들은 대신 주자들의 서민기법의 이미지를 다음과 같이 말하고 있다. 손학규 부인인 이윤영 씨는 "검게 물들인 군용 점퍼를 착용하고 자기에게 프러포즈를 했다" 한다. 또한 정동영 부인인 민혜경 씨는 "옷 터지면 짜깁기해 입은 사람, 낡은 옷, 너덜너덜한 양말을 신고 다니는 모습이 맘에 들었다" 했다. 이해찬 부인 김정옥 씨는 "사람 좋은 호인보다 원칙 있는 남편을 좋아한다" 하며, 장관재직 중 추진했던 일 때문에 차가운 이미지가 생긴 것 같다며 안타까워했다.

기업이 서민기법 이미지를 강조하고 있는 경우는 첫째, 현대사회에서는 경쟁제품과 서비스의 수준이 비슷해짐에 따라 회사의 이미지나 명성에 의해 구매를 결정하는 경우가 보편화되고 있다. 둘째, 소비자들이 전혀 들어 보지 못한 기업의 제품을 구입하거나 서비스를 받는 경우가 드물며, 상품보다 회사명에 따라 구매를 결정하는 경향이 두드러지고 있다. 셋째, 회사의 전반적인 이미지 관리는 PR이 가장 중요한 목표이자 업무영역이다.

6) 권력은 TV 이미지에서 나온다

권력은 TV 이미지에서 나온다

옐친, 레이건, 클린턴은 이미지 정치의 승리자로 일컫기도 한다. 색소폰 연주 · 캐주얼패션…… . 유권자 감성자극 케네디부터 클린턴 · 옐친까지 선거전략 해부, 1960년 9월 26일 미국 시카고, 민주당 존 F 케네디 대통령 후보와 공화당 리처드 닉슨 후보가 출연하는 역사상 최초의 TV 토론이 열렸다. 희뿌연 흑백 화면은 두 후보의 옷 색깔을 같아 보이게 만들었지만 화면 속 두 사람은 분명 달랐다. 무릎을 다쳐 병상에 있다 나온 닉슨은 초췌했다. 방송국 측이 분장을 권유했지만 고집스러운 닉슨은 이를 거부했다. 반면 젊은 케네디에게선 활기가 느껴졌다. 말 한 마디 한 마디와 행동 하나하나에서는 자신감이 배어 나왔고, 카메라를 따라 움직이는 시선은 그의 얼굴을 더욱 핸섬하게 보이게 했다. 결과는 흥미로웠다. 라디오로 청취한 사람들은 차분한 목소리로 토론회를 이끈 닉슨에게 높은 점수를 줬으나, TV를 본 대다수의 시청자는 케네디의 손을 들어줬다. 미디어와 이미지의 중요성을 인식한 젊은 케네디의 선견지명이 빛나는 순간이었다.

"권력은 TV에서 나온다"라는 말은 허언이 아니다. 케네디와 닉슨의 토론을 필두로 TV가 정치의 도구로 활용되면서 이미지는 현대 정치에서 필수불가결의 요소가 됐다. 토론회와 뉴스 등에서 보이는 정치인의 이미지는 정책과 정강에 앞서 대중에게 받아들여진다. 설득력을 갖췄다는 케리의 연설이 선언적 단문으로 이뤄진 부시의 연설에 무너진 것은 그 내용 때문이 아니다. 푸른색 와이셔츠의 팔을 걷어붙이고 거침없이 밀어붙이는 부시의 모습에서 많은 미국 국민이 카우보이의 이미지를 느꼈기 때문이다. EBS가 24일과 31일 방송하는 5 · 31 지방선거 특집 다큐멘터리 '이미지 정치, 이렇게 탄생했다'는 이미지전(戰)으로 변한 현대 정치의 추세를 보여준다. '정치 홍보의 선구자'라고 불리는 에드워드 버네이스를 비롯해 1950 · 60년대 전설적인 선거 컨설턴트였던 존 나폴리탄, 카터 캠프의 여론조사 전문가인 존의 고면 등 전문가와의 인터뷰를 통해 이미지와 정치의 공생관계를 살핀다.

두 차례 걸친 남북 정상회담 시의 김정일 국방위원장의 이미지를 PR관점에서 볼 때, 2000년 6월 13일부터 15일, 김대중 대통령과 김정일 국방위원장의 남북정상회담 시 김정일 국방위원장은 평양 비행장에서 자신감 있고 예의 바르게 김대중 대통령을 맞이하였다. 이는 그동안 김정일 국방위원장에 대한 부정적인 이미지를 벗으려는 듯 의도적인 행동으로 보였다. 실제 영상으로 그를 보는 대한민국 국민들은 여러 가지 의미로 해석하고 있다. 어쨌든 그에 대한 과거 부정적이고 도발적인 선입견은 어느 정도 긍정적이고 안심적인 이미지를 주었다. 그러나 2007년 10월 2일부터 4일, 노무현 대통령 영접 시는 그리 밝지 않은 이미지 표정으로 차분하고 절제된 무덤덤한 표정이었다. 그리고 정상회담에는 김양건 선정부장만 대동하고 나왔다. 이는 부동의 리더십과 상황 판단력의 소유자란 이미지를 부각시키면서, 보안과 절제, 그리고 협상 주도력을 가진 1인 지배체제의 신비주의적 지도자란 이미지를 보이려는 듯했다(탁재택, Korea PR. Review, 2007, 사십이호, p.89).

권력은 TV이미지서 나온다 ?

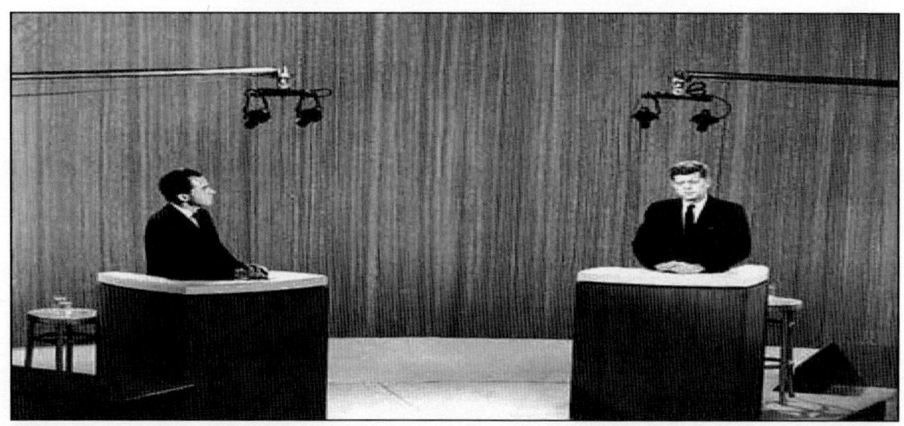

1960년 10월 21일, 미국 뉴욕에서 리처드 닉슨(왼쪽) 공화당 대통령 후보와 존F 케네디 민주당 후보가 라디오 토론을 벌이고 있다. 이날 토론에선 닉슨이 승리했지만 이후 벌어진 TV토론에선 케네디가 닉슨을 압도하며 당선의 기반을 닦았다.

7) 나라별 이미지(national brand image)

나라별 기후나 토질, 인구성향과 습관 및 관습, 역사 등이 다르기 때문에 그 국가에 대한 이미지가 다를 수밖에 없다. 다음은 일본의 Seibu Porco사가 해외 19개국에 대하여 100명의 일본인 남녀에게 조사한 자료이다.

〈표 1〉 나라별 이미지(national brand image)

국명	국가 이미지	이미지 대상
미국	다양성의 나라	자유여신상, 디즈니랜드, 햄버거
오스트리아	음악의 나라	모차르트, 베토벤
이탈리아	문화유적의 나라	스파게티, 피자, 트레비분수
영국	비틀즈가 영웅인 나라	비틀즈, 근위병, 신사
그리스	고대의 나라	지중해, 그리스신화, 올림픽,
이란	석유, 사막의 나라	석유, 사막
이집트	피라미드의 나라	피라미드, 사막, 스핑크스, 나일 강
오스트레일리아	코알라의 나라	코알라, 양, 캥거루
브라질	커피의 나라	커피, 카니발, 아마존
인도네시아	수카르노의 열대성	댄싱, 고무, 수카르노, 발리
인도	힌두교의 나라	카레, 사리, 힌두교
중국	큰 나라	만리장성, 모택동 칼라, 천안문
싱가포르	관광의 나라	바다, 통상, 관광
필리핀	이미지의 문제가 있는 나라	바다, 이멜다
캐나다	자연의 나라	스키, 산림, 호수, 록키 산
러시아	보드카의 나라	보드카, 보르시치, 발레, 붉은 광장
독일	철학과 맥주	맥주, 소시지
프랑스	식도락의 나라	포도주, 에펠탑, 상제리제, 빵
스위스	전쟁 없는 산악의 국가	알프스, 스키, 시계

출처 : Peibu Porco에서, 재구성

8) 기업 최고 CEO의 PI과 이미지 전략

우리나라 최고의 기업을 이끌고 가는 기업 총수(CEO) 12명의 명성관리 전략, 즉 PI 및 이미지전략들을 조사한 자료이다.

<표 2> 최고 CEO의 PI 및 이미지 전략

CEO	PI 및 이미지
삼성 이건희 회장	미래예측 경영자, 위기의식을 강조한 화두 제시
현대, 기아자동차 정몽구 회장	소탈, 검소, 현장 경영 최우선
LG 구본무 회장	'일등 LG'의 리더, 인재확보 및 연구개발(R & D) 강조
SK 최태원 회장	젊음과 패기, 사회공헌, 현대판 신세대층 (각종 최신 전자기기 다루기 좋아함)
포스코 이구택 회장	'강철도 녹이는 스마일 맨' 부드러운 인상과 철강 특성 접목
GS 허창수 회장	고객만족, 장기적인 안목으로 선이 굵은 경영자, 국제감각
한화 김승연 회장	뉴(new)한화 건설, 금융, 레저의 새로운 성장동력 확보앞장, 강한 아버지 모습, 카리스마
한진 조양호 회장	해외 시장개척과 외국 CEO 미팅으로 글로벌 리더 이미지
LG 구자홍 회장	고객과 직원을 내 고객처럼, FUN(즐거운) 경영
GS 칼텍스 허동수 회장	에너지 업계의 독보적 리더
삼성전자 윤종용 부회장	글로벌 리더십과 기업이미지 구축
LG전자 김쌍수 부회장	경영 혁신과 강한 추진력을 갖춘 전문경영인

제3장

구조주의 학자들의 이미지 인식론

제1절 장 보드리야르리의 이미지와 하이퍼리얼리티

　이미지 세계를 장 보드리야르의 하이퍼리얼리티(과실재성, hyperreality)[1] 측면에서 관찰할 때, 이미지는 내파로 재현된 현실과 이미지가 서로 하나가 되기 때문에 이미지가 곧 현실이라는 장 보드리야르의 주장을 뒷받침하고 있는 그의 하이퍼리얼리티에 대하여 또 다른 의문이 제기된다. 장 보드리야르는 매체가 이미지와 기호, 그리고 현실 간에 내파를 일으키게 함으로써, 즉 미디어가 자연 속에 있는 현실체들을 내파시킨 후, 이들이 인공적으로 부활됨으로써 이미지는 실재성보다도 더 진짜로 보이는 과실재성들이 된다고 주장한다.

　이처럼 실재가 아닌 실재는 흉내 낼 대상이 없는 이미지이며, 원본이 없는 이미지가 그 자체로서 현실을 대체하고, 그 현실은 이 이미지에 의해서 지배받게 되므로 오히려 현실보다 더 현실적인 것이다. 이런 일련의 전환적인 과정들이 시뮬라시옹(simulation)이고 모든 실재의 인위적인 대체물이 바로 시뮬라크르(simulacra)이다. 이 시뮬라크르는 그동안 모더니티의 리얼리티 토대 위에서 외파적으로 세분화되고 기계화 기술발달이, 이제는 내부적으로 확장되는 내파에 의해서 일어난다.

---

1) 여기서 말하고 있는 'reality' / 'hyperreality'는 '실재(제)' '현실성' / '(초)극사실성'이나 '파생실재', '과실재성' 등등으로 번역될 수 있을 것이다. 본 연구에서는 '리얼리티'는 현실 또는 실재(제)로, '하이퍼리얼리티'는 과실재성 등 표현으로 혼용해 쓰겠다. 특히 장 보드리야르의 '과실재성(hyperreality)'은 유도 개념으로 과공간, 과정보 같은 것들이 있다. 그리고 과찬, 과욕, 과소비 같은 예도 들 수 있다.

　후기산업사회에서 모더니티라는 것이 베버(M. Weber)에 대한 하버마스(J. Habermas)의 해석이 보여주는 대로, 생활영역의 다양한 분화 과정과 그에 따른 사회적 분화 및 분리로서 규정된다면, 이제 포스트모더니티는 료타르(J. F. Lyotard)와 프레드렉 제임슨(F. Jameson), 그리고 장 보드리야르에 있어서 현실과 재현가능성 여부 즉 이미지와 현실 간의 관계에 관한 문제에 초점을 두었다. 료타르의 경우는 총체적 현실을 재현할 수는 없고, 그 관계가 반영이든 왜곡이든, 이미지와 실재 간의 모종의 관계를 상정하는 입장을 취한다. 프레드릭 프레드렉 제임슨(1984)은 모더니즘 문화의 자율성 공간이 붕괴되면서 팽창된 자본의 위력이 기호영역과 재현체계 그리고 생활세계의 모든 문화영역에 전면적으로 확산 침투된다. 그래서 후기자본주의 시대에 있어 문화적 형식의 생산과 교환 그리고 소비 그 자체가 경제적 실천의 핵심으로 포섭되기에 이르렀다. 그 결과 포스트모더니즘적 소비자본주의 사회는 물상화의 극치를 이루게 되었고, 문화영역과 경제적 영역의 분화(differentiation)는 와해 혹은 내파된 것이다. 이런 시대적 환경의 변화에 따라, 오늘날 우리 생활의 많은 영역은 테크놀로지의 발달에 힘입어 미디어 속으로 내파된 후 과실재성으로 나타난다. 즉 일상생활의 심미화, 시공간의 압축에 따른 사회적인 것의 신축성 증대, 그리고 하이퍼리얼리티의 새로운 영역의 확대이다. 2002년 아프간 전쟁, 이라크 전쟁 자체가 TV에 내파(implosion)됨으로써 TV 스크린이 전쟁터가 되었다.

　예컨대 TV 화면에 비친 레이더 교량 폭파 장면은 국가 정보당국에 검열된 세척된 이미지로 이루어진 '깨끗한 전쟁의 영상'으로 과실재적(hyperreality) 전쟁이었다. 즉 실제 전쟁이 TV에 내파되어 TV 스크린 자체가 전쟁터가 되고, 오늘날 PC 속의 가상세계가 내파되어 실제 현실로 나타나고 있다.[2] 그리고 주변이 중심에 내파되어 동

---

2) 내파로 과실재성 현상은 우리 주변에 많이 발생하고 있다. 예를 들어, 페르시아만 전쟁은 수많은 스펙터클이 화면에 포장된 전쟁의 영상들이 방영되었다. 딕체니(당시 미국 국방장관, 현 부통령)가 말했듯이 이 전쟁은 '가짜 진짜 전쟁'이었다. 그럼에도 TV 시청자들은 보는 전쟁, 볼거리(스펙터클)를 제공한 '깨끗한 전쟁'이어야만 했다. 실로 TV 전쟁은 '하이퍼리얼(hyperreal)'이었다. 여기서 가짜가 진짜가 되고 허구와 실제가 혼합된 전쟁이었다. 초정밀 폭격이나 소위 '깨끗한 전쟁'으로 시청자에게 투영되는 것은 일차적으로 미국 국무성 검열제도에 의한 것이다. 전쟁 지지자들의 외침과 반전 시위자들의 외침이 공정한

질적인, 똑같은 하나의 공간이 인간들과 사물들을 묶는 조작적 공간으로 변화시키고 있다. 이 변화가 기 드보르(Guy Debord)가 말한 바와 같이, 오늘날 인간의 삶을 '스펙터클의 사회(Society of The Spectacle)'라고 진단하면서, 이 사회에서 인간의 관계는 미디어와 이미지가 매개되어 현실을 왜곡시키고 소외된 사회적 관계로 만든다. 이런 외견상의 현상들은 물질적 산물이라기보다는 이미지라고 한다(S. Conner, 1989: 51). 이는 결국 소비의 영역들이 문화적 수준의 영역으로 창출된다는 것을 의미한다.

이런 맥락에서 보드리야르의 내파이론은 재현과 리얼리티, 즉 현실과 기호의 경계를 허무는 사회적 엔트로피(entropy)의 진행과정을 서술하고 있다. 이것은 미디어에서 의미가 내파되고, 대중에게서 미디어와 사회적인 것이 내파되는 것을 포함한다(Baudrillard, 1983b).

이처럼 미디어와 우리 생활이 엔트로피가 되는 것은 초현실 안으로 현실이 내파되기 때문이다. 즉 상징적 기호로 이미지와 현실이 내파되어, 이미지와 그의 지시대상인 현실과는 어떤 관계도 없는 과실재성만이 남게 됨으로써(이정호, 1998), '이미지가 그 자체로 실체'라는 주장이다. 이로써 이미지와 현실은 곡선과 원, 즉 비유클리드 기하학(non‒Euclidean geometry)3) 위치에서 하나로 통합된(a single concept) 존재로 간주된다.

그러나 장 보드리야르는 과실재성 개념을 설명하는 그의 텍스트에서 다음과 같은 논리상의 오류를 드러내고 있다. 그는 "리얼리티(현실, reality)가 내파되어 소멸된 포스트모던 시대에서는 리얼보다 더 리얼한(more real than real) 하이퍼리얼리티가 리얼

동률의 반영시간을 분배받고 TV 위에서 역시 깨끗하게 한 의식(儀式)처럼 방영되었다. 살상된 시민들의 피비린내도, 군인들의 땀 냄새도, 시위자들의 뛰는 가슴도, 사우디아라비아 사막의 황량함도 모두 말끔하게 제거된 오직 깨끗한 영상들만이 TV 위에서 어른거렸다. 또한 PC의 가상세계를 현실세계로 정신분열증을 일으킨 청소년 모방적 살인 행위 등이 그 좋은 예이다(김경용, 1993 / 윤영민, 2000).

3) 비유클리드 기하학(non‒Euclidean geometry)은 독일 수학학자 나이만(bernhard riemann, 1826‒1866)이 제시한 타원형적인 기하학으로서 선분에 존재한 두 지점은 서로 만난다는 논리인데, 장 보드리야르는 이 논리를 자기의 내파이론에 도입한다. 그래서 곡선의 세계에서는 재현된 이미지와 실체가 서로 만나서 하나가 되기 때문에 이미지는 곧 실체가 된다.

리티로 자리매김한다"고 보았다. 다시 말해 "하이퍼리얼리티(hyperreality)가 바로 오늘날의 리얼리티(Baudrillard, 1983a: 147)"라는 것이 장 보드리야르의 주장이다.

여기서 '더 리얼하다(하이퍼리얼리티)'는 것은 '리얼한' 것의 존재가 엄연히 전제된다(Norris, 1987: 182). 이러한 장 보드리야르의 설명에 따르면 '현실(리얼리티)보다 더 현실적인 이미지(하이퍼리얼리티)'가 '오늘날의 현실'이라는 것이다. 그러나 '더 현실적일 수 있다'는 것은 이미 이미지와는 차이를 갖고 있는 '이미지보다 덜 현실적인' 객관적 현실을 전제하는 것이 된다. 그러므로 '현실보다 더 현실적인' 이미지와 객관적인 현실은 같은 존재론적 지위를 가질 수 없게 된다. 이와 같이 내파 현상으로 생성된 과실재성(하이퍼리얼리티)이라는 개념을 통한 장 보드리야르의 주장에서도 이미지는 현실과의 차이에 의해 존재하고 있다는 것이 발견된다. 따라서 하이퍼리얼리티는 리얼리티의 연장이 아니라 그 너머에 있는 것으로 이해하는 장 보드리야르의 내파이론이 가지는 모호성을 밝힐 필요가 있다.

이러한 의문은 후기구조주의와 쟈크 데리다(J. Derrida)의 해체주의(deconstructionism)[4] 관점을 환기시킨다. 쟈크 데리다에 의하면 모든 본래의(primal) 것과 토대(grounding), 근본(fundameretal)의 중심은 애당초 존재하지 않는다. 그래서 쟈크 데리다의 언어의 세계관은 현실과 이미지 간에 차이와 대립 그리고 상관적 관계에서 구성되기 때문에 완결적인 의미구성은 불가능하다는 입장을 보인 반면, 장 보드리야르의 내파의 언어세계관은 고정된 지시대상, 기표와 기의 차이 소멸 등으로 하나로 통합된 로고스 중심주의적인 기호일원론이다. 이는 쟈크 데리다의 관점에서 다분히 근원주의적 기존 서열로 전도(reversed)되고 근거 없이 상정해 온 인간의 폭력적인 이원적 형이상학적 서열제도이므로 해체되어, 재배치(displacement)되어야 한다.

특히 초기 주류미디어 연구에서 미디어에 대한 새로운 인식의 필요성을 제기하며 이후 미디어와 현실의 관계에 통찰력을 제시한 학자로 마샬 맥루한을 언급하지 않을 수 없다. 따라서 다음 절에서는 장 보드리야르의 이미지에 대한 하이퍼리얼리티

---

4) 쟈크 데리다(J. Derrida)의 해체(deconstruction) 또는 해체주의(deconstructionism)를 중심으로 한 후기구조주의(post‒structuralism)는 텍스트로서의 세계와 그것의 현상들을 '읽는' 새로운 시각이다.

이론과 그 이론의 시원적 흔적을 찾을 수 있는 마샬 맥루한의 미디어 이론에 대해 살펴보도록 하겠다.

제2절 마샬 맥루한의 미디어 이론

마샬 맥루한은 누구보다 먼저 미디어의 이미지와 현실의 차이를 암시했다. 그가 주류미디어 연구에서 주목을 받게 된 것은 다음의 유명한 명제에서 시작되었으며 이 명제는 미디어와 이미지, 그리고 현실의 관계에 대한 그의 주장을 함축하고 있다.

"The Medium is The Message: 미디어는 메시지이다."[5](McLuhan, 1964: 7)

그는 위 명제에 다음과 같은 설명을 부연한다. "이는 모든 미디어가 우리 자신의 확장이며 이 미디어의 개인적 및 사회적 영향은 우리 하나하나의 확장, 바꾸어 말한다면 새로운 테크놀로지 하나하나가 우리에게 도입되는 새로운 척도로서 측정되어야 한다는 것이다."(McLuhan, 1964)

이 짧은 명제와 그 부연 설명은 미디어를 보는 시각을 크게 두 가지로 나뉘게 한다. 우선 미디어를 커뮤니케이션 내용의 통로로 보고, 이 통로보다 내용을 우위로 보는 기존의 시각이다. 두 번째는 미디어를 밖으로부터 바라보는 마샬 맥루한의 시각이다. 마샬 맥루한은 메시지의 내용이 아무런 역할을 하지 않는다는 뜻은 아니고 다만 그것이 매우 부수적인 역할을 할 뿐이라고 주장했다. 이러한 그의 주장은 각

---

5) '미디어는 메시지다(The Medium is the Message)'는 이 말은 미디어가 곧 내용인 메시지를 결정한다는 의미와 더불어 그 미디어에 의해 인간이 변화한다는 사실까지도 포함하고 있다. 즉 그에게 있어 미디어는 중추신경계의 확장과 같은 것이었고, 따라서 McLuhan, *Understanding Media: The Extensions of Man,* 1964이 어렵다는 이유로 1967년에 프랑스의 포스트모던 화가 쾽땡 피오르(Quentin Fiore)와 함께 쓴 책에서는 『미디어는 맛사지다 (*The Medium is the Massage*)』라는 제목하에 미디어가 어떻게 인간의 감각기관을 자극하여 인간과 사회를 변화시켜 나가는지를 설명하게 된다.

종 테크놀로지들이 미디어로 주목받고 있지 못한 초기 주류미디어 연구에 대한 시작되었다. 커뮤니케이션에 대한 기존의 정의에서 미디어를 바라보는 시각이 미디어 의지적으로 영역을 제한하고 있다는 것이다. 커뮤니케이션에 대한 기존의 정의에서는 미디어를 단순히 커뮤니케이터가 커뮤니케이션하기 원하는 내용을 담는 용기 또는 그 내용을 전달하는 통로로 여겼다. 이에 미디어의 특성은 그 내용의 차이에 따라 달라지는 것으로 보인 것이다.

하지만 마샬 맥루한의 주장에 의하면 그는 모든 미디어의 특성, 즉 모든 미디어의 '내용'은 언제나 또 하나의 미디어라고 말한다(McLuhan, 1964). 결국 미디어의 특성을 결정하는 것은 그 담긴 내용이 아니라 그 미디어 자체의 특성이라는 것이다. 같은 맥락에서 마샬 맥루한에게 모든 테크놀로지는 미디어로 간주된다. 이는 테크놀로지에 인간의 사용법이 더해져야 거기에 '내용'이 생겨나서 그 테크놀로지가 미디어로 인정되는 것은 아니라는 주장이다. 따라서 그에 의하면 "미디어의 내용은 우리가 미디어의 본성을 아는 데 있어서 오히려 방해가 되기 쉽다"는 것이다. 이러한 파격적인 주장은, 우리에게 중요한 것은 전달하는 내용이지 그 미디어 자체는 아니라는 사회적 통념을 바꾸는 것이었다.

그가 주장하는 것은 미디어의 내용이란 그것을 전달하는 미디어의 테크놀로지와 분리해서 생각할 수 없다는 점이며, 사실상 사람이나 사회에 영향을 미치는 것은 그 내용이 아니라 미디어라는 것이다. 그는 미디어가 전체 메시지의 총합 이상으로 사람들에게 영향을 미친다고 믿었다. 그렇기 때문에 똑같은 말이 면-대-면으로 행해지는 것과 신문에 나가는 것과 TV로 방송되는 것은 서로 다른 세 가지의 메시지를 전해 주는 것이라고 보았다. 그는 미디어 자체를 조감하며, 미디어가 전달하는 내용과는 별도로 미디어 자체가 지닌 내용을 말하고 있는 것이다.

여기서 그는 미디어 연구가 한 걸음 더 나가게 한다. 그는 테크놀로지를 언어로 본다. 다시 말해 미디어를 언어로 간주하는 것이다. 언어가 그렇듯이 미디어, 즉 테크놀로지도 어떤 문법에 의해서 사용자의 지각작용에 효과를 일으킨다고 유추하는 것이다. 그의 기본 가설은 사람들이 특정한 감각의 균형 혹은 비율을 통하여 그들의 환경에 적응하게 되고, 그리고 그 시대의 주요 미디어가 사람들의 인지에 영향을 미치는 특정한 감각적 균형을 결정한다고 한다. 여기서 그는 모든 미디어가 인간 능력의 확장이라고 보았으며, 이들 미디어들은 사람들의 특별한 감각을 확대시킨다고 보았다. 다시 말해 마샬 맥루한은 미디어를 단순한 커뮤니케이션 도구가 아니라 우리 감각을 외부로 끌어낸 인간 능력의 확장이라고 보았다는 것이다(Carey, 1981: 173). 즉 바퀴는 발의 확장이고, 책은 인간의 눈의 확장이며, 의류는 피부의 확장인 동시에, 전자회로(특히 컴퓨터)는 중추신경의 확장인 것이다.

이같이 그에게 있어 미디어는 인간의 신체와 감각들의 연장을 창조, 발전시키는 모든 테크놀로지를 망라한다. 이로써 미디어는 우리의 범위를 확장시키고 효율성을 증대시킬 뿐만 아니라 우리의 사회적 존재를 조직하고 설명하는 필터로서도 기능하고 있다. 마샬 맥루한은 그러한 이유 때문에 인간 감각이 자극과 손상을 입으면 새롭게 감각의 비율이 형성되는 것처럼 새로운 미디어의 등장도 인간 감각비율의 균형을 깨뜨린다고 보았다(김정탁, 1995: 54).

이 '확장'이란 말은 하나의 은유를 넘어서, 다분히 문자 그대로 인간 감각을 새 형식으로 변이시키는 힘을 뜻하고 있다(이정춘, 2000: 146). 그러므로 미디어는 인간의 확장으로 등장하면서, 동시에 인간 자체를 변화시킨다. 즉 인간은 미디어의 원인이자 동시에 미디어 효과의 대상인 것이다. 수면에 비친 자신의 영상이 마치 자신의 확장 또는 복제이듯이, 미디어는 인간 욕구의 환경에 나타나는 인간 자신의 확장이다.

이렇듯 마샬 맥루한은 인간이 미디어로 인하여 완전한 변화를 경험하게 된다고 주장하며 이 변화 자체를 메시지라고 본다. 이러한 논리를 받아들인다면 미디어는 메시지일 수밖에 없다. 또한 미디어가 인간의 확장이라는 것은 미디어의 이미지가 인간 현실의 확장이라는 것을 암시하고 있는 것이다. 따라서 미디어라는 이미지는 현실과의 사이에 차이를 두고 있다는 전제를 하고 있다. 이 점에서 마샬 맥루한이 기존의 미디어 연구에서 재현의 거리를 암시한다고 할 수 있다.

미디어와 현실 관계를 암시하는 마샬 맥루한의 예측은 그의 이론을 펼치는 가운데 제안한 분석적 도구에서도 발견된다. 미디어가 인간의 감각과 맺는 관계를 표현하기 위해 마샬 맥루한이 도입한 분석적 도구는 핫 미디어(hot medium) / 쿨 미디어(cool medium)의 구분이다. 그에 의하면 핫 미디어는 정보의 정밀도가 높고 수신자의 낮은 참가도를 요구하는 미디어이고(hot media＝high definition, high participation), 쿨 미디어는 반대로 정보의 정밀도가 낮아서 수신자의 높은 참가도를 요구하는 미디어(cool media＝low definition, low participation)이다.[6]

그러나 이는 시간에 따라 변할 수밖에 없는 상대적인 개념이다. 즉, 한때는 핫 미디어였던 것이 나중에 테크놀로지의 발달로 쿨 미디어로 간주될 수 있는 것이다. 사실 마샬 맥루한도 현대에는 '핫 미디어'는 참여적이고 '쿨 미디어'는 비참여적인 예도 무수히 많다고 지적하여 이 개념들이 상대적인 것임을 전제하고는 있다. 그러므로 이것은 마샬 맥루한이 '핫 미디어'와 '쿨 미디어'를 절대적인 의미를 지니거나 단순히 흥미를 불러일으키게 하는 수사로 사용한 것은 아니라고 보아야 한다. 이는 어떤 매체는 정보량이 많으나 특정 단일 감각기관을 고도로 확장시켜 커뮤니케이션을 왜곡시키는 반면 또 다른 매체는 정보량은 적지만 모든 감각기관들이 동시에 작용하게 한다는 것을 주장하고자 한 것이다. 이러한 '핫 미디어'와 '쿨 미디어'의 구분은 미디어의 인식과정에 대한 이해를 통해 가장 이상적인 커뮤니케이션을 가장 잘 구현할 수 있는 미디어를 잘 파악하기 위한 의도였다는 것이다.

결국 마샬 맥루한은 미디어들이 갖고 있는 정보성과 수용자들의 인식적 개입의 여지는 궁극적으로 사회에 대한 근본적인 영향을 주는 요인이 된다고 간주하였다. 따라서 한 가지 유형의 미디어로부터 다른 유형의 미디어로의 변화는 사회에 긴장과 변화 분위기를 조성하는 것이라고 마샬 맥루한은 주장한다.

이상의 마샬 맥루한의 분석적 도구인 핫 미디어／쿨 미디어의 구분에 본 연구가 주목하는 것은 여기서 마샬 맥루한의 이론이 미디어와 현실 사이의 간극에 암암리에 주목하고 있음을 또 한번 알 수 있기 때문이다. 그의 핫 미디어／쿨 미디어의 구분에서 미디어의 정보량이나 정보성의 정밀도와 커뮤니케이션의 왜곡관계를 설명하고자 시도하는 가운데 미디어를 통해 나타나는 이미지가 그 지시대상인 현실을 왜

---

6) 예컨대 라디오와 전화를 비교했을 때 라디오는 핫 미디어이며, 전화는 쿨 미디어 된다. 같은 방법으로 영화는 핫 미디어이며 텔레비전은 쿨 미디어다. 어떤 절대성보다는 소구하는 감각의 정밀도에 의해 구분된 이러한 구분법은 미디어에 의해 인간이 대상을 인식하는 방법이 달라질 수 있음을 보여주고, 더불어 구성하는 세계 자체가 달라질 수 있음을 설명하게 된다(McLuhan, 1997: 47~48).

곡할 수 있다는 전제를 하고 있다는 점에서 이미지와 현실, 미디어와 현실 간의 차이를 암시한다는 것이다.

그러나 한편 이러한 마샬 맥루한의 기본 명제에 장 보드리야르는 다시 주석을 붙이면서 마샬 맥루한의 이론들이 내파현상에 통찰력을 제시했음을 내보이고 있다. 처음에 장 보드리야르는 '미디어는 메시지이다'라는 명제를 의미든 사건이든 사물의 실재성이든, 이 모두가 미디어가 부과하는 모델과 형식(또는 세계관과 이데올로기) 안에서만 성립할 수 있다고 해석했다. 그러나 그가 내파라는 개념을 제시하면서 마샬 맥루한의 공식이 마주치는 한계 상황을 비판적으로 지적하는 것이다(김상환, 1999: 440). "바로 이곳이 마샬 맥루한의 공식이 마지막 한계에 이르는 지점이다. 즉 미디어 속에서는 메시지의 내파만이 있는 것이 아니다. 바로 동일한 운동 속에서, 매체 자체의 실재 안으로의 내파가 있으며, 미디어의 정의와 명확한 행위조차 표시할 수 없는 그런 과실재성 속에서 일어나는 미디어와 실재의 동시적 내파가 있다"라고 말이다(Baudrilard, 1981: 126).

그는 미디어의 내적 공간에서 기호와 정보가 과도한 양에 이르면 실재와 의미 그리고 메시지가 자체적으로 내파된다고 하면서 미디어 안의 모든 내용물이 내파한다고 주장한다. 이에 마샬 맥루한의 공식은 그 내용물 전체가 내파될 때 미디어 자신이 기화되어 버린다는 것, 그래서 메시지의 종말은 동시에 미디어의 종말이라는 것을 예상하지 못했다는 것이다. 다시 말해서 한 실재와 다른 실재, 한 상태의 현실에서 다른 상태의 현실을 이어주는 매개적 반복은 없다는 것이다. 또한 이것이 엄밀한 의미에서 내파가 뜻하는 것이라고 단언한다(Baudriallard, 1981: 127). 사실 마샬 맥루한이 메시지보다 미디어를 우위에 두려고 했던 점은 장 보드리야르가 현실보다 이미지, 즉 기의보다 기표를 우위에 두려 했던 시도와 일맥상통하는 면이 있다. 또한 이후 설명하고자 하는 쟈크 데리다의 이론에서 이미지(글, 영상 등)의 인간작용이 말의 사회적 작용보다 우위에 있다는 주장에서도 마샬 맥루한의 영향력이 발견되곤 한다.

또한 장 보드리야르는 마샬 맥루한의 이론에 대한 비판과 함께 그의 내파현상을 제시하지만 그의 모호한 글쓰기는 마샬 맥루한의 *Understanding Media: The Extensions* *of Man*에서 볼 수 있는 마샬 맥루한 특유의 문체와도 닮아 있어 그 영향성을 점검해 볼 필요성을 더 짙게 한다. 수많은 은유와 환유, 과장과 축약을 나열하는 장 보드리야르의 문체에서 비약과 압축이 난무하고 몽타주 기법까지 동원하고 형식이 내용을 압도하는 마샬 맥루한 특유의 글쓰기에서 문체를 엿볼 수 있기 때문이다.

이상의 마샬 맥루한의 미디어 이론은 미디어 환경의 변화로 나날이 새로운 변동의 양상을 경험하고 있는 현대사회에 있어 이미 30여 년 전에 통찰력을 보여주며 이미지와 현실 간의 차이에 새롭게 주목을 받게 했다는 것을 알 수 있었다. 어쩌면 이러한 그의 통찰력이 마샬 맥루한 당시의 몰이해와 오해 속에서 진정한 평가를 받지 못하다가 1960년대보다는 1990년대에 훨씬 큰 호소력을 갖게 한 것일 수도 있을 것이다. 그러나 그가 현실과 미디어의 이미지 간의 차이를 암시하고는 있지만 여전히 커뮤니케이션 과정을 메시지의 전달과정으로 간주하여 그 명확한 차이에 주목하고 있지 않음을 발견할 수 있다. 따라서 커뮤니케이션 과정을 기호의 의미작용으로 간주하며 현실 자체가 고정된 존재가 아닌 구조 안에서 끊임없이 변화하는 것이라는 인식의 전환을 가져온 구조주의와 후기구조주의에서의 현실규정에 관한 논의가 먼저 정리되어야 할 필요가 있다.

다음 절에서는 현대 언어학의 창시자이며 구조주의적인 인식방법을 최초로 확립한 가히 혁명적인 구조언어 학자였던 소쉬르는 구조주의적인 관점에서 미디어의 이미지와 현실의 차이를 어떻게 인식하고 있는지를 살펴보기로 한다.

제3절 구조주의(structuralism)와 후기구조주의(post‑structuralism)

앞 절에서 기존의 미디어 연구에서 미디어와 현실은 어떠한 관계를 맺어왔는지에 대한 논의들을 살펴보았다. 모든 논리들은 결국 미디어가 현실을 부호화하는 이미지를 생산하는 현장이라는 전제하에 미디어 연구는 현실과 미디어가 생산한 이미지 사이에서 그 간극의 정도가 얼마나 되는지, 현실을 객관적으로 표현하는 데 있어서 그 사이의 거리를 어떻게 조절할 수 있는지, 또는 그 차이 정도에 의해 어떠한 의미작용의 편향이 생성되는지에 대한 쟁점에 집중됨을 알 수 있었다. 또한 이러한 쟁점에 대하여 통찰력을 제시한 마샬 맥루한의 이론에 좀 더 관심을 기울여 보았다.

이러한 이론들이 현실을 부호화하는 과정에서 관계성과 맥락을 설명하는 것은 기본적으로 소쉬르의 언어구조학에서 발전한 구조주의에 바탕을 두고 있다. 따라서 언어세계가 시대와 학자들에 따라 실재세계를 어떻게 나타내고 있는가를 살펴볼 필요가 있다.

이번 절에서는 소쉬르의 언어구조학으로부터, 구조주의, 후기구조주의에 이르는 실재세계에 대한 인식에 관한 이론들의 개념과 역사성을 살펴보기로 하겠다.

60년대 프랑스의 지성계를 풍미하기 시작한 구조주의는 언어학적 관점을 제시하는 소쉬르와 이데올로기적 관점에서 분석하는 알튀세르(L. Althusser)가 대표적인 학자이다. 구조주의는 경제와 문화보다는 이데올로기와 사회구조와의 관계 및 구조에 초점을 맞추고 있다. 특히 문화주의 연구에서 텍스트의 분석이 차지하는 중요성의 원인은 구조주의 언어학에서 찾을 수 있다. 오설리반(T. O'sullivan)은 구조주의를 "어떤 문화적 행위나 작품의 의미생성을 가능케 하는 시스템과 관계, 형식 등 구조에 주목하는 지적인 시도"로 정의하고 있다(Saussure, 1966). 구조주의는 의미에 대한 수용형태라기보다는 의미를 생성시키는 구조에 관심을 갖고 있어, 기호에 대한 분석을 중점으로 시도하고 있다. 현상학에서 말하는 사람 즉 발화의 주체(speaking subject)를 의미생성의 원천으로 보는 데 비하여, 구조주의는 이른바 의식 주체와 무관한 객관적 체계 혹은 구조에 의하여 의미가 생성된다고 보는 것이 특징이다(조종혁, 1999: 412). 이후 이러한 관점에서 사회문화적 이슈를 더욱 구체적으로 다루고 설명하려는 시도를 진작해 온 구조주의에 대표되는 학자로는 레비스트로스(Claude Levi-Strauss), 바르트(R. Barthes) 등을 들 수 있다.

이러한 구조주의의 논지는 그 모태가 되는 구조언어학의 논리에 대한 이해가 있을 때 명확해진다. 따라서 이후 구조언어학의 창시자인 소쉬르의 이론을 시작으로 구조주의의 이론적 흐름을 구체적으로 살펴보겠다.

1. 소쉬르의 구조언어학

소쉬르의 구조언어학을 설명하기에 앞서 그의 이론이 등장하게 된 언어학의 연구 배경을 살펴보겠다. 그의 언어학의 배경은 미디어 연구의 흐름과 다분히 닮은 점이 많은데 결국 언어란 우리의 의미작용에 있어서 기초적인 미디어이기 때문이라고 하겠다. 초기 언어연구에서 일반적 언어는 현실세계를 그대로 나타내거나 주관적인 관념 혹은 의식을 표현하는 도구로 생각할 수 있다. 언어의 의미는 현실세계나 관념 혹은 의식과 같은 어떤 근원에서 유래한다고 보는 것이다. 다시 말하면 전통적으로 언어는 현실세계를 나타내거나 개인의 주관적 의식을 표현하는 도구로 생각해 왔다.

언어의 의미는 그것에 의해 외재(外在)하는 현실세계(external reality)나 혹은 우리의 주관적 관념이나 의식 같은 내면적 세계(internal reality)에 그 근원이 있다고 생각해 왔다. 구체적으로 중세의 유명론(nominalism)7)이나 근세의 경험론(empirisme)8) 및 현대의 실증주의(positivism)9)는 언어가 객관적 현실을 여실히 반영한다고 보았고, 중세의 본질론10)이나 근세의 합리론 및 오늘날 현상학에서는 언어가 우리의 주관적 관념을

---

7) 유명론(nominalism)은 세계에는 보편적 존재가 실재하지 않는다는 이론이다. 이 이론에 따르면 참된 실재는 개체적 존재이며 보편적 존재는 단지 개념이나 말뿐이다. 이 이론은 보편자 문제에 대한 응답으로 제기되었다. 보편자 문제란 우리가 사용하는 일반적 개념('인간', '아름다움', '개' 등)에 상응하는 보편적 실재가 존재하는가를 다룬다. 유명론을 내세운 사람은 중세(14세기) 오컴이다(Élisabeth Clément et al, 1994, 이정우 옮김, 2000: 225).

8) 경험론(empirisme)에 대한 가장 일반적으로 여겨지는 주장은 첫째 인간의 인식이 감각적 기반을 가진다고 주장한다. 둘째 원초적 감각으로부터 출발해 기호를 거쳐 일반적인 개념과 관념이 생산되는 과정을 기술한다. 마지막으로 모든 사변을 경험의 자료들로부터 벗어나는 것으로 본다. 경험론을 주장한 학자는 로크, 흄, 마흐, 비트켄슈타인 등이다(Élisabeth Clément et al, 1994, 이정우 옮김, 2000: 28).

9) 실증주의(positivism) 대표인 콩트(A. Comte)는 다음과 같이 주장한다. 1) 과학적(실증적) 정신은 인간 정신을 진보시키는 필연적 법칙에 의해 신학적 믿음과 형이상학적 설명을 대체한다. 2) 과학들이 백과사전 서식표를 제시할 수 있다. 3) 이 과학의 시대에 사회의 합리적인 조직화에, 그리고 신이 없는 새 종교에 기초를 둔 정치가 상응해야 한다(Élisabeth Clément et al, 1994, 이정우 옮김, 2000: 188).

표현한다고 보는 것이다.

논리 실증주의나 초기의 비트겐슈타인(Ludwig Wittgenstein)의 언어그림이론은 언어가 현실세계를 있는 그대로 반영하며, 언어의 구조와 실재세계의 구조가 구조적으로 대응하기 때문에 언어는 실재 시뮬라크르 혹은 사진과 같다고 보았다. 여기서 사진 같다는 의미는 두 가지 의미로 해석할 수 있다. 그 하나는 언어가 현실을 굴절 없이 그대로 잘 반영한다는 의미이고, 다른 하나의 의미는 사진이 언어의 도구상자와 같아서 다양한 도구와 기능으로 이루어져 있다. 이것을 사용하는 올바른 방식과 그릇된 방식이 따로 존재하는 것이 아니다. 모든 것은 상황과 언어사용의 목적에 의존한다. 달리 말해 의미 있는 언어의 절대적인 규칙들은 존재하지 않는다.

여기서 의미작용의 본질은 존재하지 않는다. 이 점에 대해서는 다음 절에서 논의되겠지만 장 보드리야르에게는 '내파'로 쟈크 데리다에게는 '해체' 논리와 같은 맥락에서 논의될 수 있겠다. 이런 논의들로 보는 언어분석의 관점은 바뀌게 된다. 더 이상 현실의 표상이라는 인식적인 관점이 아니라, 언어의 일상적이고 다양한 사용과 소통이라는 관점이 채택된다는 것이다(Élisabeth Clément et al, 이정우 옮김, 2000: 140).

한편 사르트르(Sartre, Jean－Paul)는 언어를 의식상태를 표현하는 도구로 보면서도 표현하려는 의도와 표현에 동원된 언어 간에 간극이 있음을 인정하였다(Poster, 1975: 309). 그러나 전통적 언어관은 언어의 의미가 외적 현실이나 혹은 내면의 의식상태라고 하는 언어 외적인 어떤 근원에서 유래한다고 보는 점은 공통이며, 이러한 언어관을 근원주의적 언어관이라고 볼 수 있다.

그런데 이러한 언어관들에 소쉬르는 새로운 언어관을 더하게 된다. 이후 구조주의 언어학자로 불리는 것처럼 소쉬르는 언어학의 구조 개념을 밝혀냄으로써 구조주의의 선구자 역할을 하게 된 것이다. 소쉬르의 관심은 무엇보다도 인간의 상징적 현실세계에 머문다. 그에게 언어사용에 기초한 상징적 현실을 떠난 그 어떤 객관적 현실의 존재란 있을 수 없으며, 만약 그것이 존재한다면 이차적 관심에 지나지 않

---

10) 한 존재의 본질을 탐구한다는 것은 그것의 본성을 이루는 것을 찾아내는 것이다. 플라톤에서 본질은 진리의 특성(보편성과 필연성)을 가지기 때문에, 더 참되고 더 가치 있는 존재이다. 장 보드리야르의 세계관에서는 본질과 현상의 구분이 내파되어 구분이 없다.

는다. 다시 말해 소쉬르는 사회인들의 현실세계는 그가 사용하는 언어의 구조, 즉 상징체계에 의해 규명될 수 있는 것으로 보았다. 사회인들은 엄밀한 의미에서 자신들이 그 속에서 생활하는 상징구조의 특성에 따르는 상이한 의미의 세계, 상이한 현실세계를 지니는 것이다. 소쉬르의 이론적 탐색은 이와 같은 기호의 형성조건에 대한 탐색으로부터 출발한다. 그가 보기에 기호란 사용자가 마음대로 사용할 수 있는 것이 아니다. 기호란 사회적인 약속으로서, 사용자는 단지 그 약속된 체계 내에서만 기호를 사용할 수 있을 뿐이다.[11]

소쉬르는 인간이 행하는 상징활동의 특성을 랑그(langue)와 빠롤(parole)의 개념으로 설명하였다. 랑그는 한 문화권의 언어체계에서 구성원 개인들에 의해 생각되고 말하여질 수 있는 상징 가능한 모든 것들, 혹은 상징화의 총체적 레퍼토리이다. 랑그는 추상적 체제이다. 이에 반해 빠롤은 랑그가 한정하고 규정하는 범위 안에서 개인이 실행하는 특정한 표현으로서의 말을 뜻한다. 개인들이 처한 상황에서 언어를 실생활에 사용하는 구체적 과정의 산물이다(김경용, 1995: 326). 예를 들어 TV 뉴스에서 들은 것이나 본 것에 대해 다른 사람에게 말로 설명하는 것이나 손짓 발짓으로 표현하는 것은 빠롤의 예이다. 빠롤은 이처럼 다른 사람들과의 상호작용에 쓰이기 때문에 사회적이다. 따라서 빠롤의 실행은 랑그의 문화적 가치와 전제들을 재생산한다. 랑그는 빠롤의 다양성을 설명하는 상징구조인 것이다. 소쉬르는 인간의 상징세계, 의미생성의 과정을 표징들의 관계, 즉 상징구조에 의해 설명할 수 있었다. '남자'라는 표징[12]의 의미는 '여자'라는 표징과의 관계에 의해서 규명되는 것 등이다. 이러한 표징관계의 구조를 떠나 남자 혹은 여자의 자연적 의미는 존재하지 않는다. 그는 다만 표징과 표징 사이의 관계 혹은 상징구조 안에서 사회인들이 떠올리는 현실 이미지를 이해하고자 하였다. 바꾸어 말하면 한 표징의 의미는 그것과

---

11) 소쉬르는 기호는 자의적이며, 그것은 다른 기호들과의 차이에 의해 정의될 뿐이라고 말한다(라도삼, 1999: 47).

12) 조종혁은 "'sign'을 기호 대신에 '표징'으로 칭하고 있다. '기호'가 소스의 존재와 의도를 시사한다면, '표징'은 특정한 소스의 존재와 의도를 전제하지 않는 보다 넓은 의미의 자극, 혹은 의미부여의 대상으로 여겨진다. 기호학의 추구는 반드시 소스의 존재와 의도를 전제하지 않는 의미생성 과정의 설명이라는 사실이 고려되었다"라고 한다(조종혁, 1999: 425).

다른 대조적 표징들의 존재, 즉. '아기' '청년' '어른' 등 표징들과의 관계에서 떠오른다(조종혁, 1999: 426).

소쉬르는 1960년에 발표된 "Course in General Linguistics"에서 상기의 표징관계의 과학적 연구를 제안하고 이러한 학문분야를 기호학(semiology 또는 semiotics)이라고 명명하였다. 기호학은 현대 문화주의 연구가와 불가분의 관계에서 이론적 뒷받침과 방법론을 제공하고 있다.

소쉬르에 이르러 전통적인 언어관은 근본적으로 언어학적 기호(linguistic sign)를 소리(sound image)와 개념(concept)의 관계, 즉 능기(能記, 기표: signifier)와 소기(所記, 기의: signified)의 결합으로 보았다. 말하자면 언어의 기본단위는 청각이미지 혹은 음성적 영상과 개념이 결합된 것이 언어학적 기호(sign)라고 규정하였다. 언어적 기호가 사물과 이름을 결합한 것이 아니라 개념과 음성적 영상을 결합시킨다는 것이다(Saussure, 1966: 66). 우리가 어떤 사물이나 현상에 이름을 부여할 때, 그 사상과 이름 사이에는 명쾌한 대응관계가 있을 수 없다는 것이 소쉬르의 탁월한 통찰력이다. 언어와 실재 사이에는 완벽한 구조적 동일성이 있을 수 없고, 그 사이에는 엄연한 간극이 있다는 것이다. 이 간극을 이미지라고 할 수 있다.

무엇보다도 소쉬르는 언어를 연구하는 언어학은 그 구성 자체보다는 요소들 간 체계적 관계를 중요시하고, 시간의 흐름에 따라 역사적으로 변하는 통시적 차원(diach-rony)보다는 일정 시점에서 요소들 간의 계열체적(paradigmatic)을 중요시하는 공시적 차원(synchrony)에서 접근하며, 경험적 현상(맨살의 경험, face-to-face situations)[13]보다는 비가시적(매개된 경험, mediated situations) 구조를 파악하는 데 치중하여야 한다는 것이다. 환언하면 언어를 이루는 구성요소 그 자체의 본질적 가치가 중요한 것이 아니라, 연쇄체적 관계와 계열적 관계 등 관계적 구조에 의하여 언어의 가치가 결정된다는 것이다.

야콥슨(R. Jacobson)은 소쉬르가 제시한 연쇄체적 관계와 계열체적 관계에 관한 이

---

13) '맨살'의 경험은 사람이 현실세계에서 직접 경험한 것이고(인간→현실), '매개'된 경험은 사람이 중간에 어떤 매개물(영상물, 인쇄물, 구조물 등)을 통하여 간접적으로 얻게 된 경험(사람→매체→과실재성)을 말한다(Don Ihde, 1979, 김성동 옮김, 1998 참조).

분법을 수용하여, 이를 수사학 두 가지 비유형식인 환유(metonymy)와 은유(metaphor)에 각기 대응한다고 보고, 이를 경험적 연구를 통해 입증하였다. 여기서 언어의 이원적 대립이란 한 단어가 문장에 나타나면, 비록 그 문장에 나타나 있지 않으나, 대립된 개념의 단어가 떠오르게 된다는 뜻이다. 예컨대 '좋다'는 단어를 보면 무의식중에 '나쁘다'를 연상하게 된다. 이 의미는 쟈크 데리다가 주장한 대로 인간의 사고는 이분법을 떠나서 행동할 수 없다고 하는 논리와 같은 맥락이다. 지금까지 논의한 언어의 두 가지 측면에 관련된 용어를 정리 요약하면 <표 3>와 같다.

〈표 3〉 언어의 두 가지 축

연쇄체적(syntagmatic) 관계	계열체적(paradigmatic) 관계
수평적(horizontal) 관계	수직적(vertical)관계
통시성(diachrony)	공시성(synchrony)
인접성(contiguity)	유사성(similarity)*
결 합(combination)	선 택(selection)
환유법(metonymy)	은유법(metaphor)

* 푸코의 관점에서 유사성은 계열체이고, 상사성은 통합체이다.
출처: 전경갑, 『현대와 탈현대의 사회사상』, 한길사, 1999, p.29.

위에서 논의된 바와 같이, 소쉬르와 야콥스의 언어학에서 구성요소보다는 요소들 간의 관계에 대한 강조는 언어연구를 발화행위, 연쇄체 및 통시성보다는 랑그의 체계성, 계열체 및 공시성에 초점을 두도록 하였다. 언어의 가치나 의미가 공시적 관계의 구조 혹은 차이를 통해서만 구성된다는 점에서, 언어는 본질상 실체(實體, substance) 혹은 현존(現存, presence)이 아니라 형식이라는 것이다. 이런 점에서 볼 때, 언어는 주체 없는 구조(structure without subject) 혹은 역사 없는 구조(structure without history)를 강조하는 구조주의 특유의 사상을 이해할 수 있을 것이다(전경갑, 1999: 31).

우선 언어체계가 형식이라는 것은 소쉬르의 언어구조에서 기호를 설명하는 데 있어서 기표와 기의에 대한 의미작용을 뚜렷이 구분하여 설명하려고 한다. 이 의미작용은 자의적·임의적으로 항상 모호성(ambiguität)을 내포하고 있다는 것이다. 소쉬르는 구조주의적 언어학의 창시자로서 이론적 체계화를 시도한다. 앞에서 설명했듯이 그는 랑그(langue: language)와 빠롤(parole: speech)이라는 새로운 개념을 발전시키게 된다(Saussure, 1931). 랑그는 언어의 이론적 구조로 말하는 사람이 커뮤니케이션을 하기 위해 복종해야 하는 규칙의 총체이며, 빠롤은 말하는 자가 이러한 규칙을 실제상황에 적용한 결과이다. 언어 기호의 의미론적 분절이란 음소들의 대립과 차이가 형성될 때 일어난다. 예를 들어, '㐂'라는 모음과 'ㅗ'라는 모음의 음가상의 어긋남은 의미체계 속에 통합되면서 '아빠'와 '오빠'라는 의미 차이 대립 성분으로 작용한다. 발화자는 이 구별과 분리의 빠롤을 통해 수행하면서 의미작용(signification)의 세계, 정상 문법 세계로 입장(入場)할 수 있게 된다.

따라서 언어세계로 진입하는 것은 세계의 혼돈을 극복한다는 것, 자신의 실존을 기호학적으로 인정받는다는 것, 나아가 한 인격체가 하나의 주체로서 신원이 확인되었다는 사실을 의미하게 된다(윤채근, 2000: 21). 이와 같은 차이 체계가 바로 소쉬르가 주장한 랑그 중심의 기호(code)체계를 연구대상으로 하여야 한다는 것이 소쉬르의 관점이다. 이것은 곧 구조주의적 인식의 첫째 특징이다. 또한 언어와 실제 간 의미의 고정 범위에서 기호의 재현의 가능성을 암암리에 전제한다고 할 수 있다. 따라서 개별적 기호의 의미도 언어체계 내의 다른 기호들과 차이에서 온다고 보았으므로, 이제 언어학적 기호는 언어체계에 외재하는 그 어떠한 지시대상(referent)도 고려할 필요가 있다.

구조주의 언어학자 소쉬르의 관심은 표징관계의 구조로서의 텍스트에 집중했다면, 이러한 구조주의 전통에서 문화연구에서 의미생성에 몰두한 학자는 바르트(R. Barthes)이다. 그의 중심개념은 수용자 관점에서 텍스트와 수용자 사이의 상호작용하는 2차적 상징화(2nd order signification)이다. 기호의 의미작용을 외시의미(denotative, 1차적 상징화)와 함축의미(connotative, 2차적 상징화) 및 신화 단계로 구별하고 있다(Barthes, 1957: 115). 함축적 의미는 달리 표현하면 내포적 의미로 문화가 규정하는 느낌·감정·가치 등 상호주관서의 의미이며 신화적 이야기, 문화적 사고방식, 혹은 문화적 설명방법을 뜻한다. 이 내포적 작용은 인간의 어떤 체험을 관념으로 고정시키고, 그것을 사람들이 서로 이해할 수 있는 상징체로 대치시키는 과정으로, 장 보드리야르의 의미의 '내파' 개념과 이론적으로 상관(相關)시켜서 본 연구는 진행된다.14) 바르트의 영상매체의 문화형식은 우리에게 제공되는 가공의 현실 이미지와 자연 현실과의 차이, 분리 그리고 대립을 연구할 수 있는 모델을 제시하고 있다.

이와 같이 소쉬르의 언어학 구조주의의 사조는 단순히 언어학적 혁명으로 그치는 것이 아니었다. 그는 레비스트로스(Claude Levi-Strauss)가 문화인류학을 발전시키는 데에도 영향을 미쳤다. 특히 레비스트로스는 '이항 대립'이라는 구조이론을 제시하며 신화 연구에 많은 업적을 남긴다. 즉 삶과 죽음, 도시와 농촌 등 이원적인 개념을 통하여 한 문화의 심층구조를 설명하고자 노력했다(Levi-Strauss, 1963: 224). 이와 같이 구조주의는 대중문화의 구조를 이데올로기적 차원과 결부시켜 상징 및 아이콘을 통해 행위 및 텍스트를 분석하는 시도를 해왔다. 이와 같은 맥락에서 영상미디어 텍스트를 분석한 대표적인 학자로는 피스크(J. Fiske)와 터너(G. Turner) 등을 들 수 있다. 이들은 텔레비전 드라마를 선 / 악, 영웅 / 악당 등 이중구조로 설명했다(Fisk, 1987: 132).

또한 알튀세(L. Althusser)를 통해서 마르크스주의 이론과 이데올로기 이론, 라캉(J. Lacan)을 통해서 정신분석 연구, 쟈크 데리다(J. Derrida)를 통해서 문학평론에서 근래에 활발히 논의되고 있는 후기구조주의나 포스트모더니즘 같은 소위 탈현대15)

---

14) 내포와 내파에 대한 관계를 앞으로 설명하겠지만, 내포와 내파는 다르다. 그러나 장 보드리야르의 내파는 그것에 암시된 파국(破局)의 궤적에 내포를 끌어들일 것이므로, 결국 내포와 내파는 파국적 운명의 같은 연속선상에 놓이게 된다.

15) 여기서 '포스트모더니즘'과 '탈현대'의 사상을 구별해야 한다. 이정우는 이 두 사조를 다음과 같이 구별하고 있다. 포스트모더니즘은 1) 예술분야에서 2) 20세기 초 모더니즘과의 관련 아래에서 3) 그리고 미국에서 발달한 사조인 데 반해, 탈현대의 사상은 1) 사상 일반에서 2) 16세기 말 이후의 역사 전체에 관련해서 3) 세계사적인 범위에서 제기되는 사상이다(이정우, 『가로지르기』, 산해, 2000, p.220). 그런데 장 보드리야르의 탈현대적 기호론은 우리가 보통 생각한 포스트모더니즘이 아니다. 우리가 알고 있는 포스트모더니즘은 모더니즘의 연장선에서 시대적으로 19세기 말 이후에 성립하며 공간적으로 미학의 영역에서 제한되는 문제 틀이지만, 그의 탈현대는 시대적으로 16세기 말 이후에 성립하여 공간적으로 인류 문화의 모든 분야에 해당하는 문제 틀로서 모더니즘과의 단절이다. 그래서 장 보드리야르의 탈현대적 기호론은 전통과 모더니즘의 연장선에서 보지 않은

사회사상을 이해하는 데 필수 불가결한 기초가 된다는 점에서 소쉬르의 이론이 가지는 중요성은 재론의 여지가 없다고 하겠다.

　이러한 소쉬르의 이론이 미디어 연구에서 중요한 전환점을 던질 수 있었던 근거는 그가 매스미디어에 관해 언급한 내용을 살펴보면 발견된다. 소쉬르에 따르면 "구조주의 언어학이 매스 커뮤니케이션과 같은 사회적 현상들의 설명에 유효한 것은 언어체계뿐만 아니라 인간의 문화체계 전반이 상징체계(sygnifying system)로서의 의미를 지니기 때문이다." 그는 언어(기호)를 이루고 있는 기표와 기의 간의 고정된 관계로 언어가 실재세계를 마치 우리의 모습이 거울 비치듯 투명하게 반영한다는 것이다. 여기서 그는 언어와 실재 사이에는 완벽한 구조적 동일성이 있을 수 없고, 그 사이에는 엄연한 간극이 있다고 주장하며 언어는 대상세계의 차별적으로 구별되는 특성이 있다는 것을 밝히고 있다. 소쉬르는 쟈크 데리다의 해체주의의 모델이라 할 수 있는 '대안적 기호론'에 이론적 토대를 제공한다. 그것이 바로 소쉬르의 차이와 로고스 중심주의이다. 쟈크 데리다는 이 논리들을 해체주의로 해석할 수 있는 관계를 만든다. 궁극적으로 쟈크 데리다는 소쉬르의 언어학 혁명의 중요한 부분을 매듭지었다고 할 수 있다.

　그러면 소쉬르의 언어학적 차이가 낸 길을 통해서 쟈크 데리다의 해체주의를 살펴보자.

2. 후기구조주의(post-structuralism): 쟈크 데리다의 해체주의

　앞에서 구조주의를 살펴보았지만 사실 후기구조주의는 실제로 구조주의로부터 분리키는 어렵다. 그러나 분명한 것은 구조주의가 어떠한 문화적 행위에서 의미생성

사조이다. 따라서 장 보드리야르의 기호론은 탈현대적 기호론으로 부른다. 그러나 본 저자는 탈현대나 포스트모더니즘은 모더니즘의 연장선으로 본다. 이에 대해서는 다음 장에서 '장 보드리야르의 포스트모던 기호이론'과 '우리 생활의 삶에서 외파·내파현상'에 대해서 보다 자세히 다루어질 것이다.

을 가능케 하는 체계, 관계 형식, 즉 구조에 주목하는 것으로 특징지어지는 시도이다. 반면에 후기구조주의는 내재적인 텍스트상의 구조에서 의미창출을 가능케 하는 외적인 구조인 사회적 과정, 계급(class), 성별(gender) 내지 문화, 역사적 변화에 많은 관심을 가진다. 즉 구조주의의 초점이 텍스트로부터 해독자(reader)로 옮아간 것이 특징이다(박명진, 1994: 43).

이런 논리들은 구조주의 선구자였던 소쉬르의 언어학에서부터 후기구조주의자인, 쟈크 데리다(J. Derrida)의 해체이론에서 크게 영향을 받았다.

이런 쟈크 데리다의 해체이론은 소쉬르의 언어학적 차이와 하이데거(M. Heidegger)가 말하는 존재론적 차이를 통하지 않고는 쟈크 데리다의 해체주의 핵심인 '차이(差異, difference) - 지연(遲延, delay)', 즉 차연(差延, différance)은 발을 내디디지 못하였을 것이다. 하물며 쟈크 데리다가 주장하는 해체주의는 그 두 가지 차이를 결코 우회하거나 회피할 수 없다. 쟈크 데리다가 언어학적 차이와 존재론적 차이를 심화시켜 '실체에서 관계에로' 시각전환을 가져온 것은 소쉬르의 언어학을 모델로 삼았기 때문이다.

쟈크 데리다의 해체(deconstruction) 또는 해체주의를 중심으로 한 후기구조주의(post-structuralism)는 텍스트로서의 세계와 그것의 현상들을 '읽는' 새로운 시각이다. 그러나 앞서 살펴본 구조주의는 소쉬르의 언어학 관점에서 텍스트 형식을 중심으로 한 사조였다면, 후기구조주의의 특징은 보편적 형식을 거부하고 차이와 다양성을 강조하며 구조적 중심은 능기(기표)의 끝없는 연쇄에 분산되었다고 보는 것이다. 후기구조주의의 대표적인 이론가인 쟈크 데리다의 사상은 '해체주의(deconstructionism)'라고 불린다. 해체주의 핵심은 '해체'이다. 쟈크 데리다의 해체론 개념은 이분법을 내파시키는 개념으로 수직 / 수평, 안 / 밖, 시간 / 공간, 본질 / 현상과 같은 전통적 대립체계가 어떻게 이데올로기적 담론 속에 구성해 왔는가를 질문하고 있다. 여기서 쟈크 데리다는 인간의 사소한 행위가 이분법을 떠나서 작동할 수 없다고 극히 중요한 통찰력을 제시한다. 비판이론가가 행하는 해체는 '이중의 몸짓'으로 일어난다.16) 첫 몸짓은 이항대립이 발생하는 바로 그 경계에서 텍스트가 품고 있는 담론을 응시하며 그것을 이분법에 내파시켜 해체, 분석하는 것이고, 둘째 몸짓은 해체된 것들을 재구성하여 새로운 의미 창출을 시도하는 것이다.

쟈크 데리다는 '언어관의 획기적인 전환'으로 로고스 중심주의에 대한 비판은 일반적으로 언어관에 근거한 것이므로 쟈크 데리다의 언어관은 실재세계를 나타내는 주관적 관념 혹은 의식을 표현하는 도구로 생각한다.

이 개념은 앞에서 살펴보았듯이 비트겐슈타인(Ludwig Wittgenstein)은 언어그림은 언어가 실재세계를 그대로 반영하며, 언어의 구조와 실재세계의 구조가 구조적으로 대립하기 때문에 언어는 실재의 시뮬라크르 혹은 사진과 같다고 보았다. 한편, 사르트르가 언어를 인간의 의식과 관념상태를 표현하는 도구로 보는 맥락은, 쟈크 데리다의 언어관인 반근원주의(antifoundationalism)에 해체전략적 발판을 구축하게 한다. 후기구조주의 특징은 빠롤(말) 중심에서 그가 능기(能記)에 자율성을 부여한 것은 언어체계의 구조에 고정된 의미의 중심이 있다는 것을 철저하는 것을 의미한다. 이는 쟈크 데리다가 기표에 의미화를 부여하는 의미로, 기표와 기의(記意) 사이에는 메울 수 없는 간극과 틈이 있다는 것이다. 다만 쟈크 데리다는 이를 " '의미'는 다른 기호들과 공간적 차이(spatial difference)와 시간적 차이(temporal deferment)에 의한 영향을 받기 때문에 확실한 의미가 결정된 것이 아니라, 의미는 끝없이 지연되는 것"이라고 보았다(전경갑, 1999: 140). 이를 '차연(차이와 연기)이라'고 한다. 쟈크 데리다는 이 차연을 소쉬르의 '차이' 개념에서 '차연'의 개념으로 대치하였다. 그는 차연의 의미를 다음의 4가지로 정리했다(Derrida, 1981: 8∼10). 첫째는 지연(delay), 둘째는 차별화(differentiation), 셋째는 차이들의 생산(production of differences), 넷째는 차이의 전개(unfolding of difference)이다. 이 개념의 가장 중요한 기호학적 의미를 고정된 차이들의 연쇄라는 역동적 작용으로 전환한 데 있다고 하겠다. 소쉬르의 로고스(logos)에 대한 우위성의 부여는 이 같은 차연의 논리에 의해 그 기반이 무너진다. 쟈크 데리다는 '의미'의 차이에서 공간적 차이(spatial difference)와 시간적 지연(temporal deferment)에 의한 영향을 절대적으로 받는다고 주장한다. 그 '차연'이 공간적 차이란 '차이(거리)'를 만들고 대립 분리시키는 이중적인 기능을 갖는다는 것이

---

16) 그래서 이 해체론을 '이중의 제스처', '이중의 회기' 혹은 '이중의 학문'으로 강조한다(김상환, 1999: 171).

다. 쟈크 데리다의 차연은 소쉬르의 차이와 유사한 것 같으나 그 개념이 다르다. 즉 소쉬르의 차이개념은 고정된 의미, 고정된 기의가 있다고 보는 것과 대조적으로, 쟈크 데리다의 차연 개념은 고정된 의미가 끝없이 지연되기 때문에 궁극적 기의, 초월적 기의가 있을 수 없음을 뜻한다.

말하자면 소쉬르는 재현가능성을 인정하나 쟈크 데리다는 재현가능성을 차연의 착각에 기인하여 환상(illusion)이라는 것이다. 여기서 쟈크 데리다는 현존이 구축되는 과정을 두 가지의 착각 때문으로 설명한다. 그 하나는 기호가 의사나 사물을 투명하게 전달해 주는 전달수단이라고 생각하는 착각이다. 이 착각에 의해 우리는 기호의 의미가 의사나 사물을 반영한다(reflect)거나 대신한다(stand for)거나 재현 / 표상한다(represent)고 보는 것이다. 이는 기표가 기의와 일대일로 대응하며, 기표는 기의를 대리한다. 이것을 쟈크 데리다는 음성주의(phonocentrism)라고 지칭한다(김용호, 1990: 18).

또 다른 하나의 착각은 기호의 체계를 사물의 체계로 오인하는 데서 발생하다.

이 두 번째 착각에 따라 체계의 중심이 '근원적 현전'으로 부상한다. 현전하는 중심은 사물의 기원(origin)으로 간주된다. 이 근원적 중심이 현전이 아니라 중심말(logos)이라는 데 있다. 즉 현전적 중심은 어떤 중심적 기표에 의해 의미화된 중심적 기의이다.

이 둘의 착각은 기호를 사물로 보는 착각한 데서 구축되기 때문에 현존의 형이상학이기에 그것은 허구적이라고 하겠다. 쟈크 데리다에 따르면 현전은 환상(illusion)이라고 한다(김성곤, 1986: 202). 그런데 이 착각과 환상현상이 가져온 결과물은 허구이다. 이 허구는 '없는 것을 있는 것처럼 얽어서 꾸밈 혹은 그렇게 꾸며진 것'이며, '자의적인 꾸밈', 혹은 '꾸며진 것(arbitrary invention)', '가공된 것(something that is imaginatively invented)', '가공의 존재(feigned existence)'를 뜻한다(Simpson & Weiner. 1990, 김용호, 1990: 15에서 재인용). 허구의 반대말은 허위(falsehood)와는 다른 개념이다. 허구의 반대말은 '진리'가 아니라 '실제로 있다'고 간주된 사물(thing)이나 실재(reality) 등의 실체이다. 이 실재가 원본에서 부재(absence)를 은폐(dissimulate)하려고 시도하는 행위가 장 보드리야르에게서 크게 부각된다. 이 논리는 의미가 고정되고 중심된 전통적 기호론에서 유래되는데, 이는 소쉬르에 이르러 더욱 가시화된다. 쟈크 데리다는 언어의 의미가 변별적 차이에 의하여 결정된다고 한 소쉬르의 명제에 따라 엄밀하게 검토해 볼 때, 기표와 기의의 결합을 통해서 의미가 고정된다고 하는 소쉬르의 주장에는 모순이 있다는 것이다. 의미가 기호들 간의 차이에 의하여 결정된다고 하면, 어떤 기호는 우선 횡적으로 다른 기호들과의 변별적 관계뿐만 아니라, 종적으로는 이미 나타난 기호는 앞으로 나타날 기호들과도 관계되기 때문에, 최종적 의미가 현존하는 것이 아니라 기표와 기의 사이에 메울 수 없는 간극과 틈이 있다는 것이다(Derrida, 1973: 142~143).

쟈크 데리다는 의미는 다른 기호들과 공간적 차이와 시간적 지연의 영향 때문에 의미는 끝없이 지연되는 것이다. 즉 의미가 지금(現) 여기에(前) 현현되는 고정된 중심이 있는 것이 아니라, 중심은 이미 기표의 연쇄에 분산된 것이다(전경갑, 199: 140).

이러한 점에서 쟈크 데리다는 소쉬르의 언어이론인 로고스 중심주의, 즉 음성중심주의를 비판한다. 서구의 전통철학은 언제나 글보다 말을, 문자보다 음성을 중요시해 왔고, 기호의 구성을 음성적 영상과 개념으로 규정한 소쉬르도 문자보다 음성언어에 우선성을 부여한 것이다. 말을 할 때는 말하는 사람과 듣는 사람이 현전(presence)하는 상태에서 말하는 사람의 의도가 듣는 사람에게 투명하게 전달되기 때문에, 말은 의미가 재현되어 안주하는 본래적이고 생명력 있는 사고의 그릇이지만, 글은 말하여진 본래적 언어를 오염시킬 위험이 있는 불필요한 외피에 불과하다는 것이 소쉬르의 관점이다. 소쉬르에 대한 쟈크 데리다의 비판은 말보다 글의 우수성을 주장하려는 것이 아니라, 원초적 언어형태가 필연적으로 진정한 수준의 언어라고 단정할 수 없음을 강조하는 데 목적이 있는 것이다(전경갑, 1999: 142).

즉, 이는 자연과 문화를 이원적 대립(binary opposition)으로 인식하고 자연에 특권을 부여하는 것도 이 논리이다. 쟈크 데리다는 플라톤 이래의 서양 형이상학 전통에 근본적인 의문을 제기하면서, 구조와 기호 개념의 내면에 깃들어 있다고 여겨지는 의미의 중심, 곧 고정된 근원, 진리, 절대가 현전한다고 믿는 것은 다만 환상일 뿐이라고 주장한다. 이 환상을 '현전의 형이상학'이라 하는데, 쟈크 데리다에 의하면 서양 철학사는 현전이 없는 곳에 비(非)실재적인 이름을 붙여 오늘날까지 지속한다는 점에서 '형이상학적'이라는 것이다. 서양 철학사에서 이 같은 형이상학적 편견이 적나라하게 드러난 곳이 '글(writing: gramme)'에 대하여 '말(speech: phone)'의 우위 성에 있다(R. Kearney, 1986, 임헌규 외 옮김, 1998: 158). 이것을 바로 '로고스 중 심주의(logocentrism)'라고 한다. 여기서 말한 중심이란 기호현상에 속하지 않고 기 호현상을 넘어 있는 착각된 실체이다. 이 착각된 실체가 초월적 기의이다. 이 중심 은 모든 사고, 언어, 경험의 근거로 작용한다는 현전, 본질, 진리, 실재 등 궁극적인 '말'에 대한 믿음을 뜻한다(Sarup, 1988: 40). 이 궁극적인 말(ultimate word)은 현전 이 아닌 기의이다. 이 기의를 현존으로 착각하고, 이로부터 모든 '현상'이 산출된다 고 생각하는 데서 현전의 형이상학이 구축된다.

  이 같은 말 중심적 태도를 해체하는 것이 쟈크 데리다의 텍스트 개념이다. 이 논 리는 다음 장에서 연구할 장 보드리야르의 내파로 생성된 시뮬라크르(simulacra)의 개념에서, 기의(의미)를 대용한 기표(이미지, 또는 기호) 역할과 레비스트로스와 루 소의 음성언어 중시, 그리고 후설(Husserl)의 현상학(phenomenology)[17]에서 음성주의 혹은 로고스 중심주의에 기호만이 의미 있는 것이라고 강조한 것과 같은 맥락이 다.[18] 쟈크 데리다가 보는 텍스트 개념은 시공간의 복합체 속에 존재하는 것으로서 하나의 동심원처럼 중심이 있는 것이 아니고, 여러 가지 기호들이 모여서 짜깁기된 것이다. 이를 포스트모더니즘에서는 혼성모방(pastiche)[19]이라고 한다. 이 짜깁기란

---

17) 후설(Husserl)에 의해 기반이 세워지고 다양한 지적 접근들에 의해 계승되고 변용되어 온, 사회적 행위의 해석에 있어서 의식과 주관적 의미의 우선성을 강조하는 모든 연구 들이다(박명진, 1994: 345). 사르트르 같은 현상학자들의 관점은 언어를 우리 인간의 의 식과 관념상태를 표현하는 도구로 보았다.

18) 레비스트로스와 루소의 음성언어 우선시와 후설(Husserl)의 현상학(phenomenology)에서 음성주의 혹은 로고스 중심주의는 내면적 음성을 통해서 본질적 의미가 의식에 투명하 게 현전한다는 것이다. 다시 말해 후설의 의미화 두 유형을 지시와 표현으로 분류하고 기호만을 의미 있는 언어라 하였다.

19) 혼성모방(pastiche)이란 기표를 재이미지화하는 것이다. 즉, 풍자적 요소(또는, 패러디적 차원, parodic dimention)가 없는 풍자(또는, 패러디)처럼 생각하면 된다. 예를 들어 *Miami Vice*의 장면은 뮤직비디오의 혼성(pastiche)이라 할 수 있다. 즉, 풍자처럼 논평하거나 조 롱하기 위한 것이 아니라, 단순히 같게 보이게 하기 위해서 그 스타일을 재생산하고자

곧 다른 것과의 차연(차이와 연기)의 상호의존과 얽혀진 것을 표현하며, 이런 의미에서 텍스트란 실체가 아니고 오히려 우연적인 사건에 더 가깝다. 어떤 것에 대한 의미론적 고유성의 해석이란 텍스트의 세계에서 불가능하기 때문이다. 이를 이정우는 "이들 모두가 사건들로 '순간적'이고 실재적인 '내파된 시뮬라크르'이다"고 한다. 여기서 쟈크 데리다의 해체이론은 프레드렉 제임슨의 분석인 아도르노 사상의 중심 모티브인 '비동일성' 개념이나 재현의 문제에 있어 마르크스주의 전통에 입각한 '부정변증법'의 해석의 틀과 상반됨을 보이고 있다. 텍스트의 차연은 결코 대립의 모순으로 빠지지 않는다. 이에 반해 변증법은 차이와 대립모순의 혼동을 야기하면서, 모든 차이의 변별성을 철폐시키고 동일성의 확장에만 관심을 갖는다고 쟈크 데리다는 본다. 이런 점에서 쟈크 데리다는 탈구조주의 해체를 겨냥한다. 이 해체는 장 보드리야르가 주장한 '의미의 내파'로, 기호의 내부로부터 내파는 해체전략이며 내파전략이다. 여기서 이분법은 내파되고 해체된다. 쟈크 데리다의 해체이론은 하이데거의 존재론적 형이상학과 소쉬르의 언어학적 기호학에 그 바탕을 두고 있다. 일찍이 하이데거가 말하는 존재론적 차이는 '존재 - 신 - 학'이라는 형이상학이 존재론자에 관계하는 세 가지 방식에 집약한다. 즉 존재론은 유물론이나 유심론, 실체론이나 원자론이며, 신적인 것들(신·영혼·불멸하는 것들)로 명명되었다. 그리고 형이상학은 어떤 논리로 로고스(logos)로서 학(學)이다. 그 밖의 형이상학 본성은 표상과 재현의 모델의 사유, 목적론, 동일성의 사유 등이다.

하기 때문이다. 풍자는 원본의 풍자적 재생산과 원본 간의 차이에 의존하여 성립한다. 그러나 혼성(pastiche)은 그러한 차이를 거부한다. 혼성(pastiche)에서 특정한 시기 장르 매체 등에서 유래한 이미지나 스타일은 범주의 유의미한 변화 없이도 다르게 재생산될 수 있다(예를 들어, 풍자와 전위적 모더니즘 양쪽에서 그런 것처럼). 물론 포스트모더니즘에서는 범주의 경계를 넘는 일은 있을 수 없다. 왜냐하면 넘어설 범주 영역 자체가 존재하지 않기 때문이다. 그에 따른 범주의 경계를 넘는 일은 유의미성의 변화가 아니라 구경거리의 변화일 뿐이다. 이와 동일하게 시뮬라크르(simulation) 등은 원형을 갖지 않기 때문에, 혼성(pastiche)은 원형과 다를 수도 없고, 변화할 수도 없다. 따라서 원형을 풍자한다든지, 타파한다든지, 비판한다든지 등으로 언급될 수도 없다. 포스트모더니즘이 조직화 구조를 거부하는 또 다른 징후는 혼성(pastiche)의 공허함을 의미화하는 것으로 나타난다(Curran & Gurevitch, 김지운 옮김, 1993: 107).

쟈크 데리다의 해체주의 관점에서, 이미지 / 객관적 현실이라는 이분법의 전제는 해체의 대상이 된다. 쟈크 데리다는 현전의 해체된 공간 속에서 작용하면서 글 자체를 비어 있는 무의미한 것으로 간주하고 기호현상의 편재성에 우선성을 강력히 암시했다. 그는 기호를 통하여 인간의 외적 실체를 해체하고, 해체된 현실의 자리에 기호들의 작용이 들어섰다고 주장하는 것인데, 인간은 커뮤니케이션 만족에 현실의 획득(gain)이 개입된다는 것이다.[20]

쟈크 데리다는 소쉬르 기호체계의 자의성을 그대로 전제하는데, 현전을 구축하는 기호의 자의적 차별화의 의미작용이 형이상학 구축 도구가 된다. 의미작용은 '기의의 기표화' 혹은 '기표의 기의화'로 실체를 재현시키고 표상시키는 과정이다.

따라서 의미작용은 곧 '실체의 대리작용(standing for)'으로 간주된다. 이 경우 기의는 대리된 대상적 실체와 등가물로 상정된다. 바르트의 방식으로 표현하면, 기의는 대리된 실체와 동등한 것(an identity)은 아니지만 등가의 것(equivalence)이 된다(Barthes, 1967: 50). 이 등가적인 것은 장 보드리야르에게서 실재(현실)가 이미지(기호)로 이행되는 기호의 가치인 것이다. 그리고 이것은 자의적이고 형식적이며 역동적인 기표의 의미작용이다.

쟈크 데리다의 해체의 기호론은 니체의 허무주의(nihilism)[21]를 동반한다. 이는 기표 본질상의 의미를 다음과 같이 표현하고 있다. 즉 " '공백', '무명의 형식작용', '자유로이', '근거 없이', '얽히는 형상 없는' 등 그 물망이다"라고 표현하고 있다. 쟈크 데리다는 니체의 이론에서, 기표의 긍정을 초월적 긍정으로, 즉 '기호는 초기

---

20) 스티븐슨(Stephenson)의 유희이론은 프로이드(Freud)의 영향을 받았다. 슈람(Schramm)의 이러한 구분은 각각 프로이드의 만족원리(pleasure principle)와 현실원리(reality principle)에 바탕을 둔 것이다. 이 만족원리는 무의식 세계에 기초한 것이다. 커뮤니케이션-만족 상황은 자기고양과 관련된 것으로서 현실존재(self existence), 현실확장, 현실집중, 현실표현 등으로 경험된다. 커뮤니케이션 본질은 유희에 두고 있는데, 즉 연극관람, 텔레비전시청, 영화감상, 독서, 신문, 잡지 구독 등과 소비생활과 광고에 있어서 기호, 유행 그리고 정치에 있어서 음모, 술책 등이 모두 즐거움 자체이지 어떠한 것을 얻거나 변화시키는 것이 아니라는 것이다(김흥규, 1990: 12~14).

21) 허무주의(nihilism)란 진정으로 존재하는 것은 아무것도 없다고 보거나, 아무것도 존재할 만한 가치가 없다고 보는 관점(Michael, Heim, 여명숙 옮김, 1997: 257).

호적'으로 간주한다. 그리고 나아가 '허무'란 실재(實在)가 아니라, '현전' 혹은 '유의미'의 반대말이기 때문에 허무는 그 반대말이나 관련된 다른 말들과의 '차이'들의 작용에서 발생한 자의적인[22] '기의'로 개념화시킨다. 쟈크 데리다는 글의 개념을 두 가지로 정의하는데, 그 첫째 의미는 말에 대립되는 기호체계로서의 글이다. 이는 글이 음성중심주의를 극복할 대안적 기호체계라는 것이고, 두 번째 의미인 글은 일반적으로 글과 말의 공통근거로서, 형식적이고 역동적인 기표연쇄의 기호를 의미한다는 내용이다. 쟈크 데리다가 현전의 형이상학을 비판하는 과정에서 취한 글의 정의는 두 번째의 것, 즉 차연 작용을 수행하는 '기호일반'에 해당한다. 이렇게 쟈크 데리다의 해체주의 입장에서 볼 때, '말과 글'은 각각 음성중심의(logocentrism)와 글자학(grammatology)의 원리를 나타내는 환유적 개념이고, 현실에서 사용되는 상이한 기호체계를 지시하는 기호 수단의 개념은 아니라고 이해할 수 있다.

이런 점에서 후기구조주의와 포스트모더니즘은 "특정기호 체계가 해체주의의 원리를 혼동의 연장선에서 이해할 수 있다. 앞선 논의에서 종종 맥락 사이에 포스트모더니즘이 언급될 수 있었던 것이 이런 연유이다. 결국 후기구조주의의 인식론 차원의 논의들은 현대성을 규정하고 후기산업사회를 설명하는 데 있어 포스트모더니즘의 논의들을 필요로 하게 된다. 포스트모더니스트들은 현전을 구축하지 않는 새로운 기호, 혹은 새로운 기호체계(작품이나 장르)가 있을 수 있거나 개발될 수 있다고 생각한다. 즉 현전적 내용(이야기)을 생산하지 않는 순수한 형식으로서의 기표로 구성된 텍스트가 가능하다는 것이다. 이는 다시 말해 '포스트모던시대'의 작품이나 인간은 기의에 묶이지 않는 자유로운 기표로 구성되어 있다고 생각하면서, 이것이 현전의 형이상학을 대체할 새로운 기호체계라고 평가한다는 것이다.

따라서 다음 절에서는 이러한 새로운 기호체계의 제안에 주목하면서 본 연구에서

---

22) 여기서 '자의적인'이라는 말은 멋대로 만들었다는 뜻이 아니라, 기호와 그 의미 사이에 필연적인 인과관계가 없다는 뜻이다. 예를 들어 한 여자의 손위 여자가 반드시 '언니'라는 말로 불릴 어떤 필연적인 이유는 없다(Élisabeth Clément, 여명숙 옮김, 2000: 58). 기호가 생산될 때 기표와 기의가 기호의 생산자의 자의로 연결됨을 뜻한다. 이는 모더니즘이 일으켜 놓은 논리중심적 지식체계 또는 이성중심주의적 세계상을 그 근본에서 해체하려는 포스트모더니즘의 이론적 근거가 되고 있다(김경용, 1995: 324).

장 보드리야르의 이론과 비교 평가할 프레드릭 프레드렉 제임슨(F. Jameson)의 주장을 살펴보겠다. 그는 포스트모더니즘을 후기자본주의의 문화논리로 규정하고 있다.

제4절 미디어 연구에서의 인식론적 변화

1. 후기자본주의의 문화논리

포스트모더니즘 이론가인 레슬리 피들러(Lestlie Fiedler)는 "60년대 초 미국에서는 예술작품을 갖고서 유희를 즐기는 듯한 '해프닝'이 일군의 예술가들 사이에서 유행처럼 번졌다"라고 말하였다. 이들의 작품 안에서는 산업사회를 상징하는 재료들이 파편화(fragmantation)되어 있거나 매스미디어의 이미지들이 뒤섞여 있는 것들을 볼 수 있다.

피들러는 이러한 경향에 대해 "경계를 가로지르고 간극을 좁히며"라는 유명한 표현으로 기술하기도 했다. 이는 프레드릭 프레드렉 제임슨의 포스트모던 문화의 특징에서 잘 나타나고 있다. 즉 미학적 대중주의, 문화생산물의 '깊이 없음' 역사성의 빈곤, 의미의 해체, '행복감'의 만연, 비판적 거리의 소멸, 반영 혹은 재현의 이데올로기의 약화(Jameson, 1984: 53∼92 / 강내희, 정정호 편, 1996: 139∼201), 그리고 혼성모방(pastiche)[23]이 그 특징이기 때문에 문화의 다원화, 대중화 및 다양화에 기여

---

23) 여기서 말한 포스트모던의 혼성모방(pastiche)은 미학이라는 측면에서 구성되어 있는데, 혼성모방 미학은 효과의 소멸, 욕망의 소멸, 언어적 분열증, 의미와 가치에 대한 문화적 텍스트들의 약탈 상황을 강조한다. 이들은 광고를 '메타-광고'라 묘사하면서 냉소적인 대중의 비판적이고 향락에 지친 태도를 한의 상품기표로 전환시키려 한다고 보았다. 예를 들어 1988년에 등장한 리복회사의 텔레비전 광고를 상세히 분석하면서 그들의 주장을 입증하고 있다. 리복회사의 "리복이 그대를 그대답게 만들다(Reeboks Let U.B.U)"라는 광고 캠페인은 바로 포스트모던의 혼성모방 미학이다(David, 김시완 옮김, 1996: 39).

하는 긍정적 측면이 있다. 그럼에도 불구하고 다른 한편에서 보면, 포스트모더니즘 문화가 바로 이와 같은 특성으로 인하여 다국적 자본의 범세계적 침투에 유리한 문화적 여건을 형성한다. 특히 전파 및 영상매체의 전 지구적 확산과 함께 다국적 자본의 가치증식에 기름진 토양이 될 수도 있음을 경고하였다. 그리고 다국적 자본이 주도하는 후기자본주의 시대에 있어서는 모든 것이 전 지구적 범세계적 규모로 일어나며 중심은 이미 해체되었기 때문에 포스트모더니즘 사회의 총체적 현실을 재현하는 것이 불가능하다는 점을 인정하면서도, 프레드렉 제임슨은 이와 같은 재현위기의 극복 가능성을 포기하지 않는다. 이 점은 앞 절, 쟈크 데리다에서 살펴본 바와 같이, 재현은 기의가 끊임없이 차이가지고 지연됨으로써, 지금 당장 현전(現前)되지 않는다는 맥락과 일치한다.

프레드렉 제임슨의 포스트모더니즘의 논의가 탁월한 부분은 사실 "포스트모더니즘: 후기자본주의 문화논리"라는 글에서 이러한 주장들을 다국적 기업의 성장과 그에 따른 국가 간의 초월현상이 현저해진 이 시대를 포스트모던 시대의 다국적 자본주의로 분류하면서 그 시야를 또 한번 넓힌 데 있다. 무엇보다도 그는 전반적인 경제구조에 근본적인 변화가 있었음을 보여주려 애쓰고 있다는 것을 알 수 있다. 특히 다국적 자본주의의 상품화라는 새로운 영역을 '재현' 그 자체로 간주한다. 이전의 마르크스 이론이 문화적 형태들을 사회 속에서의 진정한 경제적 관계가 보이지 않도록 왜곡시키는 일종의 이데올로기적 베일로 보았던 반면, 이 이론은 문화 형태들의 생산, 교환, 매매, 소비를—광의로 해석되었을 때는 광고, TV, 매스미디어가 흔히 포함되는 이 문화의 형태들을—경제활동의 중심점이나 경제적 상품들을 선전하려는 장식품이 아니라 생산품 그 자체가 된다. 이와 유사하게 정보기술의 폭발적 팽창으로 해서 정보는 교환과 이익의 순환의 윤활제 역할만을 하는 것이 아니라, 그 자체가 상품들 중에서도 가장 중요한 것이 된다. 만일 이러한 현상을 상품자본주의의 위력이 문화까지도 삼켜버리는 현상으로 간주하는 향수에 젖는다면 그것 자체가 프레드렉 제임슨이 시대착오적인 것이라 주장하던 문화의 자주성 또는 분리성 개념을 재생산하는 것이다.

프레드렉 제임슨은 포스트모더니즘을 에른스트 만델(E. Mandel)[24]의 '후기자본주의'에서 제시한 자본주의 발전단계 중 최종단계에 해당하는 후기자본주의의 지배적인 문화형식으로 규정하고 있다. 후기자본주의 단계란 자본주의 발전 과정에서 시장자본주의,[25] 독점 혹은 제국주의 단계[26] 이후에 등장한 다국적 자본주의[27]를 일컫는 것인데 프레드렉 제임슨은 이 3단계가 문화사의 맥락에서는 사실주의, 모더니즘, 포스트모더니즘으로 나타난다고 본다. 이는 다음에서 논의될 장 보드리야르의 모더니즘은 실물의 시대로, 포스트모더니즘은 이미지(기호)시대로 이어진다는 논리와 같은데 이 점이 타 이론가들에 의해 비판대상이 된다. 이런 시대적 배경에서 프레드렉 제임슨이 펼치는 포스트모더니즘의 핵심적 논지의 하나는 포스트모더니즘이 20세기 후반의 '문화적 우세종(cultural dominant)'으로 등장하고 있다는 것이다.

---

24) 만델(Ernest Mandel)은 그의 저서 *Late Capitalism,* 1972, 『후기자본주의』에서 자본주의 발전과정을 세 가지로 구별한다. 즉 시장자본주의, 독점 혹은 제국주의 단계, 다국적 자본주의 단계이다. 프레드렉 제임슨은 최종단계에 해당하는 후기자본주의의 지배적인 문화형식으로 규정하고 있다. 또한 프레드렉 제임슨은 현 단계의 자본주의인 다국적 자본주의는 시장자본주의에 대한 마르크스의 비판이나 제국주의에 관한 레닌의 이론이 기술한 이전의 단계들에 비하여 '보다 순수한 자본주의 단계'이기 때문에, 이를 마치 자본운동의 법칙이 적용되지 않는 듯한 인상을 풍기는 특수한 명칭, 예컨대 '후기산업사회' 같은 명칭으로 부르는 것은 잘못된 것이라는 것이다(Jameson, 1984: 231 / 정정호 외, 1996: 210 / 전경갑, 1999: 385).

25) 시장자본주의(market capitalism) 단계는 대략 1700년으로부터 1850년 사이의 기간에 해당되는 시장자본주의 단계이며, 이는 주로 국내 시장을 중심으로 하는 산업 자본의 성장기간이라 할 수 있다.

26) 제국주의 단계 혹은 독점자본주의(monopoly capitalism) 단계로 자본의 해외 진출이 그 특징이다. 그러나 이 단계는 국가 간 자본의 자유로운 이동이 아니라, 강대국의 독점자본이 자국의 정치적 무력적 권력의 비호하에 약소국의 저렴한 노동력을 착취하고 귀중한 자원을 약탈하는 단계이다.

27) 셋째 단계는 이른바 다국적 자본주의(multinational capitalism) 혹은 후기자본주의 단계이며, 다국적 자본주의 단계에 있어서는 정치적으로 독립을 쟁취한 대등한 주권국가 간의 자유교역을 표방하면서, 실질적으로는 중심부 국가의 다국적 기업이 월등히 우세한 자본력과 기술력을 이용하여 주변부 국가를 경제적으로 지배하는 것이다. 다국적 기업에 의한 자본과 기술침투는 고도의 시장독점, 고도의 이윤창출, 로열티, 금리 등 엄청난 경제 잉여를 본국 송환하기 때문에, 제3세계를 경제적으로 지배하는 새로운 지배구조이며, 결과적으로 자본주의에 있어서 국가 간의 경계가 소멸된 단계라고 할 수 있다.

예컨대, 프레드렉 제임슨이 포스트모더니즘의 시대적 특성을 문화적 우위성으로 규정하는 것은 오늘의 우리 시대는 보통 우리가 문화라고 생각하는 것은 물론이고 이미지, 스타일, 광고, 표상체계, 정보, 영상매체, 활자매체 및 전파매체를 모두 포함하는 넓은 의미에서 본 그러한 문화가 경제적 가치와 국가권력, 생활세계의 다양한 실천과 우리의 정신적 구조에 이르기까지 사회적 삶의 모든 영역으로 폭넓게 확산되어 있기 때문에 비록 이 같은 문화의 편재현상이 아직은 체계적으로 이론화되지 않았다고 해도, 모든 것이 문자 그대로 문화화되었다고 할 수 있는 시대적 특성을 뜻하는 것이다. 따라서 포스트모더니즘 논의는 오늘날 우리 삶의 모든 영역에 깊숙이 침투된 이러한 문화가 어떤 특성을 가진 문화인가를 그 분석의 핵심으로 삼아야 한다는 주장이 제기될 수 있을 것이다.

프레드렉 제임슨에 따르면 이러한 특징을 가진 포스트모더니즘 문화에서는 본격 모더니즘 시기에 문화가 지향했던 자율성 혹은 반(牛)자율성은 더 이상 고수되지 않는다. 문화는 그 '외법권적' 자율성을 잃고 상품의 논리에 내파되고 만다는 것이다. 그러나 프레드렉 제임슨은 문화가 자율성을 상실하였다 하여 그것이 사라졌다고 할 수는 없다고 한다. 오히려 문화는 사회생활 전체 속에 '내파'되어 이제는 문화 아닌 것이 없다고 보는 것이 더 정확하다고 말한다. 특히 후기산업사회에서 테크놀리지의 발달과 함께 대량생산문화와 동시에 생겨났다(Jameson, 1979). 이는 장 보드리야르의 주장과 같이 단순히 모더니즘의 외적 실물생산의 시대이며 리얼리티의 세계인 반면, 이제 내적 형식과 관련된 포스트모더니즘의 시대에는 실물이 기호로 대체된 기호생산체제로 변모되면서 대중들의 삶의 방법에 많은 변화를 가져왔다는 것이다. 그런데 자본주의의 세 단계인, 사실주의, 모더니즘에서 포스트모더니즘으로 이행할수록 사회현실을 재현하기는 점점 어려워진다고 하는 프레드렉 제임슨 표현은 장 보드리야르의 내파이론보다는 쟈크 데리다의 해체주의 입장에서 본 흔적과 같은 논리에 더 가깝다고 할 수 있다.

그러나 이렇게 전통적으로 당연시해 온 모든 유형의 이원적 대립체계(二元的, binary oppositions)가 총체적으로 무너지는 것은 '내파현상'의 영향에서 크게 영향을 받는 것은 재론의 여지가 없는 것 같다. 특히 시장에서 경제영역이 내파되어 문화영역으로 이행되는 관점은 장 보드리야르의 '내파이론'으로 추론해 볼 수 있을 것이다. 그러나 내파가 이분법 철폐로 재현 불가능으로 문화적 현실을 규정하는 데는 한계가 있다는 타 논자들의 주장과 내파를 비교 연구하는 것은 연구학자들의 향후 연구과제가 될 것이다.

이러한 한계에도 불구하고 장 보드리야르가 주장한 내파는 대중문화에 큰 영향을 주었다. 특히 프레드렉 제임슨의 경우에 있어, 후기자본주의 시대에 총체적 현실의 재현은 불가능하지만 재현이 완전히 불가능한 것은 아니라는 장 보드리야르와 상반된 논리를 펴고 있다. 또한 프레드렉 제임슨은 총체적 현실을 알 수 없는 대상이라고 하지도 않는다. 프레드렉 제임슨에 따르면, 포스트모더니즘 시대의 총체성 혹은 총체화는 모더니즘 특유의 차이의 말살이 아니라, 어떤 정신적 작용 속에서 근본적인 차이를 그대로 간직한 요소들을 함께 묶을 수 있는 긴장 속에서 물상화(reification)와 분열을 극복하는 것을 지칭한다.[28]

그러나 정치 문화적 실천을 위하여 그리고 비판적 사회이론의 형성을 위해서는 총체적 현실의 재현가능성을 완전히 포기할 수는 없다고 한다(전경갑. 1999: 389). 이 표현은 현존적 경험과 과학적 지식 사이에 간극이 존재함을 가리키는 것인데, 프레드렉 제임슨은 이러한 상황에서 필요한 미학을 인식적 지도 만들기의 미학[29]이라고 부르고 있다. 그리고 이 미학은 다국적 자본을 재현하는 새로운 양식을 발견하는 돌파구를 마련함으로써 문화와 정치적 역할을 수행할 수 있다고 본다. 심지어 언어학의 영역까지 이와 같은 분화의 영향이 나타나서, 언어적 기호(linguistic sign)는 그 지시대상(referent)으로부터의 분리를 초래하게 되었다(Connor, 1989: 47). 그러나 독점자본주의 단계로부터 다국적 자본주의 단계로 이행하는 과정에서 우리는 문화와 경제의 분화(differentiation)가 소멸되면서 탈분화(de-differentiation)가 나타난

---

28) 아도르노(Adorno)나 사르트르(Sartre)와는 달리, 프레드렉 제임슨(Jameson)은 총체성(totality)과 총체화(totalization)를 같은 뜻으로 사용한다.

29) 프레드렉 제임슨은 이를 '인식적 지도 만들기'의 미학이라고 부르는데, 인식적 지도(cognition map)란 구태의연한 의미로 꼭 모방적인 것이 아니라 재현을 보다 고차적이고 훨씬 더 복합적인 차원에서 새로 분석하게 하는 것을 말한다.

다는 것이다. 이 탈분화는 스코트 라슈(S. Lash)가 주장한 것으로 '문화영역의 탈분화'는 이미지나 기호가 언어처럼 체계적인 규칙에 따라 구조화되기보다는 무의식이나 감각적인 기억에 따라 작동하게 한다(김성기, 1993: 24). 이 논리가 기호의 형식을 벗어난 개념이라면 장 보드리야르의 기호론을 탈기호론이라고 주장하는 논리와 연관 지어 볼 수 있을 것으로 예상된다.

자본주의 발전의 포스트모던 단계(postmodern stage)가 되면, 모더니즘 문화의 자율성 공간이 붕괴됨과 동시에 팽창된 자본의 위력이 기호영역과 표상체계 그리고 생활세계의 모든 문화영역에 전면적으로 확산 침투된다. 그래서 후기자본주의 시대에 있어서는 문화적 형식의 생산과 교환 그리고 소비 그 자체가 경제적 실천의 핵심으로 포섭되기에 이르렀다. 그 결과 포스트모던적 소비자본주의 사회는 물상화의 극치를 이루게 되었고, 문화영역과 경제영역의 분화는 와해 혹은 내파된 것이다.

프레드렉 제임슨은 이상과 같은 이유에서, 컴퓨터와 비디오 그리고 텔레비전 등 전자매체의 가속화 현상으로 특징되는 포스트모더니즘 문화를 후기자본주의의 문화논리로 규정한다. 후기자본주의 즉 다국적 자본주의의 전 세계적 경제체제는 능기의 자유로운 유희에 의하여 세계를 자의적으로 지시하고 의미화함으로써 그 심층적 본질을 왜곡시키는 새로운 문화논리가 필요하고, 이에 부합되는 이데올로기 기능을 수행할 수 있는 것이 포스트모더니즘이라는 것이다. 전통적인 사회이론은 그 표면적 다양성에도 불구하고, 문화의 비판적 거리(critical distance)라고 하는 하나의 공통성이 있다. 이는 문화적 실천을 저 거대한 자본의 존재 밖에 자리매김함으로써, 비판적 거리를 두고 자본의 운동논리를 비판해왔다.

그러나 문화적 실천과 경제적 실천, 문화적 생산물과 경제적 생산물의 경계가 붕괴되고 문화와 경제가 동일시된 포스트모더니즘이라는 새로운 공간에 있어서는 모더니즘 시대의 비판적 거리가 소멸(the abolition of critical distance)되었다는 것이 프레드렉 제임슨의 주장이다. 여기에 대한 장 보드리야르의 포스트모더니즘 기호론은 사실 이미지(기호)로 특징짓는 포스트모더니즘은 실물의 팽창으로 특징 있는 모더니즘과 단절이 아니라 그 연장선(특히 시장에서)으로 보아야 할 것이다. 이런 맥락에서 프레드렉 제임슨은 포스트모더니즘이라는 새로운 공간에서 거리, 특히 '비판적 거리(critical distance)'가 완전히 소멸되었으므로 새로운 좌표설정이 필요하며, 이는 새로운 재현의 미학을 전제로 해야 한다고 주장한다. 다국적 자본주의인 후기자본주의의 체제하에서 언어활동은 사회의 의사소통이다. 달리 말해 이것이 소비의 구조이며 그 언어(longue)라면 개인의 욕구 및 향유는 발화의 효과(effect of parole)가 된다. 소비자를 비롯한 모든 인간의 욕구는 크게 두 가지로 나누어 볼 수 있다. 그 하나는 기본적이고 본능적인 제1차적 욕구로서, 이는 생리적 욕구라고도 한다. 예컨대 식욕·성욕·쾌락·사랑 등의 추구욕구, 장애극복의 욕구, 고통, 두려움, 위험 등으로부터 해방되고자 하는 욕구를 말한다. 또 하나는 후천적으로 갖게 된 제2차적 욕구로서, 이를 사회적 욕구라고 하는데, 예컨대 정보나 지식의 추구욕, 또는 호기심의 충족 욕구, 富·청결·효율성·편리성·미적 쾌감 등의 추구욕구, 또는 다른 사람으로부터 인정을 받고 싶어 하는 욕구나 명예욕·출세욕 등이 바로 그것들이다(차배근, 1993: 528). 여기서 인간의 1차적 욕구를 인간의 기본 욕구라고 하고, 후천적인 2차적 욕구를 향유적 욕구라고 한다. 기본적인 욕구이든 향유적 욕구이건 욕구는 인간의 무구한 욕망으로 언어적 실천으로 표징되고 있기 때문에 다분히 욕구는 기호적이라 하겠다. 이 기호는 차이의 코드에 근거하고 있으므로 '의미생성(mode of signification)' 논리에 따른다.

이런 논리는 마르크에서 장 보드리야르로 그 맥이 이어졌다고 할 수 있다. 이런 점에서 마르크스 생산과 노동 개념은 이제 에너지가 아닌 기호 코드 단계로 재해석되어야 할 시점에 놓이게 된다. 왜냐하면 마르크스의 생산논리(logic of production)에 뿌리박고 있는 기호지배(sign control)를 개념화해 낼 수 없기 때문이다. 특히 욕구란 '생산의 산물'이 아니라 '욕구체계는 생산체계의 산물'이기 때문이다(Baudrillard, 1988d, 이상율 옮김, 1999: 4~5). 다시 말해 소비행위가 소비자의 독립된 욕구가 아닌 사회적으로 결정된 가치에 따라 행해진다는 점에서 소비사회는 의미생성 논리에 지배된다. 그래서 마르크스의 관점에서 생산을 코드로 분석한다는 것은 기계, 산업, 노동시간 그리고 임금 등의 '물질성'을 초월해서 바라보는 것이므로 생산력 대 생산관계의 모순으로 인한 사회의 구조적 혁명은 더 이상 가능치 않고 단지 '기호 대 기호의 구조적 혁명'만이 남게 된다(Mark Poster, 1988: 129~130).

한편 프레드렉 제임슨은 포스트모더니즘에서 주체란 이미 죽어 사라진 존재가 되었다고 한다. 주체 자체의 '죽음'은 곧 자주적인 부르주아적 실체나 현실, 개인의 종말이고, 이전의 중심화된 주체의 탈중심화(decentering)를 상기시킨다. 부르주아적 실체나 현실의 종말은 포스트모더니즘에서 더 많은 것의 종말을 가져왔다. 예를 들어 개인적 의미에서의 독특한 스타일의 종말, 기계복제의 성행에 의해 남과 구별되는 필치의 종말이 그것이다. 이는 감정을 느낄 현실이 더 이상 존재하지 않기 때문이다.

프레드렉 제임슨(Jameson, 1985)에 따르면 뮤직비디오와 포스트모던 문화에 관련하여 뮤직비디오가 생활의 스타일과 분위기를 생산해서 삶의 형태와 스타일이 다르게 나타나고 이것은 정서와 감정과 이데올로기의 혼합, 이미지와 현실의 혼동이라는 포스트모던한 상황의 근거가 되는데 이러한 상황에서 사회의 지배적인 권위와 체제에 대한 비판이 의미를 상실하게 되고, 이미지가 현실과 혼동되는 분위기 중심의 상황에서 수용자들의 소비욕망은 끊임없이 부추겨진다. 그에 따르면 이러한 상황은 뮤직비디오가 창출하는 새로운 시간의 효과와 관련된다고 한다. 소설이나 영화 같은 재현의 매체들은 '실재하는 시간'의 효과를 생산하는 일에 전념하는 반면, 전통적 내러티브(narrative)를 거부하고 아방가르드30)적인 비디오는 실제의 시간을 곡해해서 비디오의 시간 속에, 결국에 기계 자체의 '실제시간' 속에 수용자들을 잡아둠으로써 비디오가 다 풀릴 때까지 시청자들을 가두어 둔다는 것이다.

뮤직비디오는 현실감각을 재현하려는 기법들을 포기하고 시공간의 파편화를 강조하지만, 이러한 수법들은 수용자들로 하여금 충족되지 않은 현실감각의 만족을 위해 계속 비디오 앞에 머무르게 만들고, 뮤직비디오가 산출하는 분위기를 소비하게 한다는 것이다. 프레드렉 제임슨은 뮤직비디오의 이러한 성격이 바로 그것을 생산

---

30) 아방가르드는 프랑스어로 avant garde이고, 영어로는 advanced guard이다.
　　그 원뜻은 전위(前衛). 1920년대 1차 대전 때부터 유럽에서 일어난 예술분야에 일어난 진보적 운동으로 기성관념이나 유파(流派)를 부정하고 새로운 것을 이룩하려 했던 입체파 표현주의 다다이즘, 초현실주의, 실험적인 영화 제작과 큐비즘 등 혁신예술을 통틀어서 일컫는 말로 일반적 특징은 모호성·불확실성의 역설과 주체의 붕괴, 비인간화 등을 들 수 있다. 이런 특징은 근대산업화 과정과 밀접한 관계가 있다.

하는 문화산업의 상업적 이유추구의 목적에 부응하는 것이고 청소년들의 문화를 지배적인 소비주의 문화로 편입시킨다고 비판한다. 이상처럼 프레드렉 제임슨은 포스트모더니즘의 논의를 끊임없이 마르크스의 논의와 연합하여 설명하려고 노력했다는 점에서 괄목할 만하다고 평가되며 같은 맥락에서 포스트모더니즘에 관한 논의에 있어 가장 설득력 있는 이론으로 여겨진다고 할 수 있다. 동시대에 이런 맥락의 논리를 실현시킬 수 있도록 자극을 불어주는 학자가 바로 장 보드리야르이다.

2. 장 보드리야르의 포스트모던 기호이론

지금까지 구조주의에서 소쉬르의 주장은 언어가 본질상 실체가 아니라 형식으로 재현의 가능성을 인정하는 통찰력을 제시하였다. 이는 마샬 맥루한으로 이어져 언어확장은 내용보다 전달하고 담은 매체의 중요성을 관찰할 수 있었다. 그리고 쟈크 데리다의 해체주의에서 인간의 사고행위는 이분법을 벗어날 수 없지만 이런 이원적 대립체계는 근거 없는 폭력적인 서열제도로 인간의 모순을 지적했다. 쟈크 데리다의 경우에 있어서는 우리의 세계에는 절대적 근원도 궁극적 목적도 결정할 수 없는 대립항 간의 논리를 반대해서 '이것도 저것도 아닌 / 둘 다 아닌(neither / nor)' 것과 둘 다 / 이것과 저것(both / and)'의 논리를 적용하고자 하였다(Derrida, 1982: 43). 그는 지금까지 대립되던 두 개 간 의미를 나타내는 기표(S) / 기의(s) 중에서 가운데 그어진 막대기를 자유롭게 넘나들면서 기표와 기의의 고정된 결합을 부정하고 기표의 자유로운 유희를 강조하였다.

그리고 『포스트모더니즘, 후기자본주의의 문화논리(*Postmodernism, or The Cultural Logic of Late Capitalism*)』(1984)에서 프레드릭 프레드렉 제임슨은 문화적 실천, 문화적 생산물과 경제적 생산물의 경제가 붕괴되고 문화와 경제가 동일시되지만, 궁극적으로는 문화적 우세로 표징 시키고자 하였다.

이런 맥락들은 장 보드리야르에게서 총합된 실천적 이행과정으로 재위치 지어지면서, 실재의 본질보다 그 기호나 이미지가 더 중요하게 작용되고 확장된 새로운

지평을 열었다. 이렇게 볼 때 다음과 같은 루드비히 포이어바흐(Ludwig Feuerbach)
글에 많은 함축적인 의미를 내포하고 있다.

> 의미된 내용보다는 기호가, 원본보다는 사본이, 실재보다는 환상이, 그리고 본질보
> 다는 껍데기가 선호되는 현대에서는 (중략) 분명 환상만이 신성하고 진리가 속된 것
> 임에 틀림없다. 아니 이렇게 말해 보자, 진리가 감소하고 환상이 증가함에 정비례하
> 여 신성함이 증가하게 되어 있다고, 그래서 결국, 최고도의 환상은 최고도의 신성함
> 이라고(이후 생략).
>
> 루드비히 포이어바흐

> But certainly for the present age, which prefers the sign to the thing signified, the
> copy to the original, fancy to reality, the appearance to essence… illusion only is
> sacred, truth profane. nay, sacredness is held to be enhanced in proportion as truth
> decreases and illusion increases, so that the highest degree of illusion comes to be the
> highest degree of sacredness.
>
> Ludwig Feuerbach
> (Douglas Kellner, Jean Baudrillard: From Marxism to
> Postmodernism and Beyond, Standford UP, 1989, p.vii)

세기의 전환기에서 현대사회를 지칭하는 많은 표현들 중 특히 후기산업사회라는
말에는 정치경제적인 것뿐만 아니라 사회문화적인 의미도 내포되어 있음은 물론이
다. 오늘날 과학기술의 발전으로 고도의 산업사회로 변모되었다. 대량생산과 대량소
비, 유통구조의 혁신으로 이른바 스펙터클 사회가 전개되었으며, 이런 포스트모더니
즘의 이행은 다품종 다량생산시대, 정보 미디어화 시대를 맞이하게 되었다.

그러나 이후 포스트모더니즘을 이어갔다고 할 장 보드리야르의 이론은 마르크스
의 생산체계와 노동 개념을 해체하고, 이를 소비와 기호의 체계로 대체하여 현대사
회를 분석한 혁신적인 견해로 인해 긍정적 평가를 받고 있는 반면 80년대 이후 이
론적인 진전을 보이지 못하고 극단적인 허무주의로 흐르고 비판받고 있다. 그의 이
론은 소비사회매체, 인공두뇌 조정체계(cybernetic steering system), 기호문화 등 포

스트모더니즘적 주제라 불릴 만한 요소를 갖고 있다.

장 보드리야르는 산업사회를 형성했던 범주, 가치들로는 더 이상 설명될 수 없는 새로운 사회상황을 포스트모던 사회라고 간주하고 이를 분석하는 데 초점을 맞추게 된다. 마샬 맥루한의 이론을 부분적으로 계승하고 있는 장 보드리야르에 따르면 후기산업사회에서 현실은 더 이상 이미지를 재현하지 않고 현실 그 자체가 이미지가 돼버린다. 이것은 마샬 맥루한의 '미디어는 메시지다'라는 규정에서 우리는 내용과 형식을 분리하여 생각할 수 없는 개념이라는 것과 동시에 형식의 우위성을 발견한다. 의미와 그것을 담는 그릇(미디어), 즉, 장 보드리야르의 언어세계관에서 기의와 기표의 관계를 병치시킬 수 있는 부분이다.

전통적 주류미디어에서는 미디어가 전달하는 현실을 이해하기 위해 현상 뒤에 숨겨진 본질을 파헤치는 구분의 시대, 의심의 해석학 시대가 모더니티시대이다. 그러나 불확정성의 원리가 바로 가장 명확한 것이며 객관적인 과학, 역사와 의식의 변증법적인 비전을 대체시킨 사회가 바로 포스트모던의 장 보드리야르의 시뮬라크르화 시대이다. 그래서 시뮬라크르화의 시대는 결정성, 진리 혹은 숨은 의미를 찾고자 하는 모든 해석학적 노력을 허사로 되돌린다.

그는 근대적·합리적 주체를 철저히 배격하고, 기호체계로서의 자본주의에 대한 설명과 더불어 한발 더 나아가 그 기호체계의 파괴를 보여줌으로써 탈마르크스화한다. 그럼으로써 현대를 기호체계가 붕괴된 사회로 보고 질서가 파괴된 하나의 무질서 상태로 보게 된다. 장 보드리야르는 언어를 기호의 변별적 체계로 개념화한 소쉬르의 언어이론에 '상품체계이론'을 적용한다. 즉 그는 소쉬르의 기표와 기의라는 특성을 상품에 적용하여 상품도 규칙, 코드, 사회적 논리가 지배하는 기호가치의 체계로 구조화되었기 때문에, 언어에서처럼 상품도 차이와 위계질서가 기호가치를 특징짓는다는 것이다. 이뿐만이 아니라 장 보드리야르는 사회생활의 모든 양상도 기호의 체계로 해석하려는 '기호학적 혁명'에 가담하게 된다.

장 보드리야르는 실물 생산과 소비라는 모더니즘적 생산양식이 새로운 기호생산체계인 시뮬라크르화로 대체되었다는 의미에서 포스트모던 사회를 '기호시대'로 파악하는데, 기호세계에서 모든 이분법적 구분이 폐기된다. 다시 말해 생산이 아닌 생산코드, 실물이 아닌 기호가 지배양식인 시대이므로 실물기호, 현상-본질, 진리-허위, 자연-문화 등의 구분이 사실상 폐기된다.

기호의 법칙과 약호의 법칙이 원용된 장 보드리야르의 포스트모던 소비사회에 대한 사회이론은 두 이데올로기를 넘어서는 이론이다. 다시 말하면 마르크스주의나 자본주의는 모두 생산양식에 기초한 이데올로기였다는 유사점이 있으나, 소비사회는 기호와 약호에 기초한 사회이기 때문에 이들과는 근본적으로 다른 형태의 사회이다.

장 보드리야르는 이러한 의미생성양식이 상품광고에서 가장 잘 드러난다고 본다. 광고는 새로운 언어로 모든 사람들에게 더 잘 말할 수 있는 일련의 새로운 의미조합을 형성한다. 상품광고의 집합적인 언어를 장 보드리야르는 '코드(code)'라고 부르는데 이것은 기호체계나 언어로 이해될 수 있다. 그는 소비사회를 설명함에 있어 소쉬르의 기호이론을 인용한 사회이론을 제시한다. 마르크스주의나 자본주의 모두 생산양식에 근거한 이데올로기이다. 이러한 이데올로기에서 생산은 생산양식과 생산관계로 구성되어 있다. 이 경우 기표와 기의가 밀접하게 연계되어 있기 때문에 기호/의미화 작용에서 큰 혼란이 있을 수 없다. 그러나 포스트모던 소비사회에서는 기표가 기의와 유리되어 있기 때문에 기표는 기의를 지시할 수 없다. 이 경우 기표는 '떠다니는 기표(floating signifiers)'일 뿐이며, 기표가 궁극적 대상을 지시한다는 것은 환상일 뿐이다(이정호, 1995: 53). 자본주의와 마르크스주의가 대립되는 모더니즘 시대에서는 기의(본질, 개념)가 우위를 차지하였지만, 포스트모던 시대는 의미, 기의가 허물어지거나 역전된 기표가 만발하는 시대이다. 즉 이미지나 기호로 대변하는 시대이다. 오늘날의 소비사회에서 다양한 문화상품이 기호로 유희하는 현상으로 기의 측면인 사용가치보다 기표에 치중한 교환가치가 우위를 차지한다는 사실에도 잘 드러난다. 그런 점에서 상품이 문화라는 표현은 그것의 사용가치에 있다기보다는 이미지와 기호 그리고 재현체계(representation system)가 우위를 차지하는 데 있다고 하는 의미일 것이다. 이를 장 보드리야르는 오늘날의 전혀 다른 모습의 시뮬라시옹의 과정을 지니고 있다고 본다. 진정한 의미의 시뮬라시옹 과정이 득세하여 오늘날의 질서에서는 재현과 현실 간의 간극이 사라지게 된다. 시뮬라시옹의 사회에서 모델이나 코드는 경험을 구조화하고 모델과 현실 간의 차이를 제거한다. 아니, 때로는 그들의 존재 가치가 역전된다. 현실을 모방해 낸 재현이 아니라 재현을 통해서 현실을 확인하는 전복의 시대가 되어 버린다는 것이다. 시뮬라시옹의 과정을 통해서 만들어진 시뮬라크르가 현실의 잣대가 된다.

"시뮬라시옹은 재현과 상반된다(simulation is opposed to representation)" 재현은 기호와 실재(real)가 일치(equivalent)한다는 원칙에서 출발하지만, 시뮬라시옹은 리얼리티(reality)의 부재와 환영(원본이 없는 복사본)인, 등가성 원칙의 유토피아에 대한 부정에서 출발하기 때문이다. 재현이 시뮬라크르의 과정을 왜곡된 재현으로 해석함으로써 시뮬라크르를 흡수하고자 한다면 시뮬라시옹은 모든 재현적 구조물까지 시뮬라크르의 내부로 흡수해 버린다(Baudrillard. 1983c: 11).

앞에서 살펴본 바와 같이, 재현체계 속에서 이미지(시뮬라크르)는 원래 실체를 반영하고, 가장 충실하게 원래의 실체를 잘 재현하고 있는 이미지가 가장 완벽한 이미지와 시뮬라크르가 된다. 결국 원래의 실체가 가장 훌륭한 자기 자신의 재현 이미지가 될 것이다. 따라서 실체와 이미지가 동일한 하나가 되는 단계, 이 단계가 시뮬라시옹의 단계이다. 이렇게 되므로 실체와 이미지를 분할하던 이원론이 사라지고 일원론이 대두된다(Baudrillard, 1991b, 하태환 옮김, 1999: 15).

이 일원론 세계가 오늘의 가상세계이다. 가상현실(virtual reality) 등과 같은 시뮬라시옹이 현실을 압도하는 모습을 두고 장 보드리야르는 과실재성(hyperality)이라고 불렀다. 실재다운 시뮬라크르를 가리키는 말이다. 여기서 가상현실과 과실재성을 일치시키는 이유는 가상공간이란 기계(컴퓨터)가 연출하는 커뮤니케이션 자체가 아니라, 그것을 만들어 내는 커뮤니케이션 상황(context)이다. 다시 말해 기계적(컴퓨터) 네트워크를 통한 커뮤니케이션이 이루어지는 공간이 가상공간이라는 것이다. 이 가상공간에서는 기계가 만들어 내는 새 언어로써 표현된 커뮤니케이션 공간이다. 따라서 우리는 가상공간을 보다 엄밀히 말해 사회적 공간으로 정초(founding)할 필요가 있는데, 그것은 무엇보다 사회적인 '실재'로서 바라보기 위해서이다. 여기에는 '가짜의' 혹은 '가상의' 것뿐만 아니라 수많은 사람들이 활동하는 공간이기 때문에 대중의 공간이라고도 할 수 있다. 이 가상공간의 세계는 '현실이 아닌' 환영의 세계로 몰입(immersion)한다는 의미에서 '과실재성의 세계(hyperreal world)'이다. 이 세계는 환상(illusion)과 공상(phantasm)이 유희하는 세계이다. 이 환상은 쟈크 데리다에게서는 차연에 망각한 기인된 환상이라는 것이다. 즉 그 표면에서 작동하는 불가피한 '흔적'이라고 표현하고 있다. 들뢰즈는 모델과 복제를 거짓 시늉한 환영(simulation)의 '사건'으로 본다. 이에 나아가 피스크는 장 보드리야르식의 굴절은 구태의연한 일종의 탐미주의에 빠진 '예술을 위한 예술(distance art)'을 추구한 것으로 단정한다. 인간은 우리의 현실세계를 객관적인 세계로 현전해 보려는 욕망에서 기인된다. 이런 측면에서 미디어와 현대문명에 대한 마샬 맥루한의 통찰력과 관련지어 살펴볼 수 있겠다. 인간은 끊임없이 인간의 확장(extension of man)에 대한 욕망에서 출발한다는 것이다. 이 욕망은 기계적 확장으로 인간의 확장을 대용 실재하려는 것이라고 말할 수 있다. 예컨대 이런 기계적 확장이라는 것은 일종의 '음향적 공간(acoustic space)' 개념이다. 이 음향적 공간이란 문자 이전의 전 감각적 커뮤니케이션 상황에서 존재했던 경험의 공간으로서, 마샬 맥루한에 따르면, 현대인은 새로운 전자 미디어의 출현과 함께 이 공간으로 되돌아갈 수 있게 되었다고 주장한다. 따라서 음향적 공간은 우리가 TV, 컴퓨터 등과 같은 미디어를 이용하여 들어간 공간, 즉 사이버스페이스를 의미한다. 이 공간 안에서는 시공간이 하나로 통합된 공간으로 질서나 순서 같은 것이 존재하지 않는다. 이러한 세계에서 각 영역 간의 경계는 무너지고 기존의 관점이나 태도는 의미를 잃는다(이정춘, 2000: 156). 이러한 장르의 해체와 장르 간 구별의 와해는 마샬 맥루한의 내파(implosion)개념의 근간이다. 이와 같은 이론적 맥락을 이어받는 장 보드리야르의 포스트모던 세계는 이미지나 시뮬라크르라 현실 간 경계는 내파되고 그와 함께 '현실'의 경험과 지반은 사라진다고 주장한다(Keller, 1992, 정일준 옮김, 1996: 157).

장 보드리야르의 포스트모던에서는 모델, 커뮤니케이션, 미디어가 현대사회와의 근본적 단절을 수행한 조물주가 된다. 장 보드리야르의 포스트모던의 세계는 과실재성(hyperreality)의 세계로서 이 안에서는 모델과 코드가 사고와 행동을 결정하고 오락과 정보와 소통을 위한 미디어가 진부한 일상생활의 장면들보다 더 강렬하고 풍부한 경험을 제공했다. 장 보드리야르가 80년대 들어 방향성을 상실한 채 헤매는 동안 사이버 펑크(cyberpunk)[31] 소설이 등장했다.

특히 윌리엄 깁슨(W. Gibson)은 '뉴로맨서(Neuromancer)'라는 소설을 통해 기술시대를 위한 새로운 가치체계를 열었다고 평가받고 있다. 그의 이 신기술이 새로운 개인과 기술적 환경을 창조하면서 인간생활에 심대한 영향을 미치고 있는 방식을 그려내고 있다.

이것이 바로 1970년대 장 보드리야르의 주제였다. 마르크스를 보완 또는 비판했다고 여겨지는 초기의 저작들에서도 장 보드리야르의 포스트모던적 인식과 용어들을 볼 수 있는데, 특히 '내파'에 이르러 그의 이러한 이론들은 확고하게 포스트모던적 인식 틀을 보여준다. 이 포스트모더니티는 우리가 전통적으로 당연시해 온 모든 유형의 이원적인 대립체계(binary oppositions)가 근본적으로 무너지는 내파가 그 특징이다.

다음 장에서는 이런 내파이론에 대한 개념 및 정의 그리고 내파가 출연하게 된 배경에 대하여 알아보겠다.

---

31) 원래 사이버네틱스(cybernetice)란 용어 사용은 수학자인 노베르트가 위너가 커뮤니케이션과 통제에 관한 자신의 이론을 가리키기 위해 사용한 개념. 위너는 언어학, 기계 및 사회의 제어수단으로 메시지, 컴퓨터와 자동화, 심리학과 신경학, 이 밖에 아직 드러나지 않은 새로운 과학적 방법론을 포함하는 확률적 이론을 뜻하기 위해 이 용어를 사용했다. 이 용어는 원래 '키잡이'라는 의미의 그리스어인 'bubernetes'에서 비롯된 것이다. 이 단어가 하나의 개념으로, 하나의 포괄적인 학문분과로 정착된 것은 1948년에 위너의 *Cybernetics: Or Control and Communication in the Animal and the Machine*이라는 획기적인 저서가 발표된 뒤부터이다. 위너는 생물체의 신체기능과 최신식 통신기기의 행동은 피드백을 통해서 엔트로피를 통제하려는 유사한 시도에서 완전히 일치되는 방향을 가진다고 주장하여, 정보의 커뮤니케이션과 통제를 중심으로 생물의 반응과 기계의 작동을 통일적으로 인식할 수 있는 이론적 기초를 제공하였다(권태환, 1997: 337~338). 사이버네틱스(cybernetics)와 펑크(punk)의 합성어이다. 사이버네틱스는 스스로 목적을 수행해 나가는 자동기계 관련 분야의 총칭이며 펑크는 '반체제적인 태도'라는 뜻이다. 사이버펑크는 컴퓨터로 대표되는 첨단기술과 반체제적인 대중문화, 나아가서는 기계와 인간의 대등한 융합을 시도하는 데서 비롯된 새로운 형태의 반문화적 성격을 갖는다. 컴퓨터에 대한 심취와 기성세대의 가치관에 대한 경멸적 태도가 뒤범벅이 된 이 같은 이 반문화는 네트워크로 구성된 가상공간(cyberspace)을 무대로 활동하는 점에서 이전의 반항아들, 이를테면 50년대의 비트족, 60년대의 히피족 등과 구별된다(시사용어 사전, 2001: 301).

제4장

장 보드리야르의 내파이론 분석

제1절 내파이론의 개념

그동안 전통적 인식에서 모방(mimesis)의 개념은 객관적 현실세계 혹은 대상을 재현해 내는 한 양태로서 모방대상이 존재하고 있다는 전제하에서만 가능한 것이었다. 전통적인 인식론은 주체와 객체, 현실과 기호, 의식과 무의식 그리고 진리와 허위 등의 구분이 전제되어 있고 재현할 인식대상이 존재함을 전제하고 있다. 이제까지 재현(재생산)은 기호와 실재의 등가 원칙에서 출발했다. 다시 말해 재현(재생산)은 의미에 차이가 주어지고 지시대상이 존재할 때만이 가능한 것이다.

그런데 장 보드리야르의 세계에서는 전통적인 재현이나 모방과는 다른 차원의 개념이다. 이 다른 차원의 개념이 내파이론이다. 내파의 세계에서는 지금까지 기호에 차이를 짓던 의미에서 차이가 소멸되고 지시대상이 소멸되어, 새로운 의미의 기호가 시작된다. 이 새로운 의미를 생성하는 작업이 내파과정이다. 이 과정에서 나타난 상태는 지금까지 발생한 '외파국면(aspect of explosion)'에 이어서 '내파국면(aspect of implosion)'이 나타난다고 표현한다. 내파국면은 팽창하던 모든 에너지가 흡수되고, 내부로 함몰하는 시스템으로 나타나고, 모든 의미들이 흡수하는 블랙홀이 나타난 시기이다. 이 시기는 기호증식이 이제 더 이상 지시대상과의 관계를 연관시킬 필요가 없다. 그것은 그 자체로 의미를 가진 것으로 나타나게 된 것이다. 지시대상이 없는 기호의 의미는 기호의 논리, 그 속에서 의미를 가지게 된다. 이제 사회에 무질서한 기호들만으로 가득 차게 된다. 장 보드리야르의 표현에 따르면 상징만의 질서로 사회가 이루어져 나간다. 이제 기호와 실재를 연결해 주는 선이 끊어지게 된 것이다. 이렇게 되면 실재는 합리적일 필요가 없다. 실재란 이제 더 이상적이거나 부정적인 어떤 사례에 빗대어 측정되지 않는다. 실재는 이제 조작 가능한 것일 뿐이다(이진경 외, 1999: 190). 이 과정들은 의미의 발산으로 기존의 기호학적 체계에 벗어난 것이 내파의 논리이다.

특히 후기자본주의 시대에서 장 보드리야르의 내파에 의해 생성된 시뮬라시옹의 시뮬라크르는 전통적으로 인식되어 온 모방개념과는 전혀 다르다는 것을 전제한다. 다시 말해 그동안 구별 짓던 두 영역 간의 경계를 허물고, 대립 간에 차이가 소멸되게 하며, 상호 간에 와해·중화·합성·확산되어, 그 영역이 소멸되거나 다른 영역에 흡수 또는 확장 통합된 의미로 광범위하게 사용된다. 이를 마샬 맥루한식으로 말하면 기계의 발달이 곧 '인간의 확장'이고, 쟈크 데리다의 경우는 지금까지 인간의 사고에 내재해 온 이원적 대립체계 관념을 무너뜨린 '해체'이다. 프레드렉 제임슨의 경우에 있어서는 '경제의 확장이 문화 확장'을 뜻하는 함축적인 의미가 될 것이다.

이 '내파(implosion)'라는 용어는 마샬 맥루한(Mcluhan)에 의해 미디어와 관련하여 최초로 언급되었고(Mcluhan, 박정규 옮김, 1990: 295), 이를 이어받아 장 보드리야르는 포스트모던(postmodern) 세계에서 이미지나 시뮬라크르와 현실 간의 경계는 내파되고, 그와 함께 '현실'의 경험과 지반은 사라진다고 주장했다. 이 논리를 상품에 적용시켜 볼 때, 상품이 즉각 기호가치로서 생산되고 소비될 때, 상품이 기호(문화)로 산출된다. 이 과정에서 생활 속으로 미디어의 내파, 미디어 안으로 생활의 내파"라는 명제가 성립된다(Baudrillard, 1993b: 55).

예컨대, 1999~2000년 MBC-TV에서 인기리에 방영되었던 드라마『허준』에서, 매실은 역병을 치료한 특효약이고, 매실이 보양에 좋다는 방송이 나간 뒤 매실 생산 농가는 안도의 한숨을 쉬었다. 1999년 6월 기준 가락시장에서 매실 1킬로 상품(上品)을 기준해서 한 상자에 3,500원이었던 것이 드라마가 상영되던 2000년 6월에 매실 1킬로 상품(上品)으로 5,000원에 판매되어 40% 이상 생산량이 늘어 판로를 고민하던 차에 방송이 나갔는데 직후부터 판매량이 급증했다 한다. 특히 술을 좋아하는 애주가들 사이에서 매실주를 찾는 이들이 급증했고, 매실 음료를 비롯한 새로운 상품이 쏟아져 나온 탓이다. 그 여파로 경기도 용인에서는 느닷없는 피해를 당하기도 했는데, 살구를 매실로 둔갑시켜 가짜를 진짜로 판매한 사건과 2006년 6월과 7월 '가짜 박상민 가수'를 유흥업소 무대 사회자는 진짜 박상민 씨가 출연하는 것처럼 "히트곡 해바라기의 주인공, 인기 유명가수"라고 임 씨를 소개했다. 일부 나이트클럽에선 업소 전공판에 '특별출연, 인기 가수 박상민'이라고 광고하기도 했다. 임 씨는 무대에 오르면 박 씨의 히트곡 음반을 틀어놓은 뒤 실제 노래를 부르지 않았다. 입 모양만 흉내 내는 '립싱크'를 한 것이다. 공연이 끝난 뒤 손님들에게 '박상민'이라고 사인까지 해준 행세, 동국대 신정아 씨 가짜 박사학위 등은 오리지널의 진정성(authenticity)을 변화시켜, 현존성인 아우라(aura)의 상실을 가져오게 된 것이다.

이와 같이 미디어에서 일어난 초현실이 우리의 현실로 내파되어, 오늘의 상품이 기호로 되는 것이다. 이런 경우 경제영역에서의 사용가치는 더 이상의 경제적 기반이 아닌, 기호 및 교환가치로 이행되는 과정인 것이다. 여기서는 사물의 기능을 기호로 보고 소비를 사회의 언어활동으로 보는 기호학적 사유가 깔려 있다(김성기, 1993: 100). 이 과정이 장 보드리야르가 주장한 내파가 가져온 결과물인 것이다.

'내파'라는 용어의 사전적 의미는, 원래는 본질적으로 상이한 것, 동등하지 않는 것이 돌발적으로 동일한 평면 안으로 내파(함몰)하는 경우를 말한다. 그런데 장 보드리야르의 경우 내파라는 것은, 그간 철학이나 사회이론의 흐름에서 내재해 온, 외양 / 리얼리티, 재현 / 대상물, 사유 / 사물 등과 같은 이항대립의 '내파'를 의미한다. 장 보드리야르는 '내파'를 대립극들이 하나가 다른 하나 속으로 흡수되기, 차이에 의해서 의미를 만들어 내는 체계 전체가 극들 사이에서 절단되기, 구별 짓던 용어들의 뭉개짐, 매체와 실재 사이의 대비인 구별과 차이들의 뭉개짐, 따라서 둘 사이에서 혹은 하나에서 다른 하나로의 모든 변증법적인 간섭이나 모든 중개작용이 불가능하게 된다"(Baudrillard, 1981b. 하태환 옮김, 1999: 149)라고 정의하고 있다.

장 보드리야르의 내파의 개념은 두 개 간에 거리가 좁아져 하나로 일치되었다는 것이다. 즉 경계가 허물어져 '차이'가 없다는 의미이다. 그리하여 이전에 사회이론에서 대전제를 이루었던, 리얼리티 / 의미 / 역사 / 사회까지도 포함하는 '지시대상'들이 시뮬라시옹의 사회에서는 소멸한다는 것이다. 즉 기호에서 기표와 기의에의 일체성이 깨뜨려졌다는 것이다(Lefebre, 1971, 박정자 옮김, 1995: 164~5).

프레드렉 제임슨(F. Jameson)은 내파의 개념을 전 자본주의 사회에서 문화가 누린 상대적 자율성의 영역이 와해되었음을 뜻한다. 이는 문화가 사라졌거나 없어졌다는 것을 의미하는 것이 아니라 문화가 경제가치와 국가권력에서 여러 종류의 실천 혹은 심리 구조 자체에 이르기까지 사회 전 영역에 확산되었음을 말한다(Jameson, 1991: 48).

또한 내파(implosion)란 이전의 외파(explosion)가 이어준 바탕에서 이루어지는 내적 의미작용이다. 이 내파는 외파와 방향이 반대인 같은 힘이다. 팽창, 진보, 식민지화를 가치로 여겼던 모더니즘을 대변하는 것이 에너지의 폭발이었다면, 내파는 그와 반대로 갈라지고 쪼개졌던 것들이 다시 분할 이전의 상태로 응축되어 가는 현상이다.

즉 다름과 구분이 비구분으로 들어가게 되는 현상을 말한다. 따라서 내파를 안으로 폭발로 이해하거나 번역하는 경우는 이것 또한 폭발이므로 모더니즘의 현상으로 이해할 수 있을 것이다. 내파현상은 우선 실재가 사라지고 다름이 없는 시뮬라시옹으로 전환되는 것이고, 이어서 시뮬라크르의 가장 대표적인 기호만이 남아서 실재를 대체하는 현상이다. 달리 말해, 현실의 이미지인 기표와 기의가 의미의 차이 없이 그대로 이미지이다. 여기서는 원본이란 말 자체가 필요치 않는다. '본래의 것이 그대로'이다. 그중 가장 대표적인 내파는 아마도 컴퓨터 디스켓에서처럼 모든 실재가 아무것도 없는 하나의 디스켓으로 축약 대체되거나 정보적인 코드로 전환되는 것이다. 이러한 무의 상태는 그러나 전체를 이미 그 속에 담고 있다. 내파는 결코 안으로 폭발이 아니라 비구분의 상태로 돌아가는 것이다. 내파는 블랙홀로 모든 것이 흡수되고 응축되는 현상이다(Baudrillard, 하태환 옮김, 1999: 42 역주).

김상환은 내파란 기호와 정보가 과잉으로 증식하는 가운데 발생하는 재난(암과 같은 병)이라고 주장한다. 이 재난은 기호(기표의 기표)에 기호작용을 허락하는 기표들 간의 차이와 대조의 그물망이 기표의 인플레이션을 통하여 그 기능적 효과를 잃어버릴 때 시작한다(김상환, 1999: 454).

좀 더 자세히 말해서 기호의 과도한 증식과 무질서한 확산으로 인하여 기호학적 교환 질서 자체가 스스로 붕괴되는 현상을 말한다. 이 자체 내파는 두 가지 측면에서 서술될 수 있다. 먼저 소쉬르 이래 구조주의 언어학의 기본을 전제한 전통적 언어체계이고 또 하나는 포스트모던한 언어체계이다. 이를 앞으로 진행되는 본 연구에서 구체적으로 그 실체를 해체할 것이다.

특히 오늘날의 세계화니 지구촌(혹은 지구화)화, 무역장벽 허물기 등 하는 의미들은 내파개념이 가져다준 언어들의 징표일 것이다. 이는 정보기술의 발달이 한층 거리를 축소시킨 것이, 즉 사회적 변화는 한마디로 내파의 영향이라고 표현할 수 있다. 이제 내파는 일시적 현상이나 유행으로 끝날 수가 없다. 내파는 커뮤니케이션 환경의 변화와 더불어 삶의 조건이 근본적으로 바뀌는 현상이기 때문이다. 앞에서 설명한 내파개념이 갖는 또 다른 중요한 효과는 세계화가 지닌 외파(explosion)와 내파의 양면성을 분석적으로 구분할 수 있다는 점이다. 외파는 실물의 확대·팽창으로 모더니즘의 특징이라면, 외파는 그동안 전통적 인식론과 단절을 보이는 시뮬라시옹의 사회이다.

즉, 전통적으로 이어온 대립된 이원체계가 해체(deconstruction), 탈중심화(decentering), 소멸(disappearance), 산종(dissemination), 탈신비화, 불연속성, 차연(différance), 이산(dispersion), 접합(articulation)[1] 등의 개념과 같은 맥락에서 이해될 수 있을 것

---

1) '접합(articulation)'은 알튀세르의 이론에서 생산양식을 분석하기 위해 도입한 개념이다. 알튀세르의 구조주의 마르크시즘에서 사회적 구조로서의 생산양식은 공시적 체제의 모습을 띠게 되므로, 생산양식의 통시적 변화를 설명하는 데 어려움이 생길 수 있다. 구조의 변화는 요소들이 교체되면서 이루어지는 것이 아니라 요소들 간의 관계가 바뀌면서 이루어진다는 것이다. 포스트 마르크시즘의 담론 이론은 'articulation'을 담론 주체의 정체성을 새롭게 표출하는 담론행위로 규정한다. 'expression'이 미리 결정된 정체성을 새롭게 표출하는 담론 행위라면, 'articulation'이 바로 그 행위를 통해 정체성이 구성되고 창출되는 행위이다. 접합은 미리 주어진 사회적 구조가 자기표현을 하는 국면이 아니라, 그 구조 자체를 새롭게 표출해 내는 국면이다(여건종, 2001: 403). 이 접합에는 모든 계급들에게 하나의 법칙이나 삶의 사실로서 필연적으로 주어진 것은 아니지만, 드러나는 존재의 특정 조건들을 요구하는, 그리고 특정의 과정들에 의해 확고하게 지속되어야 하고, '영속적'이지는 않지만 끊임없이 새로워져야 하며, 어떤 특징 상황에서 이전의 낡은 연계는 해체하고 새로운 연계, 즉 '재접변'을 시도하면서 사라지거나 억제될 수 있는, 접속이나 연계를 의미하고자 한다. 만일 쟈크 데리다가(Derrida, J.1977)가 기표의 영속적인 미끄러짐, 이른

이다. 이러한 용어들은 근대적 주체, 즉 서구철학의 '생각하는 자아'에 대한 거부의 표시이다. 이와 같은 시대적 배경에서 비추어 본 장 보드리야르의 내파의 개념의 본질은 경계의 약화와 차이소멸이다. 이 차이 좁힘의 수단에는 의미의 내파가 두 개 간 틈새를 확장·축소·와해·소멸시키는 것이다.

그동안 전통적으로 이 차이의 경계를 허무는 것을 모방이라고 할 수 있겠다. 우리의 문화는 모방되고 복제된다. 여기서 문화란 개개인의 창의력이나 의지력보다는 모방에 의해 전파되고 감염되는 현상에 의해 발전한다는 것이다. 이런 주장에 따르면 '세상은 요지경', '바꿔, 바꿔', 등과 같은 대중가요가 폭발적인 인기를 얻는 것, 강렬한 광고 이미지를 통해서 특정한 사회의 햄버거를 먹고 싶어지는 것 등은 유전적 요인 때문이 아니라 세상에 태어나서 후천적으로 습득한 모방을 통한 전파력은 밈(meme)2)에 의한 감염의 힘 때문이다. 이 밈은 Richard Brodie의 저서 *Virus of the Mind*에서, 문화가 전달되는 과정을 분석한 이론으로서 "일단 만들어지면, 마인드의 바이러스는 그 창안자에서 떨어져 나와 독자적인 삶을 획득하고 곧 진화해서 가능한 많은 사람들을 감염시킨다"고 주장한 이론이다. 이 이론은 문화가 대중매체 이미지를 통해 모방·복제가 급속히 대중에게 감염됨을 말한다. 이 논리는 장 보드리야르의 내파이론이 "경계를 허물고 사회적 엔트로피의 진행과정으로서 '미디어에

바 지속적인 '연기(deference)'가 항상 존재한다고 주장하는 것이 옳다면, 어떤 자의적인 '고정' 혹은 '접합'이라 부르는 것 없이는 의미작용(signification)이나 의미화(signifying)가 전혀 나타나지 않을 것이라고 주장한 것도 옳다고 하겠다(Janmes, C., David, M., and Valerie, W., 1996, 백선기 옮김, 1999: 33). 문화연구에서 본 접합은 이론과 실천이 결합된 것을 접합이라고 한다.

2) 모방의 뜻을 가진 밈(meme)은 그리스어 mimeme에서 만들어진 최근의 새로운 용어이다. 이 용어는 1976년 영국의 생물학자 리처드 도킨스가 출간한 사회생물학의 명저인 『이기적인 유전자』에 밈이라는 새로 만들어진 용어가 등장한다. 밈은 신조어임에도 불구하고 영향력이 커져서 옥스포스 영어사전에 '모방' 등의 비유적 방법에 의해 전달된다고 여겨지는 문화의 요소로 정의된다. 이 용어의 뜻은 사람의 마음과 문화의 관계를 설명하는 여러 논의들 중에서 가장 최근의 것이다. 그의 설명은 유전자가 한 개체에서 다른 개체로 건너뛰어 퍼지는 것처럼, 밈은 모방의 과정을 통해 한 사람의 뇌에서 다른 사람의 뇌로 퍼져 나가는데, 바이러스가 숙주세포에 유전적 메커니즘으로 기생하는 것과 같은 방식으로 전파되는 특성을 가진다는 사회적인 통찰이다(Brodie, 2000).

서 의미의 내파와 대중에게서 미디와 사회적인 것이 내파된다는 논리와 일맥상통한다고 하겠다.

이와 같이 논자에 따라 내파란 개념이 다양한 의미를 내포하고 있지만, 그들의 공통된 내파의 함축적 의미는 결국 '차이' 소멸이다. 여기서 차이라 하면은 물리적인 거리에 대한 차이뿐만 아니라 형이상학적인 개념들도 그 내파 범주에 포함하고 있다고 하겠다. 이런 내파현상이 어떻게 출현하였는지 그 배경에 대해 알아보겠다.

제2절 내파이론의 출현과정

고전적 관점에서 내파의 출현은 플라톤의 실재와 현상을 논한 '존재론(存在論, ontology)'이나 하이데거(M. Heidegger)의 '존재와 시간'에서 그 기원을 찾을 수 있다. 여기서 실재와 현상 간에 그 간극의 차이를 좁히려는 의도, 즉 객관적 현실세계를 재현해 내는 한 양태로서 가장 완벽한 모방대상을 추구한 것이 내파의 고전적 출현일 것이다. 또한 하이데거는 '세계 안에 존재하는 사물들'을 과학적으로 보는 시각보다 존재론적(ontological) 측면에서 유무의 존재를 탐구하는 것이 바로 내파의 존재를 찾는 행위일 것이다. 그러나 본격적인 내파에 대한 탐구는 마샬 맥루한(M. McLuhan)에서 찾을 수 있을 것이다. 마샬 맥루한의 '내파'가 출현하게 된 동기는 후기자본시대의 테크놀리지에 힘입어 텔리커뮤니케이션의 대변혁에 의한 결과로 보고 있다(Mcluhan, 1969: 12).

그의 내파는 구성물 간 공간과 시간으로부터 빠져나온다는 의미이다. 이는 뉴미디어의 속도화에 의한 결과이며, 그것은 "모든 작동, 모든 정보, 모든 연관성"들을 모양을 바꾸게 한다(Mcluhan, 1969: 12). 다시 말해 그는 후기 자본시대 전자적 커뮤니케이션과 교통수단의 발달이 내파란 구조적 효과를 낳는다고 지적했다. 이 내파가 인간 경험의 모든 측면을 한 장소에 가져오는 것을 말한다. 사람이 먼 거리에 떨어진 사건이나 사물을 동시에 감지하고 만질 수 있게 되는 현상이다. 그는 이렇게 전자적으로 시공간이 축약되면서 출현한 세상을 '지구촌의 새로운 세계(the new world of the global village)'라고 불렀다(Waters, 1995). 이와 같은 새로운 세계를 확장시켜 인간은, 지난 3천 년 동안 단편적이고 기계적인 기술에 의해 서구사회는 외파(explosion)해 왔으나 그 후 약 1세기 동안 전기 또는 전자 기술이 개발됨으로써 세계는 내파(implosion)현상을 겪고 있다는 것이다. 외파는 밖으로의 폭발이므로 막히는 것이 없기 때문에 얼마든지 확산되지만 내파는 안으로의 폭발이므로 안벽에 부딪혀 폭발이 교차되게 된다. 전파 미디어의 발달로 사람들이 끊임없이 서로 접촉하게 되어 일방통행이 아닌 대면교차(對面交叉, face to face)가 이루어졌다는 것이다. 일반적으로 마샬 맥루한의 외파와 내파는 일방적 확대와 교류적 학대로 해석되고 있다. 전기 테크놀리지는 인간의 중추신경 체계를 지구 전역으로 확장시킴으로써 시공(時空)을 초월하게 하였고 단편적인 것을 한데 통합시키기에 이르렀으며, 오늘날 세계는 '지구촌락'이 되었다. 이로 인하여 사람들, 사물들은 상호 관련을 맺는 상태에 놓이게 되었으며 결국 인간 확장의 최종 국면(the final phase of the extension of man)에까지 이르렀다는 것이다. 이런 인간의 확장은 기계수단을 통하여 보다 가까이 두려는 인간의 무한한 욕망일 것이다. 이 욕망의 결과물이 내파현상 실현일 것이다. 이 실현이 결국 기계와 인간 간의 차이를 좁히고 넓이는 역할을 하게 된 것이다. 이에 관해 마샬 맥루한은 다음과 같이 말하고 있다. '기계의 형태'에서 순간적인 '전기의 형태'로의 전환 속도가 빨라져 감에 따라서 외파는 역전하여 내파가 된다. 오늘날 전기 시대에 있어서는 세계의 내파, 혹은 집약적인 에너지는 오래된 확장주의적과 전통적 기조(基調, pattern)를 가지는 조직과 충돌을 일으키고 있다 (McLuhan, 1964: 47).

이 내파 개념을 최초로 주장한 마샬 맥루한은 미디어가 형성하는 거리의 문제를 본격적으로 제기함으로 그 이론을 발전의 시발로 삼았을 것이다. 그의 저서 "The Medium is the Message"에서 오늘날 우리들은 시간과 공간의 장벽이 사라져 가고 있는 실시간의 동시성이 보장되는 전자적인 지구촌에 살고 있다고, 지적하였다(http://hoshi.cic.sfu.ca). 다시 말하면 인간의 감각기관에 초점을 맞추어 미디어가 인간을

어떻게 확장시켜 가고 있는가를 주목하였던 마샬 맥루한은 '미디어는 메시지다'라는
대명제 아래 관여하는 감각의 정도에 따라 미디어를 핫 미디어(hot media)와 쿨 미
디어(cool media)로 나누고 미디어에 의해 형성되는 거리의 문제를 본격적으로 제기
한다. 그에 따르면 모든 미디어는 인간의 감각기관을 확장시키는데, 핫 미디어란 높
은 정밀도를 가지고 인간을 대상에 깊게 끌어당기는 반면, 쿨 미디어는 낮은 정밀
도를 가짐으로써 수용자의 사고력을 요구한다.

그 결과 핫 미디어에 가까울수록 대상과 현실 사이의 거리는 축소되고, 현실은
미디어에 의해 '재현'된 대상을 받아들이게 된다. 기본적으로 매체의 발달은 인간의
감각을 극대화시키고 다양한 감각에 소구하도록 만들었으며 그에 따라 대상과 미디
어, 그리고 인간 사이의 거리는 좁혀지고, 미디어에 의해 재현된 대상에 의해 세계
를 구성하게 되었다는 것이 마샬 맥루한의 사고다.

마샬 맥루한과 장 보드리야르만이 내파의 개념을 발전시킨 것은 아니다. 내파이
론은 비릴리오(Virilio, 1989)에 의해서도 연구되었다. 그는 시공간의 붕괴 속도화와
이것을 수행하는 수단으로 물체를 강조하였다. 그의 연구논문 '마지막 물체(The
Last Vehicle)'에서, 그는 운동과 변화를 넘어선 비동체의 승리를 제시하기 위한 다
양한 예들을 수집하였다. 즉 시뮬라크르화된 파장, 연습용 기계, 시뮬레이터 비행기,
미니처 등, 이 모든 것들은 '관성의 등장(advent of inertia)'은 장소를 대신한다. 마
지막 물체는 정적인 물체이고, 동적인 물체의 마지막 변형이다. 이 변형에서, 정적
이고 동적인 물체는 혼란을 가져온다. 즉 자동적이고 시청각적인 것은 출발보다 도
착의 패러독스적(paradoxical) 우선 속에서 내파됨은 정보혁명, 텔리커뮤니케이션과
장소와 시간의 거의 동시적인 현전(presence)의해 야기된다.

속도화(speed)는 공간을 대신한다. 공간(places)은 소멸되고, 국지화(localization)는
자격을 상실(무의미하다)한다. 다시 말하면, 축소는 표면의 접촉면(interfacing)에, '모
든 국지의 병렬'에 귀착한다(Virilio, 1986: 136). 파괴된다는 것은 행동의 영역이고,
완충(buffers)거리의 영역이다. 즉 반응시간의 급진적 축소는 파멸이 전달되고 의사
소통될 수 있는 가속화 속에서 계속적으로 일어난다. 그래서 모든 미디어, 즉 '인간
의 확장'에 이용됨으로써 우리의 모든 감각이 인간의 상호 관계의 형태가 바뀌어

간다(Mcluhan, 1964).

이와 같은 비릴리오의 속도화는 마샬 맥루한의 인간의 확장과 조화를 이룬다. 즉 모든 테크놀리지는 힘과 속도를 증대시키기 위한 우리의 신체 혹은 신경조직의 확장이다. 마샬 맥루한의 매체에 대한 개념은 단순한 매스미디어에 국한되지 않고 훨씬 넓은 의미에서 인간이 고안한 도구나 기술까지도 포함한다. 인간의 신체 및 감각기관의 기능을 확장하는 것은 모두 매체라고 보고 있다. 따라서 차량은 다리의 확장이며 문자는 시간의 확장이며, 책은 인간의 눈의 확장이며, 의복은 피부의 확장인 동시에, 전자회로(回路, 특히 컴퓨터)는 중추신경 계통의 확장으로 이 모두 매체로 보아야 한다는 것이다. 오늘날 모든 미디어가 인간 능력의 확장이라고 보았으며, 이들 미디어들은 사람들의 특별한 감각을 확대시킨다고 보았다.

이같이 마샬 맥루한에게 있어 미디어는 인간의 신체와 감각들의 연장을 발전시키는 모든 테크놀리지를 망라한다. 또는 기능을 증폭 또는 강화시키는 어떤 것이다. 미디어는 우리의 범위를 확장시키고 효율성을 증대시킬 뿐만 아니라 우리의 사회적 존재를 조직하고 설명하는 필터로서도 기능하고 있다.

여기서 '확장'이란 하나의 은유를 넘어서, 다분히 문자 그대로 인간 감각을 새 형식으로 변이시키는 실제적 힘을 뜻하고 있다. 이를 마샬 맥루한은 다음과 같이 표현하고 있다. "모든 테크놀리지는 육체적 존재의 연장인 까닭에, 테크놀리지의 변환은 유기적 진화의 성격을 갖는다" 이것은 곧, "테크놀리지의 효과는 의견이나 개념의 수준에서 일어나는 것이 아니라, 감각 비율 또는 지각 패턴을 꾸준히 그리고 아무 저항 없이 변화시키는 것"이라는 그의 미디어 효과론의 공식과 연결되는 것이다(이정춘, 2000: 146).

미디어는 인간의 확장으로 등장하면서, 동시에 인간 자체를 변화시킨다. 즉 인간은 미디어의 원인이자 동시에 미디어 효과의 대상인 것이다. 수면에 비친 자신의 영상이 마치 자신의 확장 또는 복제이듯이, 미디어는 인간 욕구의 환경에 나타나는 인간 자신의 확장이다(이정춘, 2000: 146).

결국 미디어의 의미는 인간과의 관계 속에서만 정확히 이해될 수 있으며 메시지는 특정 미디어와 인간이 만남으로써 비로소 발생한다. 이때 인간은 미디어로 인하여 완전한 변화를 경험하게 되고 이 변화 자체를 마샬 맥루한은 메지라고 본다. 이러한 논리를 받아들인다면 미디어는 메시지일 수밖에 없다(이정춘, 2000: 147).

따라서 새로운 발명이나 기술도 인체의 기능을 확장한다는 점에서 새로운 매체로 보는 것이다. 미디어는 바로 메시지이기 때문에 미디어 자체가 인간의 사고방식과 생활양식을 변화시킨다는 것이다. 다시 말해 모든 매체는 그 내용이 인간 생활에 영향을 미치고 있다는 것이다. 마샬 맥루한은 모든 미디어 내용은 항상 또 다른 하나의 미디어가 된다고 한다. 즉 필기(writing)의 내용은 연설(speech)이고 인쇄물의 내용은 쓰인 말(written)이고, 전신의 내용이기도 하다. 연설(speech)의 내용은 실제의 사고과정(actual process)이며 그 과정 자체는 비언어적(非言語的, nonverbal communication) 커뮤니케이션이다. 따라서 인간의 상호관계와 행위를 형성 통제하는 것은 매체 자체라고 강조된다. 만약에 힘과 속도의 증대가 없었다면, 우리의 새로운 확장은 일어나지 않았을 것이며, 고려되지 않았을 것이다. 어떤 요소로 구성된 집합체이건, 그 힘과 속도가 증대하면 그 자체가 어떤 분열을 일으켜 조직의 변화를 갖다 주게 된다. 사회집단의 재편성이나 새로운 공동체의 형성에는 종이와 메시지와 도로 운송의 수단에 의하여 정보의 속도 증대가 따르게 된다(Mcluhan, 1964: 91). 이 가속화에 의하여 보다 먼 곳으로부터 통제가 가능하게 된다. 이 속도가 빨라짐에 따라 상업적으로나 정치적으로 여러 기능은 분리되고, 조직은 분열과 붕괴를 재촉하게 된다. 속도가 증가하면, '중심 – 주변' 구조가 이루어진다. 마샬 맥루한의 주장은 "이것이 바로 분열이다"라고 한다. 테크놀리지적인 방법으로 속도가 빨라지게 되면, 촌락과 도시국가의 독립성이 사라지게 되는 것은 분명할 것이다. 가속화가 진행되면 언제나, 새로운 주변을 동질화하려는 경향이 나타난다. 차량, 도로, 종이에 의한 가속화는 힘을 확장하여 동질적, 획일적인 공감을 만들어간다. 로마의 테크놀리지적 진가(眞價)가 이해되게 된 것은 인쇄 기술이 '로마의 선풍'보다도 훨씬 빠른 속도를 도로와 차량에 부여하게 된 후부터이다. 현재 전자공학 시대의 가속화는 로마의 종이 루트가 부족민에게 그러하였던 것처럼, 문자문화적 선형(線型) 서구인을 붕괴로 이끌려고 하고 있다. 오늘날 힘 구조는 전기와 전기적 가속도에 의해 변환된다. 그 가속도는 중심에서 주변을 향한 완만한 폭발이 아니라, 일반화된 내파적 커뮤니케이션, 즉 공간과 기능의 순간적인 내파와 공간과 기능의 상호 침투·혼합적으로 모든 중심으로 향한 창조이다(Mcluhan, 1964: 93). '중심-주변적(core and periphery)' 구조3)를 가진 우리의 전문적, 세분화적 문명이, 그리고 세부적으로 기계화되어 있었던 모든 부분이 하나의 유기적 전체 속에 순간적으로 재편성되는 것을 경험하고 있는 것이다. 이것이 바로 지구촌의 새로운 세계이다. 미디어가 기존 사회 형태에 미치는 영향의 주된 요소는 가속과 붕괴이다. 오늘날 가속은 모든 국면에 영향을 미치는 경향이 있으며 공간은 이미 사회 편성의 주요한 요소가 아니다. 토인비는 가속이라는 요소를, 육체적 문제를 도덕적 문제로 변화하는 것으로 생각하고 있다. 공간의 소멸(消滅)은 동시에 여행자까지도 쉽사리 소멸시켜 버리게 된다. 이러한 원리는 모든 미디어 연구에 적용된다. 교환의 수단, 인간의 상호 교류의 수단은 가속에 의하여 개선된다. 그 대신 속도는 형태와 구조의 문제를 두드러지게 한다(Mcluhan, 1964). 공간과 기능에서의 힘과 가속도의 중심적 역할 관찰은 어떤 푸코적 관심사항이다. 힘은 탈중심화된다. 즉 중심은 힘이 있는 곳에는 어디서나 존재하고 그 힘은 모든 곳으로부터 온다. 전기를 강조한 마샬 맥루한 역시 '힘의 역학'을 암시하고 있다. 마샬 맥루한은 또한 그가 소위 '전도된 기조(倒倒 基調, reversed pattern)'라고 불리는 것에 가설을 내세우고 있다. 즉 세계에 가장 근접하여 사는 방법에 문제를 야기하면서, 인구는 외파되어 내파로 뛰어들고 있다. 그리고 다른 측면에서, 테크놀리지적으로 매개된 전 지구적 인식은 마치 모든 푸코주의자가 아는 것처럼, '감시체(panopticon)'4)이다. 이런 맥락은 장 보드리야르가 1971년 *Loud*

---

3) 중심-주변 관계(core and periphery)란 용어는 종속이론을 구성하는 중심 개념의 하나로, 프랑크(A. G. Frank)가 제시한 독창적인 아이디어이다. 그는 세계 자본주의 체제를 중심권(metropolis)과 위성권(satellite)으로 구분하여, 저발전 지역인 위성권은 자신의 지역에서 창출되는 자본 혹은 잉여의 일부를 세계의 중심권으로 유출시킨다고 하였다. 즉 세계 자본주의 체제의 중심을 이루는 풍요로운 선진국가들과 주변의 빈곤한 저발전 국가들 사이에 존재하는 불평등 교환 관계를 지칭한다. 이 논리는 경제적 차원뿐만 아니라 국제커뮤니케이션과 문화의 차원에서 수용되고 있다(박명진, 1994: 282). 이 논리는 시장에서 적나라하게 드러난다.

4) 푸코의 『감시와 처벌』에서 푸코는 감옥의 통제 메커니즘을 가리켜서 '판옵티콘(panopticon)'이라는 용어를 사용했다. 이때 판옵티콘은 죄수들이 간수가 있는 중앙 탑을 둘러싼 방들에

*family*의 대미국인 사건을 관점주의(perspectivsm)의 종말로서, 판옵티콘의 파괴로서, TV의 과실재성의 사례로 인용한다. 이 프로그램은 2백만 시청자에게 주위를 살피는 괴팍한 즐거움뿐만 아니라 실제가 과실재성 속으로가 변형된 미시(微示)의 시뮬라시옹 속에서 찾는 기쁨을 제공한 것이다(Baudrillard, 1983a: 50). 이 *Loud family*에서, 우리는 사회적 존재의 역전 논리를 발견한다. 즉 당신이 TV를 더 이상 시청한 것이 아니라(You No Longer Watch TV), TV가 당신을 시청하고 있다(TV Watches You). 이것은 판옵티콘적 감시체제에서 제지의 체계로 바뀌는 것을 의미하며, 거기에서는 능동적이고 수동적인 것 간 차이는 폐지된다(Baudrillard, 1983a: 53). 실제가 모델에 섞여 혼합될 때, TV는 우리의 생활 속으로 흡수되어 파고들며, 우리 생활은 TV 속으로 빨려들어 간다. 주체와 객체, 보는 것과 보이는 것, 원인과 결과 간에 초월적 시공간은 이제 더 이상 존재하지 않는다. 편재성(내재성)의 논리 즉, 하나의 극(pole)은 또 다른 하나의 극을 분리하지 않으며, 그것은 종말이자 최초의 것이다. 즉 사물의 영원회귀 논리가 적용된다. 거기에는 서로 간의 일종의 계약이며, 두 개의 전통적 극단의 환상적 망원경적 투영, 붕괴는 또 다른 하나의 '내파'이다. 즉 그것은 긍정적이고 부정적인 관념을 안겨준 전기와 같이한, 인과관계를 발사하는 모델로, 결정의 다양한 모델로 흡수와 병합이다. 이것이 바로 내파의 의미이다(Baudrillard, 1983a: 57). 이런 감시체계가 마샬 맥루한이 표현하고 있는 테크놀리지에 매개된 전 지구적 인식은 모두가 외파에서 내파로 가져온 장 보드리리야르의 내파이론하고 맥락을 같이한다.

예컨대 도시같이 주어진 장소 내에서 상호 같이 존재한 가속화 운동에서, 이질적인 속도화 또는 차이·모순은 충돌적이다. 반면에 마샬 맥루한은 동질적 속도화는 균형과 일관성을 이룬다. 군대가 앞으로 전진할 때 모든 사람에게 발생한 것은 오직 '전쟁'이다. 마샬 맥루한이 관찰하는 것은 가속화된 테크놀리지적 변화밖에는 아

수감되어 있어서, 간수들은 죄수들의 방을 지켜볼 수 있지만 죄수들은 간수들을 볼 수 없게 되어 있는 감옥을 말하다. 판옵티콘은 문자 그대로 '모든 것을 보는' 것이며, 죄수들이 그들을 교정하고 정상화하는 과정의 한 단계인 감옥이라는 권위 시스템을 지향하도록 만드는 권력 형태의 하나이다(Foucault, 1977).

무엇도 일어나지 않는다는 것이다(Mcluhan, 1964: 101). 내파와 응축(凝縮)이 기계에 의한 외파와 외부확장을 대체한다. 그러나 전체적인 가속화로 향한 경기는 인간의 중추 감각과 그의 확장의 마샬 맥루한의 역할을 정리한 자동적인 의사결정을 동시에 기술적으로 조정한다. 비릴리오(Virilio)와 마샬 맥루한 간의 차이는 자동화로 향한 통제의 관점적 재현을 고려함으로써, 심오하고 가장 잘 구별 짓는다. 권력의 증대가 주변지역에 영향을 미치게 되면 직무와 기능이 명확히 위임되고 정착되어 인간의 역사는 어느 단계에도 적용되는 가속 원리인 것이다. 이 원리는 특히 차바퀴, 도로, 종이의 메시지, 특히 오늘날의 모든 미디어에 나타나는 우리의 육체의 확장과 관계가 있다. 오늘날 우리는 전기 테크놀리지에 의하여 신체 기관을 확장할 뿐 아니라 신경도 확장하였으므로 속도의 증가와 함께, 전문화한 분할의 원리는 이미 타당성을 잃어버리고, 마치 일과 즐거움과 같이 이분화된다. 정보가 중추신경이 발신하는 속도로 이동하는 시대에 살면서, 우리는 인간에게 길과 철도와 같은 과거의 가속형태가 퇴화하고 있다는 문제에 직면한다. 여기에 등장하는 것은 마샬 맥루한의 내파가 갖는 전 지구적 중요성은 '전체 포괄적 의식의 창조이다. 이 전체적인 틀 안에서, 공간과 시간 경계는 인간의 기존 기조(基調, pattern) 상호 교환에 대해 도약되고 사물에 대한 깊은 그리움이 발달된다.

마샬 맥루한은 자동화란 모든 것에서 즉각적으로 회복할 수 있는 정보이다. 원리가 몰락하는 규율의 영역, 즉 파편화란 조직 단일체에 의하여 대체된다. 자동화 등장은 외파가 내파로 전이되는 하나의 과정이며 자동화는 정보이다. 이 자동화는 전기 테크놀리지 패턴으로 문화와 테크놀리지, 예술과 상업, 일과 여과와 이분법이 끝나게 된다. 자동화는 조작의 세분화와 분리라는 기계적 원칙의 확장물은 아니다. 자동화는 순간적 성격을 가진 전기가 기계의 세계를 침투하는 것이라고 말하는 편이 낫다(Mcluhan, 1964: 302). 그럼으로써 자동화에 관계하고 있는 사람들은 자동화는 행동의 한 방법인 동시에 사고의 한 방법이기도 하다고 주장하는 것이다. 자동화는 참다운 대량생산(mass production)을 가져온다. 이 대량생산은 규모가 크다는 의미가 아니고, 순간적으로 전체를 포함한다는 의미이다. 이것은 또한 '대중매체'의 성격이기도 하다. 대중매체라는 것은 그 청중의 양적 규모가 크다는 것이 아니라, 모든 사람들이 동시에 그것에 관여하고 참가하기 때문에 매스미디어인 것이다. 자동화의 영향을 받은 것은 생산뿐만 아니라 소비와 마케팅의 모든 면이다. 왜냐하면 소비자는 자동화 회로 속에서 생산자가 되기 때문이다. 전기시대, 특히 자동화 시대에서, 에너지와 생산은 현대 정보와 지식에 융합되어 가고 있다. 이것들은 모두 현재, 몇 세기에 걸친 '외파'와 전문주의 확산에 뒤이어 온, 전기의 힘에 의한 '내파'를 나타내는 것이다. 실제로는 현재, 컴퓨터는 고도로 전문화되어 있으나, 의식을 만들어내는 완전한 상호작용의 과정이 결여되어 있다. 사이네틱에서 컴퓨터도 '사고하는' 것처럼 보인다. 사고는 행하기 위한 것이고, 선형은 동시성에 의해 대체된다. 자동화는 전자적 순간적인 속도화를 생산하는 것이다. 마샬 맥루한 자동화를 부드러운 충돌 내파의 매체로 생각한다. 예를 들어 사람이 완충의 장치에 부딪치면 바로 전기의 전 지구적 규모의 네트워크가 중추신경 조직을 모방하기 시작한 것처럼 컴퓨터는 분명히 의식 작용을 모방하는 것이 가능해질 것이다. 그러한 '의식을 가진 컴퓨터'는 어디까지나 우리의 의식의 확장일 것이다. 그것은 망원경이 눈의 확장이며, 복습술의 인형이 복화술의 확장인 것과 마찬가지다. 자동화는 내용이 없고, 비전문가이다. 그리고 자동화는 변형 혹은 적용으로부터 분리된다. 기계적 외파는 전기적 내파로 대체된다. 인간이 느끼는 속도화는 착상된 공식적인 전기의 조직 상호작용을 수반하고 속도화 접촉한 사람은 누구나 신비스러운 조명을 받는다. 전자시대는 글자 그대로 일류미네이션(illumination)의 시대이다. 즉 이 시대는 조명이라는 받는 시대이며 자타의 계몽, 홍보시대이다. 마치 빛이 에너지인 동시에 정보인 것처럼, 전기에 의한 자동화는 생산과 소비와 지식을 분리할 수 없는 과정 속에 통일하는 것이다. 마샬 맥루한은 다른 종말에 응축함을 해독한다. 반면 비릴리오는 내파의 무서운 마찰을 강조한다. 마샬 맥루한은 이 내파의 마찰을 일종의 신비스러운 고지에 수반된 포용책으로 해독한다. 자동화는 자동제어 메커니즘과 사이버네틱을 전제로 하고 있다. 그것은 정보의 축적과 촉진자로서 '저장', 혹은 '기억'과 '촉진'이 모든 커뮤니케이션 미디어의 기본적인 특성이다. 전기의 경우 축적되거나 움직이는 것은 물질적 실체가 아니라, 지각이며 정보이다. 테크놀리지에의 가속이 아니라는 점에서는 이미 빛의 속도에 접근하고 있는 것이다(Mcluhan, 1964). 자동화는 피드백이 필요하고, 복잡하고, 순간적인 상호작용 과정을 가진다.

마샬 맥루한은 인류의 역사란 인간의 기능과 역할을 확대하기 위한 도구나 기술, 즉 매체의 발달사라고 말한다. 사람은 감각을 확장하기 위하여 미디어를 창조해 왔고, 그런 미디어는 인간의 감각하고 더불어 작용하면서 상호 영향을 미치게 된다는 것이다. 이는 곧 새로운 환경이 나타나면 사람의 감각에도 새로운 균형이 형성된다는 것이다. 그러나 사람의 감각은 제각기 사용될 수 있는 양이 한정되어서 작용을 미치는 미디어가 달라지면 감각의 균형도 변한다고 한다. 예를 들면 책을 보는 사람은 시각비율이 높아지고 전화를 많이 사용하는 교환수는 청각비율이 높아진다는 것이다(Mcluhan, 1964, 박정규 옮김, 1997: 520).

마샬 맥루한이 선언한 '미디어는 메시지이다', 형태에서 그 자체를 강조한 것으로, 소멸된다는 의미가 아니다. 여기에 스마트(Smart)는 장 보드리야르의 관심 연구들(특히, 사물과 대중사회의 분석에서), 미디어와 대중의 내파현상을 조심스럽게 다루면서, 마샬 맥루한의 이론인 매체는 메시지라기보다는 장 보드리야르의 마사지는 메시지라는 선언이 더 생산적이라고 스마트가 주장한다. 왜냐하면, 이 내파는 뉴미디어에 매개되어 대중 쪽으로 돌진한다고 암시한다. 대중은 이 내파를 발산하지 않고, 흡수한다. 장 보드리야르는 내파가 '지구촌'의 친화력을 생산하지 않는다고 한다. 그래서 대중은 침묵하고, 무관심하게 된다. 이는 대중이 '재현의 질서'에 속해 있지 않기 때문에, 따라서 더 이상 재현 가능한 것이 아니라는 것이다. 이 냉담한 대중은 스펙터클만 몰두하지 '모든 정보 / 이미지 / 메시지'를 삼켜버려 무의미하게 만든다. 인간의 상호관계는 '접촉' 혹은 '텔리단계(telephasis)'로 줄어진다. 이것이 내파이다. 장 보드리야르는 여기서 마샬 맥루한의 내부에서 밖으로 이루어진 내파의 센스를 지지하지만 외파를 지지하지 않는다. 대중의 형태 무관심에서 그것(외파)을 차용한다. 이것 역시, 또 다른 분석단계에서 마샬 맥루한의 이론을 정확히 진단한다. 지금까지 두 학자들의 내파에 대한 견해를 종합하면 인간은 기계와 접촉하면서 인간의 확장을 가져오게 하는 매개 역할이 바로 내파이다.

이와 같은 현상에서 볼 때, 내파는 분명히 마샬 맥루한에서 시작하여 장 보드리야르에 의하여 차용된 용어이다. 즉 마샬 맥루한의 외파에서 내파의 변화를 주장했고, 반면 장 보드리야르는 마샬 맥루한의 이 변화를 사회학의 불가능과 사회종말에 관한 스토리로 사용하였다. 물론 마샬 맥루한은 '사회적 관계'도 사회적 시뮬라크르도 요구하지는 않는 상징적 사회의 로맨틱한 개념과는 아무 관련이 없지만, 전통적 조직에 대하여 마샬 맥루한에 의하여 차용된 지시대상은 장 보드리야르에게도 역시 마찬가지로 계속 유지된다. 마샬 맥루한의 전자적 형태는 장 보드리야르에게 전이되어 대중형태 속으로 내파된다. 그 전자적 용법은 장 보드리야르에게 똑같이 유지되지만, 장 보드리야르의 근원은 '동족적인' 효과보다는 중립화이다.

따라서 마샬 맥루한의 인간확장 개념은 장 보드리야르의 내파이론에서 미디어와 사회적인 영역까지 확장 발전시켰다고 볼 수 있겠다.

이 두 학자들의 이론에서 자주 사용되고 있는 용어들은 소멸, 완충, 붕괴, 확장, 변화, 자동화, 분열, 침투, 혼합, 재편성, 차이, 모순, 이분화 파편화 등 포스트모던적인 용어들이다. 이 용어들은 장 보드리야르의 내파현상에서 자주 등장한 동의어로 '소멸, 흡수, 증발, 순환, 절단, 뭉개짐, 구별, 차이' 등 동의어를 반복 사용하고 있음을 엿볼 수가 있다. 이는 동시대 마샬 맥루한의 위치에서 장 보드리야르가 마샬 맥루한에게 큰 영향을 받았다는 일면을 보여주기도 한다. 이런 배경에서 나타난 내파이론은 전통적인 모방론과 재현론에 새로운 활력을 불어넣어 주었다. 그 새로운 시각이 바로 포스트모던 시대의 내파가 가져온 시뮬라크르 그리고 과실재성이다. 이 삼위일체는 재현(재생산)체계와 관련지어진다. 그런데 이 체계는 고적적인 모방론을 근간으로 하여 그 사회적 배경에서 잉태한 시뮬라시옹의 시뮬라크르이다.

다음 절에서는 이 내파이론으로 생성된 시뮬라크르와 고전적인 모방이 어떤 관계를 지으며, 이들 양자 간에는 어떤 차이가 있는가를 살펴보겠다.

제3절 고전적인 모방론과 시뮬라크르의 차이

내파논리에 의해 생성된 장 보드리야르의 시뮬라시옹(simulation)은 시뮬라크르(simulacra), 모델(model), 그리고 과실재성(hyperreality)을 포함하는데, 이는 곧 플라톤이 말한 모방의 세계와 맥락을 같이한다. 장 보드리야르의 재현은 바로 플라톤식의 이데아의 예술계 모방 차원에서 모든 것이 '내파'되는 순간에 형성되고 있다.

포스트모던 사회에서 가장 흥미로운 주제들이 우리 삶을 가득 채우고 있는 사건들, 이미지, 감성적 언표(言表), 기호와 연관된 시뮬라크르로 만들어진 시뮬라시옹의 문제일 것이다. 이 시뮬라크르는 내파로 만들어져 그 시뮬라크르물에 새로운 가치와 존재론 부여하는데 내파와 시뮬라크르의 개념은 반(反)플라톤적이다.

반플라톤적이라는 것은 시뮬라크르로 어떤 지시대상이나 근원을 갖지 않으며 재현의 논리의 바깥에서 작용하고 주체 / 객체, 현실 / 기호, 심층 / 표층 등의 구분이 사라진 세계라는 것이다.

플라톤에 의하면 문화는 현상계의 이차적 모방(mimesis)이다. 모방이란 객관적 현실세계 혹은 대상을 재현해 내는 한 양태로서 모방할 대상이 존재하고 있다는 전제하에서만 가능하다. 모방이란 개념은 모방되는 존재와 모방의 결과, 즉 모방물이라는 개념을 포함한다. 그런데 모방되는 존재는 본래 존재하는 것이고 모방물은 그 본래 존재했던 것을 흉내 낸 것이다. 그러므로 논리적으로 모방이란 늘 이차적인 존재, 즉 본래 존재를 흉내 냈지만 그 존재와 똑같지 않은 존재이다(이정우, 2000: 206). 플라톤에게서 이러한 태도의 전형이다. 플라톤이 모방의 대상으로 상정한 것은 이데아계이다. 플라톤에 따르면 이데아계는 완전무결하고, 영원한 진리의 세계이고, 현상계(현실계)는 변화하는 불완전한 세계이다. 대상을 인식하기 위해서는 그 인식대상이 고정 불변해야 하므로 불완전하고 변화하는 현상계는 자연히 플라톤에게 있어 그 모방대상이 되지 못했다. 따라서 플라톤은 고정 불변한 진리세계인 이데아계를 그 모방대상으로 삼고, 진리인식의 한 양태로서 모방론을 내세운 최초의 인물이다. 반면 아리스토텔레스에 따르면 문화란 행동하는 인간에 대한 모방이다. 플라톤이 예술적 모방을 비판한 것은 그것이 진리(truth)가 아닌 가상·환영(illusion)[5]을 창조한다는 점이다. 문화에 대한 이러한 정의의 시뮬라크르로서 문화의 위상을 굳히는 토대가 된다. 플라톤의 모방론과 아리스토텔레스의 문화론, 그리고 장 보드리야르의 시뮬라크르와 다른 점이 있다면 그것은 모방대상이다. 플라톤의 모방론은 시뮬라크르의 대상을 상정하고 본래의 것을 찾고 있지만, 장 보드리야르는 시뮬라크르 대상이 사라짐으로써 이미지 / 현실체 / 이데올로기가 내파되어 하나의 개념으로 통합된 실체와 이미지가 동일한 단계, 차이가 없는 진짜보다 더 진짜 같은 것이다.

또한 플라톤은 진리가 이데아계에 있다고 본 반면, 아리스토텔레스는 그 진리인식이 인간행동의 모방을 통해 가능하다고 보았다. 이에 장 보드리야르의 시뮬라크르는 원본이 없는 과실재성(hyperreality)이므로, 원본이 그대로의 이미지이다. 이는 언어체계상 우리의 현실의 체험이 기의를 통해 기의화된 기표로 표징되는데 현실과 이미지가 아무런 차이가 없다는 것이다. 즉 기표와 기의가 동일한 선상에 위치해 기의가 소멸됨으로써 이미지와 지시대상 간 아무런 존재론적 차이가 없다는 것이다. 이런 논리들은 플라톤이 모방을 환영이라고 보는 장 보드리야르에게는 시뮬라크르이고 쟈크 데리다에게는 현존적인 흔적에 해당되는 원리이다.

플라톤 이후 모방론의 역사적 변천은 고전주의 시기에는 자연의 모방으로서, 19세기 리얼리즘 시기에는 객관적인 현실세계의 충실한 반영으로서, 모방론은 문화론의 중요한 한 축으로 그 흐름을 이어왔다. 문화를 포함한 상부구조를 토대로 마르크스시즘의 반영이라는 인식구조, 그리고 인간의 잠재된 무의식의 반영이라는 프로이트의 이론적 틀도 모두 시뮬라크르 또는 재현론의 다른 표현 방법이라고 볼 수 있다.

플라톤은 모든 사물제작에는 세 가지 기술(arts), 즉 사용하는 기술과 제작하는 기

---

5) 장 보드리야르는 환영(幻影, illusion)이란 표현을 상황에 따라 그 본래의 의미는 변함이 없는데도 단지 용어만 바꾸어 표현하고 있다. 예를 들어 그의 작품 『*Simulacres et Simulation, 1981*』에서는 환영을 시뮬라크르란 용어인 simulacra으로 사용하고 『*I'llusion de la fin, 1992*』에서는 시뮬라크르의 의미로 환영 *I'iiusion*이란 용어로 변용하여 표현하고 있다. 이 환영의 뜻은 쟈크 데리다의 경우 현존(現存)을 환상(illusion)이나 주술(pneumatology)로 본다 (Derrida, 1976: 17). 그리고 플라톤의 환영은 원본이 존재하지 않은 복사이다.

술 그리고 모방하는 기술(Plato, 1968: 280)이 필요하다고 한다. 개개 사물의 우수성(virtue), 아름다움(beauty), 그리고 적합성(rightness)은 그 사물의 용도와 관련하여 존재하는데, 실제로 사물을 사용(use)하는 사람만이 사물의 이런 성질에 대한 올바른 지식을 가진 사람이며, 제작자는 그 제작품에 대한 올바른 견해를 가진 사람을 통해 사물을 제작한다. 그러나 모방자의 경우는 자기가 창조하는 것이 유용한지 않은지 혹은 아름다운 것인지 나쁜 것인지에 대한 올바른 지식과 견해를 갖지 않는다(Plato, 1968: 284~5). 그래서 플라톤은 모방이란 아무런 지식도 갖지 않은 일종의 유희(kind of play)로서 참된 지식이 아닌 가상(영상, 환영, 그림자, 흔적, 이미지)을 묘사할 뿐이라고 본다. 이에 아리스토텔레스는 모방에 의하여 산출되는 그 초과적 잉여분을 쾌감이라 했다. 그리고 이 쾌감은 카타르시스의 효과를 지니는 생리적·심리적 쾌감이다. 근대 미학에서 쾌감을 산출하는 예술적 행위는 모방 혹은 이미지라기보다는 상상으로서 새롭게 규정된다(김우창, 2000: 83). 이 규정은 오늘날의 가상 사이버상인 시뮬라시옹(simulation) 형태의 기원이다. 이런 원리가 모방자가 이미지를 창출하고, 이미지는 재현을 창출해 왔다. 이 표현은 기호학적 관점에서 이미지와 영상을 분석하던 바르트의 말이다. 사물에 대한 참다운 지식을 소유한 사람이 그 사물의 원형(이데아)을 모방하는 사람이라면, 그는 이데아에서 두 단계 떨어져 있는 모방자이며, 예술적 모방자는 실재(제)를 모방한 가상의 것을 또다시 모방한다는 점에서 이데아계로부터 세 단계 떨어져 있다. 이런 점에서 플라톤은 모방이란 실재(제)로부터 세 단계 떨어져 있는 가상이며 진리인식에 있어 열등하다고 주장한다(채영숙, 1992: 32).

한편 쥴리앙 페파니스(J. Pefanis)는 문화의 모방기능에 대한 플라톤의 주장은 포스모던 인식소라 불리는 '재현위기'에 대한 표현이며, 이것은 이미 고대에서 진행되어 온 문제라고 본다(Pefanis, 1991: 59). 플라톤이 모방론을 비판한 것은 모방이 현상 배후의 본질, 실재 혹은 진리에 대한 인식을 가져다주지 못한다는 점에서였고 진리로부터 세 단계 떨어져 있는 가상이기 때문이었다. 달리 표현하자면 플라톤의 모방론은 '문학의 진리인식 불가능성'에 대한 표명이라 볼 수 있다. 이것은 오늘날 '재현위기'라고 표현되는 포스트모더니즘의 인식론과 차이가 있다. 그러나 페파니스는 재현위기 문제와 관련하여 플라톤의 인식론과 가장 근접한 이론을 펼치는 사람이 바로 장 보드리야르라고 언급한다. 장 보드리야르가 '제3의 질서'라고 부르는 시뮬라시옹(simulation)은 앞서 설명한 바와 같이 시뮬라크르(simulacra), 모델(model), 내파(implosion), 그리고 과실재(hyperreal)를 포함하는데, 이 제3의 질서는 곧 플라톤이 말한 예술적 재현, 즉 정보, 모델, 정보통신학적, 게임 위에 세워진 시뮬라시옹에 의한 생산적인 시뮬라크르화이다. 여기서는 완전한 조작성, 과실재성, 완전한 통제가 목표이다(Baudrillard, 1991b, 하태환 옮김, 1999: 198). 그러나 플라톤에게 있어서는 실재 혹은 진리인식 능력에 따라 제2의 질서(생산적인 모방)와 제3의 질서(예술적 모방)의 구분이 명확했다면 장 보드리야르에게 있어서는 두 질서의 구분이 모두 소멸된다.[6] 실재 혹은 진리에 대한 인식능력의 문제는 시뮬라크르(simulacra)의 세계에서 거론되지 않고 생산과 모방은 같은 것이기 때문이다. 앞에서 설명했듯이 장 보드리야르의 재현위기론은 바로 플라톤식의 모방계인 세 번째 차원에서 모든 것이 '내파'되는 순간에 형성된다(채영숙, 1992: 33). 다시 말하면 장 보드리야르가 본 시뮬라크르는 인위적으로 '현실'로 재현(재생산)될 때 그것은 비현실이나 초현실이 아니다. 그것은 현실보다 더 현실적인 것, 현실 자체와의 '허구적인 유사함'으로 수정되고 일신된 현실이다(Baudrillard, 1983a: 23). 이를 장 보드리야르는 하이퍼리얼리티(hyperreality)라고 한다.

이 현실 속에서 어느 하나 비슷하거나 닮지 않는 것은 하나도 없으며 내파되지 않는 것은 아무것도 없다. 우리는 닮은 것을 모방, 모조, 환상, 가장(假裝), 시뮬라크르, 재현, 시뮬라크르, 미메스 등 여러 뜻으로 사용되고 있으며, 이 또한 각각 용어 정의에 따라 약간 뜻 차이도 있다.[7] 장 보드리야르는는 시뮬라크르란 용어 표현을 상황에 따라 그 본래의 의미는 변함이 없는데도 단지 용어만 바꾸어 표현하고 있

---

6) 장 보드리야르의 제1의 질서는 이미지, 모방, 위조 위에 세워지고, 조화로우며 낙관적인 신의 이미지에 따라 세워지는 자연적인 시뮬라크르이다.

7) 모방·흉내(imitation), 가장·위장, 시뮬라크르, 미메스, 유사성 등 모두는 모방이나 흉내 내기 위해서는 반드시 흉내 낼 원대상이 있고, 이 실제 원대상을 베끼게 되면 그것이 흉내 낼 그것이 바로 모방이나 흉내이다.

다. 예를 들어 그의 작품 "*Simulacres et Simulation, 1981*"에서는 환영(幻影, illusion)을 시뮬라크르란 용어인 simulacra으로 사용하고 "*I'llusion de la fin, 1992*"에서는 시뮬라크르의 의미로 환영 *I'iiusion*이란 용어로 변용하여 표현하고 있다. 이 환영의 뜻은 쟈크 데리다의 경우 현존(現存)을 환상(illusion)이나 주술(pneumatology)로 본다(Derrida, 1976: 17). 그리고 플라톤의 환영은 원본이 존재하지 않는 복사본, 즉 이데아계의 예술적 모방이다.

장 보드리야르는 이 모방이나 흉내를 장 보드리야르의 제1질서로, 위조물(counterfeit), 혹은 제2질서, 생산(production)에 속하는 시뮬라크르라고 주장한다. 장 보드리야르의 이론의 핵심은 제3질서의 시뮬라크르로 흉내 낼 대상이 없는 이미지이며, 이 원본이 없는 이미지가 그 자체로써 현실을 대체하고, 현실은 그 이미지에 의해서 지배받게 되므로 현실보다 더 현실적인 것이다. 그래서 시뮬라크르는 리얼리티(reality)의 원칙이 파괴된 바탕에서 진짜와 가짜, 만들어진(produced) 증상과 진짜(authentic) 증상 간의 구분을 모호하게 하는 구분철폐와 주객전도의 양상을 띤다. 이 시뮬라크르의 영역에는 진실의 원칙(truth principle)이 휩쓸어 버린 것이다(Baudrillard, 1983c: 7). 예를 들어 '사이버 가수 아담'과 '사이버 홍보 이사 류시아'는 원본이 없는 가상의 인물로 만들어낸 시뮬라크르이다. 시뮬라시옹과 시뮬라크르는 실제로 존재하지 않는 대상을 존재하는 것처럼 만들어 놓은 인공물을 지칭한다. 시뮬라크르란 정의는 장 보드리야르가 말한 제3의 질서에 거의 해당된다. 이는 실재보다 더 실재적인 것을 말한다.

이정우는 들뢰즈(G. Deleuze) 입장에서 이런 현상(장 보드리야르의 시뮬라크르들)을 '시뮬라크르'는 내파가 만들어 내는 사건과 거의 동일한 것이고, 순간적인 것, 지속성을 가지지 않는 것, 자기 동일성이 없는 것, 실재적(實在的), 허망한 것이라고 한다. 그러니까 거기에는 '가짜'라고 하는 뉘앙스가 암암리에 들어 있는 것이다(이정우, 1999: 44). 가짜가 존재한다면 진짜가 있다는 증거이다. 그렇다면 어떤 대상을 재현하고자 할 때는 항시 리얼리티가 있다는 의미이다. 다시 말하지만 리얼리티가 있다는 의미는 이분법이 전제된다는 것이다. 들뢰즈(G. Deleuze)의 주장대로 시뮬라크르를 하나의 사건으로서, 오히려 자신의 작용을 통해 재현을 가능하게 만든다고 보는 관점은 장 보드리야르에게서 리얼리티가 소멸됨으로써 재현은 불가능하다는 리와 상반된다. 또한 프레드릭 프레드렉 제임슨이 강조한 경제적 영역이 문화적 영역으로 내파되지만 재현의 가능성을 포기하지 않는 입장을 보이고 있다.

세상에 변화하지 않는 것은 무엇인가? 바로 그것은 서양 형이상학자들에게 이데아 / 형상이고, 신이다. 또 데카르트(R. Descartes)로 말하면 세 가지 실체, 즉 신, 영혼, 물질이다. 라이프니츠(G. W. Leibniz)기에 의하면 단자이다.8) 불교 철학에서는 제행무상(諸行無常), 즉 모든 것이 항상 하지 않고 수시로 변하며, 변하는 것은 겉모습일 뿐 실제가 아니라 하였다. 그러기에 우리가 오감(五感)으로 직접 보고 느끼는 현상세계나 사이버 사회를 통해 보고 느끼는 가상세계나 하등 다를 것이 없다는 이야기(허신행, 2000: 138)일 것이다. 이런 것이 시뮬라크르(simulacra)이다. 그러니까 거기에는 '가짜'라고 하는 뉘앙스가 암암리에 들어가 있다. 이런 범주로 본다면, 영상이미지, 광고, 사이버공간의 재현, 건축 음악, 미술 등 어느 것 하나 우리 주위에서 포함되지 않는 것은 하나도 없다. 그래서 오늘날 우리는 시뮬라시옹의 시대에 살고 있는 것이다.

오늘날 시뮬라크르(simulacra)를 구조주의적 틀에서, 즉 의미와 연계시켜 사건(영상, 컴퓨터 스크린, 광고, 사진, 그림 등)으로서 다룬다는 것, 이것이 현대 사유의 핵심이다. 전통적인 재현은 미메스(mimesis)에 기반을 두었다. 그 대상을 얼마나 원래 사물에 가깝게 모방했는가? 플라톤식으로 말하면 그 사물이 형상에 더 많이 나누어 가지고 있는가? 재현하고 있는가? 하는 것이다. 즉 재현은 실재 / 현실을 언어, 물감, 돌, 소리, 몸짓 등으로 다시 나타나게 하는 것이다. 이 재현은 기술과 예술, 즉 기예(技藝, artcraft)9)가 가미된 예술이다. 어쨌든 재현은 실재 / 현실을 객관적이고 완벽하게 재현하는 것은 불가능하다. 이런 맥락에서 재현은 실재 / 현실을 거울처럼 반영한다기보다는 실재 / 현실의 기묘한 복잡성을 포착하는 행위로 이해되기 시작한 것

---

8) 이 의미는 실재(實在)를 구성하는 것은 물적, 심적 요소라고 보는 형이상학적인 논리이다.

9) 기예(技藝, artcraft, 그리스어 techneê)는 모방행위를 말한다. 그래서 모방이란 그 본래 존재했던 것을 흉내 낸 것이다. 그러므로 모방이란 늘 이차적인 존재, 즉 본래 존재를 흉내 냈지만 그 존재와 똑같지는 않은 존재이다(이정우, 2000: 206).

이다. 따라서 재현은 객관적 실재를 포착하는 행위가 아니라 주관적 고뇌를 표현하는 행위로 변환된다. 결국 모방 / 재현은 모방되는 존재와 모방하는 존재를 전제한다. 모방 / 재현이란 궁극적으로 모방되는 존재와 모방하는 존재 사이에 안정적인 시공간적 질서가 놓여야 가능하다. 이에 따라 안정된 주체가 객관적 실재를 있는 그대로 재현한다는 전통적 주류미디어에서 실재의 이미지의 이상은 더 이상 유지될 수 없게 된 것이다. 이런 맥락에서 장 보드리야르의 시뮬라크르는 의미가 있는 것이다. 그는 이 시대를 시뮬라크르의 시대, 사이버네틱 사회라고 한다. 그가 본 이 사회는 내파된 재현이다. 이 재현은 '리얼리티(reality)'라고 하는 개념으로 실재가 아닌 현실로 바꿈으로 인상파 미술에서, 사이버공간에서, 추구하는 것은 더 이상을 실재가 아니다. '리얼리티(reality)'는 곧 현실, 즉 실재가 아니라 현실로 내 눈에 생생하게 보이는 현상 그 자체이다.[10] 물론 여기에도 재현 개념이 남아 있다. 눈에 보이는 그대로 그리려는 것이기 때문이다(이정우, 1999: 58). 현대미술 추상화도 일종의 재현의 개념을 유지하고 있다. 추상회화, 사이버공간에서 재현은 다만 내 눈에 보이는 가시적인 현실을 재현하는 것이 아니라 내 눈에 보이지 않는 어떤 저편의 세계를 재현하는 것이다. 장 보드리야르는 이것을 오늘날의 시뮬라크르(simulacra)라한다. 이런 장 보드리야르의 시뮬라크르(simulacra)는 플라톤적이라고 말할 수 있다. 현실에서 주관적인 감성을 버리고 그 사물, 사건들의 본질만 보게 된다. 하지만 그림의 추상화나, 사이버공간의 저 세계 재현은 그 어떤 것도 재현하지 않는다. 다만 화가나, 웹 디자인 등의 그 어떤 주관을 표현할 뿐이다. 그 어떤 것도 재현하지 않는다는 것이다. 장 보드리야르가 주장한 과실재성(hyperreality)이나, 초현실주의 같은 경우도 마찬가지다. 이 하이퍼(hyper-)나, 초현실(sur-)은 말 그대로 그 현상이 현실에 머무는 것이 아니라 현실을 넘어서는 것이라고 말할 수 있다. 이 논리라면 모방 개념을 없애 버린 듯한 생각이 든다. 하지만 초현실주의고, 과실재성은 시뮬라크

---

10) 'reality'란 원어를 번역할 때 어떤 때는 '실재'로 번역하고 어떤 때는 '현실'이라고 번역된다. 즉 영상매체나 사이버상에서는 내 눈에 보이는 것이 실재라고 생각하면 현실로 번역되고, 허구적인 '가상'의 것이라고 하면 실재(제)인 것이다. 물리학자나 형이상학자는 '실재'라고 한다. 이는 현상을 넘어서는 본체의 세계를 가리킨다(이정우, 1999: 47). 소설가나 기자에게는 '현실'이라고 표현함이 될 것이다.

르를 완전히 포기하는 것이 아니라 바로 인간의 무의식을 시뮬라크르한 것이라고 말할 수 있다.

그러나 장 보드리야르는 시뮬라크르를 완전히 포기한다는 것을 과실재성으로 간주하고 있지만, 여기 장 보드리야르의 용어에는 그 이상, 더한 의미가 잔존하고 있기 때문에 리얼리티를 완전히 포기하지는 않는다. 이와 같은 현상을 쟈크 데리다의 식으로 표현하면, 이 시뮬라크르는 하나의 흔적이다. 그리고 재현(재생산)은 흔적의 논리를 지니고 있다는 것이다. 장 보드리야르의 시뮬라크르(simulacra)의 기본적인 태도는 '리얼(real)'하다는 개념을 포기하거나 새로운 형태로 구축하는 것이다. 극단적인 경우 '리얼한' 것은 없다는 것이다. 플라톤 사유세계와 연계해 볼 때 '나누어 가짐'과 관련된다. 나누어 가진다는 의미는 원본이나 본래의 것이 존재한다는 의미일 것이다. 피스크(J. Fiske)는 재현이나 재생산에서 '본래의 것(originality)'이 필요하다고 주장하고 있다. 프레드렉 제임슨은 이런 현실을 방대한 초실재를 투사하는 이미지와 시뮬라크르(simulacra)의 문화라고 주장하기도 한다(Kellner, D. & Best, S. 1991. 정일준 옮김, 1999: 239). 이런 사유들에서 보면 한 예술의 가치-존재는 그것이 원본과 얼마나 유사한가 하는 것이다. 어떤 사물의 가치-존재론적 위상은 그 사물이 자신의 형상을 얼마만큼 더 잘 재현하고 있느냐에 따라 좌우된다는 것이다. 이것이 플라톤 사유의 가장 기본적인 구도이다(이정우, 1999: 51). 그러면 플라톤적인 사고와 포스트모던적인 사고를 단순화시킨다면 이 세상 모든 사물은 한 선분 위에 다음과 같은 <그림 6>로 표현할 수 있다.

<그림 6>에서 나타나듯이 사회적 위계질서의 세계라는 것은, 즉 A로 갈수록 보다 뛰어나고, 존재론적으로 더 완전한 사물이다. B로 갈수록 그 경계가 희미해지면서 허물어져 보다 덜 존재한다. 그리고 그 가치론적으로는 더 낮은 그런 사물이 분포되어 있다는 것을 말한다. 이는 상호 간에 시공간적으로 내파, 접합, 해체되는 과정을 거치면서, A에서 B로 가면서 형상, 영원성, 질서 등을 전혀 부여받지 못하는 현상이 바로 우리가 말하는 내파적 시뮬라시옹의 시뮬라크르(simulacra)일 것이다. 장 보드리야르의 시뮬라크르(simulacra)는 플라톤의 가치존재론에 근원을 두고 있다. 장 보드리야르가 생각하는 시뮬라크르와 재현은 서로 상반된다. 앞에서 살펴보았듯

이 플라톤의 모방(mimêsis, simulacra)은 모방대상으로 상정한 것은 완전무결한 영원한 진리의 세계에 존재한 고정 불변한 인식대상이 되고 있는 1차적인 존재 대상체인 형상·본질, 실체를 찾고 있는데, 이는 실재(the real)와 현상(phenomenon)의 구분이라든가 본질(essence)과 외관(appearance)으로 이분화될 수 없는 것이다. 이와 같은 원리에서 볼 때, 플라톤의 모방은 원본 없는 재현이다. 즉 원본을 전제하지 않는 점에서 이 모방은 재현이 불가능하다는 논증에 이르게 된다. 이 맥락은 장 보드리야르에게서 과실재성(hyperreality) 개념을 통하여 재현이 더 이상 가능하지 않다는 논리와 일맥상통한다. 재현은 기호와 실재가 일치한다는 원칙에서 출발하지만 시뮬라크르는 이 등가성 원칙의 유토피아에 대한 부정에서 출발한다. 재현이 시뮬라크르를 왜곡된 재현으로 해석함으로써 시뮬라크르를 흡수하고자 한다면 시뮬라크르는 모든 재현적 구조물까지 시뮬라크르 내부로 내파해 버린다. 장 보드리야르의 시뮬라크르(simulacra)도 이 현상의 본질에 그 기원을 두고 있다.

〈그림 6〉 포스트모던 가치 – 존재론적 내파 구도

A   →   내파(implosion)   →   B

형상 ~ ~ ~   내파 ~ ~ ~   질료*
영원 ~ ~ ~   내파 ~ ~ ~   순간
진짜 ~ ~ ~   내파 ~ ~ ~   가짜
질서 ~ ~ ~   내파 ~ ~ ~   카오스
완벽한 규정성~   내파 ~ ~ ~   무규정성
자기동일성 ~   내파 ~ ~ ~   타자상

출처: 이정우, 『시뮬라크르시대』, 거름, 1999, p.52에서 재구성한 것임.

* 예름스레브는 모든 기호는 형상(form)과 질료(substance)로 이루어져 있다고 주장한다. 이들 상호 대립되는 말로, 한 계열체 안에서 기호들이 취할 수 있는 가능성들을 형(形)이라고 부른다. 보다 구체적으로 형은 기호의 표현 가능성 하나하나를 이르는 말이 된다. '형을 채우는 내용'을 질료라고 한다. 소쉬르는 형을 기표로, 질료를 기의 한 맥으로 본다(김경용, 1995: 324 / 328).

이 표현은 본질의 세계와 외관의 세계라는 이분법의 폐지를 의미하는 것으로 보인다(Deleuze, 1962 / 이정우 옮김, 2000: 405). 즉 이 본질은 하나라는 동양의 일원론이다. 장 보드리야르식으로 말하면 내파로 하나가된 시뮬라크르(simulacra)이다. 본질과 외관의 이분법에 대한 이중적인 이의 제기는 헤겔로, 더 나아가서는 칸트로 소급된다. 일반적으로 형상 이론의 동기는 선별하려는 의지라는 측면에서 이해되어야 한다. 이 점에 대해서 쟈크 데리다식의 해체주의에서 찬반론이 제기될 수 있는 부분이다. 그 하나는 내파가 하나로 통합이면 통합 이전에 이미 이분법을 전재하고 있지 않는가. 뒤집어 보면 내파가 해체이고 해체가 내파이다. 그래서 내파는 통합이 아니라 해체의 개념일 뿐이다. 이는 단지 이 두 논리에서 서로 말 바꾸기만 하는 전도된 논리인 것이다. 왜냐하면 쟈크 데리다의 차연은 의미에 차이를 짓던 것이 끊임없이 연기되어 하나의 기표로 현전되기 때문이다. 달리 말해 기의가 미끄러짐으로써 기표의 원실체인 이미지가 그대로 재현되기 때문이다. 이 논리는 장 보드리야르의 내파로 사물 자체 / 이미지 / 기의 / 기표가 하나로 통합되어 원본과 복사물, 모델을 비구분하는 원본 그대로의 재현물로 간주되고 있기 때문이다. 그러나 이미지는 내파적이지 않다는 피스크의 반론에 주목된다. 이 점에 대해서는 다음 장에서 연구될 것이다.

장 보드리야르가 보는 원본으로서 시뮬라크르(simulacra)와 그 제3질서 시뮬라크르하고는 다른 존재론적 지위를 갖는 것이다. 원본으로서 시뮬라크르는 가치의 자연법칙(natural law of value)에서 보는 위조물(counterfiet)이고, 가치의 상업적 법칙(commercial law value)에서 보는 생산이다.

이 두 가치의 시뮬라크르는 기호의 의미관점에서 볼 때 내파된 시뮬라시옹(simulation)은 니체의 영겁회귀로부터 분리 불가능하다. 왜냐하면 도상들의 타파 또는 표상적 세계의 전복이 결정되는 것은 영겁회귀 내에서이기 때문이다(Deleuze, 1962 / 이정우 역, 2000: 419). 다시 말하면 장 보드리야르의 시뮬라크르는 가치−존재론 관점에서 볼 때, 원본과 이미지가 내파되어 똑같이 현전되기 때문에 내파가 영겁회귀적이라고 보는 장 보드리야르의 주장하고 논리가 일치된다. 그러나 기호의 의미작용의 관점에서 볼 때 내파된 시뮬라크르화(simulation)는 차이가 소멸되기 때문에 니체의 '영겁회귀'[11])에서 동일한 것이 반복되지만 차이가 있다는 전제와는 상반된 개념이다.

한편, 미첼 푸코(M. Foucault)는 시뮬라크르를 다음 <그림3-2>에서 보다시피, '유사성(ressemblance)'과 '상사성(similitude)'으로 구분하고 있다(Foucault, 1994). 여기서 유사성이란 본래적인 것, 즉 원본을 전제하는 한에서 그 원본과의 가까움을 말한다. 그 원본과의 거리가 어느 정도인가, 얼마나 그 원본을 나누어 가지고 있는가 하는 것이다. 전통적인 회화나 영화 등을 지배해 온 것은 바로 이 개념이다. 그런데 상사성은 원본이 없는 것이다. 다만 각 존재들 사이의 같음과 다름이 있을 뿐이다. 아리스토텔레스저 이미의 모방이란 원본을 탁월하게 만들거나 원본보다 탁월해지는 것이다. 이때 탁월하다는 말은 그리스어 히페르에케인(hyperechein)의 번역어이고, 어원적으로 다시 읽을 때 이 말은 보다 많이(hyper) 갖고 있다(echein)는 것을 뜻한다. 예술적으로 모방한다는 것은 원본보다 더 많은 것을 소유한다는 것이고 원본에 없

---

11) 니체가 말한 '영겁회귀(ewige Wiederkunft)'란 '만물의 무조건적이며 무한한, 반복순환운동'이다. 다시 말하면 '영겁회귀'는 '모든 것'을 되돌아오게 하지 않는다. 즉 반복은 지나간 것—지나가 버린 사건, 이미 죽은 사람, 사라진 사람들, 역사의 지나가 버린 구체적인 한 시대 등—이 '실재적' 의미에서 다시 되돌아온다는 것을 뜻하지 않는다. 이러한 점들이 말해 주는 바는 반복은 경험적 법칙과도, 실재적인 물리적 법칙과도 아무런 상관이 없다는 것이다. 니체 철학의 영겁회귀, 즉, '반복'을 가져온다. 여기서 반복의 의미를 잘 이해해야 한다. 반복은 동일한 것의 반복이 아니다. 바로 '차이'의 반복이다. 따라서 니체의 철학은 '이중의 현전'—차이의 반복을 가진다(Deleuze, 1962: 55 / 이경신 역, 1999: 342). 장 보드리야르가 주장한 오늘날 시뮬라크르 시대는 원본과 그 흔적이 존재한 개념에 경계가 내파되고, 리얼리한 것보다 더한 하이퍼리얼리, 의미는 깊이 숨겨진 차원이고, 보이지 않는 토대 위에 모든 것이 동일한 것을 새롭게 조합되고, 대상이 상실하면 다시 대상이 생성된 원리는 니체의 영겁회귀, 고대 그리스 철인 헤라클레이토스의 '만물유전설(萬物流轉說, panta rhei) 사상'과 불교의 윤회설(輪廻說)과 상통하는 것이다(강영계, 1994: 179. 工藤綏夫, 김문과 옮김, 1980: 153). 이를 허신행은 깨달음의 세계로 불생불사(不生不死), 즉 불생불멸(不生不滅)의 살생상멸의 세계이다(허신행,2000: 84)로 보는 맥락하고 같은 이치이다. 이 원리들은 고대 그리스의 플라톤이나 아리스토텔레스 그리고 동양적 이론들은 장 보드리야르가 주장한 문화기호학, 시뮬라시옹, 사이버네틱스, 매스미디어와 하이테크놀리지라는 현대사회를 개념화하는 데 중요한 시각을 제공해 준 것만은 틀림없다.

는 것도 지닌다는 것이다. 따라서 장 보드리야르의 내파된 시뮬라크르는 플라톤의 모방론이나 푸코의 상사성, 아리스토텔레스가 말한 의미의 모방 등과 같은 원리를 유사하게 적용하고 있는 것에 대하여 아래 <그림 7>과 같다.

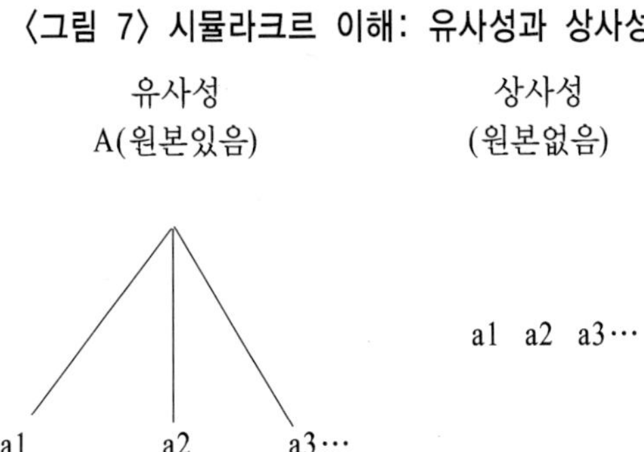

〈그림 7〉 시뮬라크르 이해: 유사성과 상사성

출처: 이정우, 『시뮬라크르 시대』,1999, 거름, p.60을 재구성 한 것임

위 <그림 7>에서 유사성은 a1, a2, a3…… 위에 A(원본)가 있는 것이다. 그리고 a1, a2, a3……가 이 원본 A를 얼마만큼 잘 모방하느냐가 중요하다. 이 단계는 사물의 모조품이 진짜 모조품 또는 '진짜 가짜(pure simulacrum)'가 만들어진다. 장 보드리야르의 진짜가 가짜로 만들어지는 과정을 다음 네 단계로 구분한다.

첫째 단계로 기호가 어떤 기본적인 실재를 반영하는 단계이다(Baudrillard, 1988c: 170). 이 단계는 과학적 언어나 지시적 언어 단계로서, 프레드렉 제임슨은 이 단계에서 부르주아의 지식이 생성된다고 말한다. 다른 예를 들면 이 단계는 비트겐쉬타인(Wittgenstein)의 언어 그림 이론의 시뮬라크르설 단계이거나, 또는 헤겔(G. F. W. Hegel)이 말하는 정신현상학의 가장 기초적인 단계인 감각적 확실성의 원초적 단계에 해당할 것이다(이정호, 1995: 54). 그의 두 번째 단계는 기호가 어떤 기본적인 실체를 왜곡하거나 은폐한다. 이 단계는 기호에 의하여 이데올로기나 이론이 소비자로서의 대중으로 하여금 소외와 착취의 실상을 인식하지 못하게 하는 소위 허위의식(false consciousness)으로서의 이데올로기 단계라 할 수 있다. 그 세 번째 단계에서의 기호는 어떤 기본적(원본)인 실재의 부재(absence)를 은폐하려고 시도한다. 이 단계에 해당하는 적절한 예로 장 보드리야르는 신성파괴자(icono‒clast)가 가지고 있는 예를 들고 있다. 즉 이들은 신의 성상(image)이 신의 부재를 증명한다고 믿고 있기 때문에 성상을 두려워하고 경멸한다. 그의 네 번째 단계가 상사성에 이르는 오늘날 장 보드리야르의 주된 관점인 단계로서, 기호는 실재와는 어떠한 관계도 갖고 있지 않다. 기호는 실재의 지시대상과는 전혀 무관한 '진짜 가짜'가 된다. 이렇게 되면 기호와 실재 사이의 거리는 없어지게 되며, 따라서 기호는 실재를 지시하지도 않는다.

예를 들어 아담이나 황금산 같은 추상적인 지칭물을 발한다. 이것이 바로 장 보드리야르의 네 번째 단계인 시뮬라크르에 해당된다 하겠다.

그런데 상사성의 개념에는 이 원본(A)이 없다 그냥 a1, a2, a3……만 있는 것이다. 이것들을 넘어서는 것, 초월적인 것, 원본이 없는 것이다. 이 세계 안에서는 사물들 사이의 같음과 다름이 있을 뿐이다. 예를 든다면, 앤디 워홀(A. Warhol)의 작품에서 똑같은 깡통을 늘어놓은 작품이나, 마릴린 먼로(M. Marilyn)를 그렸는데 모두 똑같고 색깔만 다르다. 또 깡통을 늘어놓은 작품에서도 캠벨 회사의 통조림들이 하나의 예이다. 이 '유사성과 상사성'을 내파의 시뮬라크르의 단계에서 보면 유사성은 원본을 전제한 위조물이나 생산에 해당되는 단계이고, 상사성은 원본을 전제하지 않고, 가치의 구조적 법칙에 기초한 기호의 논리의 단계이다. 오늘날 영상매체인 텔레비전은 텔레비전 프로그램 제작자들의 문화적 경험을 기호와 코드로 된 기호학적 체제로 치환한다. 그러나 이렇게 생산된 기호학적 세계는 저 밖의 실제 세계와 다른 새로운 현실, 장 보드리야르의 말을 빌리면 하이퍼리얼의 세계이다. 매체 철학자 마샬 맥루한이 지적한 대로 텔레비전은 냉매체여서 그 나름의 약점들이 있다. 가령 텔레비전 카메라로 사물을 보는 것은 우리의 눈으로 보는 것과 비슷할 뿐 똑같지는 않다. 텔레비전은 이런 약점을 보상하기 위해 특수한 코드를 개발한다(이은우, 1998: 139). 이런 상황에서 기호는 하나가 되며, 진짜 가짜 구별이 없어지며, 이분법 구별이 철폐된다. 즉 플라톤적인 이데아 / 현상이라는 이분법 구분이 설 자리를 잃는다. 동아시아식으로 말하면 기이일원론(氣一元論)12)이다. 이제 현전(presence)으로서의 실재는 더 이상 고유의 영역을 지키지 못할뿐더러 상상과의 차별마저도 상실하기 때문이다. 여기서 유사성과 상사성은 동일성 / 차이, 무수한 같음 / 다름의 연쇄, 수직성과 수평적 동일성 차이가 있다는 것은 고대 플라톤식의 가치－존재론을 후기구조주의자들이 자신들의 철학자적 바탕으로 삼는다. 스피노자, 니체, 베르그송 등, 특히 들뢰즈는 반플라톤적 맥락에서, 니체는 '영겁회귀' 사상에서,『주역』에서는 '一陰 一陽 謂 之道'[13])이다. 이 뜻은 한 번은 음(陰)이 되고 한 번은 양(陽)이 되는 것을 도(道)라는 한 구절에서도 그 이론 사상이 기본이 되고 있다. 이를 소쉬르의 언어체계에서 보면 '음과 양' 이 두 요소들은 해가 지면 어둠이 오고 어둠이 끝나면 다시 해가 떠올라 밝음이 오는 양과 음의 교차하며 이어지는 것은 통시적(diachronicity)이고, 밝은 것이 있으면 어둠이 반드시 있음을 뜻하는, 시간의 흐름에 관계없이 옳은 하나의 진리로, 공시성(synchronicity)이다. 즉 수직이며 수평관계이다. 운보 김기창 화백의 한 폭의 그림에서도 구상 / 추상, 동양화 / 서양화 등은 내파가 작용된 이분법을 초월한 기법이었다. 이렇듯 장 보드리야르의 시뮬라크르는 원본을 가장 잘 모방하려는 단계와 원본을 전제로 하지 않는 모방은 동서양의 고전에서도

---

12) 동양 철학의 '도(道)'와 서양 철학의 '로고스(logos)'는 모두 존재의 원리를 의미하는 말로 동·서 철학의 핵심 개념들이다. 서양 철학은 현실세계를 초월세계와 이분적으로 나누고 실체, 독립 ,독립적 질서 등 개념을 기저에 깔고 있다. 운용에 있어서도 배타적인 이분법을 사용한다. 주체 / 객체, 현세 / 내세, 현상계 / 예지계, 감성 / 이성, 육체 / 영혼, 물질 / 정신 등과 같은 이원 대립항 사이 긴장 관계를 통해 발전해 왔다. 그러나 존재계를 둘로 나누어 보는 서양의 전통과 달리, 동양에서는 단 하나의 존재계만을 상정해 왔다. 인간뿐 아니라 모든 사물은 '기(氣)'로 이루어져 있으며, 생명력이 소진함에 따라 '기'는 자연으로 환원되어 돌아간다. 맹자에게 있어서 마음(心)의 본질은 기(氣)이고(『孟子』,「公孫丑」上. "其爲氣也, 至大至剛, 以直養而害, 則塞于天地之間", 장자에게도 정신적 속성을 띠는 '신기'(神氣)에서 드러난 현상이다(『莊子』,「天地」, "汝方將妄神氣, 墮汝形骸, 而庶幾乎!"). 동양의 지적 전통에 정신 / 육체의 현상론적 '속성 이원론'은 있을지언정 양자를 두 개의 실체로 간주하려는 '실체 이원론'은 찾아볼 수 없다. 중국에서 개념의 짝(conceptual polarity)을 운용한다. 예를 들어 음 / 양같이 한 개념의 존립을 위해서는 상대방을 필요로 하고, 또 서로 순환·생성하는 상호내재(mutual immanence) 혹은 대칭적으로 관련된(symmetrical relatedness) 개념의 짝이다(이승환. 2000: 358~367).

13) 우주가 호흡하듯이 팽창했다가 다시 오그라드는 현상으로 영겁회귀의 뜻이다.

그 기원을 두고 있다고 하겠다. 이런 맥락에서 장 보드리야르의 내파이론과 시뮬라크르(simulacra)의 개념들은 사회문화에 나타나고 있는 주요한 관점의 대상이 된다.

제4절 과실재성 논리

　　장 보드리야르를 그의 내파이론과 연관하여 미디어를 논하는데 이때 제시하는 개념들이 시뮬라크르와 과실재성(하이퍼리얼리티)이다. 이 셋은 상호 관련된 성삼위일체의 논리들이다. 장 보드리야르의 매체 개념은 마샬 맥루한의 '미디어는 메시지이다'(Muluhan, 1964: 7)라는 명제에서부터 출발한다. 그는 여러 곳에서 밝히고 있듯이 그는 여기서 출발하여 매체와 메시지가 모두 사라진 오늘날 과실재성 시대를 이야기한다. 장 보드리야르는 그의 초기 저작인 『소비의 사회』에서는 과실재성이란 말 대신에 이 네오-리얼리티라는 용어를 사용한다. 이는 아마도 '하이퍼(hyper)'라는 용어를 통해서 기호가 현실을 대체하는 것을 강조하려는 것으로 보인다. 하나의 기호 즉 이미지가 오히려 더 실제적인 것으로 현실을 지배하는 개념으로서, 이 '하이퍼'라는 접두어는 현실보다 더 현실적인 것, 즉 현실이 기호를 따라 생산된다는 것을 의미한다. 이렇듯 그가 본 관점에서 한 기호는 이제 이미 그 지시대상을 뛰어넘어 오히려 그 지시대상과는 전혀 상관없는 새로운 현실을 탄생시킨다는 것이 바로 앞에서 살펴보았던 내파된 시뮬라크르이다. 장 보드리야르가 주장한 과실재성(hyperreality)은 현실과 비현실 간의 차이가 흐려진다는 것을 가리킨다. 이렇게 차이가 흐려진 역할은 바로 대립된 두 극 간에 내파가 일어나기 때문이다. 이때 나타난 현실이 더 이상(풍경이나 바다와 같이) 단순히 주어지지 않고, 시뮬라크르화된 환경처럼) 인위적으로 '현실'로 재현(재생산)될 때 그것은 비현실이나 초현실이 아니다. 그것은 현실보다 더 현실적인 것, 현실 자체와의 '허구적인 유사함'으로 수정되고 일신된 현실이다(Baudrillard, 1983a: 23).

그는 이를 시뮬라크르(simulacra) 혹은 과실재성(hyperreality)이라 불렀다. 그리고 이러한 과실재성을 탄생시키는 작업을 시뮬라시옹(simulation)이라 불렀다. 이 시뮬라시옹은 현실을 모델과 일치시키려는 작업으로, 그 과정에는 내파라는 공정을 거쳐야 과실재성이 성립된다. 이때 생성된 시뮬라크르는 본질적 현전의 실체로서 지시대상이 없는 단지 기호체계에서 인위적으로 부활되므로 강화된다는 것이다(신재영, 1998: 40에서 재인용). 이 과실재성(hyperreality)은 시뮬라크르에 의해 새로 만들어진 실재로서 전통적인 현실과는 그 성격이 판이하다. 이 '과실재성'은 가장이란 의미가 내포되고 있기 때문에 전통적인 주류미디어에서 현실이 가지고 있는 사실성에 의해서 규제되지 않는다. 그럼에도 이 과실재성은 예전의 실재 이상으로 우리의 곁에 있으며, 과거 실재가 담당했던 역할을 갈취하고 있어 실재로서, 실재가 아닌 다른 실재로서 취급하여야 한다. 따라서 과실재성은 어떤 현실을 극도의 현실로 만든 것이라기보다는 하나의 현실은 현실에 변화가 가해지면 이는 즉각 그 현실이 아닐 것이다. 실재하는 현실과 어떤 관계를 가지고 있는 전혀 다른 현실이다. 이를 장 보드리야르나 에코는 실재보다 더 실재로 보이도록 만들어진 인공품이라고 한다. 예컨대 김경용은 과실재성의 예를 다음과 같이 들고 있다. 길의 과실재성은 고속도로이고, 시장의 과실재성은 쇼핑몰(shopping mole)이다. 사람의 과실재성은 밀랍인형이다. TV의 이미지들은 모두 과실재성이다(김경용, 1995: 317). 장 보드리야르에게 있어서 디즈니랜드 속의 미국 모델은 사회세계에 있는 그것의 실례보다 더 현실적이며 이에 따라 미국은 점점 더 디즈니랜드를 닮게 된다(Baudrillard. 1983a: 25). 장 보드리야르에게 있어서 과실재성은 모델(model)이 현실을 대체하기 위한 조건이다. 그것은 여성잡지에서 나타나는 이상적인 가정, 섹스에 관한 매뉴얼이나 책자들에서 묘사되는 이상적인 섹스, 광고나 패션쇼에서 예시되는 이상적인 패션, 패러디 광고, 컴퓨터 매뉴얼에서 제시되는 사이버 애완동물 키우기, 가상공간의 여행 및 레저문화 즐기기, 가상대학, 가상아파트 모델하우스, 사이버 박물관, 비행훈련을 위한 시뮬레이션, TV 속의 역사 드라마 등과 같은 현상들로 예시될 수 있다. 이러한 경우들에 있어서 모델은 현실의 결정 요소가 되고, 과실재성과 일상생활 간의 경계는 허물어진다. 따라서 과실재성이 도래함에 따라 시뮬라크르는 현실 그 자체를 구성하게 된다.

예컨대 2000년부터 KBS-TV에서 방영한 대하드라마 '태조 왕건'에서 궁예 역 김영철이 금테 눈가리개를 하고 방영되자 실제적으로 백화점이나 안경점에서 평상시보다 금(金)색류 상품이 30% 이상 매출액을 올렸다. 2007년 동국대 교수 신정아 씨 가짜 학위 논란이 있을 때 신정아 씨가 McQ 제품 티셔츠를 입고 있는 모습이 TV에 방영되자 젊은 층에서 이 티셔츠를 구입하려고 백화점을 찾았지만 실제 물량이 부족하여 못 팔았다는 백화점 관계자의 애기이다. 2000년 MBC-TV에서 인기리에 방영되었던 '허준'에서 한방처방이 방영된 후 다음 날 같은 병증세로 같은 한방으로 똑같이 처방해달라고 한방병원을 찾는 환자가 많았다는 것이나, 또한 그 드라마에서 매실이 한방의 약 효용으로 처방되는 것이 방영된 후 가락시장에서 전년도보다 가격이 높아졌다는 기사들은 이를 잘 반증하고 있다. 이것은 장 보드리야르가 주장하듯 미디어 속의 시뮬라크르가 현실의 그 자체를 대신하여 '진실, 지시대상, 객체적 원인'은 시야에서 사라진 현상이다. 이 현실은 장 보드리야르의 주장대로 "생활 속으로 텔레비전의 내파, 텔레비전 안으로 생활의 내파" 명제가 성립된다는 현상은 가능성이 인정되는 부분으로서 내파이론이 가져다준 두 가지 힘인, 미디어와 대중이다. 이런 과정들은 들뢰즈가 언급한 것처럼 실재보다 더 보이도록 한 행위에서 시뮬라크르를 재현과 실천의 불가능성에 대한 근거로 인식하는 것이 아니라 재현을 시뮬라크르 관점에서 재해석할 가능성의 길을 열어 놓았다.

원본이나 기원이 전제하지 않은 시뮬라크르는 언뜻 보면 재현의 불가능성을 제시한다고 볼 수 있다. 그러나 이분에서 재현을 미리 상정하지 않은 원본이 어떻게 가능하단 말인가라고 장 보드리야르의 내파에 의문점을 남기는 대목이다.

장 보드리야르의 내파논리에서 '실재보다 더 실재임'은 기호학적 과장으로 실제로는 '가짜 진짜(pure simulacra)'를 뜻한다. 자연적 실재보다 더 사실적으로 보이도록 기호학적 과장이 가해진 것들을 '실재에서 지나친 것들'이라는 뜻에서 과실재성이라 부른다. 예컨대 거대시장(hypermarket)14)에서 행하여지는 거대한 상품공급과 분배는

---

14) 여기서 거대시장이란 일반 재래시장이 아니라 생산자가 농수산물 종합시장으로 일반 소비자 소매시장이나 백화점에 상품이 팔리기 전에 출하자가 중도매인에게 상품을 대량으로 도매가격으로 상행위가 이루어진 시장으로서, 여기서는 주로 밤에 거래가 이루어지

다수 대중의 선택에 의하여 행하여진다. 이 시장에서는 원근적인 시야도 시선이 멀리 사라질 위험이 있는 소실선도 없이, 끝없이 진열된 생산품들만이 등가적(equivalently)이면서 연속적인 기호들로서 작용하는 통째로의 화면일 따름이다(Baudrillard, 1991b, 하태환 옮김, 1999: 138). 여기서는 상품진열이 평면적으로 나란히 나열되어 있는 상품들은 서로서로 동일 열, 즉 무, 배추, 과일, 수산물 등의 단일 품목별로 계열체적으로 진열함으로써 그들 상호 간에 어떤 우열이 있는 것이 아니라 서로서로 등가적임을 보인다. 전통적인 가계에서는 좋은 상품과 열등한 상품이 차등을 두어 배열되는 것과 대조적이다. 동일 평면상에 거의 판판하게 나열된 상품들은 하나의 물건으로서가 아니라 기호로서 작용하는 과실재성의 상품이다. 여기서 구매자들은 상품에 의해 끌리는 것이 아니라 평면 이미지인 그 기호에 끌러오는 흐름이다. 출하자, 구매자, 상인들은 똑같은 하나의 공간에 묶인다. 이와 같은 것은 직접적인 기호들의 하나의 조작 공간으로서, 하나의 기호로써 통합된 시뮬라시옹의 세계이다. 하나로 통합되었다는 의미는 장 보드리야르의 과실재성으로 내파가 되었다는 것이다.

이를 기호학적으로 읽어보면 '기의＝의미'가 내파되고 해체됨으로써, 기표는 이미지／이데올로기가 하나로 통합된 시뮬라크르(simulacra)이다. 여기서 기호의 이분법은 더 이상 존재하지 않는다. 이 과정을 쟈크 데리다는 의미가 끊임없이 미끄러져 지연됨으로써 그 껍데기 흔적만 그 표면에 나타난다고 하였다. 이런 맥락에서는 내파나 해체는 같은 논리입장에 서 있다.

장 보드리야르가 말하는 과실재성은 우리가 상상할 수 있었던 것 혹은 경험하는 것 등 모든 것이 거대한 시뮬라시옹의 과정으로 내파되었다고 한다. 이 과정에서는 상상할 수 있는 모든 것이 가능해지고 따라서 상상과 우리는 어떤 '거리(차이)'도 없는 상태로 서 있게 된다. 이 차이가 유토피아에서는 상상으로 극대화될 수 있다.

고, 상품이 거래되기 전에 계열별로 진열이 된 다음에 거래가 일시에 이루어진다. 주로 정부에서 운영하는 공용도매시장이다. 예를 들면, 파리 외곽에 6㎞ 지점에 위치한 '랑즈스 시장(Rungis)' 부지 면적 2,320,00㎡, 배후상권 유럽지역 1,800만 명을 상대로 연간 173만 톤을 거래하고 있다. 기타 스페인 마드리드(Madrid)시장, 일본 동경 오타시장(Otta), 미국 뉴욕 헌츠포인트(Hunts point)시장, 한국은 서울에 가락동 도매시장 외 전국 주요도시에 22개 거대시장이 있다.

그러나 차이는 공상과학에서 뚜렷이 줄어든다. 공상과학은 아주 흔히 생산의 실제
세계를 과도하게, 그러나 결코 질적으로 다른 것이 아니고 투영한 것일 따름이다.
차이(거리)는 모델들의 내파적인 시대에는 완전히 흡수된다. 모델들은 더 이상 초월
성이나 투영을 구성하지 않으며, 더 이상 실재에 대한 상상을 구성하지 않는다. 시
뮬라크르는 모방에서 유래하고, 아이콘적 재현의 초환상 속에서 나타난다. 예를 들
어 그림의 회화성, 상세한 정확성, 역사적 충실성, 원근 계산 등이 그렇다. 그러나
시뮬라크르는 모방적 복제와 오리지널(original)15)의 비교를 어렵게 하기 때문에 복
제품과 오리지널의 차이(경계)를 사라지게 한다(김성재, 1998: 72). 이것은 이제 이
시대에서 소쉬르의 언어이론에서 보는 기표와 기의의 이원론16)적 구분이 사라짐을
의미한다. 쟈크 데리다는 인간에 사고된 이원적 대립체계는 폭력적 서열제도는 근
거 없는 논리로서 해체된다. 또한 구조주의에서 말하는 라캉의 끊임없는 기표의 미
끄러짐과 푸코의 지식 / 권력의 개념과 맥을 같이하는 것으로서 인간을 포함한 대상
의 본질적인 주체성을 부정하는 것이다(윤선희, 1998: 255~6). 따라서 장 보드리야
르에게는 더 이상 참도, 거짓도, 비현실(비실재)도 없다. 시뮬라시옹(simulation)이란
기호의 지시대상 자체들의 차이가 모두 내파되어 버린 시뮬라시옹의 형상으로 등장
하기 때문에 더 이상 지시대상에 빗대어 그 진실을 구분할 수 있는 잣대가 없다는
것이다. 즉 전통적 미디어에서 이미지는 현실을 반영하거나 감추는 데 반하여, 시뮬

---

15) 장 보드리야르의 오리지널(original) 개념은 최초로 생성된 사물이나 이미지를 지칭한다.
    논자에 따라 '원본·원판·시원본·시원실체' 등 다양한 의미로 표현되고 있으나, 장 보
    드리야르의 내파로 생성된 시뮬라크의 개념에서는 원본을 전제하지 않는다. 이 세계에서
    는 오리지널과 복사본이란 이분적 구도를 부정하고 있다. 우리가 체험한 오리지널이 현
    실 그대로 오리지널이다. 이들 사이에는 고정된 의미만 존재하기 때문이다. 아예 애당초
    오리지널리티란 존재하지 않는 논리가 시뮬라크르로 생성된 과실재성의 세계이다. 바로
    이 점이 로고스 중심주의의 개념의 출발점이다. 본 연구에서는 표현하고 있는 논자의
    텍스트에 따라 그 용어의 선택을 문맥에 맞게 적절히 표현하겠다.

16) 이원론(dualism)은 17세기 철학자 데카르트에서 유래한 것으로, 정신(사유하는 실체)은
    물질(연장된 실체)과 상관없이 스스로 작용하여 실재의 충만함을 구현한다고 보는 입장,
    이러한 견해에 따르면, 물질은 오직 불확실성의 실체로만 존재하고 과학 영역 안에서만
    이해될 수 있다. 데카르트의 철학은 지금도 계속되며 VR실재론의 논쟁에 영향을 미치
    고 있다(Michael, Heim, 여명숙 역, 1997: 251).

라시옹 단계의 이미지는 사실성과 무관 이미지 자신이 순수한 시뮬라크르가 되어버리는 단계인 것이다. 이러한 논의의 출발점은 장 보드리야르의 기호개념으로부터 출발한다. 달리 말하면 기호의 의미의 관계로 인해 가능해진다. 그는 기호(이미지)가 의미보다 훨씬 유연한 재료로서, 모든 등가의 체계, 이원적 대립, 조합적 대수학[17]에도 공히 적용된다고 이야기한다. 즉 기호는 의미의 외양이고 의미는 내용물로서 항구 불변의 요소이며 따라서 이제까지는 내용이 일차적인 것이고 기호는 이차적인 것으로 인식되었으나 기호는 상황이나 시대에 따라 유동적인 것이기 때문에 항시 시대적 상황에 잘 적응한다는 것이다. 기호의 이상이 내용과 등가를 이루는 것이라면 사물과 기호가 등가를 이루는 시대에 있어서는 기호는 본래의 그 역할을 상실하고 하나의 기호는 각기 쓰임에 따라 그 의미를 달리하기 시작하여 이제 기호가 의미를 지배하는 일이 생겨난다는 것이다. 그러나 오늘날에는 이러한 기호와 내용의 등가의 법칙이 작용하는 재현의 원칙이 아니라 이미지의 그 뛰어난 상상력으로 재현의 힘을 파괴했다는 것이다. 이 단계가 코드가 지배한 시대로 재현되는 모든 것은 원본이나 기원과 무관한 시뮬라크르의 과실재성을 만들어낸다. 장 보드리야르가 여기에서 제기하는 문제는 이제 기호가 실제에 해당하는 모든 기호를 제공하여 기호로가 아닌 실제로 우발적인 사건이 일어나는 것을 차단해 버린다는 데 있다. 그리하여 기호는 이제 실제에 해당하는 징후들을 생산해 내는데 그는 이것을 감추기의 반대 개념으로 설명한다. 즉 감추기가 가졌으면서도 갖지 않은 체하기라면 시뮬라크르는 갖지 않은 것을 가진 체하기라는 것이다. 그러나 이것은 단순히 체하기의 차원을 넘어 진짜의 징후들을 생산하는 데 그 문제가 있다고 설명한다. 이것을 그는 과실재성의 저지 전략[18]이라고 부른다. 이 저지 전략으로써 이제 권력은 도처에

---

17) 장 보드리야르는 "속도들과 힘들은 n의 힘으로 넘어간다"고 말하고 있다(Baudrillard, 하태환 역, 1999: 199). 또한 조합체계에서의 기호는 제한된 숫자의 기호로써 무수히 많은 새로운 기호를 만들어낸다. 예로 컴퓨터에서처럼 모든 실재가 0과 1만으로 된 디지털코드로 전환되는 것이다.—이는 역자인 하태환의 역주를 참조한 것이다.

18) 저지 전략이란 실재를 과실재성으로 대체해 버린 이후에 혹시라도 시뮬라크르가 아닌 실제 상황이 생기는 것을 방지하기 위하여, 프로그램화하지 않은 우발적 상황이 발생하는 것을 저지하는 전략이다. 즉, 시뮬라크르가 실제인 척하기 위하여 자신의 부정적인

실재와 지시물적인 것을 재주입하고, 사회적인 사실성에 대하여 경제의 심각성과 생산의 목적성에 대하여 우리를 설득한다. 그를 위하여 권력은 기꺼이 위기를 담론을 사용하고 자본은 사실성의 기호들만을 증폭시키며 시뮬라시웅의 적용을 가속화한다. 그는 따라서 이제 무한한 기호의 증식이 일어나고 있고 이제 지고(至高, 높고 낮음, difference)의 차이가 사라졌음을 선언한다. 이 차이(difference)는 장 보드리야르가 본 관점에서는 내파에 내포된 하나의 과정이다. 거리를 확장 축소시킴으로써 발생된 간격이 '차이'이다. 장 보드리야르는 포스트모던 사회현상을 다름, 구별, 차이의 제거에 초점을 맞추고 있다. '차이'의 소멸을 그의 내파현상에 적용한다. 이 원리는 데카르트적 합리주의 전통에 기초하고 있다. 소쉬르는 그의 언어이론에서 "언어란 차이들의 체제이다"라고 썼다. 여기서 "기호의 의미는 그 언표가 변별적이어야만, 그에 따라 하나의 기호가 다른 것과 구별 지어질 수 있어야만, 기호로서 역할을 담당할 수 있다" 한다.

예를 들어 '아'와 '어'가 차이가 없다면, 이 둘 사이에는 아무런 변별적인 요소도 없고 서로의 의미도 생산할 수 없다. 이 차이의 원칙은 구조주의 언어학에 의하여 지탱되고 있다. 그러나 장 보드리야르와는 다른 관점에서 이 차이를 현대 기호학 문헌에서는 '기호 사이의 차이'로 넓게 변용되고 있다. 즉 차이의 적용이 문화의 변조에서 기표의 교란에 주요한 특징을 이룬다. 차이는 주어진 기호의 가치를 결정하는 의미의 기초 단위이다.

모든 가치체계는 대립과 차이에 의해서 의미가 발생할 수 있어야만 가능하다. 포스트모던 시대는 차이를 교묘히 변조(modulate)하여 대량생산되고, 차이의 변용을 적절히 잘 이용하고 있다. 오늘날 이처럼 차이가 기호 생산자들의 자의성(arbitrariness)에 맡겨진 상태에 있으므로 가치체제는 질서를 잃고 떠돌아다니는 정처 없는 것이 되어가고 있다. 쟈크 데리다의 차연(difference)은 소쉬르의 '차이'가 닦아온 기반에서 세워졌다. 이 점에서 내다보는 내파는 부분적으로 재현의 가능성이 엿보인다. 지금까지 경제적 영역에서 상품의 본질만을 주요하게 여기는 사용가치는 장 보드리야르

요소를 제거하는 작업을 말하는 것이다(Baudrillard, 1991b, 하태환 옮김, 1999: 28).

의 내파로 인하여 기호의 교환가치 이행은 프레드렉 제임슨의 자본주의 문화우세를 잉태하게 하였다. 이렇게 됨으로써 우리의 주위의 변별적인 다양한 이미지가 생산되게 되었다.

결론적으로 이 내파된 시뮬라크르의 시대는 투영(재현)도, 지시대상도, 근원도 없고, 내재적이며, 과거도 없고 미래도 없는 시뮬라시옹 속에 정신적, 시간적, 공간적, 기호적인, 모든 상관요소들의 부유 속에 있게 된다. 이 세계에서는 평행한 세계, 이중적인 세계, 혹은 이중적인, 가능한, 불가능한, 실제의, 비현실(비실재)의 세계가 아니다(Baudrillard, 1991b, 하태환 옮김, 1999: 203).

이 시대 내파는 두 가지 개념으로 봐야 한다. 하나는 가치-존재론에서 본 시뮬라크르이고, 또 다른 하나는 기호가치론 측면에서 보는 시뮬라크르의 과실재성이다.

제5절 내파로 생성된 과실재성 체계

앞에서 설명되었듯이 내파는 두 가지 측면에서 서술될 수 있다. 이 절에서는 기호가치론에서 보는 시뮬라크르의 과실재성 생성과정에 대하여 살펴보겠다. 이를 위해서 우선 소쉬르 이래 구조주의 언어학의 기본 전제를 염두에 둘 필요가 있다. 그에 따르면, 기호 교환의 의미는 지시대상(기의)에 대한 지시 관계에서 성립할 뿐 아니라 또한 기호(기표)들 간의 대조와 대립적 차이에 기초한다. 이 특징은 기표와 기의가 서로 다른 평면에 있는 불연속성의 언어체계이다. 이를 김경용은 전통적 언어체계로서 내포체계라 한다. 또 하나는 이 기호들 간의 차이는 구조 혹은 체계 안의 동질적(일의적) 의미 공간을 바탕으로 한다. 다시 말하면 이 형식에서는 기표와 기의가 한 연속체상에 존재한 형식이다. 이를 김경용은 내파질서라고 정의한다(김경용, 1993: 30). 흔히 우리는 이 언어체계를 포스트모던 언어체계라고 한다. 하지만 장 보드리야르는 기호의 무분별한 증식과 과도한 팽창은 지시대상 혹은 실재에 대한 지시 관계를 소멸시켜버린다. 뿐만 아니라 체계 내적 의미 공간의 동질성을 파괴시켜서 기호들 간의 대조적 차이를 약화시키거나 소멸시킨다. 이로써 기호의 세계 안에서 의미가 저절로 파괴된다. 이는 코드가 사라지면 메시지가 또한 저절로 사라지는 것과 같다. 이 모든 것은 포화 상태에 이른 기호의 안개 속에서 실재가 사라져 버리기 때문에, 뒤집어 말하면, 기호작용에서 기의 없이 기표들로써만 이루어진다. 이 과정은 기호 내에서 기의와 기표 간에 내파시켜 접합을 무효로 만들어 해체됨으로써 기의와 기표가 결합되지 않고, 기표만이 흔적으로 표면에 나타나게 된다. 이렇게 되면 기의는 저 밖의 지시대상을 붙잡지 못하고 기표가 대신하게 됨으로써 원본이나 기원에 모델이 되지 못하고 전혀 다른 시뮬라크르가 된다. 이 과정으로 이루어진 체계를 '과실재성 언어체계'라고 한다. 이 체계에서 실재에 대한 지시 관계는 기호들 간의 지시 관계, 그리고 기호들 간의 지시 관계는 기호들에 대한 조작과 한술 더 뜬 흉내의 관계로 변모한다. 기호의 작용은 더 이상 대상에 대한 지시 작용도, 사물의 재현도, 사물의 모방도 아니다. 그것은 대상을 꾸며내는 것, 보다 심화된 모형을 통해서 조작하는 것, 없는 것을 있는 것처럼 만들어 내는 것이 다시 말해 '과실재'로서의 의사-실재(擬似實在, pseudo-réel)를 만들어 내는 시뮬라크르이다. 이 공간 속에서는 가상과 현실, 참과 거짓, 의미와 무의미, 삶과 죽음 등의 차이와 대립이 사라진다(김상환, 1996: 438). 시뮬라크르는 매체와 실재성이 내파를 일으킴으로써 일어나며 그 결과로 과실재성이 생성된다(김경용, 1993: 214). 이 과실재성은 허신행이 주장한 '상생상멸(相生相滅)' 논리처럼 우주에 존재한 모든 것은 쌍들이 동시에 생기고 동시에 사라질 뿐만 아니라 좌우대칭이기 때문에 한쪽만의 선택이나 존재는 가능하지 않다는 것이다(www. bookcosmos.com). 이런 맥락에서 볼 때, 과실재성은 원본에 존재한 리얼리티를 완전히 소멸시키고 원본과 본질적으로 다른 새로운 것을 상생시킨다는 것이다.

특히 오늘날 미디어 발달로 현대 매체는 그 나름대로 실재성을 재해석하고 우리에게 투영되고, 또 과실재성을 생산하여 새로운 시뮬라크르의 세계를 구축(構築)하는 새로운 언어세계를 구축한다. 다음 <그림 8>에서 나타나듯이 우리의 재현이나 모방대상은 우주의 근원인 형상, 본질, 실체가 우리의 1차적인 지시대상체인 것이다.

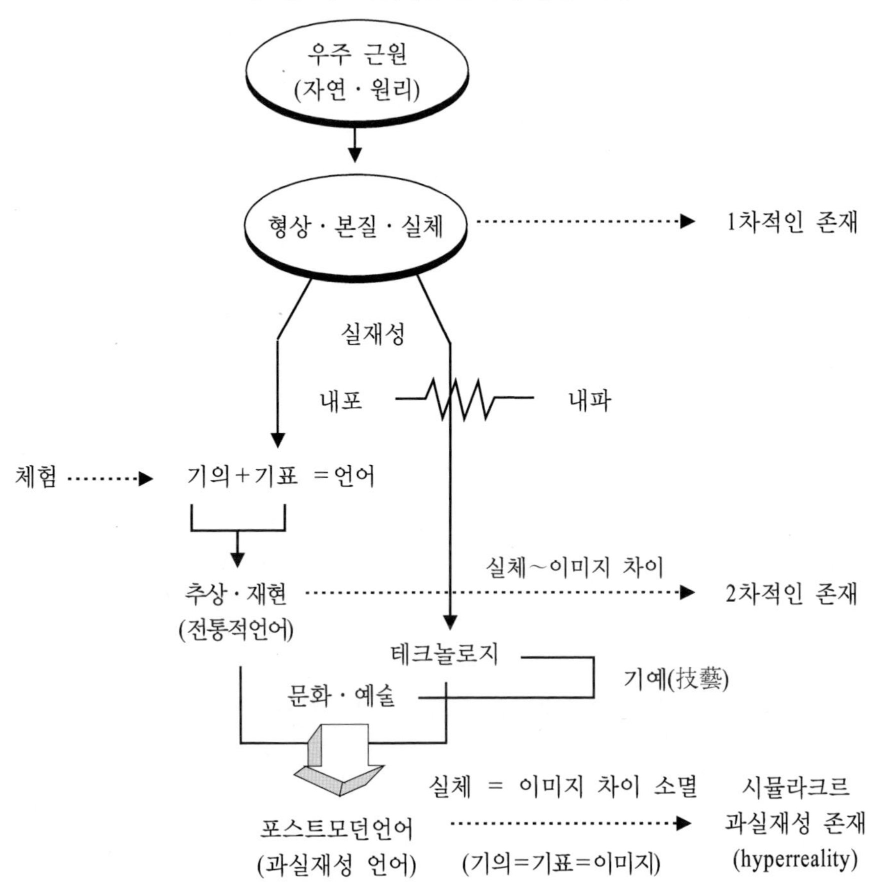

    전통적 언어체계에서는 우리의 맨살의 경험이 체험으로 추상화된 후에 기의 속에 내포되어 새로운 언어를 생성해 냈다. 그 생성물이 추상·재현으로 우리가 표현하고자 하는 이차적인 존재인 것이다. 다시 말하면 우리의 체험을 추상화하여 기의를 생산하고 그것을 기표에 연관시켜 주었다. 이 말은 기표로서의 언어의 대용실재성으로 역할을 해왔다. 이때도 간헐적으로 언어 역시 시뮬라크르의 과실재성 같은 언어체계를 생산하기도 한다. 왜냐하면 적어도 그것은 우리를 '글과 말로 다 할 수 없는 것'의 경계까지 데려다 주는 것이기 때문이다. 그러나 여기에서 기의와 기표가 상호적 차이가 있는 위치에서 의미를 생성한다. 그렇기 때문에 의미에 차이가 있을 수밖에 없다. 그 의미가 기표란 용기에 의해 이미지로 나타나기에 이미지를 전달받은 기표는 현전 시 원실재성과 의미의 차이가 날 수밖에 없다. 여기서는 실체와 이미지 간에는 차이가 난다. 왜냐하면 실체와 이미지 간에 내파 작용이 없기 때문이다.

이 과정은 기표와 기의 간에 다른 평면상에서 차이가 발생됨으로써 이차적인 존재인 재현(재생산)이 발생된다. 이를 언어의 내포질서라고 한다. 이 과정에서 생성된 언어를 본 저자는 통적인 언어체계라고 표현한다. 그러나 이 전통적인 언어구조에서 인간은 사회적으로 주어진 규칙준수를 개인적으로 그 규칙을 파괴함으로써 생성된 언어체계가 기계적 언어체계라고 한다. 이를 본 저자는 과실재성 언어체계라고 표현한다. 이런 현상은 실체와 이미지 간에 그 간극을 최소화하려는 일련의 노력들로 자의성이 개입되기 때문이다. 이 과정은 오늘날 기계의 발전으로 형성되고 있다. 이런 일련의 과정들을 언어의 이데올로기라 한다. 이 과실재성 언어는 전통적 언어세계와 같이 자연의 저 밖에 존재한 1차적인 존재(형상, 본질, 실체)를 지시대상으로 삼고 우리의 맨살경험을 매개된 체험으로 기의에 연관시키는 과정에서 기술로써 문화·예술이 가미되게끔, 즉 기예(技藝)로 기의를 유혹한다. 이 과정에서 기의가 기표에 흡수된다. 이렇게 됨으로써 기표와 기의 그리고 이미지가 한 평면에 존재한다. 현대 테크놀리지의 발달로 인해 전통의 언어세계에 있는 전통적 기의들을 모두 무의미하게 만들고 그 자체의 새로운 기의체계를 일으킨다는 것이다. 이를 내파의 질서라고 한다. 그런데 장 보드리야르는 이 과정에서 내파로 인하여 기의가 소멸되므로 지시대상체가 존재하지 않는, 과실재성 존재로 실체와 이미지 간에는 차이가 소멸됨으로써 재현이나 재생산이 위기를 맞이하게 된다. 즉 리얼리티가 소멸된 전혀 다른 실재성이 탄생되는 것이다. 이것이 장 보드리야르의 내파적 시뮬라크르이고, 과실재성 언어체계이다. 이 과정에 이르는 시대가 장 보드리야르의 시뮬라시옹 사회이다.

이런 장 보드리야르의 시뮬라시옹(simulation) 사회에서는 이미지가 원실체보다 더 흥미로운 것이 되어, 이미지는 원실체를 죽이고 스스로 원실체를 만든다. 이는 장 보드리야르가 제시하는 이미지 혹은 기호와 실재가 관계를 맺는 이미지의 연속적인 반영·왜곡·독립 등 4단계[19] 중 네 번째에 해당하는 것으로 이미지는 그것이 무엇이든 간에 어떠한 사실성과도 무관하기도 하다. 예를 들어 서울 삼성동 소재 코엑스 메가박스 영화관 스크린에서는 "영화보다 더 리얼한 영화(more real than the real)"라고 영화 시작 전에 스크린에 자막 처리하고 있다. 또한 아프리카 케냐의 맹수들의 세계를 비디오 화면에서 담아 보급된 영상은 실제보다 더 리얼하다. 이런 현상들은 영상매체 등 시각문화에서 현실체들의 대상성(referntiality)이 사라져 버린 것이다. 그 결과 매체들이 스스로가 '저 밖의 실체성' 인 체한다. 사람들은 영상물을 보면서 마치 실재를 본 것처럼 믿는다. 이것이 맥루한(1994)이 "매체가 곧 메시다"라고 한 대목이다. 이를 모조적 부활체들의 과실재성(過實在性, the hyperreality)이라고 부른다. 기호학적 측면에서 분석하면 기표와 기의가 하나의 연속선상에서 은유가 환유로 되는 과정이다. 결론적으로 이미지가 자기 자신의 순수한 시뮬라크르(simulacra)란 논리가 성립된다. 다시 말해 이미지와 실제 현실 사이에는 아무런 관계도 존재하지 않게 된다는 것이다. 이미지(재현)는 원본이나 기원에 무관한 시뮬라시옹(simulation)의 시뮬라크르를 생성한다. 이를 장 보드리야르는 시뮬라크르의 지시대상이 소멸됨으로써 현실 / 이미지 / 이데올로기가 내파되어 하나로 통합된다고 설명하고 있다. 이 과정에는 현실체가 그대로 이미지이므로, 원본과 재현물의 구별이 없다. 이미지는 절대적 독립성을 획득해 현실은 이미지의 가면 속에서 질식해 함몰돼 버린다. 이런 것이 원본이 없는 과실재성이다. 즉 시뮬라크르는 원본이 없는 전혀 다른 생성물이다. 바로 이 점들이 이미지의 역사를 필연성의 역사로 환치시키고 있다는 점이다. 바로 이 대목에서 장 보드리야르가 포스트모더니즘 이론가라는 위대함을 보여주고 있다는 표현에는 누구도 부인할 수 없을 것이다.

오늘날에 와서 이 과실재성의 이미지는 어떤 실체를 대표하기보다는 이미지 자체가 하나의 실체로서 행세하기도 한다. 원래 이미지는 도상(icon)이지만, 이미지는 원

---

19) 장 보드리야르의 이미지 연속 4단계는 1) 이미지는 깊은 사실성의 반영이다―이미지는 선량한 외양이고, 재현은 신성한 계열이다. 2) 이미지는 깊은 사실성을 감추고 변질시킨다―이미지는 나쁜 외양으로 저주의 계열이다. 3) 이미지는 사실성의 부재를 감춘다―이미지는 외양임을 연출한다. 4) 이미지는 그것이 무엇이건 간에 어떠한 사실성과도 무관하다. 이미지는 자기 자신의 순수한 시뮬라크르이다―이미지는 전혀 외양이 아니라 시뮬라시옹(시뮬라시옹)의 계열이다(Baudrillard, 하태환 역, 1999: 27).

실체(原實體, originality)를 밀어 치우고 그 스스로를 하나의 적법(適法)한 실체로서 내세우기도 한다. 사실적 이미지이건 환상적이건, 이미지가 실체(물건)가 된다(Boorstin, 1987: 197). 예를 들어 "길 잃은 외계인과 그를 고향으로 돌려보내는 지구인 소년의 우정을 그린 영화, E.T.(The Extra Terretrial)"에서 나온 외계인의 아이콘은 많은 사람의 마음에 파고들어 환상적 아이콘의 이미지가 되었다. E.T.는 실상 되돌아갈 원실체가 없이 그 자체가 하나의 산 물건이 되었다. 다시 말해 E.T.라는 기표는 그 스스로만 지시할 뿐이다. E.T.에 상응하는 기의란 없다. 그 자신만이 그 자신을 지시하는 기표일 뿐이다.

후기자본주의에서 이미지를 상품화로 이용하는 경우라고 할 수 있겠다. 여기서 이 상품이 기호가치로 이행되는 예를 들어 보겠다. 저작권을 보유한 동영상 전문업체가 사이버 여가수 '류시아'를 홍보사절로, 아담을 대중가수, CF로 등장시킨 것은 과실재성들이 상품화되고 있다는 의미이다. 따라서 이 상품화는 매체를 통하여 끊임없이 유혹한다. 왜냐하면 이 상품화에 따른 유혹은 대중들의 대상이 됨으로써 그 사용가치를 약속하게 되는 것이다. 이를 하우그(W.F. Haug)의 논리로 정리하면, 상품이 구매자에게 수용되는 과정을 세 단계로 이해하는데, 사용가치의 객관적인 약속이 이루어지는 과정과 이를 바탕으로 사용가치의 주관적 약속이 이루어지는 과정, 그리고 최종적으로 수신자의 동기 유발에 의한 구매가 이루어지는 과정이 그것이다 (Haug, 백지숙 옮김, 1993: 23~28). 이것은 마르크스의 상품형태가 사용가치(유용)에서 경제 교환가치(가격)로 전환되는 과정인 것이다. 하나의 상품이 시장에서 살아남기 위해서는 그 상품의 사용가치라고 할 수 있는 상품의 내용을 충실히 담보해내는 수단으로 상품의 외관적인 형식이 강조되는 것이다(조현철, 1993: 16). 따라서 교환가치로만 소통되는 스펙터클 역시 시각적이고 청각적인 자신의 사용가치에 해당한 일련의 환상을 제공한다(신재형, 1998: 33). 다시 말하면 스펙터클이 상품의 형태로 등장하기 위해서 미적 가치를 흉내 냄이 있어야 한다. 이 흉내 냄이란 바로 마르크스의 사용가치가 교환가치로, 하우그의 사용가치와 교환가치 사이 모순점에서 생기는 상품미, 장 보드리야르의 기호가치 우위성에서 이미지의 역할강조와 같은 맥락에서 찾을 수 있다.

장 보드리야르의 관점에서 이 스펙터클은 유혹 가운데 하나이다. 모든 사물의 스펙터클화는 모든 사물 기호의 소비로 이어진다. 우리는 이러한 스펙터클을 소비하면서 전혀 죄의식을 느끼지 않으면서 생활하고 있다. 이 단계가 시뮬라시옹의 사회에서 실재는 모델의 알리바이가 되는 것이다. 우리들은 기의가 사라지고 단지 이미지가 실체로 나타나는 일종의 주술적 믿음(장 보드리야르의 주장) 통하여 대리 만족의 욕구를 충족할 수 있다. 이와 같은 경우는 인간이 만들어 내는 커뮤니케이션의 테크놀리지가 인간을 편안하게 하고, 그 스스로의 한계로부터 자유롭게 해주며 나아가 새로운 사회, 즉 진보된 사회로 진행시켜 줄 수 있다는 믿음 때문이다.

이는 이미지의 문화가 우리의 지식과 세상을 보는 눈을 강화하고 우리의 경험의 한계를 확장―즐거움, 판타지, 환상으로 확장시킬 수 있고 새로운 사회성이나 새로운 공동체를 만들 수 있다는 믿음이다. 이러한 주술적 믿음에 장 보드리야르가 현대사회의 조직 원칙이라고 칭했던 르시클라주(recyclage)[20] 욕구는 테크노컬쳐에 대한 당위성을 더하게 되는데, 이는 한 사회에서 개인이든 국가든 유행에 뒤떨어지지 않아야 하고 진보에 적응하지 하지 않으면 안 되기 때문에 더욱더 스스로를 사회에 노출시켜야 한다는 의미이다. 사람들은 유토피아적 욕구(상상 속에서만 가능했던 일들이나 경험들)를 이미지 매체 기술을 통하여 자기의 실제 세계로 내파되어 확장시키고 있다. 이러한 과실재성(hyperreality) 스펙터클화, 즉 볼거리는 문화의 영역에 이미 등장하고 있다. 이는 뉴미디어의 테크놀리지 발달과 더불어 그에 관한 사람들의 일반적인 동의가 바탕이 되는데, 사람들은 이미지 그것이 실제가 아님을 알고 있지만 이미지의 열병이라고 불러야 할 주술적인 믿음이나 르시클라주의 욕구로 인하여 그것을 또 다른 실제로 인정하고 있다는 것을 의미한다.

장 보드리야르는 우리 현상의 사회를 시뮬라크르화된 완벽한 포스트모던 객체의 세

---

20) 르시클라주(recyclage)는 불어로 재교육이라는 뜻으로 어느 누구도 좌천된다든가 밀려난다든가 쫓겨나지 않으려면 자신의 지식과 학식, 즉 노동시장에서 자신의 실전용 지식을 시대의 흐름에 맞게 재충전해야 함을 뜻한다(Baudrillard, 1991b, 하태환 옮김, 1999: 138). 장 보드리야르는 문화를 오로지 상징체계로 이해하려는 태도를 밀어내고 문화를 기호의 체계를 받아들여 그 기호들을 조합하고 놀고자 하는 것이다. 장 보드리야르는 이것을 르시콜라주라고 불렀다(신재형, 1998: 53).

계로 보고 있다. 그 예로 미국에 대한 그의 표현을 보면 "미국은 현상의 사회가 아니다. 미국은 유혹의 유희에 대항할 아무것도 갖고 있지 않다. 시뮬라크르(simulacra)는 또 다른 유희이다. 시뮬라크르(simulacra)의 기호들은 어떠한 의식과도 연관되어 있지 않다. 그것들은 의식에 대한 어떠한 지시대상 없이 영속적으로 순환한다."(Baudrillard, 1993a: 134) 앞 장에서 장 보드리야르가 미국의 디즈니랜드를 예를 들어 설명했듯이, 이는 그가 본 미국의 현상을 내파된 하나의 과실재성의 사회로 보는 것이다.

또 한 가지 주목할 점은 우리는 지금 원실재성의 세계(플라톤 관점에서), 즉 자연(自然)과 과실재성의 세계, 즉 순전한 시뮬라크르의 문화 사이에 존재한다.

장 보드리야르가 사회적인 것이 내파되었다고 하는 주장은 새로운 원시 사회가 우리에게 가져오고 있다는 의미일 것이다. 이 사회는 우리가 현재 생활하고 있는 후기산업사회의 현상일 것이다. 예를 들어 가락시장에서 보게 되는 무, 배추의 시장을 보자. 여기 시장에서 상인이나 고객이 선호하는 무, 배추 상품은 생산지에서 출하된 자연 그대로 포장되지 않고, 다듬어지지 않고 흙이나 이슬 맞은 마른 껍데기가 있는 자연 그대로의, 내츄럴한(natural) 무, 배추를 더 선호한다는 것이다. 여기서 현대 소비사회에서 나타난 '사용-교환' 가치의 이행단계를 살펴볼 수 있다. 이런 설명은 허신행의 저서 『우리 농촌 희망은 있다』에서 표현했듯이 우리 생활이 고급화로 이행되면서 식품 소비 형태는 생존-영양-맛-멋-예술의 5단계로 발전한다(허신행, 2000: 396)에서, 장 보드리야르의 설명을 빌려오면, 모더니즘 시대에서 상품화/기계화/테크놀리지/교환/시장 등의 지배로 특징져진 시대는 상품의 사용가치와 교환가치를 함께 지녔으며, 그리하여 대상물과 주체의 관계가 뚜렷이 성립하였다. 그러나 오늘날 사람들은 상품의 사용가치에서 멋을 찾는 상징적 기호가치로 이행된다. 이 단계가 이미지로 내파된 시뮬라크르 과정이라고 단정할 수도 있겠다. 이는 "이미지(멋, 기호), 즉 시뮬라크르가 교환가치이자 사용가치로서 기능할 수 있다"(Baudrillard, 1972: 146)는 뜻이기도 하다. 이러한 맥락에서 경제적 영역인 생산의 과정에서 있어서 인간의 실천적 관심은 상징적으로 구성된다. 생산의 최종 목표나 방법들은 문화의 측면에서 온다. 즉 문화적 조직의 물질적 수단의 조직화는 다 같이 문화에서 오는 것이다(M. Sahline, 1976: 207). 이 문화는 하나의 의미 있는 체계를 구축한다. 또한 이 의미는 한의 문맥 즉, 약호 체계(code)이다. 이런 맥락에서 장 보드리야르는 토대－상부 구조 모델에 의존함이 없이도 의미체계와 경제의 관계를 확립할 수 있는 발판을 마련한다. 왜냐하면 대상물과 의미 모두의 생산은 하나의 형식(form)이기 때문이다. 이 형식은 상품의 가치들의 교환을 질서 지우는 하나의 기호적 코드이다. 이 논리라면 상품의 기호가치 차이－위계로 특징지을 수 있는 취향, 가치, 특권 등과 관련지어 설명될 수 있다. 이것은 위에서 언급한 소비상품에서 과시적 소비, 즉 '멋과 예술'과도 상통하는 부분이다. 이 의미는 상품 형식(생존, 영양, 맛)에서 기호 형식(멋, 예술)에로 이행함을 알리는 것이다. 따라서 이제는 기호라는 것이 상품으로서의 의미 이상으로서, 교환가치에 대한 기호학적 보완물이 아니라 '기표의 일반적 작동'(Baudrillaer, 1974: 122)으로 되었다는 것이다. 요약해서 말하면 기의와 지시대상은 기표(기호, 이미지)로 대신되고, 기호체계는 더 이상 어떤 객관적이거나 주관적인 리얼리티(reality)를 지시하지 않는 과실재성(hyperreality) 상태로 도래한다. 이 현상 플라톤은 예술로 볼 수 있는 단계로서, 예술은 모방이다란 명제가 성립된 대목이다. 장 보드리야르의 경우는 내파로 생성된 시뮬라크르의 과실재성(hyperreality)인 것이다. 이 과정들은 스튜어트 홀(S. Hall)의 문화회로(curcuit of culture)처럼 순환하기 마련이다. 이런 점에서 오늘날 상품이 풍부해지면서 인간의 삶의 질이 다시 생존이나 맛으로 회귀한다는 것이다. 그래서 사람들은 모양보다 안정성이 보장된 무공해 농산물 등을 선호하게 된다는 것이 상품의 효용인 사용가치와 상싱적인 기호 교환가치가 함께 존재한다는 것이다. 이런 면에서 관련 지어 본다면 가장 원시적인 형태가 가장 예술적 가치를 지닌 것이라고 할 수 있다.

　이런 맥락에서 본다면, 허신행이 구분한 수렵－용맹사회에서 생산자와 소비자가 따로 구분되어 있지 않다고 주장한 것처럼, 오늘날에도 생산자가 소비자요, 소비자가 생산자이기 때문이다. 이런 생활 체제는 자급자족적 형태라고 말할 수도 있을 것이다(허신행, 2001: 172).

　이런 사회적·경제적 현상은, 정보화 사회가 진전되면서 새로운 마케팅 전략의 하나로 생산자(producer)와 소비자(consumer)의 합성어가 생겨나게 되었다. 이는 앨빈 토플러의 '제3의 물결'에서 도입된 개념으로 과거 대량생산, 대량소비를 강요당한 소비자가 앞으로는 신제품 개발에 직·간접으로 참여하게 될 것이라는 예견에 따른 것이다. 정보통신(IT)업계에도 생산과 소비, 수요와 공급 주체의 역할이 융합되는 '프로슈머(prosumer)'가 활성화되고 있다. 예컨대 한글과 컴퓨터와 같은 국내 IT 업체들은 프로슈머 개념을 제품개발에 도입하고 있다. 즉 제품 기획단계에서부터 최종 생산에 이르기까지 광범위한 모니터 요원과 베타테스터를 두고 소비자의 의견을 적극 반영하는가 하면, 수요자가 주체가 되는 사용자그룹 및 커뮤니티(community)를 구성한 네트워크 마케팅 판매(일명 다단계 판매) 사업이 바로 이런 영업의 형태를 구성하고 있다. 이와 같은 사회적 현상은 현대 우리의 생활방식인 일터가 곧 생산의 공간이고 소비공간이고, 쉼터이기 때문이다. 또한 테크놀리지의 발달로 사적 영역과 공적 영역의 경계가 붕괴되었다. 이런 현상은 의미의 개념을 전달하는 기의 약화로 유혹적인 기표들만이 이미지들로 나타나기 때문이다. 이것들은 언어와 문자 및 커뮤니케이션이 확장되면서 사회·문화적으로 발생된 현상들이다.

사실 전통적 언어는 기호 체제들 중에서 가장 체계적으로 발전된 형태의 것이지만 사람들은 그것을 진실보다는 편향된 사실을 말하는 데 더욱 많이 사용해 왔다. 새로운 매체 테크놀로지가 발전하고 있다고 해서 사람들이 진실을 말할 수 있게 된 것이 아니라, 그 반대로 거짓을 더욱더 완벽하게 말할 수 있게 되어가고 있다. 테크놀로지에 어떤 결함이 있는 것이 분명하다. '거짓의 기술적 생산'이 바로 이 시대의 감추어진 의제는 아닐까? 이에 대한 심각한 관조(觀照)가 무엇보다도 중요한 것 같다. 이와 같은 현실이 바로 장 보드리야르가 보는 "미디어에서 의미의 내파이고, 대중에게서 사회적인 것이 내파된다는" 것이다. 왜 이런 현상이 생길까? 앞에서 살펴보았듯이 한마디로 이상을 실현하려는 인간의 욕망으로 인한 테크놀리지 발달이 가져온 결과들이다.

이 테크놀리지가 장 보드리야르의 관점에서 보는 포스트모던 언어체계(과실재성 언어)를 불러오게 하는 사회·문화적 환경이다. 이 언어체계는 "기표와 기의가 서로 같은 평면에 존재한다"는 것이다. 서로 같은 평면에 존재한다는 것은 현실, 이미지, 기표, 기의로 각각 구별 짓던 의미의 차이가 사라지고 기표만 남아 있어 이미지와 지시대상 간에 아무런 존재론적 기호가치가 없다는 것이다. 즉 구별 짓던 의미에 차이가 없다는 것이다.

이상에서 본 논리들은 시각에 따라 다르겠지만 전통적인 주류미디어 관점에서는 재현과 모방은 현실의 최소한 반영이라는 논리에 근거를 두고 인간이 후천적으로 습득한 창조적인 조작인 반면에, 장 보드리야르는 재현과 시뮬라크르는 현실을 반영하는 것이 아니라 우리들의 삶의 현실에서 미디어나 대중에게 사회적인 것을 내파시켜, 대립되고 변별적인 두 개 간의 경계와 차이를 없애는 이미지(기표)로 환영된다는 것이다. 그것은 현실과 전혀 다른 시뮬라크르(simulacra)인 과실재성을 생성한다는 것이다. 이를 초현실적 논리나 탐미주의의 일부로 보는 경우도 무리는 아닐 것이다. 초현실적 것은 현실에도 이미지에도 그 기원을 두고 있지는 않지만, 이는 우리가 살고 있는 현실과 그 현실에 대한 감각이나 경험 등 각각의 단일한 개념들 모두를 기술(記述)함으로써 포스트모던 조건을 구성한다. 또한 피스크는 그의 저서 *Postmodernisim and Television*에서 장 보드리야르식의 굴절(Baudrillard inflection)은 구태의연한 탐미주의(old fashioned aestheticism)의 징후를 지녔다는 혐의를 받고 있다. 탐미주의는 삶으로부터 유리된 채 '예술을 위한 예술(distance art)'을 추구했다. 이런 탐미주의는 일상생활의 세속성과 예술의 목적 사이에 탐미적인 간격을 두려고 해왔고, 예술의 초월적인 질(the transcendent qualities of art)을 직접적인 사회적 역사적 맥락에서 분리시켜 강조해 왔다(Curran, 1991: 61). 이와 같은 논리가 바로 장 보드리야르가 보는 세계관이다. 지금 우리의 시대와 앞선 시대(모던시대)의 정도의 차이라기보다는 범주적 차이를 현실은 그런 것이다. 예컨대 장 보드리야르의 새로운 시뮬라크르, 사이버공간의 새로운 형태들, 그리고 컴퓨터게임, 그럴듯해 보이는 음식 및 레저상품, 화장품, 이미지들, 그 외 현재 소개되고 있는 진기한 모습으로 기술적으로 생산된 현실의 새로운 형태들은 장 보드리야르의 범주들이 예기했던 어떤 극적인 미래로의 이행을 암시해 주고 있다.[21]

---

21) 뉴 테크놀로지와 장 보드리야르의 포스트모던 범주들을 잘 나타내 주는 가공물들의 실례를 알려면 *High Frontiersd, Mondo 2000, Reality Hackers, Processed World* 같은 잡지들 및 보다 최근의 컴퓨터와 하이테크에 관한 출판들을 참고하라(Kellner, 1991, 정일준 옮김, 1999: 191).

이런 장 보드리야르의 세계관은 커뮤니케이션의 기초가 된 언어의 확장에 기저하고 있다. 예컨대 테크놀리지 발달로 함께, 언어가 확장됨에 따라 재현적 거리는 좁혀지고 왜곡(편향) 거리는 더욱 넓혀진다. 이와 같은 것은 포스트모던 언어에 기인된 것이다. 그런데 장 보드리야르는 이 현상을 왜곡(편향) 거리 개념으로 보지 않고, 원실체의 지시대상성이 상실되고 재현이 상실된 전혀 다른 세계를 두려고 하는 대목에서 장 보드리야르의 언어세계관이 주는 의미는 크다고 하겠다. 이제 장 보드리야르의 시뮬라크르 단계는 전통적인 언어세계에서 테크놀리지에 의한 새롭게 생성된 과실재성의 언어세계로 향하게 된다.

제6절 전통적 언어와 과실재성 언어의 순환

사람은 하나의 기호이다(Peirce, 1931: 189). 그래서 인류의 역사는 기호의 역사와 나란히 흐른다. 이러한 흐름 속에 사람이 사물이나 행위를 상징하려고 표현하는 수단이 말 혹은 언어이다. 그래서 언어는 상징체들이 체계화된 조직이라고 이해되어 왔다. 좀 더 부연하면, 우리가 '언어'라고 전통적으로 알아온 것은 소리(음성)와 의미를 임의로 연관시킴으로써 얻어졌다. 우리가 표현하려고 하는 기호는 기표에 기의를 연결하여 기호를 만듦으로써 기호로 하여금 기의 가치를 표현하게 하는 것이다. 이것을 우리는 기호의 의미작용(signification)이라 하고, 의미가 전달되는 것을 기호작용 즉 커뮤니케이션 작용이라 한다. 이 과정에서 소리와 글은 의미를 담는 용기(vehicle)이고, 이것을 기표라고 한다. 인간의 체험을 대표하고 있는 것이 의미이고, 이것을 기의라고 부른다. 기표의 의무는 의미를 수용하는 것, 기표 자체가 메시지로서 송신자로부터 수신자에게 전달되는 것, 수신자에게 도달했을 때는 수신자의 기억 속에 있는 의미를 불어내는(invoke) 것이다. 예를 들어 어떤 상표를 보았을 때나, 영상물에서 성공하는 사람을 보았을 때, 그 상표를 사고 싶다든가, 영상물에서 보여준 그 사람같이 되고 싶은 충동을 느낀다. 바로 이 기호작용은 기표가 기의를 불러낸 다음에 기표는 일차적 의무를 다하지만, 수신자를 위해 기표는 불러낸 기의를 수용하는 이차적 의무를 갖기도 한다. 이렇게 해서 인간의 모든 체험은 기의와 기표의 관계는 다음 <그림 9>에서 보여 준 바와 같이 계속 순환하면서 언어의 형식을 취하게 된다(Deetz, 1973).

이처럼 언어는 순환되면서 기호의 기표가 기의를 수용한 기표는 체험의 대표로서 행세하고 그림에서 보여주듯이 사람들의 문화적 체험이 테크놀리지에 의해 기의화된 후 처음에는 전통적 언어에서, 그 다음은 기계적(과실재성) 언어, 즉 포스트모던적 언어체계로 연속적으로 포괄된다는 사실이다. 이를 스튜어트 홀(S. Hall)은 어떤 특정한 언어에서 한 색깔과 다른 색깔들의 차이가 생기는 지점을 어디에 정하느냐 하는 것이다. 어떤 언어체계에서 그것의 내부 체계(기표, signifiers)와 그것이 채택한 지칭 체계(기의, signifieds)가 일치하게 된 것은 이러한 차별성의 작동을 통해서였다. 언어는 자연의 연속체를 끊어 문화 체제로 옮김으로써 의미를 구성했다. 따라서 그러한 등가 관계, 혹은 상응 관계라면 다양하게 정해질 수도 있는 것이다. 따라서 어떤 단어와 그 지칭 대상은 전혀 자연적으로 일치하지 않는다. 즉 이 의미의 모든 것은 언어의 사용의 관습과 또 언어가 자연을 이해하기 위해 자연에 개입하는 방식에 의존했다. 이 의존 방법이 바로 기계적 테크놀리지이다. 사실 의미작용은 어떤 세트 내에서 특정 용어들의 자리매김(positioning)[22]이다. 이와 같이 내용에서 구조로, 혹은 드러난 의미에서 의미의 규칙의 수준으로 옮아간다(Hall, 1996: 258). 이 논리는 내용보다 구조가, 그리고 규칙이 중요하다는 것이다. 마샬 맥루한이 주장한 "미디어는 매체이다"란 명제는 바로 이런 논리를 뒷받침하고 있다. 그러나 후기구조주의나 포스트모더니즘에서는 구조 속에서 벗어난 의미를 찾으려고 하는 데 보다 역점을 둔 것 같다. 특히 장 보드리야르의 경우는 더욱 그러하다. 장 보드리야르가 주장하는 것처럼 기호의 의미작용에서 기의가 소멸되고 기표가 언어를 대신하는 테

---

22) 여기에 레비스트로스는 구조주의적인 사항을 추가했다. 또한 어떤 측면에서 이 이론들은, 어떻게 해서 언어가 자유롭고 자생적이면서도 동시에 규칙적이고 '문법적'일 수 있는가를 보여주려 한 촘스키(Chomsky)의 언어이론과 일치한다(Hall, 1996: 258).

크놀리지 자체가 언어라는 것이다. 이를 장 보드리야르는 과실재성 언어라고 보는 관점이다. 이는 피스크(J. Fiske)가 주장하듯이 우리의 현실을 부호화한다는 것은 기계가 새 언어를 만들어 내는 과정이라고 하는 것과 같은 맥락이다.

　우리가 사용하고 있는 언어는 구조 속에서 끊임없이 <그림 9>와 같이 순환하면서 전통적인 언어체계에서 포스트모던 언어체계로 변화한다.

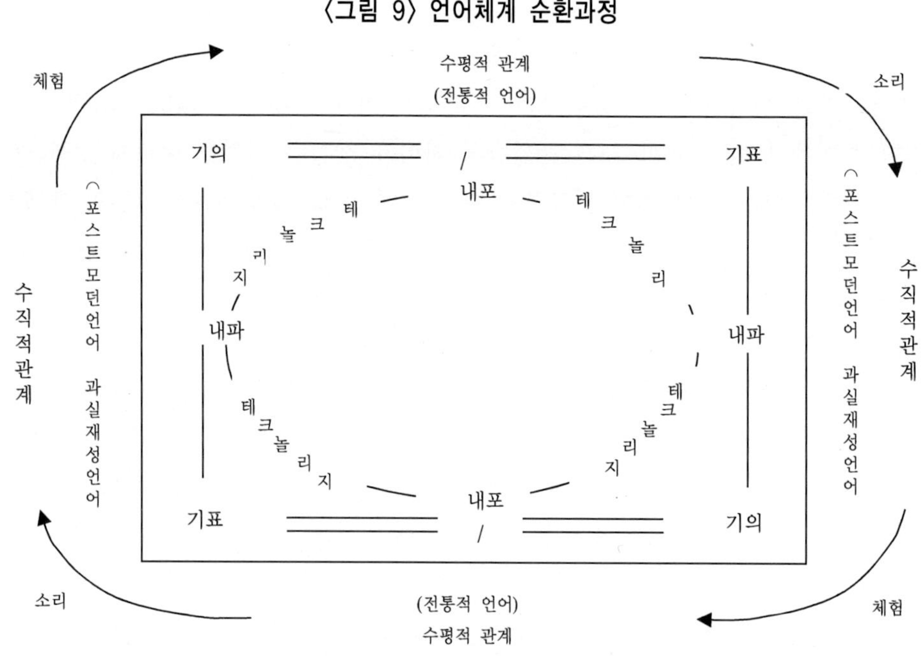

〈그림 9〉 언어체계 순환과정

　언어는 이와 같이 계속 순환하면서, 언어가 현실세계에 대해 여러 가지 지칭적 의미를 가질 수 있게 되었다. 이 표현은 언어의 다의적(polysemic) 성격—똑같은 기표들이라도 그 의미의 강조점을 다양하게 할 수 있다는 것이다. 전통적 언어세계관, 즉 구조주의적인 기호학으로 오면서 의미에 차이를 주는 기의는 고정불변요소에 대한 집착이 더욱 강하게 표출된다. 기호는 우선 기호가 지시하는 대상과는 이원적인 관계에 있다. 기호와 지시물의 관계는 현실의 실체와 그 그림자(이미지)의 관계, 절대(대상)와 그 재현의 관계를 반복한다. 이때 지시대상과 기호 사이에는 좁힐 수 없는 최소한의 거리가 있으며, 바로 이 거리는 의미의 거리가 되고, 깊이가 되는 것이다. 여기서 그 깊이가 항시 문제가 되었다. 이것이 바로 왜곡(편향)된 거리가 있느냐 없느냐 하는 거리의 문제이다. 그러나 기호는 언제나 지금 그 기호 자리에 없는 그 지시물을 가리키는 것이다. 즉 기호 속에는 언제나 대상의 소멸, 결핍이라는 이상한 모순이 내재하고 있는 것이다. 따라서 기호가 정작 지시하고 있는 것은 지시물이 아니라 그 지시물의 부재, 사라짐, 죽음을 지시하고 있다는 말이다. 기호에 함축된 모순, 존재의 지시와 동시에 존재 부재라는 모순을 포스트모던은 지적한다. 즉 지시물이 없는 자리에 오직 기호만 남아서 그 지시물의 소멸에 뒤이어 되돌아오는 니체적인 회귀적 권리에 주목하지 않을 수 없다. 이렇게 기호가 기호의 그 자신의 존재만을 지적하게 되면 즉시 사라지게 되는 것은 기호와 그 지시대상의 거리이며, 그와 아울러 기호의 의미가 사라지게 되는 것이다. 기호는 깊이 없는 피상적인 존재, 의미 없는 기호로서 독립적이 된다. 그리하여 세상의 모든 것은 하나의 실체가 없는 기호 같은 것이라고 하는 것이 장 보드리야르의 주장이다. 구조주의 기호학 즉 전통 언어학은 기호가 환기하는 추상적인 의미인 기의와 구체적이고 물리적인 기표로 기호를 다시 이원적으로 분할한다. 기의는 불변의 것이며 기표는 그 기의를 감싸기 위하여 오는 껍질과 같은 것으로 시대와 장소에 따라, 그리고 사람마다 다를 수 있는 것이다. 기표에 대한 기의의 우위는 논리중심주의에 그 원인이 있는 것으로, 기의는 항시 신적인 면을 향해 있는 것으로 간주되는 것이 구조주의와 전통 언어학, 즉 전통 주류의 미디어 학자들의 주장일 것이다. 그러나 기호 자체가 의미하는 기능은 여러 분야에서 배제되기 시작한다. 포스트모더니즘에서 기호체계를 벗어난 논리를 주장한 장 보드리야르나 후기구조주와 해체주의 이론가인 쟈크 데리다가 이 같은 논리를 주장하여 주목받기 시작했다. 쟈크 데리다(J. Derrida)는 의미작용이 기표에 기인한 공간화 시간화 작용이라고 하였다. 벤베니스트(Benveniste)는 담론에 내재한 총체적인 이해를 주장했다. 비트켄슈타인(Ludwig Wittgenstein)은 몽타주에 의한 새로운 의미생산의 요소로서만의 기호가치를 논의한다. 그리고 장 보드리야르는 기호 그 자체로서의 선적으로 첨가적이거나 재현적인 의미기능 지탱하지 못하게 되었다는 논리이다(Baudrillard, 1991b, 하태환 옮김, 1999: 261).

그래서 시대에 맞게 또한 인간의 욕망을 끊임없이 충족하기 위해 나타난 것이 바로 포스트모던 언어(과실재성 언어)이다. 이 언어세계관은 전통적 언어와 단절을 시도한다. 볼로시노프(Vološinov, 1973: 23)는 다음과 같이 말함으로써 이 점을 아주 잘 설명해 준다. "기호 속에 반영된 존재는 단순히 반영되는 것이 아니라 굴절된다"는 것이다. 그것은 지향하는 것이 서로 다른 사회적 이해관계들이 모든 이데올로기적 기호들과 교차함으로써 이루어진다. 기호는 계급투쟁의 영역이 된다. 이는 스튜어트 홀이 언급한 언어에는 이데올로기가 개입된다고 본 경우와 같은 맥락이다.

이렇게 테크놀리지와 조작된 우리의 체험이 계속적으로, 언어 및 문자커뮤니케이션 전통을 특징짓던 기표와 기의의 분리된 두 평면을 하나의 연속체를 이루게 만든다. 이것이 우리에게 일으키는 혼돈의 시발점이다. 이 혼돈의 시발을 특정 짓는 것이 바로 미디어와 대중 속에서 발생된 '내파'의 현상이다. 이 내파에 의해 기의와 기표 간에 의미의 차이가 없어지게 되는 것이다. 이제 여기서 은유(metaphor)는 환유(metonym)가 되는 것이다. 이 의미는 어떤 공통점이 없는 것이 즉 의미가 같지 않은 것이 낯익은 서로 같은 공통점이 있는 것끼리 합쳐진다는 의미이다. 이를 더욱 확장시켜 보면 장 보드리야르의 내파는 소쉬르와 야콥스의 관점에서 보는 연쇄체적 관계이고, 이는 수평적(horizontal) 관계에서 수직적인(vertical) 관계로 전도된 계열체적인(paradigmatic) 관계인 것이다.

이렇듯 장 보드리야르의 언어의 세계관은 <그림 9>에서와 같이, 그 역시 처음에는 이분법(기의와 기표)을 전제한 전통적 언어체계는 의미의 차이가 발생한 수평적 관계에서 언어세계관을 형성한다. 그런 후 기의와 기표 간에 내파로 의미에 차이가 소멸된 수직적 관계로 전도된다. 이 관계는 계속적으로 수평에서 수직으로 다시 수직에서 수평으로 끊임없이 순환한다. 여기서 르메르(Lemaire, 1977: 31)의 수직적 차원[23]은 장 보드리야르의 실재세계에 해당되며, 이 실재세계(수직적 차원)는 내파로

---

23) 르메르(Lemaire)는 문장을 구성하는 요소 a, b, c, d의 수평적 관계를 연쇄체적 관계라고 여기서 구성하는 a는 b에 선행하고 c는 b에 후속하므로 a, b, c, d는 시간의 흐름에 따라 서열적으로 나타나기 때문에 통시적 관계라 할 수 있다. 한편 c, c' c" c'''는 계열체를

인하여 수평적 차원으로 된 과실재성이 된 것이다.

전통적 언어에서는 기의와 기표가 각각 기능을 하는 수평적 차원에서 기의와 기표가 동일 수직선상에 위치한 계열체관계가 됨으로써 기의와 기표 간에 의미의 차이가 없는 수평적 차원, 즉 연쇄체적(syntagmatic) 관계가 된다. 그러나 장 보드리야르의 내파된 과실재성은 원본이 없는 수평적인 연쇄체적 의미를 지닌다. 이 과실재성 세계는 푸코의 관점에서 보면 원본이 없는 상사성이 될 것이다. 이 상사성은 사물의 모조품이 진짜 모조품 또는 '진짜 가짜(pure simulacrum)'가 만들어진다. 여기서는 계열체로서 초월적인 생산품이다. 그냥 수평적으로 a1, a2, a3……만 있는 것이다. 예를 들면 아담이나 황금산 같은 추상적인 지칭물만 무성히 존재한 지시대상물들이다. 여기서는 기표는 없이 기의만이 같음과 다름이 있을 뿐이다. 이 상사성이 장 보드리야르의 주된 관점인 단계로서, 기호는 실재와는 어떠한 관계도 갖고 있지 않다. 기호는 실재의 지시대상과는 전혀 무관한 '진짜 가짜'가 된다. 이렇게 되면 기호와 실재 사이의 거리는 없어지게 되며, 따라서 기호는 실재를 지시하지도 않는다. 이는 언어체계에서 기표와 기의가 한 연속체상에 존재하는 형식이다. 이를 내파의 질서라고 하는데, 미디어(특히 영상매체)의 조작 특성에서 많이 나타난다. 오늘날 영상매체인 텔레비전은 그 프로그램 제작자들의 문화적 경험을 기호와 코드로 된 기호학적 체제로 치환한다. 그러나 이렇게 생산된 기호학적 세계는 저 밖의 실제 세계와 다른 새로운 현실, 바로 그 현실이 과실재성(hyperreality)의 세계이다.

더욱이나 이런 텔레비전과 같은 영상매체에서 과실재성을 생산함에 있어서 실재성이나 근원이 없는 어떤 실재성의 모형들을 채용한다(Baudrillard, 1988a: 166).

TV 프로그램 제작자들에 의해서 TV에 기표와 기의가 수용되는 과정(process) 일체를 지칭한다. 다시 말해, 기계적 언어로서(과실재성의 언어로서) TV는 우리가 알고 있는 현실[24]을 기술적 코드에 부호화한 다음 TV 카메라맨과 TV제작자들은 영

이루며 c의 의미는 문장에 부재하는 c' c"c'''와의 차이에 의하여 결정된다. 계열적 관계에 있는 c, c' c"c''' 등은 의미(소기)의 유사성이나 대립 혹은 능기의 유사성이나 대립에 의하여 성립될 수 있는 다양한 관계이다(전경갑, 1999: 27).

24) 외모, 의상, 화장, 환경, 행동, 말, 신체언어, 얼굴 표정, 소리, 기타 사회적 약호 등.

상을 조작[25]한다. 이때 동시에 외적 요인인 매체논리(또는 이데올로기)[26]와 이에 따라 일어나는 제작 형식상 고려사항 등 TV 매체의 고유한 여러 가지 특성들이 동시에 총체로 이루어진다.

장 보드리야르는 이런 영상매체의 일련의 과정들을 시뮬라시옹(simulation)이라고 부른다. 이 시뮬라시옹이 되기 위해서는 내파가 작용되어야만 시뮬라시옹이 성립된다. 시뮬라시옹에 의해서 두 가지가 사라진다. 첫째로, 시뮬라시옹은 실재성의 매력을 죽인다. "미디어는 사건, 물체, 지시대상을 사라지게 한다."(Heath, 1990: 287) 둘째로, 시뮬라시옹은 추상화, 즉 개념의 마력을 죽인다. 이것은 원실체의 기의가 증발됨을 뜻한다. 이런 현상들이 의미하는 것은 사람들이 점점 기의를 생산할 능력을 잃어가고 기표들만 생산하고 있음을 뜻한다. 사람들은 TV 앞에서 생각하거나 명상하는 것이 점점 의미 없고 쓸모없는 일이라고 여기게 되었다. 이에 따라 기의가 증발하고 난 벌거벗은 기표들의 세계로 우리는 둘러싸이게 되었다. 이것이 소위 포스트모던 시대에 일어나고 있는 원시적 기표 세계의 부활 현장이다. 장 보드리야르식으로 말하면 내파적 과실재성 언어체계이다. 내파로 생성된 과실재성 언어는 일종의 기호학적 사회이론의 극단적인 표현으로 이해되는 기호작용 개념으로서 언어확장이며, 커뮤니케이션이다.

이 내파로 인한 커뮤니케이션 확장은 생산의 시대인 모더니즘에서는 기호와 지시대상이 연관성을 지녔다면 포스트모더니즘에서는 기호와 지시대상 간의 연관성 파괴이다. 장 보드리야르는 이를 리얼리티(reality)의 소멸로, 기호와 지시대상 간의 연결고리 약화가 재현을 어렵게 구성하고 있는 것이 기호학적 사회론에서 보는 시뮬라시옹 개념으로 확장으로 이해할 수 있을 것이다.

그러나 이런 '내파이론'은 후기구조주의와 해체주의 관점에서는, 내파는 리얼리티, 지시대상(referentiality), 중심적인 하나로 통합(기의 / 기표 / 이미지) 이전의 두 극 대립 등, 그의 텍스트에 내재된 근거 없는 이원적 대립체계에 주목하고 있다.

---

25) 카메라 각도, 카메라, 조명, 편집, 음악, 소리, 배경 클로즈업 등.

26) TV의 정치-경제적 관련사항들, 가부장제 등과 같은 '이념적 코드'에 의해서 사회적 통념이나 상식에 맞게끔 조직된다.

제 5 장

내파이론에 대한
해체주의 관점에서 비판적 고찰

제1절 언어의 커뮤니케이션 확장에 따른 재현거리 변화

역사를 재현하는 데 있어서, 지금의 과학기술로 아무리 과거의 한 사건을 잘 재연한다 해도 그때의 모습과 지금의 재현은 그 의미(기의)에 차이가 날 수밖에 없다. 왜냐하면 그때의 우리와 지금의 우리는 서로 다른 구조 틀 속에서 존재하고 있기 때문이다. 이 의미를 좀 더 구체적으로 설명하면 내용보다는 구조를 우선시한다는 것으로 기의보다 기표를, 그리고 볼거리를 중시하는 것을 후기산업사회의 특징으로 설명할 수 있다. 이 과정에서 미디어의 매체논리, 즉 이데올로기라는 외적 요인이 작용하기 때문에 우리들의 큰 이야기(grand narratives)인 모방(mimesis), 재현(representation), 주관성(subjectivity)에는 원래 그대일 수 없다는 것이다. 이 이론들에 대한 재평가는 포스트모더니즘 담론과도 밀접히 연관된 현상이다. 그래서 마샬 맥루한의 "The Medium is The Message"라는 규정에서 우리는 내용과 형식은 분리되어 생각될 수 없는 개념에서 형식의 우위성을 발견한다. 이는 의미와 그것을 담는 그릇(미디어), 즉 포스트모더니즘에서의 기의와 기표 관계를 병치시킬 수 있는 부분이다. 마샬 맥루한의 이론을 부분적으로 계승하고 있는 장 보드리야르에 따르면 현대 후기산업사회에서 기표는 더 이상 기의를 표상하지 않고 기표 그 자체가 기의가 돼버린다. 이것은 미디어가 전달하는 메시지가 더 이상 소리와 이미지의 명시적 내용이 아니라, 현실을 분해하고 조립하여 전달하는 미디어들의 기술적 본질과 관련된 강제적 도식이라고 하는 사실을 말하고 있다. 즉 미디어가 전달하는 실제 메시지는 그 내용이 아니라 인간관계의 깊은 곳에서 일어나는 가치, 기준 및 척도, 모델, 형식의 구조적 변화이다. 예컨대 철도의 '메시지'는 그것에 의해 운송되는 석탄이나 승객이 아니라 하나의 세계관, 인구 밀집지역이 획득한 새로운 지위, TV의 '메시지'는 TV에 의해 강요되는 관계 및 지각의 새로운 양식인 것이기 때문이다(이정춘, 2000: 155).

오늘의 변화된 세계와 더불어 과학기술의 빠른 발전은 우리의 일상 문화생활에 커다란 충격을 주었다. 이것이 바로 미디어 발달이고, 이러한 결과물들이 우리의 삶의 질을 높이고, 우리 인간의 확장을 가져왔다. 이것이 마샬 맥루한이 주장한 "미디어의 변화가 인간의 확장을 가져올 수도 있다"고 설명한 것에(윤준수, 1998: 44) 큰 의미가 있다고 하겠다.

현대적 수사학에서는, 우리들이 단일세계 즉 시간과 공간이 붕괴되어 있고 그 속에서는 거리에 대한 경험이 영원히 내파된 그러한 세계에 살고 있다. 하비(Harvey, 1989)가 소상하게 개진한 주제로서, 기든스(A. Giddens)의 이른바 시공간의 거리화(time-space distanciation)는, 지역적 연루(상황의 동시 존재)와 거리 간의 상호작용(발생 'presence'과 부재 'absence' 사이의 연계들)이라는 두 요인 사이의 복합한 관계들을 창출하는 데 일조를 하고 있다(Curran, 1993: 198).

일찍이 미디어가 형성하는 '거리'에 대한 연구는 하이데거(M. Heidegger)에 의해 제기된 바 있다. 실존적 인간으로서 현존재(現存在)의 문제를 제기한 하이데거는 세계와 관계 맺는 방식에 의해 실존의 문제를 풀게 된다. 하이데거가 보기에 물리적인 공간은 인간이 체험하는 여러 방식들 중에 하나일 뿐이다. 보다 더 현존재를 관계하는 방식은 세계와의 소통을 통해서인데, 이 소통의 거리에서 인간은 '거주'하게 된다. 그가 주목한 것은 미디어의 발달, 특히 영화와 라디오의 발달로 인해 좁혀지는 거리였다.[1] 현존감을 부여하는 이러한 미디어의 발달로 인해 미디어와의 거리는 좁아지는 반면, 현실과의 거리는 멀어졌다. 이에 따라 그는 기술문명에 대한 비판적

---

1) "시간과 공간상의 모든 거리는 좁혀지고 있다. 그러나 이 모든 거리가 좁혀졌다고 해서 친근성(Nähe)이 주어지는 것은 아니다. 왜냐면 친근성은 거리가 짧다고 해서 주어지는 것이 아니기 때문이다. 영화의 영상과 라디오의 음성 덕분에 우린 우리와 최소한도의 거리에 있는 것을 멀리 둘 수 있다. 또한 역으로 까마득하게 멀리 떨어져 있는 것을 아주 가깝게 둘 수 있다."(M. Heidegger, 1954: 157 / 김상환 옮김, 1995: 11)

자세를 취하면서 "그것은 분명 일상적 환경을 확장시키되 파멸시키는 길로 나아가고 있다"고 선언하게 된다(Heidegger, 1954: 105 / 김상환 옮김, 1995: 9). 공간적 근접성은 거리적으로 가까움을 뜻하며 그것은 물리적일 수도, 심리적일 수도 있다. 이러한 공간적 가까움이 아니라면 인간의 본능은 충족될 수 없다. 서로 가까이 존재하기 때문에 인간의 사회성이 성립된다. 그런데 멀리 존재하는 것은 가까이 존재하는 것보다 추상적이다. 가까이 있는 것이 보다 구체적으로 인지되며 구체적인 존재만이 설득력을 지닌다.

미디어가 형성하는 거리의 문제를 본격적으로 제기한 사람은 마샬 맥루한(M. McLuhan)이었다. 그의 저서 "The Medium is The Message"에서는 오늘날 우리들은 시간과 공간의 장벽이 사라져 가고 있는 실시간의 동시성이 보장되는 전자적인 지구촌에 살고 있다고, 지적하였다(http://hoshi.cic.sfu.ca). 다시 말하면 인간의 감각기관에 초점을 맞추어 미디어가 인간을 어떻게 확장시켜 가고 있는가를 주목하였던 마샬 맥루한의 그 대명제 아래 관여하는 감각의 정도에 따라 미디어를 핫 미디어(hot media)와 쿨 미디어(cool media)로 나누고 미디어에 의해 형성되는 거리의 문제를 본격적으로 제기한다.

그 결과 핫 미디어에 가까울수록 대상과 현실 사이의 거리는 축소되고, 현실은 미디어에 의해 '재현'된 대상을 받아들이게 된다. 기본적으로 매체의 발달은 인간의 감각을 극대화시키고 다양한 감각에 소구하도록 만들었으며 그에 따라 대상과 미디어, 그리고 인간 사이의 거리는 좁혀지고, 미디어에 의해 재현된 대상에 의해 세계를 구성하게 되었다는 것이 마샬 맥루한의 사고다.

그의 이러한 사고는 이후 프랑스의 포스트모던 이론가인 장 보드리야르와 미국의 뉴미디어 이론가인 마크 포스터(M. Poster)에게 막대한 영향을 미치게 된다. 상징의 교환에 대한 연구에 몰입했던 장 보드리야르는 현대사회가 미디어, 특히 텔레비전에 의해 시뮬라크르화된 사회로 더 이상 실재(real)가 아닌 실재에 의해 지배되고 있다고 주장한다. 그래서 지금 우리는 시뮬라크르, 즉 모사라는 새로운 시대에 살고 있다고 한다. 여기에서 컴퓨터화, 네트워크, 정보처리, 미디어, 가상현실, 사이버네틱 통제체계, 시뮬라크르와 모델에 의한 사회의 조직화가 사회의 주요원리로서 생산을 대체하게 된다. 모더니즘 시대가 산업 부르주아에 의해 통제되는 생산의 시대라면, 이와는 대조적으로 시뮬라크르라는 포스트모더니즘 시대는 모델과 코드, 사이버네틱스가 지배하는 정보와 기호의 시대이다. 이 시대는 이것들에 의해서 현실과 모델 사이 내파[2]로 그 간격(거리)이 소멸된 시대이다.

지금 21세기는 문자, 소리, 영상, 통신, 방송, 신문 매체가 컴퓨터와 연결된 매체의 융합시대로 디지털화된 멀티미디어 시대이다(최영, 1999: 161~6). 컴퓨터를 필두로 한 정보기술(information technology)이다. 이러한 정보기술은 오늘날 우리가 살고 있는 시대의 중요한 상징으로, 사회부터 개인까지, 사는 방식, 앎의 방식, 사회구성 양식과 표준의 방식, 규범과 문화 등 모든 것이 바뀌고 있다.

이에 마크 포스터(Mark Poster)는 "전자적 커뮤니케이션에 기초한 사회관계가 사회 변동의 핵심"(Mark Poster, 김성기 옮김, 1990: 18~19)이 되고 있다는 것이다. 포스터는 기존 문자 언어의 확실성, 구체성을 흔드는 컴퓨터 통신의 언어적 유연성을 예로 들고 있다. 즉 새로운 커뮤니케이션의 경험이 인간과 새로운 것 간에 상호작용을 발생시켜 사회를 변동시킨다는 것이다. 이처럼 정보화와 그리고 뉴미디어 기술의 급속한 변화는 사회 전반에 새로운 변화를 담지하고 있다. 그러나 장 보드리야르의 진단과 입장은, 현대사회의 분석을 통해서 확증된다. 그가 보기에는 오늘의 현대사회는 시뮬라크르의 사회로, 새로운 커뮤니케이션 미디어들이 사회적 삶의 내용과 경험에 지대한 영향을 미치는 사회라는 것이다. 가령, 실제의 사회적 삶과 미디어가 재현하는 사회적 삶 사이의 경계가 없어지고, 모두가 미디어의 기호효과로 환원된다는 데 큰 의의가 있다. 하나의 예술작품은 문자적 기호이든 시각적 기호이든 하나의 기호체계이다. 미디어는 여러 가지 기호를 결합함으로써 하나의 의미망을 구성한다. 이때 예술가가 선택하는 기호는 음성, 문자, 이미지 등 물리적 실

---

2) '내파'라는 개념은 원래 마샬 맥루한(M. McLuhan)에 의해 사용되던 것으로, 장 보드리야르는 이를 텔레비전을 빗대어 설명하게 된다. 이미지와 영상으로 인해 모델과 현실 간의 차이가 제거되어 버리는 시물라시옹(simulration)의 사회를 말하는 것이다. 쉽게 말해 현실보다 더 현실적인 미디어에 의해 사회적인 것들이 그 의미를 상실하고 부유하게 되며, 마침내 전체로서 사회가 내파된다는 것이다(D. Keller & S. Best, 정일준 옮김, 1996: 156~160). 보다 자세한 내파현상 개념 및 정의는 다음 장 내파의 이론과 등장 배경을 참조하라.

체를 갖는 것으로 의미를 지시하는 역할을 한다. 그리고 이들 기표(signifier)로서 기호체계가 가진 의미는 한 사회의 언어문화에 의해 결정된다. 예를 들어 자동차 영상(그림, 사진 등)이 주는 의미는 기술문명 혹은 편리함 등으로 해석될 수 있다(Berger, John, 강명구 옮김, 1998: 20).

이처럼 모든 정보가 영상미디어로 표현되는 시대에 있어 혼돈과 혼란을 생각했을 것이고 이에 따른 이미지의 파편, 장 보드리야르식으로 이야기하자면 미디어에서 의미의 내파와 대중에게 사회적인 '내파'를 고민했을 것이다.

기본적으로 영상미디어는 모든 신호를 '보이는 것(visual things)'으로 재현함으로써 몰입(immersion)의 조건을 형성한다. 영화·사진·TV는 그동안 과학의 발달이 가져온 테크놀리지와 문화적 차원에서도 새로운 국면을 열었다. 이들은 모두 시각적으로 주어진 구성물이며, 이 영상은 유사성(analogon), 재현상(icon), 시뮬라크르(simulacra) 등 특성을 가지고 있다. 이런 요소를 창출(making sense)하도록 시간과 공간을 초월하여 긴밀한 네트워크를 구성하고 응용하는 것은 바로 컴퓨터 등 융합 매체이다.

이는 현실과 대상 사이에 존재하는 '거리'를 최소화함으로써 현실이 대상에 쉽게 이해하고 접근하는 데 영상은 가장 효율적인 언어체계를 제공하고 있다는 것이다. 우리는 이것을 '거리의 축소'라고 부르고자 하는데 이때 말하는 '거리'란 현실과 대상 사이에 주어진 간극으로 현실이 대상을 인식하고 전유하는 공간을 말하게 된다. 이것을 장 보드리야르는 사이버네틱 사회에서 경계를 허무는 '내파'라고 하며, 이 내파는 분열 단계(the fractal stage)에서는 지시대상이 더 이상 존재하지 않고, 무거리성 안에 놓이고 이 무거리성 안에서 그 실체적 고유성을 상실한다. 즉 모든 거리와 간격을 메우는 과실재성(hyperreal)의 세계로 몰입된 상태이다.

역사 이래 인간은 다양한 방법으로 현실과 대상 사이에 놓인 거리를 축소시키려 해왔다. 이 점은 아리스토텔레스가 예술의 기원으로서의 모방(mimesis)한다는 것은 어렸을 적부터 인간 본성에 내재한 것으로, 인간은 날 때부터 모방된 것에 대하여 쾌감을 느낀다는 데 문제점이 있다(김상환, 1999: 256에서 재인용). 영상미디어의 출현은 다양한 각도에서 이 거리를 변화시켜 왔는데, 그것은 첫째로 재현하고자 하는 현실의 대상, 즉 사물이나 사고를 '보이는 것'으로 처리함으로써 인식의 폭을 크게 확장시켜 왔다는 데 있다.

인간이 기본적으로 대상을 그대로 재현할 수 있다면 이 거리는 발생하지 않았을 것이다. 그러나 물리적인 시공간에 놓여 있는 대상을 직접적으로 보여주지 않는다면 그것은 불가능하다. 그런 점에서 영상미디어는 인간의 사고를 통한 개념적 방식이 아닌 시각적 방식으로 현실의 대상을 재현한다는 점에서 그 거리를 대폭 축소시킨다.

둘째로, 다른 한편 영상미디어는 물리적인 시공간에 놓여 있는 대상과의 거리를 급속도로 축소시켜 왔다. 어떤 면에서는 기본적으로 영상미디어는 시각적으로 표현 됨으로써 문화적인 차이, 언어코드 등을 극복하고 점차 세계를 하나의 표준화된 양 식으로 묶어 내는 실제적인 역할을 수행해 왔다.

또한 인터넷과 같은 컴퓨터 네트워크를 매개로 한 커뮤니케이션은 사용자 사이의 물리적 공간 개념을 소멸시키고 커뮤니케이션을 하는 데 있어 현실적 시간이 갖는 제약을 벗어나 새로운 형태의 상호작용 패턴을 제공한다. 세계는 작아지고 개인의 세계는 점점 커지게 되었다(이동후, 2000).

오늘날 영화시장 배급과 위성과 케이블 등과 같은 텔레비전 계열 영상매체의 등 장과 발전은 세계를 하나의 단위로 묶어 내는 역할을 했다. 그리고 이제 인터넷을 기반으로 한 웹과 다양한 멀티미디어 언어들은 세계를 하나의 네트워크로 연결, '가 상의 사회'(사이버네틱) 환경을 제공하고 있다. 그 결과 우리는 물리적인 시공간을 넘어 점차 가상의 공간으로 나아가고 있다.

셋째로, 그럼으로써 이제 사회는 재구성되고 있다. 대상과 현실 사이에서 영상은 그 거리를 축소하고 여기에 가상의(혹은 사이버네틱) 환경을 불어넣음으로써 인식대 상과 전유의 방식을 바꾸고 있다. 과거에 있어 언어가 '재현의 문제'를 핵심으로 했 다면 이제 문제는 재현이 아닌 '전유의 문제'를 제기한다. 현실과 대상 사이의 거리 는 미디어와 미디어가 재현하는 대상 사이의 거리로 변질되게 되며, 실재와 가상 사이에서 혼동과 착각에 빠져, 실재보다 더 실재적인 네오-리얼리티 '시뮬라크르' 하이퍼-리얼적인 이상의 모델 세계에 몰입(immersion)하게 된다.

영상미디어에서 실제적인 거리의 소멸과 거리의 변이과정을 벤야민의 '아우라 상실',3) 그리고 마크 포스터가 주장한 '정보양식'에서, 장 보드리야르의 내파현상에서 특히 오늘날의 사회 속에서 이미지, 지시대상, 현실 등은 하나의 개념으로 통합된 개념으로 거리 개념은 상쇄되고 소멸된다. 영상미디어는 대상에 대한 재현과 커뮤니케이션 관계 형성을 통해 대상에 대한 거리를 새롭게 재구성한다. 그리고 영상이미지는 하나의 기호체계로서 그 의미작용은 해독하는 상황과 관련지어 살펴볼 필요가 있다. 다시 말하면 영상 이미지로서 텍스트의 의미는 작가가 부여한 의미 안에 고정되어 있지 않고 텍스트가 놓이는 상황에 따라, 그리고 시간에 따라(역사적이라는 의미에서)거리가 있다는 것이다.—시각적 이미지, 언어적 지시내용, 그리고 내연적 의미(connotative meaning)가 변하기 때문이다.

커뮤니케이션의 확장은 미디어 영상에서 언어의 확장이다. '영상은 일종의' 언어이다. 언어는 사회구성에서 사유 수단이기도 하다. 그렇다면 언어는 자연언어뿐만 아니라 이론이나, 체계, 구조나 패러다임, 관점이나 이데올로기 등을 모두 포괄하는 범주가 된다. 비트겐슈타인은 언어의 의미가 언어 공동체의 생활양식에 의하여 구성된다는 점을 주장하였다(한국기호학회, 2000: 18). 이는 언어는 사회적이라는 것을 의미한다.

마샬 맥루한으로부터 영향을 받고 이를 다시 장 보드리야르와 연결한 포스터는 장 보드리야르의 의미생성양식(mode of signification)4)보다 더 나아가 '정보양식(the

---

3) 벤야민이 주장한 '아우라의 상실'은 기술 복제 시대에 예술작품과 자연적 사물이 겪는 작품 내재적 가치, 사물 내적 공간성, 역사적 유일성 상실을 언급한 벤야민의 직관이 이론적으로 도달하는 마지막 국면이라 할 수 있다.

4) 장 보드리야르의 의미생성양식(mode of signification)이란 내파가 가치체계, 의미체계 그리고 사회적인 합리성 원칙의 파괴를 의미하며, 진화나 혁명이 아닌 몰락(파국)의 양상을 띤다. 즉 정치경제학의 논리가 적용되는 생산의 시기인 모더니티에서는 기호와 지시대상이 연관성을 지녔다면 포스트모더니티에서는 기호와 지시대상 간의 연관성을 파괴한다. 르페브르(Lefebvere, H.)는 이것을 '지시대상의 소멸'이라 부르며, 장 보드리야르는 이를 리얼리티의 소멸로 확장시킨다. 장 보드리야르에 따르면 기호와 지시대상 간의 연결고리를 약화시킨 것은 대중매체의 영향이며, 이것이 포스트모던 시대의 새로운 의미생성양식이 된다(Lefebvre, 1971: 110 / Poster, 1990: 62). 장 보드리야르는 이러한 의미생성양식이 상품광고에서 가장 잘 드러난다고 본다. 광고는 새로운 언어로 모든 사람들에게 더 잘 말할 수 있는 일련의 새로운 의미조합을 형성한다. 상품광고의 집합적인 언어를 장 보드리

mode of information)'을 제기한다. 정보양식이란 새로운 언어유형을 구성하는 전자적 커뮤니케이션에 의해 매개되는 사회관계를 지칭한다(Mark, Poster, 1990 / 김성기 옮김, 1994: 304). 쉽게 말해 미디어, 특히 텔레비전과 컴퓨터 네트워크와 같은 전자적 미디어(electronic media)의 발달에 의해 형성된 사회적 환경으로 실재와 허구, 진실과 허위, 안과 밖, 원인과 결과의 거리가 사라진 사회를 가리키는 것이다. 그에 따라 그는 역사적인 정보양식을 구어(oral stage), 인쇄(print stage), 그리고 전자적 단계로 나누고, 오늘날 전자적 미디어가 어떻게 실재를 해체하고 있으며, 인간의 인식이 어떻게 파편화되어 가고 있는지를 미디어의 발전에 의한 정보양식의 변화를 통해 보여주고 있다. 발신자와 수신자 간의 시공간 거리는 말에서 글로의 변천을 통해 더욱 커지지만, 정보양식의 출현과 함께 거리라는 기준은 예전에 가졌던 규정력을 잃게 된다(Mark Poster, 1990: 163).

이 밖에도 미디어에 의해 형성되는 일상성과 정보의 폭발에 대한 분석을 주장한 톰슨(Thompson, 1994: 43)이나, 물리적 상황과 정보상황에 대한 설정을 통해 현대세계에 새로운 공적 관계를 형성하고 있다는 사실을 주장하면서 특정한 방식으로 사람들을 포괄하고 배제하며, 통합하고 분리하는 새로운 사회적 환경으로서 미디어에 주목한 메이로비츠(Meyrowitz, 1985: 70)는 텔레비전 비동시적 모임이 시공간 거리의 영향을 무화시킨다는 일정한 '장소감각(sense of place)'을 갖는 일이 필요하다고 하였다.

또한 테크놀로지의 지배력이 사물의 실제성을 상실시킨다는 것은 벤야민이 말한 아우라의 상실과 상통하는 개념이다. 벤야민이 의미하고자 했던 것은 복제 기술이 예술작품의 고유성이라는 가치에 미치는 영향이었지만 이는 일반적 사물에도 적용이 되는 것이다(김상환, 1998: 31). 이에 다시 그의 말로 돌아가 생각해 보면 이 아우라라는 개념은 "그것이 아주 가까이에 있는 것이라 할지라도 얼마간의 거리(Ferne)를 지닌 유일한 현상으로 정의한다.5) 이 말에 비추어 보면 '아우라'란 어떤

야르는 '코드'라고 부르는데, 이것은 기호체계나 언어로 이해될 수 있다.

5) Walter Benjamin. The Work of Art In the Age of Mechanical Reproduction "기술복제시대의 예술작품"(차봉희 옮김, 1980: 53). 벤야민의 논의는 반성완의 번역과 차봉희의 번역

거리를 뜻하고 있다. 이는 장 보드리야르의 '시뮬라시옹'과 일맥상통한 논리이다.

또한 이는 물리적 거리가 아닌 내재적인 거리를 의미하는 것이다. 그러나 대중매체의 시대에는 점점 이러한 거리가 없어진다. 바로 기술적 복제품이 진품을 대신하여 사회적으로 확대, 유통되기 때문이다.

벤야민의 말을 빌리면 이러한 거리의 사라짐은 "사물을 공간적이나 인간적으로 좀 더 가까이 두려고 하는 인간의 강한 욕구에서 비롯된다"고 말한다(Benjamin. 차봉희 옮김, 1980: 54). 즉 현대의 매체가 인간의 이러한 '가까이 두기'의 욕구를 충족시키는 것이다. 개인적 거리는 개인의 권력(power)과 지위(status)가 커짐에 따라 늘어난다. 거리의 개념은 광고에서도 활용되고 있다. 즉 권력거리가 큰 문화에서는 특히 신분상징에 의한 광고소구방식을 많이 사용한다.6) 김유경은 문화거리(또는 광고거리)가 문화별 수용자 간에 나타나는 커뮤니케이션 거리 또는 차이(communication distance or difference)로 상정될 수 있다고 보고 있다(김유경, 1999: 8). 이와 같이 개인 거리와 권력관계는 사람의 요구와 선호 때문일 수도 있고 다른 사람의 두려움과 선망 때문일 것이다. 이처럼 상호작용하는 쌍방은 끊임없이 접근관계를 염두에 둔다고 할 수 있다(박명진, 1994: 19). 현대의 문화는 주체의 시선이 사물과 거리의 상실로 인해 사라져 버렸기 때문에 아우라가 상실되었다고 한다.

벤야민과 마찬가지로 장 보드리야르는 미디어의 문화적 의미를 알았으며, 그것들이 암시하는 미래 사회의 가능성에 매료되었다. 그는 미디어가 현대사회와 현대적 주체를 해체하고 있다고 본다. 이제 미디어는 진짜와 진리, 모든 역사적 · 정치적 진리를 불안정하게 만드는 마법의 도구이다. 미디어는 시뮬라크르(simulacra)를 생산하며, 오직 시뮬라크르 속에서만 존재할 수 있다. 미디어는 현실을 강화하면서 동시에 현실 없이 현실을 대체한다. 현실의 생성과정에서 조작자의 의도성 개입으로 현실

두 가지를 모두 참고했다. 참고로 반성완의 번역에는 "아무리 가까이에 있더라도 어떤 먼 것의 일회적 나타남"이라고 번역되어 있다.

6) 권력거리가 큰 문화에서는 연장자에 대한 존경심이 있기 때문에 텔레비전 광고 출연자의 경우 대체로 연령이 높거나 사제관계, 부자관계 등 주로 신분관계에 의한 소구경향이 지배적이다(김유경, 1999: 4).

은 대상이 내파되든가 소멸된 상태에서 재현거리는 더욱더 멀어져서 편향거리는 더욱 커질 수 있다는 원리이다.

다음 <그림 10> 미디어와 재현적 거리의 관계 변화에서 보듯이, 사회구성을 이루고 있는 우리의 현실을 언어의 확장으로 재현할 때, 우리의 현실과 대상 사이의 거리는 관계하는 미디어가 무엇이냐에 따라 달라진다. 미디어의 기술적 발전은 대상과 현실 사이에 놓인 거리를 변화시키고, 그 거리를 재구성함으로써 대상에 대한 의미와 사유의 방식을 다르게 한다. 쉽게 말해 미디어는 현실과 대상 사이의 거리에서 대상을 자신의 기술적·사회적 문법체계에 맞게 포섭하여 재현함으로써 현실과 대상 사이의 거리를 현실과 미디어 사이의 거리로 이전시키게 된다. 이 거리가 짧을수록 현실과 대상 사이의 거리는 현실과 미디어 사이의 거리로 이전되며, 실제 대상과의 거리는 더욱 멀어지게 되고, 편향거리는 더욱 커지게 된다. 즉 오늘날 커뮤니케이션 확장에서 현실의 반영에서 재현거리가 좁아지면 질수록 편향거리가 커져 현실을 대상과 전혀 다른 과실재성의 시뮬라크르와, 허구적인 것들로 점차 채우고 있다. 이와 같은 현상은 보르헤스의 문학적 특성에서 회귀성과 자기풍자의 기법으로, 유아론적(唯我論)[7] 왜곡을 표현하면서 왜곡을 왜곡으로 표현하는 방법일 것이다.[8]

이것을 장 보드리야르 시뮬라크르 의미로 말하면 '실체'와 '이미지' 구분이 모호하게 하고 있다. 포스트모던적인 새로운 우주는 모든 것을 이미지 / 표상 / 시뮬라크르로 전환시킬지도 모른다(R·알렌, 김훈순 옮김, 1992: 327). 이런 현상을 벤야민은 '아우라의 상실', 장 보드리야르가 말한 '시뮬라시옹'이나 포스터가 말한 '정보양식' 하의 주체의 방향상실은 그와 같은 실제 대상과 미디어에 의한 재현 대상 사이에서 어긋남, 그리고 그 거리에서 발생하는 착각과 혼동을 말하는 것이다. 그런 점에서

---

7) 유아론(solipsism)은 한 어떤 사람이 가질 수 있는 유일하게 참된 지식이란 그 사람의 자신의 의식에 관한 지식뿐이라고 보는 입장이다. 유아론자는 자기 자신 외에 어떤 것이 존재한다고 믿을 만한 좋은 이유가 없다고 주장한다(Michael, Heim, 여명숙 역, 1997: 251).

8) 보르헤스의 문학적 특성을 메타-소설로 간주하면서 1)허구적 체계 간의 경쟁, 2)사실 / 허구의 경계선 모호, 3)구성의 단순성, 곧 한 인물이 각 시간에 몇 가지로 변화하는 점, 4)환상적 형이상학적 철학적 합리성 등으로 정의하면서 한마디로 언어적 구성물, 따라서 텍스트는 어떤 현실도 지시하지 않는다고 본다(Butler, 1995: 39-42).

현실과 대상 사이의 거리는 문제가 된다.

〈그림 10〉 미디어와 재현적 거리의 관계 변화

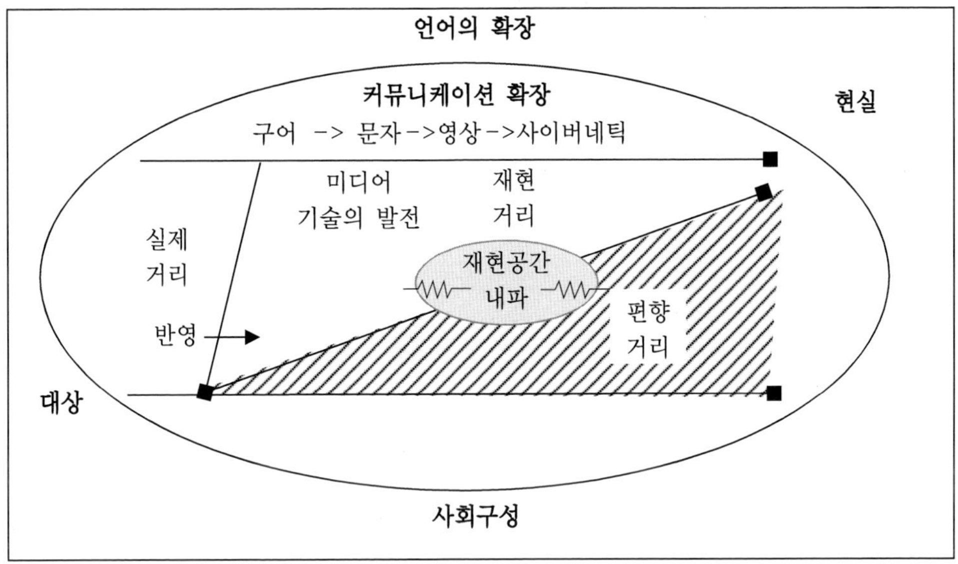

출처: B. Winston, Media Technology and Society; A history: From the Telegraphy to the internet, Routeldge, 1977에서 미디어의 기술적 사회변화를 설명한 Winston's Model을 기본으로 재구성한 것임.

언어의 확장인 커뮤니케이션 확장은 과실재성 언어(특히 사이버네틱 세계)체계는 미디어가 더 이상 2차원적 평면에서 대상을 재현하는 '언어'체계가 아닌 3차원 공간에서 또 다른 세계를 형성하고 그 속에서 또 다른 대상과 대상들에 대한 체계를 만들어 내는 새로운 언어를 만들어 내고 있다. 그 결과 언어는 이제 완전히 달라진다. 언어는 더 이상 세계가 아닌 자기를 반복적으로 지시하는 코드가 될 것이며, 이 세계가 시뮬레이션 단계(사이버네틱)라는 기술이 만들어 낸 또 다른 세계에 불과할 것이다. 그런 점에서 이제 언어는 언어가 아니다. 그것은 단지 허구적인 '가상의 세계'를 그려내는 코드가 될 것이다. 이 세계는 내파로 대상의 소멸, 현실의 상실, 재현의 상실로 또 다른 세계이다. 여기서는 대상의 소멸로 '모든 것' 즉 실제거리, 재현거리, 편향거리가 사라지고, 새로운 대상이 생성되는 또 다른 세계관이 된다. 이 세계가 바로 장 보드리야르가 주장한 과실제성(hyperreality)의 세계이다. 이 세계는 현실과 이미지가 동일한 하나가 되는 단계로 이미지가 모방할 혹은 재현할 대상이 없고, 이미지가 대상이고 현실인 이 단계가 시뮬라시옹의 단계이다. 여기서는 실체와 이미지를 분할하던 이원론이 사라지고 일원론이 대두된다.

그러나 이 과정에서 언어가 가지고 있는 물질성 자체를 상실했다고 보긴 어렵다. 현실의 세계에서 언어의 물질성 자체가 사회적인 것에서 가상적인 것으로 전환되고 있다는 사실을 보여준다. 이제 언어는 사회적인 것들을 반영하고 재현하는 체계가 아닌 가상적인 것들을 생성하고 형성하는 체계가 될 것이라는 점이다. 그런 점에서 언어의 물질성은 사회적인 것들을 각각의 개인의 내부에 체화시키는 '주체화의 장치'가 아니라, 각각의 개인에게 또 다른 세계를 형성하도록 만드는 '생성의 장치'가 될 것이다. 또 그런 한에 있어 시뮬레이션(사이버네틱)의 영상테크놀로지는 개인을 사회가 아닌 가상의 세계를 현실적인 것으로 받아들이고 그 속에서 몰입할 수 있도록 만들어 줄 것이다. 곧 사이버네틱 영상테크놀로지는 새로운 가상의 세계 속에서 자신을 생성하도록 만드는 주체생성의 장치가 될 것이라는 점이다. 이 설명들을 기호와 의미로써 한마디로 말하면 언어가 가지고 있는 물질성, 즉 쟈크 데리다가 말했듯이 기의 본질인 기표이다. 기표가 물질적 실체로 상정되면, 물질과 구분된 정신적, 사회적 실체가 추가적으로 구축된다. 이것이 기호의 기의이다. 그리고 이것이 기호의 1차적인 요소인 의미이다. 이 의미는 절대적인 요소이기 때문에 항구적으로 변하지 않는 반면에, 기표는 의미를 전달하는 껍질이기 때문에 2차적인 요소로 의미에 의해서 결정되고 단지 의미를 모방만 한다. 따라서 기표인 기호는 역사와 장소에 여일(如一)하지 못하고 항상 유동적이다. 기호는 등가체계, 이원대립체계이다. 기호의 이상은 기호와 그 지시대상 혹은 의미와 등가의 관계이다.

그러나 이러한 관계에서는 기호와 의미 혹은 대상 사이에 일대일의 동수관계를 유지하여야 세상의 모든 사물이나 의미를 나타낼 수가 있다. 만약에 실제로 기호와 사물 간에 동수관계가 성립된다면 기호의 홍수 속에서 기호는 그 역할을 상실할 것이다. 그렇기 때문에 기호와 의미의 대립체계에서는 기호와 의미 사이에 분할이 행해지고 하나의 기호는 각각 사용하는 곳에 따라 의미를 달리한다. 여기서부터 실제적으로 기호가 의미를 지배하기 시작한다고 할 수 있다. 이 현상이 바로 장 보드리야르가 주장한 내파로 발생된 과실재성이다. 다음 <그림 11> 과실재성 환경에서 보듯이, 많은 새로운 기호들은 다양한 지시대상을 만들어 낸다.

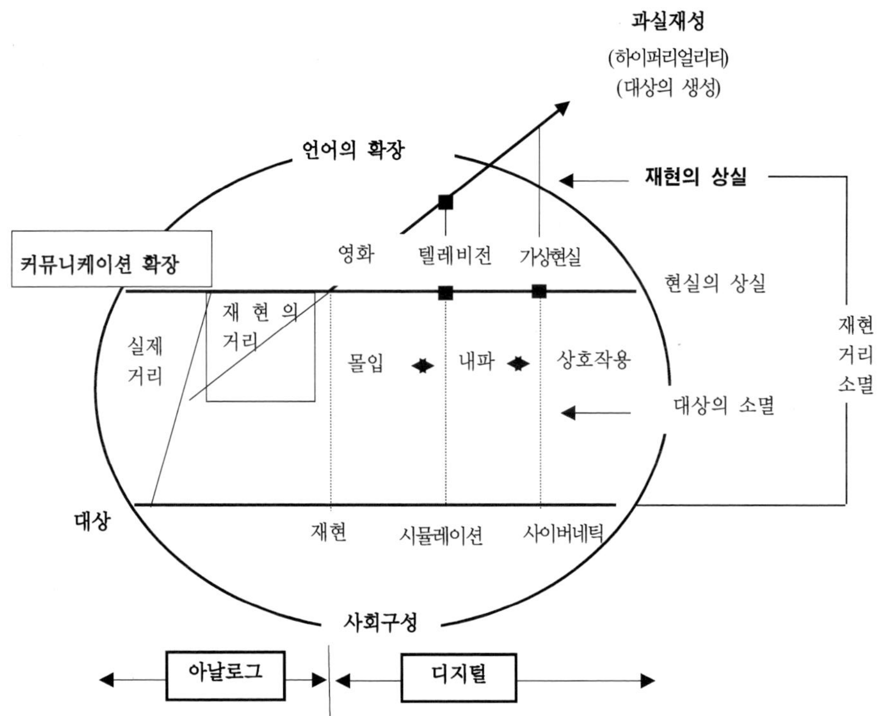

<그림 11> 과실재성 환경에서 지시대상 변화

이제 세계는 달라지게 된다. 개인이 인식하는 세계는 실재와는 아무런 관련이 없다. 오히려 실재를 뛰어넘어 가상의 세계에 자리 잡게 된다. 현실은 실재 대상과 관계를 맺기보다는 미디어라는 시뮬레이션(사이버테크놀로지)이 만들어 놓은 새로운 대상들, 지시대상 없는 디지털 부호들에 몰입과 상호작용으로 내파될 것이며, 그것

을 사회적인 것보다 더 사회적인 것으로, 현실보다 더 현실적인 것으로 받아들이고 살아가게 될 것이다.

그 결과 사회적인 것들은 상실 혹은 '내파'되고 사라질 것이다. 그것이 새롭게 만들어 낸 현실과 대상 사이의 거리다. 그것은 미디어가 만들어 낸 거리이며, 사이버테크놀로지가 생성해 낸 거리이다. 그 거리에서 우리는 실재적인 것보다 가상적인 것들을 더 믿고 살아갈 것이고, 사회라는 보편성과 규범성, 통일성보다는 각각의 개인이 만들어 낸 언어와 기호체계 내에서 각각의 대상들을 생성하고 믿고 만들어가며 살아갈 것이다. 그 결과 사회라는 보편적인 것들은 사라지게 된다. 각각의 개인이 만들어 가는 '개별적인 것들'만 남게 되며, 그것들이 사회를 형성하게 될 것이다. 각각의 개인들이 사회를 만들어 가는 세계, 사이버네틱 사회는 그렇게 다가오고 있다.

이 사이버네틱 사회는 바로 장 보드리야르가 주장한 내파논리의 기초 위에 설립된 환영의 세계이다. 이 세계는 인간이 미디어의 형태를 조작할 수 있는 가능성과 그것(내파)을 기반으로 하여 원실체까지도 변화시킬 수 있는 과실재성(hyperreality) 세계이다. 이 과실재성을 일으키는 것은 내파의 이론이다. 이 내파이론은 후기산업 사회에 극적으로 확산되어 사회현상 속으로나 대중문화 속으로 깊이 스며들고 있다. 장 보드리야르는 "기호의 의미와 이미지, 그리고 메시지에 주어진 차이는 사회 속으로나 대중문화 속에서 중화되어 그 의미가 사라져 버린다"고 주장한다. 과연 우리는 그런 사회나 대중문화의 블랙홀 속으로 빨려 들어가고 있는가? 여기에 대한 깊은 고찰이 필요하다.

제2절 의미의 내파에서 이미지의 내파까지

1. 의미의 내포 - 내파체계

장 보드리야는 인간의 행위가 의미를 소비하고 발산하는 것이라고 보는 관점이 바로 내파의 출발점이다. 그의 내파의 과정은 철저히 기호학적 문제 틀에 적용하여 기호학의 한계까지 시도하여 본다. 그의 이런 과정을 통해서 기호학적 접근이 갈 수 있는 사회·문화적 분석의 극한을 보고자 했던 것이다.

그의 과정이 모더니즘적·합리적 주체에 대하여 철저하게 배격하고, 그것이 나오게 된 배경 그리고 그것이 가지고 있는 이데올로기를 설명해 주고 있다. 또한 기호의 체계로서의 후기산업시대에 대한 분석과 더불어 더 나아가 그 기호학적 체계의 파괴를 보고 있다. 그는 현대를 기호의 체계가 붕괴된 사회로 보고 질서가 파괴된 하나의 무질서 상태로 보고 있다. 이 논리가 의미의 발산이다. 의미의 발산은 기호학적 체계에서 벗어나는 것으로 볼 수 있다. 기존의 기호학은 의미의 소비만을 강조하고 있다. 그것은 인간은 주어진 의미망 속에서 단지 그 의미들을 소비할 뿐이지 그 의미망을 변화할 수 없다. 이것이 바로 구조주의의 하나의 단점으로 볼 수 있는 것이다. 그러나 의미를 발산한다는 것은 인간이 의미를 단지 소비하는 것이 아니라 의미체계를 변화시키려는 노력을 한다는 면을 보여주는 과정이다. 이것이 바로 내파과정으로 의미를 소멸시키는 작업이다.

이런 과정은 일련의 모든 포스트모더니스트들이 자신들의 새로운 시각들을 포스트모더니즘에 대한 분석, 비판과 연결시키고 있다. 장 보드리야르나 쟈크 데리다, 피스크도 예외는 아니다. 이 학자들의 이론을 상호 비교해 봄으로써 본 연구에서 지금까지 논란이 된 이론들의 시시비비(是是非非)가 가려질 것이다.

소쉬르에 의하면 기의와 기표는 항상 기호 안에 함께 들어 있으며 결코 독립해서 존재하지 않는다. 다만 개념적으로만 분리가 가능할 뿐이다. 이 개념이 전통적인 주류미디어의 근간이 되는 점이다. 그러나 바르트는 이런 불가불리성에 동의하지 않는 것 같다. 예컨대 신(the God)은 기표를 가질 수 없고 기의로만 존재한다고 바르트는 생각한다.

우리가 어떤 사물에 의미를 부여할 때, 알게 모르게 기호학적 조작을 행하게 된다. 흔히 의미가 발생하려면 기의와 기표의 결합으로 이루어진다. 이처럼 기표와 기를 연결시키는 일을 의미작용(signification)이라고 한다. 의미작용은 기표에서 어떤 기의를 찾아낼 수 있을 때, 혹은 어떤 기의를 기표에 부과했을 때 일어난다. 의미작용에 의해서 기표와 기의를 하나로 묶어냈을 때 하나의 기호(sign)를 얻게 된다. 이 의미작용은 '의미가 발생하는 현상'이고 이것이 기호역할이다. 이 기호역할이 에코(Eco)가 내린 기호의 정의처럼 기호는 "어떤 다른 것을 대표하는 것이며 그것이 무엇이건 기호가 된다."(Eco, 1976: 16) 하나의 기호는 두 가지를 동시에 대표한다. 첫째, 기호는 물체나 이미지를 대신한다. 기호의 이런 부분을 기표(signifier)라고 부른다. 둘째, 기호는 어떤 느낌이나 감상(感想)들을 기의(signified)라고 부른다.

그런데 문제는 이 정상적인 기호조작의 절차를 거치지 않고 기호작용이 발생되는 것에 문제가 있다고 보는 견해들 때문에, 항시 큰 이야기에서 논란의 여지가 있다는 것이다. 이 논란이 바로 장 보드리야르가 주장한 내파의 역할이다. 이 내파도 기호의 의미작용(signification)에서 일어나고 있다. 이 내파로 일어나는 의미작용은 기의가 소멸되고 기표만 표징된다는 것을 앞에서 설명하였다.

미디어에서 의미의 내파가 발생한다는 장 보드리야르의 주장은 전통적 주류미디어 관점에 비추어 새로운 논리이다. 이 새로운 논리가 내파인데, 우리가 현실을 미디어에 투영하고자 미디어 속에 기계적으로 매개시킬 때 그 본질적인 의미에 내파가 일어나 본질과 다른 의미로 '대중 안에 현전(現前)되고 있을 뿐만 아니라 일단 현전된 이미지의 의미는 또다시 현존(現存)으로 사회 속에서 내파'를 초래하여 시뮬라크르의 과실재성(hyperreality)을 남긴다. 이 과정에서 내파가 일어났다 하는 것은 수직적이고 계열체 안에 있는 기호들의 차이들이 다른 의미들로 흡수되거나 접합되어 그 본래의 의미가 소멸됨을 의미한다.

여기서 기호의 의미작용과 내파는 어떤 상관관계가 있는지를 살펴보아야 할 필요가 있다. 왜냐하면 내파는 기의 / 기표 / 이미지 / 현실성 등 변별적인 개념들이 하나로 통합된 기호의 의미작용 과정이기 때문이다. 이런 기호의 의미작용은 우리가 우리의 의사를 상대편에게 표현할 때 일련의 수단인 상징체(象徵體)이다. 우리의 마음은 언어나, 이미지, 기호 같은 상징체들에 의해 모습을 갖춘다. 또한 마음은 상징체들을 통해 밖으로 표현된다. 마음에 형태를 주고 마음을 외부로 표출시켜 주는 상징체는 내포(內包)라는 과정에서 얻어진다. 이 내포는 '저 밖의 실재성'을 언어의 차원으로 변환시키기 위해 필요한 절차이다. 또한 내포는 인간의 어떤 경험이나 체험을 관념으로 고정시키고, 그것을 사람들이 서로 이해할 수 있는 상징체로 대치시키는 일련의 과정이다. 이런 내포는 기술과정으로서, 테크놀로지 속에 체현(體現)된다. 다시 말하면 상징체들이란 바로 커뮤니케이션 테크놀로지다. 여기서 내포라는 개념은 장 보드리야르의 내파개념과 이론적으로 상관시킬 필요가 있다. 내포는 내부질서가 교란되고 내부구조가 붕괴될 때(조작될 때) 내파가 일어난다. 이 내파는 내포에 쓰인 테크놀리지의 불안정이나 테크놀리지에 조작을 가하는 외부세력, 예컨대 인간의 창의력이나 소비자본주의 이데올로기 같은 것 때문에 내파가 일어난다. 이런 논리에서 볼 때, 장 보드리야르의 '내파'는 자연적으로 발생하지는 않는다는 것이다. 그렇다면 마샬 맥루한의 미디어 이론이나 피스크가 주장하는 텔레비전이 사용하는 약호들의 3단계 논리는 필연적으로 내파작용에 의해 일어나고 있다는 증거가 성립될 수 있을 것이다. 이렇듯 장 보드리야르는 내파개념을 가지고 이 시대의 현상을 잘 이해할 수 있도록 특성화해 놓았기 때문에, 내포-내파 개념 쌍에 의해서 일관된 시각을 얻을 수 있다. 그런데 그동안 많은 포스트모던 이론가들에게 내포와 내파는 언제나 불완전한 기술적 과정이어서 항상 문제가 되어왔다. 그 문제점들 중에서도 주로 '큰 이야기(grand narratives)'에 집중되었다.

전통적으로 의미는 항구적으로 변하지 않는다고 하지만 역사와 장소에 따라 의미는 변화한다는 주장이 포스트모더니스트들의 주장이다. 이런 현상은 테크놀로지에 의한 시간 통제로 의미는 변질되기도 한다. 알프레드 코집스키(Alfred Korzybski)는 내포-내파의 이런 과정을 내동과정(freezing)혹은 시간구속과정(time-binding)이라고 표현했었다(Korzybski, 1933). 이를 쟈크 데리다의 표현을 빌리자면 의미가 발생하려면 차이들이 작용하고 기표가 연쇄되어야 한다. 기표의 연쇄적 운동을 매개하는 것이 인간들 사이에서, 혹은 인간 내부에서 일어나는 커뮤니케이션이다. 기표는 커뮤니케이션을 통해 연쇄되고 역동되어야 기의를 생산할 수 있는 것이다. 그래서 이 커뮤니케이션 과정은 기표와 기의 사이에 메울 수 없는 간격이 있다. 이 간격은 다른 기호들과 공간적 차이와 시간적 영향을 받기 때문이 아니라 의미가 끝없이 지연되기 때문이라고 쟈크 데리다는 주장한다.

그러나 실재성이나 그것에서 얻어지는 체험이 언어적 부호나 기호에 내포되고 나면 그것은 더 이상 시간의 변동을 받지 않기 때문에 매우 안정된 커뮤니케이션 수단이 된다. 이것은 경제적으로, 문화적 가치로, 예술적으로, 또는 효과적으로 커뮤니케이션 행위에 사용할 수 있다. 코집스키 이후 이런 내포의 과정은 흔히 추상화(abstraction)9)라는 개념으로 알려져 왔다. 이 추상화는 현실로부터 이미지라는 추상물을 추출해내는 작업이다. 이 추상화된 이미지는 현실의 이미지가 아니라 추상적 본질의 이미지라는 말이다. 이러한 이미지를 생산하는 힘이 상상력이며, 이미지에 의해 구성된 세계가 상상세계이다. 이렇게 볼 때, 상상력은 이미지를 추상화할 수 있는 과정이다. 그래서 모든 기호와 예술활동은 일종의 상상력에 의한 추상작업이라고 할 수 있다. 이런 추상화 과정은 바로 내포과정이며, 이것을 확장시킨 과정이 장 보드리야르의 내파의 개념이고, 그의 생성물이 시뮬라크르이다. 이 시뮬라크르는 이미지가 모방할 혹은 재현할 실체가 없고 이미지가 그대로 실체는 상상세계에서 존재를 상실한 실체이다. 일련의 이 과정은 전통적인 언어체계에서 포스트모던 언어체계로 반복적으로 순환되는 것이다.

이런 언어체계는 기호로, 기호는 기표로, 기표는 형식적 관계로 환원된다. 이 환원 과정들은 역사적으로 두 가지 다른 형식 언어체계에서 발생된다. 첫째는 전통적으로 이용해 온 언어체계가 상이한 '기의≠기표' 두 선상에서 각각의 역할이다. 여기에서는

---

9) 추상과 시뮬라시웅의 차이는 전자가 아직 원본과 그 복사라는 이원론에 기초하고 있음으로 하여 이미지는 어디까지나 실체의 그림자로서 사실성이 결여되어 있는 반면에, 시뮬라시웅에서는 이미지가 원실체를 가정하지 않고, 스스로 실체인 이미지 혹은 모델을 만드는 것이다(Baudrillard, 1991b, 하태환 옮김, 1999: 11).

의미에 '차이'가 주어진다. 이는 언어체계에서 일어나고 있기 때문에 내포질서이다. 둘째는, 포스트모더니즘의 언어체계에서는 기의와 기표가 동일한 '기의＝기표' 한 선상에서 하나로서의 역할을 수행한다, 여기에서는 이 둘 사이에 의미의 '차이'가 없다는 논리이다. 특히 장 보드리야르는 기의가 사라지고 기표만 남아 있다고 한다. 이 언어체계가 과실재성 언어체계이다. 특히 이 언어체계는 커뮤니케이션의 테크놀리지에 의해 거의 생성됨으로써 '사회적 언어'라기보다는 '기술적 언어'라는 점이다.

특히나 오늘날에는 거의 컴퓨터에 의해 생성되기 때문에 '기계적 언어라'고도 한다. 그래서 이 기계적 언어는 사이버네틱 영상언어라고 하기도하고 가상의(virtual) 언어라고 할 수도 있다. 이 언어는 전통적 언어와 달리 디지털로 구성된다는 점이다. 쉽게 말해 기존의(영상) 언어가 주어진 대상을 재현하는 것이라면, 디지털 영상언어는 대상을 재현하는 것이 아니라, 스스로 그 대상을 형성하고 재현한다는 것이다. 실제 디지털은 지금껏 하나의 덩어리로 있던 사물을 잘게 나눠 이진법의 코드인 비트로 전환시킨다. 각각의 코드는 원래의 대상과 아무런 관련이 없으며, 그 자체로 하나의 새로운 기호체계를 구성하게 된다. 그 결과 대상은 사라지게 된다. 그리고 그 자리에 이진법의 코드가 들어서게 된다. 언어가 기본적으로 대상에 대한 재현체계라면, 디지털은 더 이상 언어가 아니다. 그것은 비트로 변환된 코드일 뿐.10) 그런 점에서 사이버네틱 영상언어는 언어의 재현적 기능을 상실하게 만든다.11) 이런 맥락에서 장 보드리야르가 주장하는 내파된 과실재성 단계에서는 원본이 존재하지 않으므로 재현이 불가능하다고 하는 것과 같은 논리이다

이 언어세계에서, 장 보드리야르는 포스트모던 사회현상 중 특히 다름·구별·차이(différence)의 제거에 초점을 맞추고 있다. 장 보드리야르는 내파에 의해서 차이가 사라고 있음을 주장한다. 이와 같은 맥락의 논의는 데카르트적 합리주의의 전통에 연결된 현대성 사회는 바로 이 다름(차이)에, 개별성에 기초를 하고 있다고 할 수

---

10) 디지털 언어체계와 아날로그 언어체계에 대한 차이점에 대해서는 (라도삼, 1999a: 188) 참조.

11) 사이버네틱 영상언어에서 문제가 되는 것은 '사회적인 것'이 아니다. 오히려 '기술적인 것', 즉 그것을 표현할 수 있는 소프트웨어가 있는가가 문제가 될 뿐이다. 그런 점에서 사이버네틱 영상언어는 사회적인 것을 상실한 기술적인 기계적 언어이다.

있다. '차이'가 일상어에서 공통점을 가진 여러 사항들 사이의 모든 외재성 또는 타자성의 관계이다. 이 외재성은 수적일 수도 있고(이 점에서 '차이'는 동일성과 대비된다. 예를 들어 한 남자는 다른 한 남자와 다르다), 또한 질적일 수도 있다(두 존재가 그들의 본질이나 본성에 의해 다를 경우, 한 남자는 한 여자와 다르다). '차이'가 특수한 의미로는 한의 단일한 존재를 정의해 주고 그것을 시원적인 것으로, 다른 모든 것과 구분되는 것으로 여기는 것이다. 이 '차이'는 스콜라 철학에서 '종차(種差)'는 하나의 종(種)을 같은 유(類)의 다른 종들과 구분한 특성이다.

이 '차이'란 한편으로 하나의 관계이기도 하고(구분되는 대상들 사이의 관계), 다른 한편으로 내재적 특성이기도 하다(하나의 단일한 사물을 그 자체로서 특성화해 주는 것). 쟈크 데리다, 들뢰즈, 하이데거 등 차이개념은 주로 후자의 관점에서 본 차이이다. 차이의 자체는 부정적으로 규정할 수밖에 없으나(다른 것은 같지 않은 것이다), 그럼에도 현실의 복잡성에 성실하게 주목하는 모든 사유의 본질적인 관점이기도 하다(Élisabeth Clément, 1994, 이정우 옮김, 2000: 164). 나아가 차이의 개념은, 특히 '차이의 권리'12)에 대한 긍정을 통해서 이데올로기적인 착취의 대상이 되기도 한다. 오늘날 루이뒤몽을 비롯한 여러 인류학자들은 이 같은 긍정을 거부한다. 이들에 따르면 '차이의 권리'에 대한 요구는 모순적인 동시에 위험한 것이기도 하다.

한편 차이, 다름의 원칙은 최근에는 구조주의 언어학에 의하여 지탱되고 있다. 소쉬르에 의하면 기호의 의미는 그 언표가 변별적이어야만, 그에 따라 하나의 기호가 다른 것과 구별될 수 있어야만 기호로서의 역할을 담당할 수 있다. '아'와 '어'가 차이가 없다면, 이 둘 사이에는 아무런 변별적인 요소도 없고 서로의 의미도 생산할 수 없다. 장 보드리야르는 사물이나 형이상학적인 것은 차이, 다름, 즉 이미지로 구별되고 변별적이 된다.

그러나 다른 학자들, 예컨대 들뢰즈(G. Deleuze)나 리오따르(Jean-Francois, Lyotard)

---

12) 차이의 권리가 모순점이라는 것은 인간의 권리가 모든 인간의 본래적인 평등의 원리에 기초를 두기 때문이고, 위험하다는 것은 특수한 권리(예를 들어 여성의 권리)를 요구하는 것이 성 평등의 원리를 문제 삼게 만들 수 있기 때문이다. 그러나 모든 인간의 평등이라는 원리는 우리가 믿는 것처럼 잘 받아들여지고 있지 않다. 오늘날의 민족주의는 차이의 거부로부터 나온다. 어떤 하나의 기준은 다른 것 차이에 맞추어 평가된다.

는 차이를 대립체계에서 벗어난 일종의 절대적인 차이로 긍정하고 있음에 반하여, 장 보드리야르에게는 근본적으로 부정되고 그에 따라 연구의 대상 초점도 차이가 제거되는 상황에 맞춰지고 있다.

그동안 포스트모던 사회에서 쟁점이 된 내파이론은 핵심 논제인 '차이' 성립 조건에 초점을 맞추고 있다. 기호의 이상은 기호와 그 지시대상, 혹은 의미와 등가의 관계이다. 그러나 이러한 관계에서는 기호의 의미 혹은 대상체 사이에 일대일의 동수 관계를 유지해야만 세상의 모든 사물이나 의미를 나타낼 수 있다. 기호는 의미의 차이에 의해서 결정되고 의미를 모방하고 재현한다. 쟈크 데리다는 의미가 발생하려면 차이들이 유희(play)하고 기표가 연쇄되어야 한다고 하였다. 그는 언어의 의미는 의식이나 실재 세계 혹은 본질과 같은 언어 외적인 것에 전혀 구애됨이 없이 용어들 간 차이와 대립 그리고 상관적 관계에 의해서 구성된다는 것이다. 포스트모더니즘에서는 이러한 구조주의적인 차이와 대립체계에 대한 심각한 문제로부터 나온 것임을 주목해야 한다.

포스트모던 사회에서는 '차이의 여부' 따라 그 의미의 영역은 엄청난 간격이 존재하기 때문이다. 기호학적 관점에서 볼 때 이 두 가지는 논점의 대상이 되어왔다.

우리가 차이가 있다 함은 기의와 기표가 각각 독립된 위치에서 역할을 하기 때문에, 현실을 재현, 시뮬라크르라 하는 데 편견과 편향이 있을 수 있기 때문이다. 또한 차이가 없다 함은 기의와 기표가 동일한 위치에서 작용하기 때문에 여기에서는 현실이 그대로 이미지로 나타난 것이다. 이것은 전통적인 언어학 관점에서 받아들일 수 없는 급진적인 논리이다.

이와 같은 논리들은 후기산업사회에서 나타나고 있다. 예를 들어 광고나 영상매체는 문화현상이면서 동시에 경제현상이 되듯이, 기호 역시 기호이면서 동시에 지시물이 된다. 이는 두 개 극이 내파되었기 때문이다. 소쉬르가 주장하듯이 "모든 기호는 기호와 지시물, 소리 심상과 개념, 음성적 요소와 의미적 요소, 물질적 요소와 추상적 요소로 나누어진다. 전자를 기표, 후자를 기의라고 부른다."(이승훈, 1997: 47) 소쉬르의 관점은 앞에서 살펴본 바와 같이 고정된 의미의 중심은 그의 기의에 우위성을 두고 있다.

그러나 장 보드리야르, 쟈크 데리다나 프레드렉 제임슨은 기표의 우위성을 강조하고 있다. 이들의 주장은 기표(이미지)가 기의를 대신하거나 기의 소멸로, 이미지만이 존재한다는 것이다. 이런 현상들이 포스트모던시대의 이미지라고 한다. 특히 장 보드리야르가 보는 이미지는 전통적인 주류미디어에서 보는 모방, 재현, 이데올로기, 주체성 등에서 보는 입장하고 판이하게 다르다. 이를 장 보드리야르는 의미가 내파되어 소멸됨으로써 원본과 무관한 이미지를 생성하게 된다는 데 깊은 연구가 필요하다.

2. 이미지의 내파

지금 우리는 시각적인(visual) 효과에 침착하는 버추얼 이미지의 범람 시대에 살고 있다. 이 시대를 거치면서 이미지는 현전(presentation)으로부터 재현(representation)으로, 이어서 시뮬라시옹(simulation)으로 그 존재양식이 변화했다. 이 존재양식은 문장이나 단어보다 더 즉각적인 파토스(pathos)의 힘을 가지고 있는 이미지이다.

이는 그간 구분 짓던 기표와 기의 간에 의미의 차이를 없애는 내파작업이다. 이 논리대로라면, 우리는 이미지와 그 밖의 다른 경험들 간에 아무런 차이가 없는 포스트모던의 시대에 살고 있다는 것이다. 예를 들어 2007년 MBC-TV에서 방영된, 성공 드라마 『이산』에서 이서진의 이미지 기호적 가치는 드라마 속에서 정조대왕의 험난했던 세손 시절에 주목한다. 고난을 이겨내고 명군으로 거듭나는 성공 스토리는 사람은 누구나 자신이 아닌, 운명이 결정한 일을 겪는 것으로 생각한다. 여기서 이미지와 실재 이서진 이미지를 우리는 동명이인(同名異人)으로 보는 것이 아니라 동명동인(同名同人)으로 보는 것이다. 이것이 바로 매체 속의 내파작업으로 이루어진 시뮬라시옹의 과실재성 현상이다. 이 과실재성은 본질을 부정하는 것으로, 실물이 소멸된 것이다. 이것은 재현된 이미지와 실물이 서로 만나서 하나가 되기 때문에 이미지이고 곧 실물이다. 서로 만나서 하나가 되는 것이란 직선이 아니라 서로 만나는 곡선적인 비유클리드 휘어짐의 공간이다. 이 논리는 전통적 재현이나 모방론에서 보는 관점하고는 달리, 이미지나 의미는 모방과 재현이나 재생산의 제약으로부터 분리되어 자유롭게 되었다. 즉 이미지는 현실과 이데올로기에 의해 통제될 수 없다. 이것을 장 보드리야르는 대중이 지시대상이든 이데올로기든 이미지의 의미를 소비함이 없이, 이미지만 소비한다고 표현한다. 그러나 피스크는 재현은 최소한의 이미지를 반영하고, 사회적으로 종속적인 사람들(socially subordinate)도 최소한의 의미를 만들어 내고, 그리고 그 의미들을 사회적으로 유포시키고, 자신의 일상생활의 자원으로 활용한다는 것이다(Fiske, 1993: 65). 단지 의미를 생산하는 기호체계들에서 거리의 차이가 있을 뿐이다. 예를 들어, 오늘날 우리 사회 젊은이들에게 만연한 머리 물들이기는 자신의 삶을 이해하기 위해 사용해 본 지시대상적, 이데올로기 현실을 표상하려는 재현이다. 여기서 현실과 이미지가 내파로 차이가 없는 것이 아니라 문화적인 의미의 규칙들이 다원화되었기 때문에 다양한 기호를 생산하고 있기 때문이다. 따라서 재현이나 재생산 자체가 붕괴되지는 않았다고 생각한다. 또한 젊은이들은 자기 머리에 염색함으로써 자기는 저 밖의 무엇인가 되고 싶어 하는 욕망이 있기 때문이다. 그래서 지시대상도 사라졌다고 볼 수 없을 것이다. 따라서 젊은이들은 자기가 물들인 것이 자기의 이미지이면서 지시대상인 것이다. 이 지시대상은 하나의 기호 혹은 이미지가 되돌아가는 원래의 실체를 지시하고 창조하는 것이기 때문이다. 따라서 이들은 최소한 자기의 이미지나 의미를 재생산하고 재현하고 있는 것이다. 이것은 재현체계에서 이분법적 구분이다.

그런데 장 보드리야르의 포스트모던 언어세계에서는 실체를 반영한 미디어의 이미지가 단지 현실을 재현하는 것이 아니라 그 자체로 현실이라는 것이다. 이는 꾸밈에 의해서 '진짜보다 더 진짜로 보이는 것들의 영역이다. 이 영역에서는 기술은 완벽성을 이루지만 진실은 자취를 감춘다. 달리 말하면 자연의 것(원실체, originality)은 사라지고 순전한 인공적인 것이 대신 들어선 경우이다. 왜냐하면 원실체를 의미하는 기의가 내파되어 그 기의 자체가 소멸되고 기표가 실체와 이미지를 동일한 평면에 존재하므로 원실체와 이미지 간에 아무런 차이가 없다. 즉 의미란 기호체계 내의 위치에서 도출되는 것이지 그 체계 밖의 '현실' 세계의 준거에서 비롯되는 것이 아니기 때문이다.

이는 '내파'로 말미암아 우리가 재현하려고 하는 현실이 '이미지 / 실체 / 의미 / 광경 / 감각 / 이데올로기' 등 변별적인 개념들이 '차이' 없이 하나의 곡성형태로서 통합되었기 때문이다. 따라서 현실 그 자체가 이미지이고 현실이라는 것이다. 현실을 반영하는 데 발생된 차이가 없기 때문에 여기서는 편향된 재현거리(representative difference)가 인정되지 않는다. 이 의미는 후기산업사회의 영상매체들이 현실과 이미지의 경계를 내파시켰다는 것이다. 그래서 현실과 이미지는 아무런 차이가 없다는 것이다. 다시 말하면 '내파'가 현실과 이미지 사이에 거리와 차이 개념을 무의미한 것으로 만들었다는 의미이다. 그러므로 이미지와 현실은 서로 다른 존재가 아니란 것이다. 즉 이미지와 현실은 "내파되어 이 둘 사이는 아무런 차이가 없다"는 것이다. 그 결과, 오늘날 우리는 환영(幻影, illusion)의 시대라고 특징지은 시대에 살고 있는 셈이다(Baudrillard, 1993b). 여기서 환영이란 내파(imploded)되어 새롭게 통합된 개념이다. 이 환영은 그 이전 시기인 표상의 시기에 의미생산에 필요한 차이를 구성해 왔던 각각의 용어들이 붕괴 또는 내파된 데서 유래한다. 즉 실물을 기호로 나타낼 때 구별 짓던 기호 내에 존재한 의미 / 기의 / 기표 / 이미지 / 이데올로기가 하나의 개념으로 통합되어서 나타나기 때문이다. 따라서 우리는 영상매체에서 보고 있는 영상이미지는 실재라고 느끼면서 몰입하게 된다. 이는 장 보드리야르의 표현대로 우리의 현실이 매체를 통해 재생산(reproduction)된 이미지를 본래의 것(the original)이자, 지 시대상인 것(Fiske, 1993: 57)으로 간주하고 있기 때문이다. 그러면 이런 논리적 바탕에서 대중매체 속에서 우리의 현실이 어떻게 환영되는가를 살펴보겠다.

예를 들어 미국의 힐러리 클린턴(Hillary Clinton) 상원 의원의 이미지 변신을 보자, 그 직책과 상황에 따라 그녀의 이미지는 다양하다. '변호사 시절'은 전문직 스타일로 단장하고, '퍼스트레이디 시절'은 헤어스타일을 수시로 바꾸고 멋을 내는 스타일리스트로 언론에 자주 등장했다. 그리고 '상원 의원이 된 현재' 그는 화려한 몸단장은 뒤로하고 입법에만 파고들고 있다는 이미지를 보여주기 위해 수수한 모습으로 그의 이미지 변신을 꾀하고 있다. 그녀의 움직임 하나하나가 정치적인 의미를 갖게 됐기 때문이다. 미소 짓는 영부인 시절과 당찬 전문가답게 신중한 의사당에서 연설하는 그 이미지가 텔레비전 화면을 통해 전송되는 현실의 일부가 아니다. 그녀의 이미지야말로 그녀 자신이다. 그녀의 머리 스타일은 TV 이미지에 앞서 존재하는 것이 아니다. 실제 모습을 보는 것은 화면으로 보는 것보다 더 믿을 만한 경험도 아니다. TV 카메라가 없었다면, 그리고 시청자가 없었다면, 그 미소, 머리스타일, 연설도 없었을 것이다. 그 이미지 변신은 TV 화면이나 연설장이나 동시적으로 그리고 유사하게 존재한다. 양자 사이에 존재론적 지위에서 아무런 차이가 없다. 다른 것을 재생산한다고 할 수 없다. 어느 하나는 다른 하나와 똑같이 현실(실재)이거나, 비현실(비실재)이다. TV 화면으로 경험되었듯, 연설장에서 경험되었든 상관없이 힐러리는 하나의 환영(혹은 시뮬라크르)이다. 이 환영은 '비현실(비실재)적'인 것이 아니다. 따라서 그녀는 실재적인 정치적 행위를 수행할 수 있고, 또 수행하고 있다. 이 환영은 현실을 부정하지 않는다. 단지 이미지와 현실 차이를 거부할 뿐이다. 힐러리의 정치적 제스처와 사회적 지위는 그녀의 이미지와 파워와 동일하며, 이미지에서 추정되는 바와 동일하게 행사된다.

위 논리가 장 보드리야르가 주장한 내파개념에 근거한 환영의 현상이다. 그는 한 실체를 표상하는 데 있어서, 의미를 전달한 기의는 사라지고 기표가 이미지로 실체를 재현한다는 것이다. 이는 기호의 행위소 간에 의미가 소멸된 것으로서, 하나의 원실체는, 의미＝기의＝기표＝이미지＝기호＝실체가 평면 위에 하나의 존재로 표상된 실체이다. 이 과정상에서 양자 사이에는 존재론적 지위에서 아무런 차이가 없으며, 어느 하나가 다른 것에 앞서거나, 다른 것을 재생산한다고 할 수 없다. 즉 실체와 이미지는 똑같이 현실이며, 양자 간 차이는 없다. 이때 이미지는 하나의 환영이며, 환영은 초현실(혹은 과실재성)이다. TV에 비치는 힐러리는 영상이미지며 하나의 과실재성인 환영이다.

이는 내파에 의해서 기표와 기의의 두 다른 세계(대립과 차이)가 하나의 연속체(連續體) 위에 겹치기 때문이다(Baudrillard, 1988: 88). 왜 이런 현상이 생기는 것일까? 그것은 저 밖의 실재성들이 매체에 내파되었기 때문이다. 기표는 실재성을 대신하고 환유가 된다. 두말할 나위 없이 TV가 보여주는 영상성은 모두가 과실재성이다.

이와 같은 장 보드리야르의 내파이론은 전통적인 주류미디어의 기호의미작용(signification)에 비추어 볼 때, 이미지와 실체는 서로 다른 존재가 아니다. 그리고 '이미지' 개념은 내파적이지도 않다(Fiske. 1993). 또한 '내파'는 두 개 간의 간극 차이를 없애는 것이라고 하였지만, 바르트(R. Barthes, 1975)가 주장하듯, 표상성의 매체인 언어는 단지 상징일 뿐 현실과 직접적인 관계를 맺지 못한다. 이 설명은 이미지가 내파적이지 않다는 의미로 해석될 수 있다. 그러나 주도비트즈(Judovitz, 1988)는 표상성은 표상하는 것과 표상된 것의 '차이'를 부인하고 비슷함이나 공통성을 강조한다. 이는 '이미지가 내파적이지 않다는 것'을 의미한다(Fiske, 1993: 57). 따라서 돈 이히데(Ihde, Don, 1982)는 내파된 시뮬라크르는, 즉 재현은 "반드시 불완전하며, 보충적이다"라고 하였다. 장 보드리야르의 '내파(implosion)' 현상은 진리의 도착심(倒錯心)이 많은 사람의 인식 세계에서 일어나고 있음을 암시한다. 이렇게 만약 이미지와 현실이 동일하다면, 수많은 화면 위에 이미지의 본래 현실이란 존재할 수가 없다(Fiske, 1993: 57)는 것이 피스크의 주장이다.

3. 장 보드리야르의 이분법 구조 해체

장 보드리야르의 의미의 내파, 이미지의 내파는 결국 실체와 이미지가 동일한 하나가 되는 단계이다. 여기서는 실체와 이미지를 분할하던 이원론은 사라지고 일원론이 대두된다. 그러나 장 보드리야르 그 자신이 형이상학적으로 구분 짓고 있던 논리를 부정하고 있다. 그에게 있어서 현실과 이론을 구분하지 않는 과실재성으로 만들어진 시뮬라크르라고 부른 시대에 살고 있다. 이는 현실이 이미지이고 이미지가 현실이며, 본래의 것이 그대로 이미지이다. 그러므로 실물이 곧 기호란 것이다.

그러나 이 세상 만물의 이치는 절대적이 아니고 즉 상호 배타적인 이분법적으로 이루어지는 것이 아니고, 음 / 양같이 한 개념의 존립을 위해서 상대방을 필요로 하고, 또 서로 순환·생성하는 상호내재(mutual immanence) 혹은 대칭적으로 관련된(symmetrical relatedness) 개념의 짝꿍(conceptual polarity)으로 이루어졌다(이승환, 2000: 366)는 것이다. 이에 허신행은 우리 사회의 생활은 짝꿍으로 발전되어 왔다는 것이다. 예컨대 "수렵 / 용맹사회, 농경 / 일손사회, 산업 / 지식사회, 그리고 현대를 사이버 / 정각사회라고" 주장한다(허신행, 2001).

이 점들은 오늘날 이론과 현실, 진리와 허위, 역사와 허구, 현실과 환영, 심층과 표층, 실물과 기호, 본질과 환원 등이 토대와 상부 바탕에서 두 양립 사이 '균열'을 보여주는 예이다. 이런 형이상학적 이분법 개념적 짝이 장 보드리야르에게는 탈구분(내파)으로 진리와 허위의 경계를 지움으로써 진짜 가짜를 정당화하고, 쟈크 데리다의 경우는 진리와 허구 사이를 무너뜨리려는 해체논리가 정치적 이념에서 출발한다.

그러나 현실세계는 상호 배타적인 이분법적 구도에서 상호의존적인 개념의 짝으로 변해 가고 있다. 어제의 친구였던 미국-아프가니스탄이 오늘의 적(敵)이 되어 싸운 최근의 두 나라의 전쟁을 예를 들면 이제 우리는 친구와 적의 '구분'이 사라진 모호한 시대에 살고 있다는 것이 어찌 보면, 장 보드리야르가 이분법 구분 짓기를 내파하는 것은 쟈크 데리다의 해체로 이어진다. 쟈크 데리다는 인간에게 본래적인 것, 근거가 있는 것, 근본적인 중심을 인정하는 인간의 형이상학적인 사고 행위라고 주장한다(Kellner, 1989: 177). 허신행은 인간의 깨달은 세계에서는 우주를 통째로 '한 몸 한마음'이라 말한다. 이 우주의 한마음은 오늘날 협동의 네트워크로를 넓히면서 하나의 유기체가 된 것처럼 움직이는 인터넷과 같은 맥락으로 보고 있다.

그렇지만 이 대목에서 쟈크 데리다는 서구의 담론에 뿌리 깊은 인간의 사고는 이분법 구조를 벗어날 수 없다고 하는 통찰력을 내놓는다. 또한 허신행은 우리 시대에 우와 좌, 보수와 진보, 자본주의와 공산주의, 신자유와 사회민주주의, 개인주의와 집단주의, 세계화와 반세계 등의 이분법적 접근자세는 철학의 빈곤 때문에 생긴 것이라고 주장한다. 이에 소쉬르는 언어는 대상세계를 차별적으로 구분하는 특성이 있다. 예컨대 악((惡)의 개념이 없다면 선(善)이란 개념이 있을 수 없어 그 뒤에는 무의미하다는 것이다. 요컨대 기호는 개념들 간 변별적인 대립체계를 통해서만 그 의미를 가지게 된다는 것이다. 이런 이분법적 사고는 우리의 주변에서 짝꿍을 이루고 있는 것 중에 하나는 보다 열등하다고 하는 사고는 바로 이원 대립체계의 사고에서 오는 것이다. 우리를 둘러싸고 있는 세상은 영원히 불변적으로 고정되고 중심적인 것은 없기 때문이다. 만약 있다고 하면 그것은 내부로부터 해체되어야 한다. 쟈크 데리다는 진리의 주장의 자기 비동일성, 내적 파열과 차이를 지적함으로써 진리 / 은유, 지식 / 의견, 진리 / 허구의 구분이 안고 있는 형이상학적 허구성을 드러내 보이고 있다. 바로 이 점이 장 보드리야르의 현실과 이론을 하나로 보는 관점을 적절치 않다는 것이다. 왜냐하면 우리 인간은 감정을 가지고 항시 가치-존재에 의해 사고하기 때문이다. 따라서 우리 주위에는 항시 이항 대립적인 친구와 적이 생기고, 차이가 존재한 세계이다. 예컨대 2001년 9월 11일 테러로 미국의 무역센터(WC)가 붕괴되어 희생자가 생기고, 미국은 아프니가니스탄 탈레반을 적으로 간주하고 전쟁－평화란 목적 아래 현대적인 전쟁을 수행하였다. 바로 이 점이 현실과 이론 사이에 분열 및 차이가 있는 점을 보여주는 한 예이다.

이런 논리라면 장 보드리야르의 내파론으로 이분법 구분철폐론(dedifferentiation)은 니체가 계보학에서 주장한 선／악의 구분을 넘어서 보는 논리나 쟈크 데리다의 경우 서구 담론의 형식에 뿌리 깊이 박혀 있는 상학적 폭력구조를 비판하려는 논리에서 찾아볼 수 있는 부분이다. 그러나 장 보드리야르는 이론 비판적 관심에 빠져 있을 뿐 아니라 비판행위 그 자체가 그에게 무용지물의 '모더니즘적 특성'으로 규정된다(도정일 1991a: 143). 그런데 문제는 그가 탈구분에도 불구하고 그의 이론은 여전히 구분의 틀 속에서만 가능한 것이다. 이런 문제점에 대한 논의는 다음 장 시장공간에서 외파·내파현상 고찰 편에서 자세히 논의될 것이다.

일단 형이상하적 견지에서, 장 보드리야르는 사상을 초월한 가장 극단적으로 진보(ultra－hip)되고, 아방가르드(avant－grade)적인 사상가이다. 그러나 장 보드리야르는 정녕 동시대의 철학자로 묘사되는 형이상학의 덫에 걸려 있다고 진단된다. 다음은 그의 형이상학적 한계를 보이고 있는 그의 텍스트를 해체하여 본다.

장 보드리야르는 자기 스스로 기호물신주의에 빠져 형이상학으로 회귀한 것으로 본다. 왜냐하면 만족하게 느낀 그의 물신주의는 리얼한 것(the real) 그 자체에 대한 리얼한 기호 속에 빠지는 것 이상으로 빠져 있기 때문이다. 특이나 기호들마다 자기들 자신이 독특한 소유자라고 한다면, 기호들마다 구조와 재현적 특권을 가진다. 장 보드리야르 역시 이 아류에서 벗어나지 못한다. 그 자체 재현론(self－representation of theory)은 형이상학으로 회귀하려는 이유를 암시하는 것이다. 우선 장 보드리야르는 자기가 주장한 재현론을 시뮬라시옹(simulation)으로 설명한다. 이 시뮬라시옹은 리얼한 것으로서 리얼한 투영의 모델이다. 시뮬라크르하기란 리얼리티를 붙잡으려고 시도한 것이다(Baudrillard, 1983b: 97). 둘째로 장 보드리야르는 사물들을 자체환경 속에서부터 유혹하고 끌어들이는 시도를 하고 있다. 그 사물들은 리얼한 초실재적 존재한다는 것은 모순된 것으로 단정하고 있다. 즉 이런 견지에서, 장 보드리야르는 리얼리티가 그 자체로서 실물이고 이미지이다. 이런 공상학적 모드(pataphysical mode)에서 장 보드리야르는 자기 이론이 현실적인 구조논리로서 세상을 유혹하려는 상상적 구조의 이론이라고 보고 있다. 장 보드리야르는 전통적인 재현론을 시뮬라시옹으로 대신하고 있다. 이 두 이론이 가지는 공통점은 이미지가 실물을 재현한다는 것에는 별 의의가 없다. 전통적인 재현론이나 시뮬라시옹은 원래의 실물에 가장 완벽한 이미지가 자기 자신의 지시대상이다. 이 지시대상의 이미지는 기왕에 있었던 것을 다시 나타나게 한 것이다. 여기서 다시 나타난 것이란 이분법의 분할이 가능하다. 따라서 장 보드리야르의 논리는 구조 안에서 본질주의적이고 이원 구조가 향상된 논리이다. 그래서 이런 전통적인 형이상학적 양상은 후기구조주의에 의해 비판이 되어 오고 있다. 사실 장 보드리야르의 거의 모든 저작들은 변별적인 사회질서와 근본 간에 객체 범위에서 대립되던 활동들에 대해 예리한 이분법 구분 짓기로 설명되고 있다. 그의 초기 저작들은 상징적 사회를 생산적 사회에 대조시키고 상징적 교환을 교환가치와 사용가치에 대조시켜 설명하고 있다. 상징적이란 생산론을 넘어 가치를 안정시킨 가운데 유용과 다른 가치를 동시대 자본주의와 관련지어 설명한 것이다. 나중에 장 보드리야르는 생산을 유혹과 유용성을 넘어선 특권과 정치경제 합리적 가치와 대조시킨다. 그리고 1980년대의 그의 형이상학은 유혹과 생산, 숙명과 진부한 전략, 주체와 객체, 그리고 무수한 이원적인 하부의 부류들 간에 이항대립의 짝꿍들에 의해 설명된다. 이 경우 장 보드리야르는 이항대립을 이루고 있는 한쪽에 특권을 부여하고, 다른 한쪽은 퇴화시킨다. 이런 이원적 사고와 개념은 상당히 문제점으로 지적되고 있다. 특이 쟈크 데리다의 해체주의 관점에서는 앞에서 설명한 바와 같이 인간에게 이분법적 사고는 떠날 수는 없지만 그것은 서구의 오랜 관습적인 담론에 뿌리박고 있는 것이기 때문이라고 지적하고 있다. 따라서 이원 대립적인 가운데 ' / ' 경계선은 무너뜨려, 해체되어야 한다는 논지이다. 이 점에 대해서 장 보드리야르도 내파로 경계선을 지움으로써 허위와 가짜를 정당화하려는 자유주의적 상대주의(relativism)[13)]의 오류에 빠져 있는 철저

---

13) 상대주의는 '상대'의 맥락이 무엇인가를 분명히 해야 한다. 예를 들어 프로타고라스의 상대주의는 어떤 하나의 사물이라 해도 사람들마다 모두 바라보는 각도가 다르기 때문에 상대적일 수밖에 없다고 주장한다. 이 경우는 개인의 상대성을 주장한다. 문화 상대

한 해체주의적이지만, 진정 그 자신은 해체주의적이 아니라고 한다. 그렇지만 그의 저작들에서 그가 해체에 대한 사고와 반(反)해체적인 일면을 보여주고 있다. 예컨대 그의 저작 『상징적 교환』, Symbolic Exchang and Death, 1993은 거의 해체주의적인 텍스트를 구사하고 있다. 그는 여기서 이원적 형이상학의 해체적 비판에 몇 가지 주요한 점을 인용한다. 그러나 그의 이항대립의 사고는 그의 자신에 스며들고 있다. 1980년대 그의 텍스트들은 거의 모두가 그 이항대립 구조를 내포하고 있다. 예를 들어 주체와 객체, 남성과 여성, 유럽과 미국 등 이항대립의 양상을 나타낸 텍스트를 나타내고 있다. 그는 이항대립을 이루고 있는 짝꿍들 중에 어느 한쪽이 더 우수 한다든가 더 선호한다는 것을 보여주고 있다. 그의 텍스트 중에 리얼리티(현실, reality)가 소멸된 포스트모던 시대에서는 리얼보다 더 리얼한(more real than real) 하이퍼리얼 모델이 리얼리티로 등장한다고 보기 때문이다. 이 '하이퍼리얼리티(hyperreality)가 바로 오늘날의 리얼리티'(Baudrillard, 1983c: 147)라는 것이 장 보드리야르의 주장이다. 이 논리를 마페졸리(Michel Maffesoli)는 하이퍼리얼리티를 사물들이 이분법적 인식론에 저항하면서 본연의 모습을 드러내는 현상으로 파악하고 있다(Maffesoli, 1993: 457).

그러므로 장 보드리야르의 이분법 구분 철폐론은 이데올로기 비판 아닌 이데올로기 그 자체이다(도정일, 1991a: 143). 이 논점을 뒷받침할 만한 근거로서 쟈크 데리다의 관점에서 하나의 원본은 언제나 이미 사라진 시원적(始原, orginary) 상태에서, 언제나 사라지고 없는 구분 짓기 자리를 '하나로 통합된' 것이 채워야 한다는 역사적 선험(historical a priori)의 사실이다. 그렇다면 '이분법 구분 짓기'를 미리 상정하지 않은 하나로 통합된 '기호일원론'이 어떻게 가능하단 말인가?

장 보드리야르의 실체 / 이미지 / 기의 / 기표가 하나로 통합되었다는 개념은 쟈크 데리다가 말한 '흔적'의 논리에서 해체된다. 통합되었다 하는 논리는 언제나 구분 짓기의 존재를 전제하지만 동시에 언제나 이미 구분 짓기의 사라짐을 조건으로 해야만 성립한다는 의미이다. 장 보드리야르의 '구분 짓기' 개념은 사라진 것이 아니

주의는 각 문화마다 정체성을 배타적으로 주장하는 것이다. 역사 상대주의는 각 시대의 정체성을 강조하는 것이다(Élisabeth, Clément, 1994: 153). 장 보드리야르의 상대주의는 시대의 사조를 구분한 역사적 문화적 상대주의이라고 할 수 있다.

다. 즉 이분법 구분의 철폐 혹은 통합됨은 기원의 기원이 되는 이분법 구분 짓기에 의하지 않고서는 결코 구성되지 않는다는 것을 의미한다.14) 이것은 '하나로 통합된' 개념을 생각하기 위해서는 이분법 존재가 먼저 선행되어야 한다는 논리이다. 장 보드리야르의 '통합된 의미는' 하나로 통합하기 이전에 이미 그는 객관적인 이분법 구분 짓기를 전제하고 있는 것으로, 쟈크 데리다의 해체주의 관점에서 '내파되어 하나로 중심이 된다'는 논리는 장 보드리야르의 근원적이고 중심적인 것에 반대한 '반근원주의' 관점에서 해체된다. 즉 그의 '내파'이론에서 하나로 통합되었다는 전제는 그 자신도 그 이전에 이분법이 존재하고 있다는 것을 뜻하고 있기 때문이다. 다시 말하면 "내파가 통합이며, 통합은 존재하는 것들의 통합이기 때문에, 그 개념 속에 이분법 구도가 암시되어 있다는" 논리이다. 쟈크 데리다의 언급은 그 자신의 형이상학적 이항대립 비판에도 불구하고 인간의 사소한 행위가 이분법을 떠나서는 작동할 수 없다는 극히 중요한 통찰력을 내놓고 있다. 즉 이항대립의 사고구조가 인간의 사색, 이데올로기, 담론을 지배하는 강력한 틀임을 제시하는 것이 구분 짓기 시대인 모더니티에 대한 비판에도 불구하고 결국 장 보드리야르는 자신이 '모더니티 / 포스트모더니티'라는 구분을 세웠듯이 인식론적으로 구분이 위태로울 경우가 있을지라도 인간세계는 끊임없이 진리 / 허위의 구분과 분별 그리고 판단을 요구한다는 점에서 구분은 불가피하다(도정일, 1990: 146).

이런 시대적 구분을 장 보드리야르가 자주 사용하는 그의 용어 중에서 찾을 수 있다. 더 이상 아닌(no longer), 시대에 뒤진(obsolete), 이제는 아닌(no more)이라는 사회학적 수사를 사용하는데, 이러한 것들은 우리가 하나의 상황에서 다른 상황으로 이동, 변화했다는 것을 전제하는 말이다. 예컨대 장 보드리야르(Baudrillard, 1983)의 저작 *The Ecstacy of Communication,* 『커뮤니케이션의 황홀경』에서, " '그때(then)와 지금(now) 간의 대비를 통해 구조화된다. 그때(then)는 현장(scene), 깊이(depth), 소외(alienation), 진정성(authenticity)의 시대였다. 반면, 지금(now)은 외설(obscene), 표면(surface), 그 속에서 주체가 일련의 커뮤니케이션 망 속으로 파편화

---

14) Derrida, J., *Of Grammatology*, 1976: 16을 참고로 하여 장 보드리야르의 '이분법 철폐'는 무의미하다는 것을 해체한 것임.

되는 커뮤니케이션의 황홀경(the ecstasy of communication) 시대였다"라는 용어 선택은 바로 장 보드리야르 자신도 이분법은 전제하고 있다는 중요한 단서들이다.

다음 <표 4>은 켈너가 장 보드리야르의 텍스트 중에 이원적 대립 항들을 조사하여 표로 보여준 것이다(Kellner, 1989: 179). 여기서 켈너가 주장하기를 장 보드리야르는 그의 형이상학적 상상에서 고정된 주체와 객체를 이분법으로 분리시키고 있다.

⟨표 4⟩ 장 보드리야르의 형이상학적 상상계의 이분법(*켈너)

Baudrillard's Fundamental Binaries

subject	object
production	seduction(earlier: symbolic exchange)
depth(reality)	surface(appearance)
sense(meaning)	non‑sense
interpretation	charm
scenethe	obscene
potentiality	ecstasy
irreversibility	reversibility

위 표에서와 같이 장 보드리야르의 포스트모던 사회에도 여전히 구분법을 짓고 있다는 것을 그의 텍스트에서 찾을 수 있다. 켈너는 이와 같은 장 보드리야르의 구분 짓기는 그의 형이상학적 상상계(metaphysical imaginary)로 회귀하는 그의 정치적 상상계(political imaginary)와 밀접한 관련이 있다고 주장한다.

장 보드리야르는 형이상학에 근거한 반영(reflection)이 형이상학 자체에 이르기까지 해체시킨다. 켈너의 분석은 형이상학이 최고도로 투영적인 상상력이라고 주장한다. 형이상학가들은, 주체적 범주, 환상, 기대와 공포란 범주에서 자기 나름대로 해석하면서, 형이상학 세계에서 자기들의 상상력을 투영한다. 장 보드리야르 경우에도 객체에서 그의 주체를 투영하거나, 전형적인 이상의 상상력을 객체적 세계에서 자신이 주체적인 경험의 특권이 존재한다는 것을 묘사하고 있다.

예컨대 장 보드리야르는 월트 디즈니(Walt Disney)에서 객체적인 동물과 사물을 주체적인 사람으로 의인화(anthopomorphixed)시키는 예를 들고 있다. 여기서 동물과 사물들의 객체세계는 시뮬라크르 속으로 회귀한다. 이렇게 볼 때, 장 보드리야르의 형이상학적 세계는 디즈니랜드보다 더 악의적인 유해로운 것이다. 왜냐하면 'happy ending'으로 끝나는 보장도 없이, 그 객체들은 불행한 주체들에 그 자신들이 유혹되고 보복당하고 있기 때문이다.

장 보드리야르는 내파와 엔트로피가 모더니티와 포스트모더니트의 경험에 기인되는 것으로 설명한다. 이 과정을 사회적인 경험들이 엔트로피 속으로 내파된다고 한다. 모든 형이상학자들처럼 장 보드리야르도 한 세계를 자신의 척도와 취향에 맞게 구성한다. 그의 형이상학은 주체적 구조이다. 왜냐하면 자기가 좋아하는 범주를 한 세계에 존재하도록 투영 기계에 투사하고 있기 때문이다. 이 과정이 우리들의 복잡하고 혼란한 경험의 세계를 넘어선 힘을 갖도록 접합시키는 작업이다.

마치 모든 형이상학적 상상력처럼, 장 보드리야르의 형이상학 상상력도 기호물신적이다. 니체가 연못에 자기 상(image)을 비추어 응시하면서 자기의 세계가 반영되는 것을 바라보면서 나르시시즘에 젖어 만족함을 느낀 것처럼, 형이상학자들은 자기가 처해 있는 세계에 자기개념을 반영하면서 자기만족을 느낀다.

이런 논리를 적용해 보는 장 보드리야르는 사물보다 기호에 더 리얼리티를 강조한다. 바로 이 점을 켈너는 장 보드리야르가 기호물신자로 형이상학 상상력으로 회귀한다고 주장한다.

이 형이상학적 상상력은 장 보드리야르의 디즈니랜드에서 나타나듯이, 그는 객체 영역 속으로 그의 자신의 주체적 상상력뿐만 아니라 주체의 범주를 투영시키고 있다. 장 보드리야르는 모든 주체는 객체가 되기를 원한다. 이 대목에서 장 보드리야르는 변형적인 기호물신주의 논리로 객체가 되기 위한 비범한 꿈을 꾸고 있는 이중역할 수행자(double agent)라고 비판받는다. 비판받을 만한 대목은 장 보드리야르가 포스트모던 시대를 현실과 허구, 진리와 허위, 진짜와 가짜 사이의 구분이 이제는 소멸됐다고 내세우면서도 그의 텍스트들에는 이분법이 존재한다는 증거들이 있기 때문이다.

장 보드리야르가 지금까지 인간이 구분 지어온 이원적 대립체계를 소멸시키려고 하는 논리를 전개해 왔듯이, 쟈크 데리다의 경우에 있어서도 인간은 항시 이분법적 사고행위를 떠나서 행동할 수 없다는 통찰력을 제시하였다. 이는 인간은 우리의 삶에서 항상 이원대립 구도를 전제하고 있다는 것이다. 우리 인간은 사고하는 동물이라는 데 그 원인이 있다. 우리가 삶에서 보고, 듣고 하는 인간의 기본적인 생존 행위 자체가 이미 우리의 오감(五感)에서 그 가치-존재에 대한 이분법적 구분 짓기를 하고 있다.

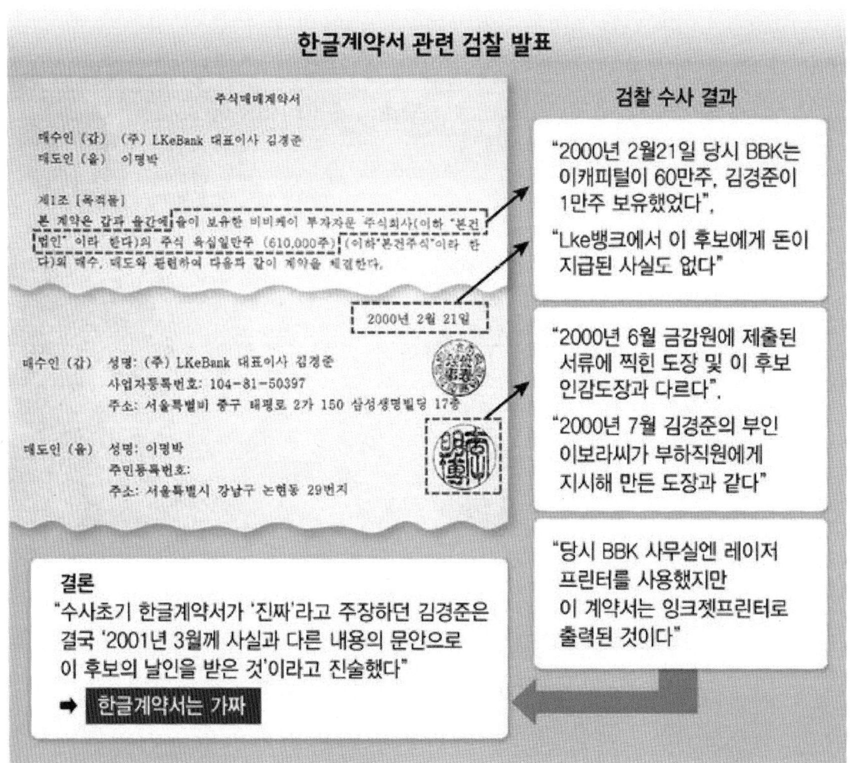

〈그림 12〉 2007년 BBK의 의혹사건 인감도장 진위 공방검찰 자료

예컨대 2000년 2월 미국 솔트레이크시티 동계올림픽에서 한국의 김동성 선수가 우승을 하고도 미국의 텃세에서 심판의 오심으로 미국선수 아폴로 안톤오노에게 우승을 빼앗겼다. 이때 우리 국민들은 진정한 우승자는 한국의 김동성이라고 하였다.

그러나 미국 국민은 오노가 우승했다 하였는데 진정한 우승자는 누구인가? 그리고 <그림 12>에서와 같이 2007년 'BBK의 의혹사건'에서 '인감 도장' '가짜 막도장' 진위공방과 45억 원짜리 박수근의 '빨래터' 진위 여부(조선일보, 2007. 11. 24일자)는 내파로 생성된 이분법 짓기의 논쟁이다.

그렇다면 진짜와 가짜가 분명히 가려지는 이분법 짓기가 우리 생활에 존재하고 있는 것이 아닌가?

이 논리가 장 보드리야르의 세계관에서는 모든 이분법적 구분이 무효이고 오류라는 논리하고 일맥상통한다. 그는 진리와 허위, 진품과 모조품, 현실과 이론, 역사와 허구, 현실과 환영, 심층과 표층, 무의식과 의식, 사용가치와 교환가치, 예술과 조합, 실물과 기호 등의 구분은 초월세계에 존재하는 실체에 대한 본질론(essentialism)과 재현론(theory of representation), 또는 형이상학적 이분법의 구도는 더 이상 유효하지 않다는 것이 그의 탈분화(dedifferentiation)의 요지이다. 이 탈분화론을 따른 포스트모더니즘이 '현실에 맞다'라고 말하는 것부터가 틀린 소리이다(도정일, 1991a: 142). 그런 주장은 포스트모더니즘의 자체 논리상 이미 현실과 이론을 분리하여 현실을 '본질'로, 이론을 그 '반영'으로 보는 이분법적 사고에 빠져 있고 본질론, 재현론, 또는 형이상학적 이분법의 오류를 범하고 있기 때문이다. 실제로 장 보드리야르는 자기 이론과 객관적 현실을 구분하지 않는다. 장 보드리야르는 이론 따로 현실 따로 있는 것이 아니므로 그의 이론은 이미 그가 시뮬라크르(simulacra) 또는 과실재성(hyperreality)이라고 부르는 포스트모던적 현실의 일부이다. 심층/표층의 분리는 존재하지 않으므로 그의 텍스트는 어떤 심층현실을 '반영'하는 표층이 아니라 심층 없는 표피 그 자체이다. 장 보드리야르는 심층/표층의 구분철폐라는 자기 이론의 방법론적 관철에서 나온다. 그가 심층/표층을 구분철폐에서 그의 기호(이미지, 그림, 영화 포함)는 심층을 '반영'하거나 '재현'하는 것이 아니고 또 재현대상으로서의 심층을 갖는 것도 아니므로 기호는 곧 '심층 없음'(깊이 없음)의 표현이고 심층부재의 증거이다. 그러나 그의 세계에서 심층부재라고 하는 개념은 암암리에 한 개념의 존재를 위한 상호 내재적 토대(현실)/상부(반영)의 개념의 짝을 바탕으로 구성한다는 것을 앞에서 살펴보았다.

이와 같이 장 보드리야르가 이분법을 철폐하는 것은 그가 포스트모더니즘을 사회적 유물론에 근거(grouding in social materialism)를 두어야 할 이데올로기 때문이다. 이것이 바로 장 보드리야르의 내파이론이 형이상학적 이분법 구분 짓기를 자신이 하고 있다는 확실한 증거는 그가 이 본질부정의 방법을 '디즈니랜드' 분석에도 적용하여 현실계의 부정을 확대한다 하고 있는 대목에서 찾아볼 수 있다. 그에 의하면 미국이라는 실물의 현실세계가 따로 있고 디즈니랜드라는 환상의 세계가 따로 있는 것이 아니라 미국 전체가 이미 디즈니랜드이다. 디즈니랜드가 환상적 상상계로 제시되고 있는 것은 사람들로 하여금 바깥세계는 현실계이고 디즈니랜드는 상상계라고 믿게 하기 위해서이다. 그러므로 디즈니랜드는 미국 전체가 이미 실물현실의 세계 아닌 환상적 디즈니랜드라는 사실을 은폐한다. 말하자면 디즈니랜드는 우리가 보는 실재 보는 디즈니랜드와 영화나 매체를 통하여 보는 디즈니랜드하고 다를 바가 없다. 이는 실재의 디즈니랜드의 의미구조와 매체에서 보는 디즈니랜드의 의미구조가 일치하기 때문이다. 즉 우리의 현실의 체험이 기의를 통해 기의화되어 기표로 표징되는데, 현실과 이미지가 아무런 차이가 없다는 것이다. 말하자면 디즈니랜드라는 한 기호를 이루고 있는 이미지, 현실, 지시대상, 이데올로기 기의＝기표가 내파되어 한 선상에 위치하기 때문이다. 이 디즈니랜드는 시뮬라크르이고 바깥세계는 진품 또는 실물인 것이 아니라 안팎이 모두 시뮬라크르의 세계여서 현실계／상상계, 실물／환상, 진품／시뮬라크르의 구별은 성립되지 않는다는 것이다. 우상은 그 너머에 아무것도 갖지 않기 때문에 우상이고 이미지이고 시뮬라크르이다. 마찬가지로 디즈니랜드도 원판 없는 시뮬라크르이다. 이렇게 알듯 모를 듯 그의 내파이론으로 현실을 설명하고 있는 장 보드리야르는, 켈너에 따르면 장 보드리야르가 형이상학으로 회귀한 것은 그가 기호물신주의(sign fetishism)에 빠져 있었기 때문이라고 하였다. 그것은 장 보드리야르가 사물(things)보다 기호에 그 리얼리티를 두는 '기호물신주의자'이기 때문이다.

그러나 포스트모더니즘에서는 어느 정도 장 보드리야르의 관점을 극단적이지마는 그리 단선적으로 진단하지 않는다. 왜냐하면 강력한 대중매체의 영향하에 있는 포스트모던 사회에서는 리얼리티(reality)가 대중매체의 피드백(mass media feedback)의 형식을 통해 구성되므로 '진리' 주장이나 모든 '구분'의 유효성이 사라지게 된다. 노리스(Norris)의 지적대로 장 보드리야르의 포스트모더니즘은 진리와 허위를 구분 짓는 것을 문제 삼는 것이 아니라 현 상황에 대한 정확한 '진단(diagnosis)'이기 때문이다. 그러나 쟈크 데리다의 입장에서 본 장 보드리야르의 포스트모던 언어세계에도 여전히 이분법 구분 짓기가 존재한다는 것이다. 장 보드리야르는 모델과 코드가 지배양식인 비결정적 세계에서 거짓과 진실, 현실, 기호(기의, 기표) 본질과 현상 등의 구분이 내파된다고 하지만 그의 텍스트에서, 리얼리티(현실, reality)가 소멸된 자리에 하이퍼리얼리티가 존재하고 있기 때문이다. 이런 논점에서 본다면 장 보드리야르의 포스트모던 세계에도 현상과 본질, 진리와 허위 등의 구분이 존재하며, 그 내파이론은 뒤집힌 플라톤주의의 한 양상을 띤다고 볼 수 있다(Norris, 1987: 182).

따라서 그의 이분법 짓기의 철폐론은 진리와 허위의 경계선을 지움으로써 허위와 가짜를 정당화하고 허위에 대한 모든 비판을 무효화시키는 자유주의적 상대주의의 오류에 빠져 있다는 증거이다. 그러므로 장 보드리야르의 이분법 구분 철폐론은 이데올로기 비판 아닌 이데올로기 그 자체이다(도정일, 1991a: 143).

장 보드리야르가 포스트모던 시대를 재현 불가능 상황으로 보고, 그 자리에 내파로 생성된 시뮬라크르의 과실재성으로 바라본 것은 바로 그의 탈구분론을 예술로 확장시켜 적용하려는 의도이다. 그의 세계에서의 예술이란 이미 만들어져 있는 것들을 이리저리 다시 짜 맞추어 보는 조합놀이에 지나지 않는다. 이것은 그의 역사 종언론의 귀결이기도 하다. 이런 점이 '새로운 것은 것이 없다는' 것은 허무주의적인 역사의 종말이고의 불가피한 결론이다. 이와 같은 논리는 바로 내파로 모든 차이를 상멸시킴으로써, 여기서는 재현이나 재생산이 불가능하다. 장 보드리야르의 포스트모더니즘 속에서 예술이 갖는 기능이란 새로운 미적 가능성의 탐색이 아니라 상품체계의 최종적 보호 또는 유지를 위한 기능이란 비판을 추가하지 않을 수 없게 된다. 바로 이런 점이 기호물신자라고 보는 관점이다. 그렇지만 이런 형이상학적인 이원적 대립체계를 소멸시키려는 장 보드리야르의 내파와 쟈크 데리다의 해체적 논리는 우리의 현실에서 'case-by-case'로 적용될 수도 있다는 것은 부인할 수가 없을 것이다.

제6장

대중문화에서 나타난 내파현상 해체

제1절 대중매체에서 내파현상

앞에서 언급했지만, 외파나 내파의 근본은 경계의 약화이다. 내파는 밖에서 경계를 지우며, 확대·팽창되는 것이고, 내파는 안으로 서로 간 경계를 지움으로써 소멸되고 확대되는 것이다. 이 소멸되고 확대된다는 것은 대립되던 양극이 있다는 것이다. 따라서 이 세계에서는 이분법이 존재한다는 것이다. 그래서 이런 논리로 보면 소멸, 확대된다는 개념은 바로 새로운 다른 것으로 재현되거나 재생산되는 것을 의미한다.

지금까지 장 보드리야르의 내파는 언어구조를 이루고 있는 기의, 기표, 이미지, 지시대상 간의 의미의 차이를 소멸시킴으로써, 현실(원본)의 의미가 변함없이 그대로의 이미지로 반영된다. 의미가 변함없다는 것은 기호에 차이가 없다는 것이다. 기호에 차이가 없다는 의미는 현실(본질)과 이론(반영)을 구분하지 않는 것이다. 구분하지 않는다는 것은 중심적이고 근원적이라는 것이다. 근원적이라는 것은 두 개 이상으로 나누어질 수 없는 유일한 하나이다. 이 세계에서는 재현이나 재생산이 있을 수 없고 오직 다른 이미지인 시뮬라크르인 하이퍼리얼리티만 있을 뿐이다. 이런 세계는 장 보드리야르의 내파이론에서만 가능한 것인가. 가능하다면 우리의 대중문화에서 재현이나 재생산은 없는 것인가 하는 의문의 실마리가 풀어야 할 과제이다.

우리가 흔히 포스트모더니티 이전에 모더니티 사회의 서구산업사회는 '외파(explosion)'로 특징지어진다. 즉 이 사회는 사회적 영역, 담론, 가치의 분화뿐만 아니라 상품생산, 과학과 기술, 국가 경계 및 자본의 확장으로 특징져졌다.[1) 그러나 포스트모던 사회에서 이전에 사회이론에서 대전제를 이루었던, 리얼리티 / 의미 / 역사 / 사회까지도 포함하는 저 밖의 '지시대상'들이 시뮬라시옹의 사회에서는 소멸한다는 것이다.[2] 이는 내파로 인하여 대립되던 두 간극을 소멸시키기 때문이라고 앞 장에서 살펴보았다.

장 보드리야르는 내파로 인하여, 그간 철학이나 사회이론의 흐름에서 내재해 온, 외양 / 리얼리티, 재현 / 대상물 등과 같은 이항대립의 내파를 의미한다(김성기, 1990: 120). 장 보드리야르의 내파현상은 미디어에서 의미가 내파되고, 대중에게 미디어와 사회적인 것이 내파되는 것을 포함한다. 대중은 메시지의 지속적인 포격, 그리고 사라, 투표하라, 일하라, 견해를 표시하라, 참여하라, 세금을 내라 등 사회생활에의 참여에 염증을 느끼고 분노하여, 대중은 침묵하는 다수가 되고, 이 속에서 모든 의미와 메시지, 권유는 마치 블랙 속으로 빨려들어 가듯이 내파된다. 따라서 사회적인 것은 사라지고 계급, 정치적 이데올로기, 문화형태 간의 차이, 미디어 기호 연금술(semiurgic)[3]과 현실 자체 간의 차이는 내파된다(Baudrillard, 1983b / 1983d). 이런 내파는 다양한 문화와 스타일이 상호작용하여 오늘날 대중문화와 고급문화 간의 장르의 내파로 경계 구분이 흐려지고 있다(이석현, 1997: 4). 이에 더 나아가 장 보드리야르는 단지 일련의 내파, 즉 정치와 오락, 자본과 노동, 고급문화와 저질문화 간의

---

1) 마르크스와 엥겔스의 『공산당 선언(*Communist Manifesto, 1978*)』에서는 산업자본주의의 외파를 생산력의 혁신과 확장, 새로운 운송 및 의사소통 양식, 세계의 식민지화로 서술하고 있다. 이와 같이 현대성의 외파는 새로운 기술, 생산의 분화, 상품과 서비스의 지속적인 확산을 포함하고 있다(Kellner, 1991, 정일준 옮김, 1999: 19). 이 논리는 장 보드리야르에게 많은 영향을 준다.

2) 이 '지시대상의 몰락'은 장 보드리야르의 스승인 앙리 르페브르(H. Lefebvere)가 이미 『현대세계의 일상성』에서 지적한 사항이기도 하다. 이 저서에서 르페브르는 20세기 초 '지시대상의 몰락'에 주목하는데, 과학 / 기술 / 사회변화와 함께 '백 년 전에는 사회적 맥락 속에서 말과 담화의 주변에 위세를 떨치는 견고한 지시대상들이 하나씩 폭발되어 날아가 버렸으며, 그리하여 기표와 기의의 일체성이 깨뜨려졌다는 것이다(Lefebvre, 박정자 옮김, 1990: 164~5 / 김성기, 1993: 120에서 재인용).

3) 이제 기호는 그것 나름의 생명을 가지며, 모델, 코드, 기호에 의해 구조화된 새로운 사회질서를 구성한다(Kellner, 1991, 정일준 옮김, 1999: 156).

차이의 내파만을 서술하고 있는 것이 아니라 전체로서의 사회가 내파된다고 주장하고 있는 것이다(Kellner, 1991, 정일준 옮김, 1999: 156).

예컨대 노무현 정부의 '부동산 정책', '세금정책'에 대한 국민들의 침묵은 2007년 대통령선거에서 그 반응이 표심으로 연결되었지 않았나 추론해 볼 수 있다. 그리고 박수근의 그림 '빨래터' 등의 작품 진위 논란은 대중문화와 고급문화 간의 장르 경계가 불분명한 내파현상의 사례로 간주할 수 있다.

포스트모더니티들은 빛의 속도로 공간을 넘나드는 사이버공간에서 전통적인 차이와 구별 짓던 경계가 허물어지는 현상으로 나타나고 있는 것은 장 보드리야르의 내파론이 가져다준 결과의 산물이다. 특히 오늘날 테크놀리지의 발달로 인터넷 등 뉴미디어가 이 차이를 더욱 좁게 좁혀가고 있어 모든 경계가 불분명한 시대에서 우리의 생활이 이루어지고 있다. 이와 같이 내파는 경계가 그어 있지 않는 경계영역 초월이다.

또한 포스트모던 언어학적 관점에서 본 내파는, 구조주의 내부 붕괴를 암시한다. 여기서 신화도 내파로 인하여 기의가 소멸된 기표의 연쇄로 이루어지며, 그것이 내보내는 유혹의 몸짓이다(Barthes, 1957). 특히 장 보드리야르는 기표와 기의가 내포되어 하나로 통합된 것을 지칭한다. 이 '내파'로 인하여 우리가 재현하려고 하는 현실은 '이미지 / 실체 / 의미 / 광경 / 감각 / 이데올로기' 등 변별적인 개념들이 내파되어 '차이' 없이 하나로 통합됨으로써, 우리가 찾고자 하는 저 밖의 지시대상은 소멸되어 버렸다는 의미이다. 즉 언어확장 과정에서 기호가 과부화되어 더 이상 기호로서 기능을 하지 못하고 내부로 기호와 지시대상, 현실 간에 연관성이 내부로부터 붕괴된다는 것이다. 이는 의미를 전달하는 기의의 역할이 기표에 의존하게 된다는 설명이다. 여기서 기표에 의존한다는 것은 기표에 우위를 부여한 것으로 내용보다는 형식을 중요시한다는 설명을 앞에서 논의했다. 이런 맥락에서 보면 프레드렉 제임슨이 주장한 경제영역이 모두가 문화적인 것으로 내파되어 경제 / 문화, 현실 / 기호, 주체 / 객체, 고급문화 / 대중문화의 구분이 폐기되고 차이가 소멸되는 논리하고 일맥상통한다.

이 새로운 양식의 논리들이 미디어와 현대문명에 대한 마샬 맥루한의 통찰력과

장 보드리야르의 내파현상은 '음향적 공간(aucostic space)'4)에서 큰 영향을 주고 있다. 이 공간은 오늘날 대중매체의 주가 되는 TV, 컴퓨터 등과 같은 미디어를 이용하고 있는 공간이나, 사이버의 가상공간을 다 포함한다고 볼 수 있다.

이 공간들에서 장 보드리야르의 '코드(code)'와 '모델(model)'이 지닌 의미가 상당히 분명하다고 말할 수 있다. 즉 코드는 컴퓨터 공학의 이진법 코드이자, 생물학에서의 DNA코드이고, 텔레비전과 사운드 리코딩의 디지털 코드이며, 정보 테크놀리지의 코드, 모델은 정보처리, 미디어, 사이버네틱 통제체계, 시뮬라크르로서 코드와 모델 등에 의한 핵심적인 사회적 변화들이 내파되고 있다. 사실상 코드와 모델의 시대가 기호의 시대를 대체한다. 장 보드리야르의 중심적인 관심은 코드와 모델로 만들어진 시뮬라크르이다. 그래서 이 시뮬라크르가 원본과 재생산품 간에 어떠한 관계에 있는가가 중요한 관심사이다. 코드와 시뮬라크르에 인해, 이제 생산되는 대상은(생물학에서의 '조직 tissue'처럼) 기존 의미의(즉, 원본인 자연대상의) 복제품이 아니다. 이제 복제품과 원본의 구분은 부수적인 것이 된다.

자연적 대상을 더 이상 신뢰할 수 없는 시대에 와서(구조주의는 자연적 대상의 신뢰성에 도전한 최초의 현대적 운동이었다). (John Lecht, 1994: 465). 그래서 코드는 사회생활에서 내파로 만들어진 시뮬라시옹이 전례 없는 중요성을 띠게 되었다.

예컨대 오늘날 내파로 커뮤니케이션과 교통수단 발달로 시공간이 압축되면서 지구촌이 하나의 세계화가 되고 있다. 특히 포스트모던 사회의 미디어 영역에서 정보와 오락, 이미지와 현실의 경계는 흐려지고 있다. 많은 해설자들이 지적하듯 TV 뉴스와 다큐멘터리는 스토리를 형성하는 데에 있어서 드라마, 멜로드라마의 코드를 사용함으로써, 점점 더 오락 형태를 띤다.5) 포스트모더니즘에서, 포스트모더니티 구

---

4) 이 음향적 공간이란 문자 이전의 전(全) 감각적 커뮤니케이션 상황에서 존재했던 경험의 공간으로서, 마샬 맥루한에 따르면 현대인은 새로운 전자미디어의 출현과 함께 이 공간으로 되돌아갈 수 있다고 주장한다.

5) 예를 들어 CBS뉴스 매거진 쇼 『57번 가(57th street)』는 뉴스통신기자들이 코미디나 주간 드라마에 나오는 인물처럼 출현하는 그러한 이미지의 콜라주(collage)*로 시작한다(Kellner, D. & Best, S., 1991, 정일준 옮김, 1999: 158).
   *콜라주는 신문이나 광고의 스크랩을 발라 맞추어서 선 또는 색채를 묘미 있게 나타낸 추

성의 2가지 필수적인 구성 요인은 이론이 아닌 대중과 미디어이다. 우리의 감각적인 세계(the world)나, 현실적인 것(the real)은 대부분 대중매체의 외파에 의해 내파로 이어지는 작용으로 정의되거나 재정리되어야 한다.

따라서 이제 전통적인 주류미디어에서 관행으로 여겨오던 현실과 투영은 우리의 시공간의 감각으로 재정돈된다. 현실과 실재란 것은 세계와 더 이상 직접 접촉하지 않지만, TV 화면에 주어진 세계는 우리의 현실이고 TV의 세계이다. 미디어 네트워크 내에서 상호작용 표류의 복잡성은 항상 현실이나 실재 사건 이야기로 혼동된다. 이 혼란이 극도로 수행될 때, 역사는 그 지시대상을 잃는다. 즉 내파로 기의가 지시대상(저 밖의 물체들)을 붙잡지 못하고 기의는 소멸돼 버린다. 이 지시대상의 제지(制止)와 의미가 붕괴됨으로써 새로운 기호형태로 변형된다. 장 보드리야르는 이 현상을 시뮬라크르라 한다. 우리는 시뮬라크르의 새로운 시대로 몰입(immersion)[6]하게 된다. 즉 이미지와 코드, 주체(대중)와 TV 사건 등으로 빠져 들어가 각기 다르게 변화되고, 서로 교차되고 그리고 '진짜' 지시대상에 대해 걱정 없이 서로서로를 조회하고 인용한다. 이와 유사한 시뮬라크르의 과실재성 현실이 우리 대중매체에서 뚜렷이 나타난다. 최근의 정치캠페인에서 대중매체를 이용한 이미지가 실재보다 더 중요하게 작용한다.[7] 특히 한국 사회는 기표(이미지) 만능주의 나라이다. 다시 말하면 '외모(겉모습)'를 중시하는 사회이다. 이것이 내파된 이미지 조작 작업이다.[8] 이

상적 회화 구성법이다.

6) 몰입(immersion) 가상세계 속에 현전하는 느낌, 즉 물리적인 입력과 출력을 넘어서 있는 듯한 느낌을 낳는다. 가상세계의 중요한 특성 중 하나이다. 가상환경은 사용자를 풍경과 음향 및 그 환경의 특수한 촉감 속에 푹 빠지게 만든다(Michael Heim, 여명숙 옮김, 1997: 240).

7) 1988년 미국 대통령 선거운동을 분석한 사람들은 후보자의 이미지를 제공했던 TV광고, 사진, 논쟁 및 여타 미디어 이벤트들이 선거에서 주요한 역할을 했다는 것에 동의한다(Kellner, 1990a).

8) 특히 우리 민족은 열등감이 심해 이를 보상하기 위해 체면 외모 형식 등을 중시해 왔다. 여기에 '비디오'를 중시하는 분위기와 자본주의적 상업성이 더해져 극단적인 외모 지상주의 사회를 만들고 있다. '외모와 외형'에 대한 콤플렉스와 열등감은 사회적으로도 확장된다. 예를 들어 신체 미용 수술, '겉모습이 재산 – 능력'으로, 1억 '투자로' 코 높이는 수술

는 장 보드리야르식으로 말하면 기의 증발과 원실재성의 죽음으로, 기표가 모든 것을 대신하고 있는 것이다. 여기서 기표는 우리의 지각작용에 새로운 기호질서 체계를 부과하고 있다. 이런 사회적 현상은 장 보드리야르가 주장한 외시적 의미가 초신화(super-myth)의 재료가 된다(Baudrillard, 1988a).[9] 이런 외시적 의미(기표, 이미지)가 초신화로 되는 경우는 후기산업사회에서 경제적 상품이 문화가 되는 프레드렉 제임슨의 논리가 잘 반영하고 있다.

프레드렉 제임슨에 따르면 포스트모더니즘 시대의 문화는 모더니즘 시기의 문화가 지향했던 자율성 혹은 반(半)자율성을 더 이상 고수하지 못하고, 후기자본주의 상징논리에 와해되고 확산 함몰되어 사회생활 전체가 문화에 내파된 양상을 띤다. 이는 후기자본주의 문화적 양상인 포스트모더니즘의 경제영역이 모두 문화적인 것으로 내파된다는 의미이다. 이 상황에서 경제 / 문화, 현실 / 기호, 주체 / 객체의 구분이 폐기되고 차이가 소멸된다. 즉 경제구조의 변화 경제구조의 변화 그 자체보다는 기술영역과 유통부문, 소비패턴의 변화로 인해 문화가 토대와 적극적으로 결합하면서 나타나게 되는 문화와 경제의 새로운 관계에 대한 명칭이 바로 프레드렉 제임슨의 포스트모더니즘이다(채영숙, 1992: 19).

포스트모던의 세계에서 장 보드리야르의 내파현상의 핵심적인 요소는 내파로 인해서 차이(difference)가 사라지고 있음을 주장한다(Baudrillard, 1985a). 이와 같은 맥락의 논의는 메이로위츠(Meyrowitz, 1885) 글에서도 찾을 수 있다. 그는 미디어에 의해 형성되는 물리적 상황과 정보상황에 대한 설정을 통해 현대세계에 새로운 공적 관계를 형성하고 있다는 사실을 주장하면서, 특정한 방식으로 사람들을 포괄하

을 최소 60여 번 받았다는 사람이 있다. 우리 사회 전반에 걸친 '외형 중시 풍조'가 극단적으로 나타난 결과로, 인제대 서울 백병원 정신과 이영호 교수는 "한국 사회는 구성원 대부분이 외모나 몸에 만족하지 못한 채 겉모습에 집착하는 병적인 외형 불만족 사회"라고 진단했다. 이와 같은 한국사회 현상을 미국의 월스트리트 저널은 한국을 '종아리 근육을 제거하는 극단적인 성형수술을 하는 유일한 나라'로 보도했다. 이는 '겉모습'에 지나치게 매달리는 성형 중독의 한국 사회상을 꼬집는다(gdt@donga.com).

9) 반면 바르트는 장 보드리야르와는 반대의 입장을 취한다. 그는 "함축의미는 신화의 재료"라고 한다(김경용, 1993: 382).

고 배제하며, 통합하고 분리하는 새로운 사회적 환경으로서 미디어에 주목한 메이로위츠(Meyrowitz, 1985: 70) 연구 또한 같은 입장에서 이해할 수 있을 것이다. 그에 의하면 텔레비전의 기술적 성취는 이질적인 주민의 비동시적 '모임'을 가능하게 함으로써 시공간 거리의 영향을 무화시킨다(Meyrowitz, 1985: 6). 그는 주장하기를 위계적 차이에 기반을 두어서 사회질서를 유지하려면 개인은 각기 지위수준에서 일정한 '장소감각(sense of place)'을 갖는 일이 필요하다. 그는 여성운동이 성공하는 원인을 '커뮤니케이션 기술에서의 변모'에서 찾는다. 예를 들어, 이란의 경우 '성벽' 허물기로 차도르 혁명이 일어나고 있는데 '여성의 교육·사회진출이 급속히 증가하고 있다.[10] 그의 기본 입장은 "미디어는 특정한 방식으로 사람들을 포괄하고 배제하며 통합하고 분리하는, 일종의 사회적 환경이다"라고 주장한다. 이런 사회적 환경은 소수집단, 인종, 주변적 지위집단(흑인, 게이, 결손가정 등)을 묘사한 시추에이션 코미디가 같은 쇼를 대치하게 된 것은, 1960년대의 급진운동이 전에는 그처럼 안정된 듯싶던 '중간계급'치에 실질적으로 반박하고 나서야 일어난 일이다. 이렇듯 TV가 정치 변동을 뒤따르고 강화도 한다는 가설은 메이로위츠의 대안적 견해만큼이나 그럴듯하다. 이를 거브너(Gerbner)는 텔레비전이 한 문화 내의 동질화를 유발하는 수단으로 여겨지기 때문에 이 효과를 배양(cultivation)효과라고 칭한다(Littlejohn, 김흥규 옮김, 1996: 428). 이와 같은 현상이 바로 미디어의 내파로 인하여 차이가 소멸된다는 논리이다. 예를 들어 즉 TV를 위주로 한 전자매체의 영향으로 기표와 기의 차이, 남자와 여자의 차이, 어른과 아이의 차이, 공적 공간과 사적 공간의 차이 같은 것이 사라지고 있다. 그러나 후기산업사회에서 수행하는 생산조직과 소비문화(특히 광고)에서는 차이의 변조가 아직도 기본적인 전략이기 때문에 장 보드리야르가 기술하는 '유혹하는 기표'의 중요한 일면의 매우 다른 각도에서 반영됨을 우리는 주시하여야 한다. 그 차이가 소멸되었다 하는 의미는 각 영역 간의 경계는 무너지

---

10) 이란의 여성이 남성에 비해 대학 진학자 60%(2001년 기준), 정부 부처 여성 공무원 증가, 여성 부통령 탄생(9명 중 1명), 여성 장관, 여성의 사회적 발언권 성장, 여성이 원한 이혼율 증가, 변형차도르 유행, 맨발에 슬리퍼 차림의 여성, 여성 택시 운전사 등 남성 우월주의를 주장한 이슬람에도 남녀 성 차별 허물기로 차이가 줄어들고 있다.

고 기존의 관점이나 태도는 의미를 잃는다. 또한 장르의 해체와 장르 간 구별의 와해는, 즉 가치체계, 의미체계 그리고 사회적 합리성의 원칙을 파괴를 의미하며, 진화나 혁명이 아닌 몰락(파국)의 양상을 띠는 것이 이 시대의 **빼놓을 수 없는 특징**이라 하겠다. 이런 차이가 소멸된 과실재성 세계에서는 현실의 시뮬라크르가 현실 그 자체를 대신하며 '진실, 지시대상, 객체적 원인'은 시야에서 사라진다(김성기, 1990: 120). 이 경우 텔레비전이 그 전형이며, '생활 속으로 텔레비전의 내파, 텔레비전 안으로 생활의 내파'라는 명제가 성립된다는 것이다(Baudrillard, 1983b). 텔레비전 미디어는 과실재성 안으로 현실의 내파를 규제하는 유전자 코드 같은 것이다. 다음은 그가 전하는 풍부한 은유적 의미들이 우리 대중문화를 읽어 낼 수 있는가에 대하여 이론과 사례를 통해 분석하겠다.

제2절 대중문화에서 내파현상의 해체

1. 장 보드리야르의 탈기호적 인식

오늘날 '지구촌'이라는 개념에서 좀 더 즉시적이고 다양한 커뮤니케이션의 경험이 가능해진 것은 사실이다. 이러한 세계에서 각 영역 간의 경계는 무너지고 기존의 관점이나 태도는 의미를 잃는다. 이러한 영역의 구별과 해체는 포스트모던 시대의 **빼놓을 수 없는 특징**이다.

마샬 맥루한에 따르면 전자매체의 등장으로 순차적이고, 선형적 시각에 분류되었던 고급과 저급, 엘리트와 대중들의 경계는 소멸되고 그로 인해 삶의 다양한 표현이 동시적으로 상호 공존하게 되었다 하였다. 포스트모더니티에서는 기호와 지시대상과의 연관성이 약화되거나 파괴된다. 이는 기호를 이루고 있는 기의와 기표 간에 연결고리 약화로 투영의 위기에 처한다는 의미이다. 이를 학자마다 기호학에서 벗어난 다른 변형에 불과한 것인지에 주요한 관심사항이다.

이 새로운 변형을 본 연구에서는 일단 탈기호화(de‒sign)라고 가설하여 분석하고자 한다. 이 탈기호는 장 보드리야르의 언어세계관이고 포스트모던 사회의 이미지이다. 전통적인 기호학에서는 한 기호는 의미와 개념을 전달할 기의가 전제되어야만 기표의 기능이 수행될 수 있다고 한다. 즉 기호가 제 기능을 수행하려면 기호의 이미지, 즉 기표와 그 지시대상 혹은 의미와 등가의 관계가 있어야 한다. 이런 관계에서는 기호 / 의미 / 지시대상 사이에 일대일의 동등한 자격에서 독립적으로 상호관계를 유지하여야만 세상의 모든 사물이나 의미를 나타낼 수가 있다는 표현이다. 그러나 만약에 실제로 기호와 사물 간에 동수관계가 성립된다면 기호는 그 역할을 상실한다. 왜냐하면 기호는 의미의 차이에서 오기 때문이다. 여기서 기호는 의미를 감싸고 있는 외양이고 단지 의미에 의해서만 결정되고 있고, 의미만을 모방하고 재현한다는 것이 전통적 주류미디어 관념이다. 그렇기 때문에 기호와 의미의 대립체계에서는 기호와 의미 사이에 분할이 행해지고 하나의 기호는 각각 사용하는 곳에 따라 의미를 달리한다. 의미는 항구적으로 변하지 않는다. 이 점을 장 보드리야르의 로고스 중심적이라 한다. 그렇지만 기호는 역사와 장소 시간에 따라 유동적이다. 기호가 이렇듯 유연하기 때문에 기호는 등가체계, 이원적 대립체계이며 오늘의 조직체에 쉽게 적응한다. 여기서부터 실제적으로는 기호(이미지 또는 기표)가 의미(또는 기의)를 지배하기 시작한다고 할 수 있다.

다시 말하면 기호 생산자가 자의적으로 기표에 기의를 더하거나 빼내는 작용을 할 수 있다는 뜻이다. 그런데 바로 이 점이 쟈크 데리다의 해체주의에 입각하여 볼 때, 기호의 구성들 간(실체 / 기의 / 기표 / 지시대상) 등가 관계는 중심적 근원이 구성되기 이전에 이미 이분법이 전재되고 있음으로 해체대상이 되고 있다. 이와 같은 해체대상에 상정될 수 있는 텍스트가 바로 장 보드리야르의 '내파'이론이다. 장 보드리야르의 '내파'는 한 실체를 표징하는데 기의와 지시대상은 소멸되고 기표만이 그 실체의 이미지를 재현할 수 있다는 논리이다. 다시 말하면 한 실체에 의미가 내파되어, 실체(현실) / 이미지 / 의미 / 이데올로기가 하나로 통합된 기호일원론이다. 이미지와 실체 사이에는 아무런 차이가 없다는 장 보드리야르의 탈기호화적인 급진적인 내파이론이다. 여기서 탈기호화(de-sign)란 탈(de)기호(sign) 의미로 기호의 작용에 있어서 기표와 기의 사이의 전통적이고 보편화된 관계를 파괴함으로써 기의를 증발시켜 기표를 단지 유혹하는 힘으로 변화시키는 것을 말한다. 달리 말하면, 그것은 기의를 억누르고 기표에 우월성을 허용하는 조작으로, 기의는 단순히 기생적인 것으로 격하된다. 기표가 기의를 지시하지 않고 기의와 유리되어 있으며, 그렇기 때문에 기의보다 우위에서 기표가 기호이고, 기호가 이미지로 작용됨을 의미한다. 이것이 바로 장 보드리야르의 기호의 언어세계관이고 이 개념은 내파현상의 원리로 작용한다. 장 보드리야르의 내파현상의 원리는 독일 리이만(Bernhard Riemann)의 비유클리드 기하학((non-Euclidean geometry)에 기초하고 있다. 전통적인 재현의 공간은 직선적인 평행한 다른 직선상 위치에서 기호의 구성요소들이 서로 만나지 않지만, 내파논리는 차이를 두던 현실, 이미지, 기표, 기의 등의 변별적인 용어들이 타원형적 위치에서 마치 하나의 핵처럼 구성된다. 이 타원인 공간은 순환개념을 도입하게 된다. 이 순환은 모더니즘과 절대적 이상의 관계를 간접적으로 말해 준다. 이 곡선적인 공간에서 진실이 곧바로 체택된 공간이 아니다. 이 공간은 진실이라는 기호가 정작 지시하고 있는 것은 지시물이 아니라 그 대상물의 부재, 사라짐, 죽음을 지시하고 있다. 이 지시대상이 없는 공간은 시뮬라크르의 공간이다. 이 공간에서 재현된 이미지와 실물이 서로 만나서 하나가 되기 때문에 이미지가 곧 실물이다. 이 공간은 내파의 상태가 있는 공간으로 여기서 공간과 시간은 직선적인 아니고 곡선으로 중앙을 향해 휘어들어 가고 있다. 이 시뮬라크르의 공간과 시간은 블랙홀의 공간과 시간으로 밖이 아니라 안을 향해 휘어들게 하는 의미가 바로 내파가 이루어지고 있기 때문이다. 지금까지 설명한 장 보드리야르의 언어체계와 쟈크 데리다의 해체주의 관점에서 상호 비교해 본 내용을 다음 <그림 13>같이 도식해 볼 수 있다.

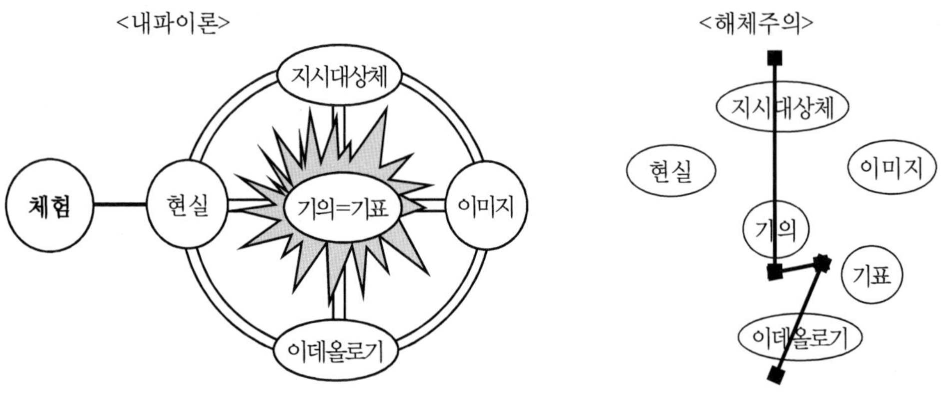

〈그림 13〉 장 보드리야르의 내파 언어체계와 쟈크 데리다 해체주의 언어체계 비교

· 현실<＝내파＝>이미지:
  기의＝기표＝지시대상체＝이데올로기＝〉내
  파로 하나됨
· 기의 ＝ 기표: 포스트모던 언어체계
※과실재성 언어체계(기의 소멸)
· 지시대상체 ＝〉 재현불가
· 의미의 내파 ＝〉 이분구도 부정
· 근원적, 중심적, 고정된 의미
∴ 로고스 중심주의

· 기의≠기표: 차이와 대립
· 지시대상체 ＝〉재현
· 이분구도 해체
· 의미의 미끄러짐
∴ 반근원주의, 차연

이와 같은 장 보드리야르의 내파이론을 전통적인 주류미디어의 기호의미작용(sig-nification)에 비추어 볼 때, 이미지와 실체는 서로 다른 존재가 아니다. 그리고 '이미지' 개념은 내파적이지도 않다(Fiske. 1993). 또한 '내파'는 두 개 간의 간극 차이를 없애는 것이라고 하였지만, 바르트(R. Barthes, 1975)가 주장하듯, 표상성의 매체인 언어는 단지 상징일 뿐 현실과 직접적인 관계를 맺지 못한다. 이 설명은 이미지가 내파적이지 않다는 의미로 해석될 수 있다. 그러나 주도비트즈(Judovitz, 1988)는 표상성은 표상하는 것과 표상된 것의 '차이'를 부인하고 비슷함이나 공통성을 강조한다. 따라서 돈 이히데(Ihde, Don, 1982)는 내파된 시뮬라크르는, 재현은 "반드시 불완전하며, 보충적이다"라고 하였다. 따라서 장 보드리야르의 '내파' 현상은 진리의 도착심(倒錯心)이 많은 사람의 인식 세계에서 일어나고 있음을 암시한다. 이는 내파에 의해

서 기표와 기의의 두 다른 세계(대립과 차이)가 하나의 연속체(連續體) 위에 겹치기 때문이다(Baudrillard, 1988: 88). 이런 현상이 생기는 이유는 기의가 저 밖의 실재성들이 매체에 내파되었기 때문이다. 기표는 실재성을 대신하고 환유가 된다. 두말할 나위 없이 TV가 보여주는 영상성의 이미지는 모두가 과실재성이라고 볼 수 있다.

이 영상의 시대는 이 과실재성이 진본(the original)보다는 오히려 차별화된 이미지로서의 시뮬라크르가 진품보다 높은 가치를 가지게 된다. 우리는 때로는 실재보다 TV에서 비치는 비실재에 더 많은 관심을 가지게 된다. 포스트모더니즘 문화에서는 이 같은 기표와 기의의 연관이 단단하지 않다. 이 시대는 기표의 가치가 기의의 가치보다 우위에 있는 시기이다. 이러한 가치는 순전히 기호의 차이에 의해 생산된다. 장 보드리야르는 기표가 어떤 것을 지시하기보다는 없는 것을 있는 것처럼 꾸며 보기까지 한다. 시뮬라크르란 원래는 진짜를 모방한 것 또는 베낀 것으로 여겨졌다. 그러나 모방 내지는 재현을 뜻하는 시뮬라시옹이라는 단어는 오늘날에는 진짜 또는 실재와는 전혀 무관하게 스스로 가치를 가지는 시뮬라크르를 만드는 과정을 지칭하게 된다. 이는 기의와 유리된 기표가 스스로 존재하는 것과 같은 맥락이다. 이러한 시뮬라크르를 우리는 진짜 가짜 품(pure simulacrum)이라고 부른다(Baudrillard, 1988a: 170). 이와 같은 것을 장 보드리야르식으로 말하면 기호의 조작을 통하여 없는 것을 있는 것처럼 만드는 것은 순 시뮬라시옹(pure simulation)과정으로서, 가장 고도의 시뮬라시옹이다. 이 같은 순 시뮬라크르는 때에 따라서 참과 거짓의 가치판단을 불가능하게 하여 진실과 허위 실제와 허구의 구별을 무너뜨린다. 장 보드리야르의 세계에서 탈 기호화가 가능한 것은, 기표와 기의를 임의로 연결시킴으로써 하나의 기호가 만들려는 기호의 근본적 성격 때문이다. 이를 소쉬르의 식으로 표현하면 음성기호인 언어는 자의적(恣意的, arbitrary)이다. 즉 언어가 실재를 여실히 묘사할 수 없다는 것이다. 가령 자의적이란 것은 예컨대 우리가 딸기란 단어를 읽을 때, 청각적 이미지와 딸기란 단어의 개념 사이에는 필연적 관계는 없다는 것이다. 우리말로 딸기란 단어는 다양한 청각적 이미지를 사용할 수 있기 때문이다. 다시 말하면, 의성어(擬聲語, onomatopoeia)인 극히 일부를 제외하면 음성언어와 그것이 의미하는 것 사이에는 고유하거나 자연적인 관계가 전혀 없다(이정호, 1998: 46)는 것이다. 이 의미는 기호와 약호(約號, code)가 결합과 변형의 법칙에 의해 특정 사회의 구성원에게 의미 있는 것으로 받아들여진다. 사회의 구성원들은 기호 / 의미작용체계(signifing system) 속에서 자신들의 역할을 잘 수행하고 있다고 볼 수 있다(이정호, 1998: 46). 이러한 현상은 우리 생활의 일부처럼 되어 있는 TV와 같은 영상매체에서 볼 수 있다. 특히 우리 생활에서 TV는 있는 것만을 보여주는 것이 아니라 없는 것도 영상 조작기술에 의해 만들어 보여주기 때문에 TV는 시뮬라크르의 조작에 의해 영상이미지를 전달한다고 할 수 있다. 따라서 TV 화면에 나타나는 자연은 진짜 자연이 아니고 시뮬라크르(가짜)로서의 자연이다. 시청자들은 TV 화면에 나타나는 이러한 가공된 이미지들을 보며, 이러한 기호의 유혹에 사로잡혀 인공적 기호의 세계에 빠져든다. TV가 보여주는 이러한 시뮬라크르를 과실재성(hyperreality)이라고 하며, 시뮬라크르가 생성되는 가상공간을 과실재공간(hyperspace)이라고 부른다. 이러한 예는 TV에 나오는 닌자 거북이, 터미네이터, 그리고 비디오게임 등이며, 이것이 더 사실감 있게 나타난 것이 가상실제(virtual reality)이다. 이것은 기호의미작용에서 기의와 기표가 의미의 차이 없이 동일한 평면에서 작용하고 있기 때문이다. 이는 영상이미지(=가상공간)가 자아로 유혹되는 분열증인 것이다. 이를 쟈크 데리다는 현전이 구축되는 착각 때문이라고 설명한다. 여기서 착각이란 기호가 사물을 투명하게 전달해주리라는, 순수한 전달수단이라고 생각하는 것이다. 이 착각에 의해 우리는 기호의 의미가 의사나 사물을 투영(reflect)하거나 대신(stand for)하거나 재현(represent), 재생산(reproduct)한다고 생각한다(김용호, 1990: 18). 이것이 가상실제인 것이다. 이것은 기호조작에 의하여 없는 것을 있게 함으로써 이를 조종하는 사람으로 하여금 사실감과 기시감을 느끼게 한다. 이는 허구가 실제의 자리에 들어오게 한 가장 좋은 예이다. TV가 우리에게 보여주는 영상들의 대부분은 과실재성들로서, 허위라기보다는 조작에 의해 탄생되는 대체로 비실재적인 것들이다. 설령 그런 것들이 허위가 아니라도, 그것의 영역 밖에 있다는 사실에 유의할 필요가 있다. 가령 소비사회 측면에서 살펴보면 영상매체의 역할은 소비자의 욕망을 자극하여 과실재에 대한 구매충동을 유발하는 것이다. 따라서 소비자는 상품을 소비하는 것이 아니라 매체에 의하여 생산되는 상징적 기호와 그 이미지를 소비하는 셈이다.

우리의 현실이 매체에 내파되어 '과실재성'으로 나타난 그 사례들은 우리 주변에 무수히 있다 하겠다. 미디어 기술과 우리의 사고가 사실성과 무관한 이미지를 만들어 낸다고 장 보드리야르는 주장한다. 즉 현실이나 실재보다 더 실제같이 된다는 논리이다. 장 보드리야르는 이 세계에서는 재현도 불가능한 것으로 여기고 있다. 그러나 그 의미는 소멸되지 않고 최소한 반영하여 재현되고 있으며 재생산도 가능하다. 이런 맥락에서 내파는 두 극 간의 단절이 아니라 오리지널(시원적 원본)을 모델로 새로운 것을 창조하는 시도이다. 이를 들뢰즈는 시뮬라크르가 오히려 자신의 작용을 통해 재현을 가능하게 만든다고 본다. 즉, 시뮬라크르는 '사건으로서의 재현'이다(강내희, 2000: 32~33)라고 보는 경우이다.

그러나 장 보드리야르의 세계관에서 보는 세상의 모든 것은 내파적 시뮬라크르로 재현되도록 운명 지어져 있다. 즉 실물이 곧 기호이다—풍경은 사진술로, 여성은 성적인 시나리오로, 사고(思考)는 저술로, 폭력은 유행과 대중매체로, 가상공간의 캐릭터는 현실공간의 엽기적인 모방으로, 사건은 TV로 재현되어(Baudrillard, 1998b: 32) 볼거리를 제공한다. 이 이행과정에서 신화는 기표의 연쇄로 이루어져 모든 은유를 환유의 차원으로 끌어내린다.

다음 예를 보자 오늘날 대중매체가 보여주는 폭력의 모습은 극한을 치닫고 있다. 이제 폭력은 단지 사람을 살해하는 정도에 그치지 않고 어떻게 죽이는 것이 더 잔인한지, 그리고 어떻게 죽이는 것이 가장 즐길 수 있는 모습인지, 살인하면 어떤 느낌인지, 그 폭력성은 인터넷 게임에 빠져 현실공간을 사이버공간의 캐릭터(등장인물)와 착각해 자기 친동생을 모방 살해하고, 모방 폭탄폭파 등 탐구적 모방 범죄 등은, 일종의 내파된 정신분열증세로 현실공간과 사이버공간상 환영의 내파로 간극(차이)이 없이 on-line상에서의 가상이, 실제 off-line으로 그대로 재현된 것이다. 이것을 언어체계적으로 읽어보면, 가상세계의 지시대상(referent)이 현실의 지시대상이 되는 셈이므로, 기존의 허구/현실 간의 구분 자체가 애매해지기 때문이다(강내희 1996: 40). 그러므로 가상현실의 범죄행위가 현실의 지시대상으로 구분 자체가 내파되어 그 경계의 흐림(blurring)과 혼합(blending)되기 때문이다. 이를 쟈크 데리다식으로 표현하면, '기의 없는 기표' '음가 없는 기표' 혹은 '기표의 기표'로서 기능하는 기호로 기의, 즉 의미가 기표와 일대일 관계이기 때문에 일어나는 것이다. 이런 기호의 의미작용이 장 보드리야르 탈기호적인 일반 인식이다. 이런 변형에 불과한 기호작용은 기호작용체계 내에서 이루어진 것으로 기호화 과정을 파괴하지는 않는다. 단지 이미지와 의미의 다양한 생산으로 기호화 과정을 풍부하게 하는 일종의 포스트모던 언어의 변형에 불과할 뿐이다. 이런 일련의 기호작용이 대중매체 속에서 어떠한 영향을 미치는지 살펴보겠다.

2. 영상미디어에서 체현관계

TV를 통한 매체의 체험이란 것은 이차적으로 매체에 매개된 영상적인 이미지의 체험이다. 이를 돈 이히데(Ihde, Don, 1982)는 사람의 체현의 세계를 두 가지 형태에서부터 얻는다고 한다. 사람이 현실의 세계에서 직접 경험한 것(사람→현실)을 '맨살의 경험(face-to-face situations)'이라고 하며, 이를 다시 사람이 중간에 어떤 매개물(영상물, 인쇄물, 구조물 등)을 통하여 간접적으로 얻어 경험(사람→ 매체→과실재성)한 것을 '매개된 경험(mediated situations)'이라 말한다(Hyde, 1982: 62). 이 과정을 도식화하여 보면 다음 <그림 14>같이 할 수 있겠다.

<그림 14> 체현관계

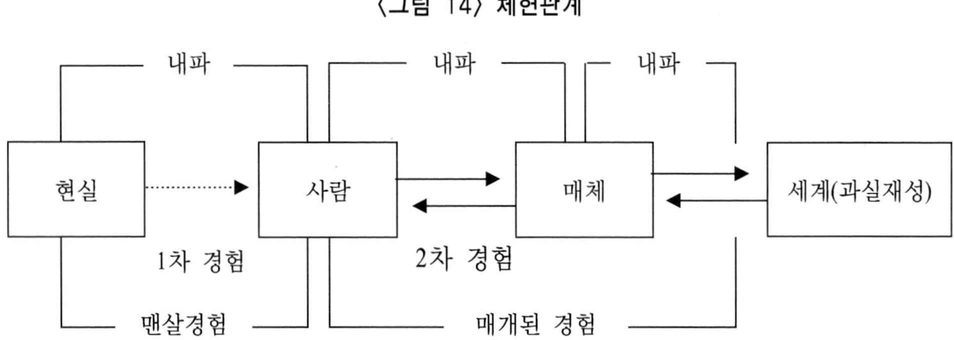

　　돈 이히데의 체현의 원리를 내파이론에 적용하여 보면 위 <그림 4-4>에서 나타 내듯이 우리의 현실은 내파되어 인간에게 체험되고, 우리가 매체를 통하여 얻은 우 리의 현실은 과실재성 현실이다.

　　이 과정들은 모두 기호를 통하여 최종적으로 인간에게 내파된 체험을 전달한다. 더욱이나 기계적 언어로서의 TV는 실재성을 변형시켜 과실재성을 생산함으로써 우 리가 진짜와 가짜의 구분이 묘연한 체험을 하고 있는 것이다. 예컨대, 'TV의 세계' 에서 의사의 이미지나 모델(시뮬라크르된 의사)은 종종 실제 의사로 간주되어 실제 의료진찰을 요구하는 수천 통의 편지를 받고 결국 광고에 모습을 드러내, 독자들에 게 카페인이 들어 있지 않은 커피가 얼마나 놀라운 효과를 나타내는가에 관해 이야 기했다든가, 드라마에서 농촌을 주제로 한 역할로, 실제 국회위원이 되었을 때, 농 촌에 대한 민원이 많았다는 이야기 등은 바로 매체의 경험이 실제의 경험으로 이어 지는 과실재성의 경험인 것이다. 돈 이히데가 주장한 TV 매체의 과실재성의 논리는 TV가 매개 역할[11]을 그만두고 그 자체가 '저 밖의' 실재성인 체한다. 바꿔 말해서, TV는 제3인자도 시청자 앞에 앉아 있는 게 아니고 실재성의 대용으로서 시청자와 면-대-면 상호작용을 요구하고 있는 것이다. 대용 실재성으로서의 TV가 가능해진 것은 '저 밖의 실재성'들이 TV라는 매체에서 내파를 일으키고 죽었기 때문이다. TV 는 죽은 영상들을 되살려 그 스스로의 상징체제들을 일으킴으로써 시청자들 앞에 새로운 형태의 실재성, 이른바 '과실재성'의 체현으로서 나타난다. 마샬 맥루한 (McLuhan, 1964)은 미디어의 변화가 '인간의 확장'을 가져올 수도 있다고 설명한다.

　　예를 들어 전쟁 자체가 TV에 내파되어 TV 스크린 자체가 전쟁터가 되고, 오늘날 PC 속의 가상세계는 내파되어 현실로 실재 나타나고 있다. 이와 같이 우리들의 주 위 가치판단 기준은 붕괴되어 기표의 교란 시대로 치닫고 있다. 이는 현실의 참된 가치보다는 이미지를 재생산하고, 유포하는 데 초점이 맞춰진 '이미지 조작' 행위가

---

11) 돈 이히데(Ihde, Don, 1982)는 TV를 '제3인자'라고 본다. 제3인자로서의 TV는 개인들 사 이의 대화적 면-대-면 커뮤니케이션에 개입하는 인자로서, 사람들의 지역적 분리가 가 능케 할 뿐만 아니라 시공의 제한을 극복하게 해줌으로써 사람들 사이를 매개한다. 그러 한 TV는 사람 사이만을 매개하는 데 그치지 않고 사람과 사물 사이를, 좀 더 부언하면 시청자와 '저 밖의' 실재성 사이를 매개하는 것이라고 우리의 상식은 말한다.

발전하게 되었다는 것이다.

이와 같은 논리들은 특히 영상매체 조작 특성에서, 기표와 기의가 비유클리드의 한 연속체상에 존재하는 것은 실재가 환유가 된다는 것이다. 이런 '내파'의 문제는 환유와 은유가 서로 혼돈을 일으킨다는 점이다. 즉 우리의 체험이 기의화되어 실재성이 추상화된 기표 속에 내포되어 새로운 기호가 생성되고, 이 기호인 현실(the real)은 테크놀리지에 의해 영상체에 내파되어 현실체들의 지시대상(referentiality)은 소멸된다. 그 결과 영상매체의 이미들이 스스로가 '저 밖의 실재성'인 체한다. 즉 영상매체 자체가 죽은 현실체(혹은 지시대상)의 메시지인 체한다는 것이다. 지시대상이 없는 그 자리에 오직 기호만 남아서 그 지시대상으로 회귀하는 것이다. 여기서는 원실체의 기호 의미가 그대로 이미지이든가 아니면 원실체의 이미지와 다른 존재적인 이미지인 것이다. 예컨대 사람들은 TV 뉴스를 보면서 마치 실제로 사건현장을 보는 것처럼 믿는다. 마치 이는 그들의 눈이 사건현장에 가 있기나 한 것처럼 착각하는 것이다. TV에 나타난 클린턴 힐러리는 실재와 똑같은 현실이고 시뮬라크르이다. 즉 TV 이미지와 현실(실재) 힐러리는 차이가 없다. 이것은 마샬 맥루한(McLuhan, 1964) 공식에서 "매체는 곧 메시지"라고 한 말의 뜻과 맥락을 같이한다.

더 부언하면, 매체는 더 이상 매체이기를 그만두고 그 스스로가 과(대용)실재성으로 현대 매체 소비자(대중)와 면-대-면하게 된 것이다. 영상매체는 여기서 그치지 않고, 죽은 실재성의 영상들을 시뮬라크르적으로 부활시켜 영상매체 스스로 상징 체재를 일으킨다. 이 시뮬라크르적 부활체들을 장 보드리야르의 관점에서는 '과실재성'이라고 본다. 이 과실재성은 원실체와 전혀 다른 것을 재생산하는 실재보다 더 실재적인 것이다(more real than real). 진짜 같은 가짜(pure simulacraum)이다. 이것은 시뮬라크르(simulacra)이고, 이 시뮬라크르는 하이퍼리얼리티(과실재성, hyperreality)이다. 이를 기호학적으로는 "기표와 기의가 비유클리드의 한 연속체상에 존재하여" 원실체가 내파되어 이미지와 투영된 실체의 사이에 아무런 차이가 없는 논리이다. 이는 재현도 아니고 원실체가 바로 시뮬라크르이고, 그 실체 이미지가 그 실체이다. 결국 영상매체는 실재성보다 더 실재적으로 보이는 과실재성에 의해 대표되는 대용실재성의 용기(用器, vehicle)이면서도, 그것이 마치 진짜 실재성인 체 하고 있는 것이다.

현실은 우리가 체험한 이미지(기표)가 기의를 수용하면서 표징된 2차적인 커뮤니케이션이나 의미작용은 실체와 이미지 간에 그 차이가 있다. 이 의미들은 전통적인 언어체계 즉 전통적인 주류미디어에서는 재현거리가 항시 존재한다.

앞에서 언급한 바와 같이 우리 인간은 보고 듣는 것, 생각하는 것, 표현하고자 하는 것을 그대로 표현(presentation)할 수 있다면 적어도 이 '거리'의 문제는 발생하지 않았을 것이다. 그러나 문제는 그대로 표현할 수 없다는 것이고, 적어도 그것은 자신의 의지가 아닌 사회적인 표현양식—기술적으로든 사회적으로든—에 재현하지(re‐present) 않으면 안 된다는 것이다. 바로 여기서 '거리'가 발생하고 미디어와 커뮤니케이션이 형성되고 확장된다.

기본적으로 미디어란 매개(물)를 말한다. 다시 말해 자아와 대상 사이에서 그 거리를 매개하고 관계하도록 만드는 것이 미디어이다.

그러나 장 보드리야르가 주장한 내파이론에서는 우리가 체험한 현실과 이미지 간에 아무런 차이와 관계가 없다는 것이다. 이 포스트모던 언어체계(과실재성 언어)에서는 기의와 기표 그리고 이미지가 동일선상에서 의미의 차이가 발생되지 않으므로 어떤 재현거리가 발생하지 않는다. 즉 원본이 그대로 이미지이므로 재현거리 소멸이다. 따라서 장 보드리야르의 내파세계에서는 재현이 있을 수 없다. 재현이 없다 하면 대립되던 각 요소 간 차이가 없이 모두가 하나로 통합(a single concept)됨으로써 원본이 그대로 원본이다. 여기서는 이분법이 전제되지 않는다. 따라서 이미지(기호)와 실재는 어떠한 관계도 갖지 않고 있다. 기호는 실재의 지시대상과 전혀 무관한 '진짜 가짜'가 된다. 이렇게 되면 기호와 실재 사이 거리가 없어지게 되며, 따라서 기호는 실재를 지시도 하지 않는다. 이 경우는 기호는 실재와 거리를 유지하지 않으며, 또한 거리를 유지할 수도 없다. 이러한 상황에서 기호는 하나의 실재가 되며, 또한 기호는 모조품이기 때문에 진짜(실재)와 가짜의 구별이 없어지게 된다.

이렇게 볼 때 전통적인 주류미디어 관점에서는 우리들의 현실이 영상미디어를 통하여 이미지로 나타낼 때 차이가 있다고 인식하고 있다. 이는 우리들의 현실과 재현된 영상이미지 사이에는 최소한 거리가 있다는 것이다. 이는 기표가 기의를 감싸기 위하여 오는 껍질과 같은 것으로 시대와 장소에 따라 그리고 사람마다 다를 수 있다는 것이다. 이는 기표에 대한 기의 우위 중심주의에 그 원인이 있는 것으로, 기호 자체가 의미하는 기능은 여러 분야에서 배제되기 시작한다. 이런 작용이 장 보드리야르의 기호일원론인 내파, 쟈크 데리다의 기표에 기인한 의미의 공간화 작용 등은 재현적인 의미기능 약화이다. 이런 관점에서 내파이론은 우리의 현실의 재현과 이미지에 대한 새로운 논의를 불러일으켰다. 사실 오늘의 우리는 현실과 이미지의 경계가 모호해진 세계에 살고 있다는 주장은 이 시대 정치·사회·문화적 의미들을 잘 설명해 주고 있다. 정치인들의 실제, 학위위조, 가수들의 모창, 작품의 진위 등은 실제와 이미지의 간극을 잘 설명해 주고 있다.

제3절 대중매체 속에서 의미―이미지의 내파

1. 생활 속으로 영상매체 내파, 영상매체 속으로 생활의 내파

장 보드리야르의 내파이론은 경계를 허무는 사회적 엔트로피(entropy)의 진행과정을 서술하고 있다고 이미 앞에서 살펴보았다. 이것은 미디어에서 의미가 내파되고, 대중에게서 미디어와 사회적인 것이 내파되는 것을 포함한다. 미디어 속에 내파된 매체 경험이 우리의 현실을 어떻게 규정하고 있는지를 살펴보고자 한다.

포스트모더니즘의 정의를 검토해 보면, 예술과 일상생활 간의 경계가 소멸된다고 주장하고 있다. 즉 고급문화와 대중문화, 난삽한 일반양식과 유쾌하게 접합되어 있는 코드 간 경계의 와해를 강조하는 경향을 발견하게 된다. 이런 와해는 바로 대중매체가 폭넓게 대중 속으로 파고들어 자리 잡고 있기 때문이다. 이런 논리는 장 보드리야르에게서 이미지로 이입되는 변형된 현실로, 프레드렉 제임슨 역시 일련의 실재로 인식되는 역사감각의 상실과 시간적 파편의 미학화와 기표의 질서 있는 연결고리의 붕괴는 기호와 상품의 용해상태, 즉 실물과 이미지 간 경계 소멸, 과실재성, 감각의 과부화, 부동적인 기표들과 깊이 없는 기표(문화) 등에서 오는 것이다.

특히 프레드렉 제임슨은 후기자본주의의 문화적 양상인 포스트모더니즘의 특징인 '내파'가 경제영역과 문화적인 접합으로 미학적 문화상품을 만들어 내고 있다고 한다. 이를 장 보드리야르는 상품 - 기호(commodity - sign) 이론으로 발전시켰는데, 여기에서 상품이 일련의 자기지시적인 기표상의 지위로 인해 무작위적으로 의미가 결정되는 소쉬르적 의미(saussurean sense)[12]에서 기호가 되는 방식을 적용한다. 그는 이 논리를 좀 더 발전시켜 현재 우리를 유혹하는 이미지와 시뮬라크르가 끝없이 흐름과 직면하도록 하는 매체가 제공하는 정보의 과부화에 주목했다. 따라서 'TV는 세계이다'라고 하는 그의 표현은 모든 기술적 시뮬라크르와 결부된 미학적 즐거움이 곧 현실이라고 한다 (Baudrillard, 1993a: 151). 따라서 우리가 흔히 예술이라고 하는 것은 생산과 재현 혹은 재생산에 개입하여, 비록 일상적이고 진부한 현실일지라고, 모든 것이 예술이라는 기호 아래 있는 상징(token)에서 발생하고 미학적이 된다. 이와 같은 현실과 예술의 목적은 초현실주의에 의해 밝혀진 비밀을 좀 더 널리 퍼지고 일반화되는 과실재로 우리를 이동시키는 것이다(Featherstone, 1991: 111). 이 초현실(hyperrealism)의 과실재성, 즉 기호로서 상품지배가 우리의 현실에서 어떻게 나타내고 있는가를 알아보겠다.

예컨대 '사이버 가수 아담'과 '사이버 홍보 이사 류시아', 사이버 경찰, E.T, 황금산 등은 원본이 없는 가상의 인물로 만들어낸 하나의 환영인 시뮬라크르이다. 시뮬라시옹의 시뮬라크르는 실제로 존재하지 않는 대상을 존재하는 것처럼 만들어 놓은 인공물을 지칭한다. 우리말에는 적당한 용어 선택이 어렵다. 이 시뮬라크르는 실재보다 더 실재적인 것을 말한다. 예를 들어 동일한 시간대에 3개의 방송사 모두에서 한국 젊음 이들의 인기 댄스그룹 원더걸스가 TV에 출연하여 '텔미'를 부를 수 있다. 정말 그 시간에 원더걸스가 어디에 있는지는 아무도 모르고, 또 아무도 관심을 두지 않는다. 원더걸스는 실재(현실)이고, TV에서 보이는 원더걸스는 비실재(비현실)이지

---

12) 소쉬르적 의미에서 상품이란 상품의 의미가 기표의 자기준거적 체계의 위치에 따라 자위적으로 지배되는, 즉 상품이 기호가 되는 결과를 초래했다고 한다. 그 결과, 소비는 결국 사용가치의 소비로, 물질적인 유용성에 대한 소비로 이해되지 않고, 무엇보다 기호의 소비로 이해된다(Featherstone, 1991: 134).

만 우리는 오히려 비실재인 원더걸스를 실재 원더걸스로 착각한다. 눈으로 보고 귀로 듣는 원더걸스는 또한 항상 동일하다. 똑같은 리듬의 노래와 똑같은 춤이 반복적으로 원더걸스가 우리 앞에서 사라질 때까지 계속된다. 우리 앞에서 사라지는 것은 비실재인 원더걸스이다. 그는 새로운 앨범 제작을 위해 방송 출연을 중단할 수 있다. 실재 원더걸스는 여전히 가수이고 노래를 부른다. 그러나 원더걸스가 대중매체 속에서 더 이상 보이지 않을 때, 우리는 그가 사라졌다고 생각하고 그를 지워버린다. 비실재인 원더걸스는 물질성을 갖지 못하는 이미지에 불과한 것이다. 만약 다시 원더걸스가 새 앨범을 들고 대중매체 속으로 들어오지 않는다면 그는 대중들의 기억 안에서 영영 소멸되고 만다. 우리가 기억하는 것은 이미지뿐이기 때문이다.

우리는 지금 시청각을 동시에 현혹시키는 무수한 이미지들의 과잉 상태에 놓여 있다. 그래서 때때로 기시감에 빠져들곤 한다. 어디서 본 듯하고, 어디서 읽은 듯하고, 어디서 경험한 듯한 착각에 빠뜨리는 기시감은 '실재'가 아니면서도 '실재'인 양 우리를 현혹하는 시뮬라시옹의 재현인 셈이다. 이는 우리가 텔레비전에서 보는 원더걸스의 의미구조와 실제의 원더걸스의 의미구조가 일치하기 때문이다. 즉 기호학적으로 기표와 기의가 동일선상에서 일치되어 기의는 숨어버리고 기표만이 우세하게 이미지로 표출되기 때문이다.

이정우는 들뢰즈 입장에서 이런 현상(장 보드리야르의 시뮬라크르들)을 '시뮬라크르'는 용어로 사건과 거의 동일한 것이고, 순간적인 것, 지속성을 가지지 않는 것, 자기 동일성이 없는 것, 실재적(實在的), 허망한 것이라고 한다. 그러니까 거기에는 '가짜'라고 하는 뉘앙스가 암암리에 들어 있는 것이다(이정우, 1999: 44). 가짜가 존재한다면 진짜가 있다는 증거이다. 그렇다면 어떤 대상을 재현하고자 할 때는 항시 리얼리티(reality)가 있다는 의미이다. 리얼리티(reality)가 있다는 의미는 이분법이 전제된다.

리얼리티(reality)를 넘어선 하이퍼리얼리티(hyperreality)인 환영은 '초현실적이 것(혹은 과실재성)'을 생산한다. 이 개념은 앞서 설명했던 이미지(기표) / 의미(기의) 등이 변별적인 차이로 내파된 하나의 개념으로 된 기호일원론(sign monism)[13]이 된 것

---

13) 여기서 '기호일원론'은 물리적 실체를 의미하는 것이 아니라 '분별'에 의해 의미를 발생시키는 작용을 뜻한다. 따라서 기호일원론은 보다 정확하게는 '의미작용 일원론(signification

이다. 이를 쟈크 데리다가 초월적 기의(超越的 記意 transcendental signified)라고 한 것과 같은 맥락으로 생각할 수 있다. 여기서 본 초월적 기의는 '기호의 사슬을 넘어 선' 기의이다(Derrida, 1981: 19~20). 이정호가 말하고 있는 초월적 기의화된 한 실례를 들어보면, 북한의 김일성의 죽음이 남북한의 국민 모두에게 의미가 있는 것은 그의 현전(現前, presence)이 가지는 초월적 기의 때문이다. 사실상 그는 한반도에서 자신의 현전으로 인하여 기의를 확정시키는 유일한 존재였다. 북한에서는 '어버이' 수령님이었다. 여기서 어버이라는 말은 인간으로서의 육친이라는 의미와 신으로서의 존재의미가 확정된 인물이라는 의미가 합쳐진 것이다. 그가 주장하는 주체사상은 중소 간의 이념논쟁이 뜨거울 때 성립된 것으로 그의 초월적 기의로서의 지위를 확고히 해주는 것이었다. 그의 현전이 북한에서는 초월적 기의로 작용했듯이, 그는 남한에서도 자신의 지시기능을 충분히 확보하고 있다(이정호, 1995: 184). 예를 들어 북한 중앙 방송은 "위대한 국방위원장 김정일은 지금 개성에서 인민을 격려하고 있으며, 같은 시간대에 또 다른 방송은 김정일 국방위원장이 신의주에서 군대를 시찰하고 있다고 방송하고 있다"는 것은, 북한에서 그를 신격화하고 있으며, 이는 현전 김정일은 부재(不在)의 김정일으로 초월적 기의화하여 현존시킨 것이다.

  이렇게 기호의 사슬을 넘어선 초월적 기의라 하면, 기호의 두 측면인 기표와 기의 중에서 기의가 자기 역할을 포기하고 기표에 실체의 일차적 직접 투영되는 것을 의미한다. 이를 쟈크 데리다의 차연 개념으로 표현하면 "고정된 의미는 끝없이 지연되기 때문에 궁극적 기의, 초월적 기의가 있을 수 없음을 뜻한다(전경갑, 1998: 141). 그러나 기의가 넘어선 재현으로 환상으로 표현하고 있다. 이런 맥락은 장 보드리야르의 과실재성하고 같은 개념으로 보아야 한다. 왜냐하면 현전은 기표와 등가시(等價視)된다. 기표와 기의가 동일선상에 일치하여 실체는 기표와 동일시되는 내파질서 형식에 따르기 때문이다. 이를 전통적인 기호학에서 볼 때, 한 기호는 의미와 개념을 전달할 기의를 전제한 조건 속에서만 기표의 기능을 수행할 수 있다는 데 문제가 대두된다. 여기서 기호는 의미를 감싸고 있는 외양이고 단지 '의미'에 의해서만 결정될

---

  monism)'으로 보는 것이 타당한 개념일 것이다.

수 있고, 단지 의미만을 모방한다는 것이 전통적인 관념이다. 의미가 항구적으로 변하지 않지만 기호는 역사와 장소에 따라 유동적이다. 기호가 이렇듯 유연하기 때문에 기호는 등가체계, 이원적 대립체계, 오늘의 조직체계에 쉽게 적용한다.

예를 들어 들어 북한 김정일이 김대중 대통령과 노무현 대통령을 영접하려 그 모습을 TV 화면에 나타냈을 때 우리가 본 김정일의 실체의 이미지는 우리가 생각하고 있던 간첩이나 남파시키고 사람 죽이는 독재적인 무서운 부정적인 이미지 실체하고는 차이가 있다는 것이다. 이는 전통적인 언어체계인 기의와 기표가 다른 평면에서 그 의미의 차이가 저 밖의 지시대상을 추구하고 있기 때문이다. 만약 장 보드리야르의 내파질서로 보면, 우리가 생각하고 있던 김정일의 이미지가 바로 TV에서 이미지하고 같다는 논리일 것이다. 이를 장 보드리야르는 저 밖의 실재성들이 매체에 내파되었기 때문이라고 설명한다. 이런 논리로 정리하면 기표는 실재성을 대신하고 환유가 된다. 두말할 나위 없이 TV가 보여주는 영상성은 모두가 과실재성이다. TV를 통한 매체의 체험이란 것은 사람과 매체 간 2차적인 매개된 경험으로 영상적인 체험이다. 이는 우리의 현실이 미디어에 내파되어 기호수단을 통하여 인간에게 체험된 체현의 관계이다(그림 4-4 참조). 더욱이 새로운 언어로서의 TV는 실재성을 변형시켜 과실재성을 생산함으로써 우리가 진짜와 가짜의 구분이 묘연한 체험을 하고 있는 것이다. 예를 들어, '영상의 세계'에서 대리의 이미지나 모델(시뮬라크르화된 실제)은 종종 실제의 행위자로 간주된다. MBC-TV『전원일기』에 출연한 최불암이 실제 국회의원이 되었을 때, 농어촌에 대한 민원을 많이 받았다는 것을 바로 위의 실례를 보여주고 있다. 부부들의 갈등 사례를 재연해 보여주는 KBS 2 TV에서 방영된 드라마『부부클리닉 사랑과 전쟁』에서 탤런트 신구가 가정 법원 조정위원장(판사) 역할을 맡은 영향으로 성급한 이혼을 막기 위한 '이혼 숙려제'가 실제 도입되었을 때 신구는 법원으로부터 실제 조정 위원장으로 위촉되었다. 2000년에 MBC-TV에서 방영되었던 드라마『허준』의 영향으로 나이 든 할머니들이 드라마에서와 같은 몸의 아픔 증상으로 실제 한방을 찾아가 드라마에서와 같은 한방처방을 요구하는 환자가 실제 많았다는 현상은, 의학적으로는 '환상통(幻想痛, Phantom pain)'(이우주, 1992: 1688)의 현상이다. 또한 출연배우 황수정이 한의학과 관련된 연기를 하였다는 이유로, 실제 뉴질랜드 한 대학의 한의학과로부터 유학을 제의받았다. 2004년 아테네올림픽 여자핸드볼 은메달 투혼을 극화한 영화 『우리 생애 최고의 순간(우생순)』에서 주인공 ‘혜경’(김정은)의 실제 모델인 임오경이 2008년 서울시청 핸드볼팀 감독을 맡게 되었다(2008. 1. 24, 조선일보). 한편 2004년 아테네 올림픽에 출전한 여자 핸드볼팀 선수들의 애환과 눈물겨운 분투를 그린 영화 ‘우리 생애 최고의 순간’의 두 주인공 김정은(임오경)과 문소리(오성숙, 미숙)는 2008 년 1월 29일 일본 요요기 경기장을 직접 찾아 진짜 핸드볼 선수들이 34:21로 짜릿한 승리를 거두는 순간을 함께했다. 영화 ‘우리 생애 최고의 순간’은 지난 10일 개봉한 이후 3주가 채 지나지 않았는데도 전국 관객 250만 명을 돌파하며 핸드볼에 대한 관 심을 고조시키는 데 큰 역할을 하고 있다.

<그림 15> 2008년 1월 29일 일본 요요기 체육관에서 재경기로 열린 2008베이징 올림픽 아시아 예선전에서 일본에 승리한 후 환희의 장면(우측). 영화 ‘우리 생애 최 고의 순간’에 출연했던 배우 문소리와 김정은이 응원하고 있다(좌측)(연합뉴스 2008. 1. 29일자, http://blog.yonhapnews.co.kr/kunnom)

〈그림 15〉 여자핸드볼 한-일전에서 승리한 환희 장면과 영화에 출연했던 배우들의 응원 장면

스타나 대중매체가 보여주는 생활양식은 노동계급에 속하는 보통사람의 생활이 아니다. 스타는 소어스틴 베블런(Thorstein Veblen)이 그의 『유한계급론』에서 말하는

과시적 유한(有閑)과 과시의 대상으로 하는 과시적 소비(conspicuous consumption)의 전형을 보여준다. 스타가 잘 가는 음식점, 의복, 귀금속, 주거, 등을 소비한다는 것은 수용자(관객, 시청자)가 스타와 동일로서의 투사(projection-identification)를 통해 교감을 이룬다. 이는 배우가 이성(異性)인 경우는 더욱 그러하다. 같은 성(性)의 경우에는 분신으로서 동일시한다.

작가 최명희의 시뮬라크르는 17년 동안 우리의 인간의 삶과 철학을 실천으로 일치시키려는 『혼불』 작품 속에서 그의 삶이 재현되고, 'KBS 일요스페셜'에서 다시 내파된 과실재성 되었다. 따라서 영상매체와 그의 문학작품이 인터페이스된 내파적 과실재성이다. 우리는 텔레비전에 등장하지 않으면 중요한 사건이 되지 않는 현실을 맞이한 셈이다. 이를 장 보드리야르의 과실재성의 관점에서 적용하여 보면 초현실성(surreality)이라고 부른다. 문화 속의 초현실성이 TV를 통한 매체체험인 일차적인 영상체험에 의한 것이다. 새로운 언어로서의 TV는 실재성을 변형시켜 과실재성을 생산함으로써 진짜와 가짜 구분을 묘연하게 만들고 있다. TV에서 보는 과실재성들은 우리에게 과현실적 체험(hyperreal experience)을 하도록 해준다. 이 과실재적 체험을 우리는 대중매체에서 전달해 주는 메시지에 의해 내파된다. 예컨대 이름 있는 음식점들은 간판에 'KBS 맛자랑' 프로그램에 소개되었다는 것을 자랑으로 내세워 방송에 방영되었던 화면을 판넬로 만들어 출입구에 걸어놓고 은근히 홍보하고 있다든가 음식점에 과거에 왔던 스타들을 사진 찍어 홍보하고 있다. 더욱이나 스타가 운영하는 음식점이나 유흥업소는 말할 필요가 없다. 하지만 알다시피 KBS는 음식점들을 평가하고 그에 대해서 점수를 매길 수 있을 만큼 맛이나 위생에 관한 전문기관이 아니다. 단지 방송국일 따름이다. 그런데 왜 KBS에 출연했다는 것이 좋은 음식점이라는 것을 보증해 주는 단서가 되는 것일까? 시뮬라크르를 끊임없이 만들어 내는 대중매체가 바로 현실의 근거가 되는 것이다. TV를 보는 시청자들은 좋은 음식점이라는 시뮬라크르(이미지)라고 생각하는 순간 어떤 음식점이라 하는 저 밖의 지시대상을 생각하고 괜찮은 음식점일 것이라고 하는 가치를 판단할 것이다. 가치를 판단한다 함은 '좋다 / 나쁘다' 하는 이분법이 전제된다. 이 이분법은 차이와 대립의 관계로 연관 지어진다. 이를 소쉬르는 기호들의 변별적 대립차이에 의해서 그

의미를 부여할 수 있다 하였다. 이런 논리로 보면 방송사에서 소개한 음식점은 허위라기보다는 우리가 경험하는 세계를 믿음성(believability)과 꾸밈성(fabrication)의 두 차원을 가지고 표현된 것이다. 여기서는 앞에서 설명했듯이 꾸밈이 없어 믿을 수 있는 것의 영역으로, 여기서 우리가 '진짜'라고 일컫는 것을 보게 된다.

오늘날 정보기술 발달로 사회적 변화는 하루가 다르게 변하고 있다. 이 변화는 일시적인 현상이나 유행으로 끝날 수가 없다. 내파는 커뮤니케이션의 환경의 변화와 더불어 삶의 조건이 근본적으로 바뀌는 현상이기 때문이다. 커뮤니케이션의 환경변화가 대중의 삶의 방식을 미디어 속에 내파하고 있다. 이 점이 마샬 맥루한의 깊은 통찰력인 'TV가 찬 매체'라고 한 경구와 장 보드리야르의 '매체 내파이론'과 같은 맥락에서 이해하는 관건이 된다. TV는 찬 매체에서 시청자의 상당한 개입을 요구하므로, 그 결과 'TV가 인생 속으로, 삶은 TV 속으로 용해'되는 상황을 낳았다(Heath, 1990: 287). 이를 장 보드리야르식으로 표현하면, 매체와 인생(우리의 삶 방식)은 서로 내파를 일으키고 있다. 우리의 삶만이 아니라 저 밖의 온갖 현실체들(자연, realities), 다시 말하면 자연이 매체(TV) 속에 내파되고 있다(Baudrillard, 1888a). 자연과 우리의 삶의 방식이 내파를 일으켜 TV에 비친 좋은 예로 KBS-1TV, 저녁 6시 '내고향 프로'에서 방영된 우리의 삶 방식인 농어촌의 사람들이 일구어낸 생생한 자연 속에서 농수산물을 재배하는 삶의 체험들이 TV 속에 내파된다. 그래서 사람들은 TV를 보면서 마치 실제로 내 고향 자연의 현장에 있는 것처럼 느낀다. 사람들이 보는 모든 것 또한 모델과 같은 모사물의 예들뿐이기에 그렇다. 현실의 시뮬라크르가 현실 그 자체를 대신하며 '진실, 지시대상, 객체적 원인'은 시야에서 사라진다. 이 경우 TV가 그 전형이며, '생활 속으로 TV의 내파, TV 안으로 생활의 내파'라는 명제가 성립된다는 것이다(Baudrillard, 1983b: 55). 마치 TV의 초현실이 현실 속으로 내파된 유전자(DNA) 코드 같은 현상이 일어난 것이다.

이 현상들을 장 보드리야르식으로 말하면 앞에서 설명한 바와 같이 '미디어 내 의미를 내파시키고, 대중 안에 미디어 및 사회의 내파'를 초래하는 이른바 사회적 엔트로피(entropy)의 과정을 서술한다. 그리고 마샬 맥루한에게 있어서는 '매체가 곧 메시지'라고 한 말의 뜻이다. 더 부연하면 미디어가 만들어낸 시뮬라크르적 부활체들을 현실체보다 더 '더 현실적(more real than the real)'으로 보는 것이다. 여기서는 이분법이 분리가 가능하다. 결국 미디어가 의미를 내파시키고 대중이 그 의미와 미디어에 내파된다는 것이다.

이 과정에서 현실체는 더 현실적으로 보이는 과실재성(hyperreality)이 된다. 따라서 마치 가짜가 진짜처럼 진짜가 가짜처럼 행세하고 우리 눈에 보이게 된다. 이것들은 미디어에 의한 내파에 의해서 전통적인 주류 언어 및 커뮤니케이션으로 특징 짓던 기표와 기의의 분리된 두 평면은 하나의 연속체를 이루게 되었다. 이 결과 기표와 기의와는 전혀 무관한 이미지를 생산하게 된다. 따라서 기표와 기의와는 거리를 유지할 필요도 없고 거리를 유지할 수도 없다. 이제 기표와 기의는 동일선상에 서게 되며 둘은 똑같이 실재로서의 현전(presence)이 되는 것이다. 그런데 여기서 기표는 사실 모조품이기 때문에 진짜(실재)와 가짜의 구별마저도 없어진 과실재성의 시뮬라크르를 생산하게 된다. 이것이 우리에게 발생되는 혼돈의 시발점이다. 이 혼돈은 내파에 의해, 은유는 환유가 된 셈이다. 더욱이 미디어는 이와 같은 과실재성을 생산함에 있어서, 현실체나 근원이 없는 어떤 현실체의 모형(전통 주류미디어 관점에서는 재현 혹은 표상이라고 한다)을 채용한다(Baudrillard, 1988a: 166).

오늘날 현실의 결과들이 우리 사회에서 의미된 내용(상품의 질)보다 기호나 이미지가, 원본보다 사본이, 실재보다 시뮬라크르를 더 중요하게 생각하는 기호의 물신숭배가 풍미하게 된다. 이런 현상의 선도적인 역할을 하는 것이 대중매체이다.

이런 문화매개자인 대중매체가 전달한 메시지는 과실재성의 초현실(hyperrealism)을 우리의 생활 속으로 전파시켜 우리 생활의 방식(everyday way of life)을 특징짓는 생활양식(lifestyle)14)의 일부로 활용한다. 그래서 초현실은 오늘날 현실 자체이며, 이는 곧 문화이다. 문화를 우리의 일상생활과 상품을 연관 지어 볼 때, 현대 자본주의 재생산에 있어 문화의 결정적 역할은 장 보드리야르의 표현대로 기호로서의 상

---

14) '생활양식(lifestyle)'이란 용어는 협의의 사회학적 의미에서 특정한 지위집단의 특정인 생활양식을 의미하는 반면에(Weber, 1968; Sobel, 1982; Rojek, 1985), 현대 소비문화론에서는 광의적으로 개인성, 자아표현, 스타일화된 자아의식 등을 나타낸다. 개인의 신체, 의복, 언어, 여가시간, 음식과 음료, 선호도, 장보기, 집, 자동차 휴일, 등에 대한 선택은 소비자로서 스타일에 대한 감각과 개인적, 특정 집단의 취향을 나타내는 지표로 이해된다.

품지배가, 제이슨(Jameson, 1981: 131)이 보는 것처럼 문화는 소비사회의 그 자체의 요소인 것이다.

2. 과실재성의 생산기제로서의 대중매체

생활 속으로 TV 내파는 경제기능이 문화적 가치로 또는 문화적 가치가 경제기능으로 이행되는 과정은 대중매체의 훌륭한 매개적 역할이다. 이를 장 보드리야르의 식으로 표현하면, 사용가치가 교환가치에 의하여 대체되고, 기의가 기표에 의해 대체됨으로써 실재가 실재보다 더 실재 같은 과실재성에 의해 그 자리를 박탈당한 것은 이 시대 상품으로서의 소비재가 아니고 상징적 기호와 그 이미지이다. 그러므로 이 시대를 살아가는 우리는 생산가치로서 상품을 소비하는 것이 아니고 대중매체에 의해 생산된 과실재성의 상징적 기호와 그 이미지를 소비하는 셈이다.

이 실천적 관행은 언어체계에서 내파로 이미지와 의미의 차이가 소멸됨으로써 실재인 기표가 그대로 이미지나 소리로 실제 세계에서 실천되는 대상물이다. 예를 들어, 2001년부터 KBS - TV에서 상영되었던, 역사사극 드라마『태조 왕건』영향으로 '궁예 신드롬'으로 궁예의 소품인 황금색 안대와 황금색 휴대폰, 시계, 만년필, 세탁기 VTR 등 가전제품도 황금색상이 각광을 받고 있으며, 포크·수저세트 등 생활용품, 넥타이·속옷 등 의류용품에도 골드 색상이 강세를 보이고 있으며, 심지어 각종 행사의 경품으로 순금이 등장했고 금색 치즈를 뿌린 피자도 나와 젊은 층의 호기심을 자극하였다. 또한 금가루가 함유된 양주가 2001년 설 행사 기간 중 한 주류상가에서 하루 평균 10~15병씩 팔렸으며 매실 원액과 순금 가루가 혼합된 술은 품절되어 황금빛 열풍을 일으키었다.

또 다른 예를 들어보면, 영화『친구』가 유행시킨 복고풍의 상품들은 일종의 시뮬라크르 상품들이다. 영화 주인공 장동건 남방(옷깃 넓은 원색계열), 극중 여고생 록그룹 '레인보우'의 나팔바지와 스카프, 장건의 18K 금목걸이, 영화 등장인물 유오성이 불렀던 '마이웨이(My Way)', 고등학교를 비롯한 각급 학교 동창회, 부산 지역사투리 '친구야, 고맙데이'라는 말이 유행어가 됐고, '쭈글시런(쑥스러운)'과 같은 쓰지 않는 사투리까지 재생산되었다. 또한 부산에서는 '친구' 영화 속에 등장한 거리 중 하나를 '친구의 거리'로 지정 관광 상품화했다. 이 영화 속에서 장동건이 칼에 찔려 죽은 장소를 한 상인이 다시 그 장소에 같은 방식으로 핏자국을 물감을 들여서 재현하고 있다. 이는 스타를 의미화하는 시뮬라크르 하기인 것이다.

그리고 패션과 의류는 젊은이들에게 있어 의사소통 매체인 것이다. 젊은이들은 자신들의 패션양식을 통해서 서로의 눈에 비친 '문화적 의미'를 포착하려고 한다. 여기서, '매체는 곧 메시지'가 된다는 마샬 맥루한의 논리를 그들은 수용하고 있는 것이다. 그들의 복장 자체가 하나의 훌륭한 전달 매체이자 전달하고픈 내용을 잘 담보하고 있는 투영이다. 이를 마샬 맥루한식으로 말하면 매체와 메시지가 구분이 없어지는 것이다. 예를 들면 서태지의 얼룩무늬 옷 상품, 김혜수의 누드 목걸이, 최진실의 맥라이언 스타일인 커트 헤어스타일, 다이애나 헤어스타일, 탈주범 신창원의 체크무늬 쫄티 티셔츠, 린다 김의 검은 테 안경, LA 다져스 박찬호 선수 유니폼·모자의 61번 상품화, 마이클조던의 나이키 신발 및 음료수 게토레이 등등 소위 동시대 영웅, 유명한 배우, 운동선수들의 외관이나 지니던 대상이 상품화된 '스타 마케팅' 및 '스포츠 마케팅' 등이 바로 이러한 시뮬라크르들이 우리 사회에 나타난 과실재성의 새로운 질서를 만들어 나가고 있다. 이와 같이 상품이 바로 메시지이다. 이 메시지가 하나의 지시대상으로 작용된 것이다. 이때 지시대상은 생산수단과 생산물을 포괄하는 의미에서의 자본이라 하겠다(김성기, 1991: 45).

그러므로 후기산업자본주의에서 '경제적 기능⇔문화적 기호'의 이행의 공식이 성립되는 과정이다. 경제적, 사회적, 문화적 관계라는 것도 당연히 교환가치의 매개로 이루어지며, 이러한 교환가치의 중심성은 효용의 극대화를 추구하는 사용가치에 의해서 정당화된다. 여기서 장 보드리야르의 기호의 정치경제학 논리를 적용하면, 사용가치와 교환가치는 기의와 기표로 구분하는 기호로 연결된다. 이 상호 관계에서 교환가치와 기표가 관계적인 '형식'을 표현한다면, 사용가치와 기의에는 그 관계의 '내용' 혹은 지시대상을 가리키고 있다. 이를 장 보드리야르식으로 도식하면 'EV / UV = Sr / Sd로 될 것이다. 이런 논리는 우리가 일상생활에서 생산물을 소비하는 것이 아니라 오히려 기호를 소비하게 되었다는 것이다. 즉 우리는 TV의 코드(또는 기호)를 소비하여, 그리하여 소비의 대상물이 기호로서의 가치를 지닌다는 것이다. 그래서 상품의 교환가치가 일종의 '기호가치(sign-value)'로 바뀐다는 것이다. 그 결과 기호가 지시대상 또는 실제와 분리되어서 유희하기에 이른다. 이제 지배 또는 사회적 관계라는 것도 기호 자체를 제외한 어떤 지시대상을 통해서 이루어지지 않는다. 게다가 우리의 사회적 정체성도 기호가치의 교환을 통해서 구성된다(김성기, 1991: 45). 이제 소비자본주의(consumer capitalism)의 문화적 논리가 일상생활의 기호학이라고 간판한다(Lash & Urry, 1987: 288). 이 일상생활의 기호학이 장 보드리야르의 기호론에서는 시뮬라크르의 과실재성으로 대체된다. 이는 내파가 이루어온 장 보드리야르의 기호론이 우리의 일상생활의 기호학이 이른바 포스트모더니즘 문화의 핵심적 의미 구조를 이루게 된다는 데 큰 의미가 있다.

이렇듯 시뮬라크르라고 하는 상품, 역사의 재현물이나 스타상품은, 그것이 갖는 원본이나 시원이 존재했건 안 했건 상관없이 이미지의 현전이 재현으로 이제 시뮬라시옹으로 그 존재양식이 변화되었다. 장 보드리야르는 이러한 이미지 존재가 제각기 유용성·등가·차이·양면성을 서로 다른 네 가지 논리를 갖는 것으로 표현하고 있다. 예컨대 상품이 갖는 사용가치의 기능적 논리, 교환가치의 경제적 논리, 가치/기호의 시차적 논리, 상징적 교환의 논리로서 이행되는 인간 욕구의 이데올로기적 기원에서 출발한다(Baudrillard, 1972, 이규현 옮김, 2001: 133). 이 논리를 프레드릭 제임슨의 포스트모던적 소비자본주의 관점에서 바라볼 때, 물상화가 극치를 이루는 문화영역과 경제영역의 분화로 와해 혹은 내파된 것(전경갑, 1999: 400)으로 보아야 할 것이다. 또한 쟈크 데리다의 논리에서는 실재의 역사 현장이나 스타라는 의미가 끊임없이 미끄러진 차연에서 오는 하나의 의미의 '흔적(trace)'일 것이다. 혹은 들뢰즈의 견해처럼 하나의 사건으로서 간주하는 논리도 일리가 있다 하겠다. 이렇게 볼 때, '내파', '흔적', '사건'은 모두가 절묘하게 일치되는 맥락에서 하나의 모델로서 지시대상이나 리얼리티(형이상학적이건, 실재적이던 것이든)의 존재는 어떻게 되는가?

3. 대중매체에서 리얼리티와 지시대상은 소멸된 것인가?

장 보드리야르의 시뮬라크르는 흉내 낼 대상이나 원본이 애당초 없는 것이다. 그렇기 때문에 그에게는 기호의 의미작용이 일어날 수 있는 조건을 희미하게 만들고 있다. 그 시뮬라크르는 원본을 흉내 내려고 하는 대상이 원래부터 없는 것이다. 이 대상의 부재를 그의 스승 앙리 르페브르(H. Lefbvre)는 '지시대상 소멸'이라고 하였으며, 장 보드리야르는 이를 '리얼리티의 소멸' 개념으로 확장시킨다. 그에 따르면 기호와 지시대상 간의 연결고리를 악화시킨 것은 대중매체의 영향이며 이것이 포스트모던 시대의 새로운 의미생성에 대한 양식이 된다(채영숙, 1992: 35). 기호는 우선 기호가 지시하는 대상과 이원적인 관계에 있다. 기호와 지시물의 관계는 실체와 그림자 관계를 반복한다. 즉 지시물과 기호나 이미지 사이에는 좁힐 수 없는 최소한의 거리가 있으며, 이 거리가 의미의 거리가 되고, 깊이가 되는 것이다. 그렇지만 기호나 이미지는 지금 자리에 없는 그 지시물을 가리킨다. 따라서 기호나 이미지, 지시대상은 언제나 부재, 사라짐 등 그의 가치존재를 논한다. 그래서 이들은 깊이 없는 피상적인 존재, 의미 없는 기호로서 독립적인 존재이다. 그리하여 세상에 모든 것, 특히 영상에 투영된 이미지는 실체가 없는 이미지의 기호라고 간주되고 있다.

예를 들어 허준 드라마에서 나이 든 분들의 드라마에서와 같은 몸의 아픔이 실제 상황으로 이어져 한약방에 찾아든 환자가 많다든가, 드라마에서 약 효용으로 쓰이는 매실의 영향이 매실 농산물 판매가격을 올려 실제 매실을 재배하는 생산자가 큰 수확을 올렸다는 의미가 함축하고 있는 것은 약효용이나 고부가가치를 창출하고자 하는 저 밖의 지시대상을 가지고 있는 것이다.

이 지시대상의 존재 여부는 리얼리티(현실성,reality)의 영역이다. 멜렌캠프(P.Mellencamp)가 말한 조악한 기술이 머무는 영역은 바로 여기다(Mellencamp, 1990). 여기서 장 보드리야르가 주장한 지시대상은 사라진 것이 아니라 더욱더 명확하게 작용하고 있으며, '가짜 / 진짜' 하는 이분법적 사고가 전제된 하나로 통합된 개념이 암암리에 내포되고 있는 현상을 장 보드리야르의 내파논리로 이루어진 과실재성의 현상으로 오늘날 사회에서 나타난 현상이다.

예컨대 미국 상원 의원인 힐러리 클린턴은 그 신분에 따라 그의 이미지 변신이나 한국의 정치인들이 이미지 변신을 위해 전철에서의 시민과 대화, 시장에서 상인들과 대화하면서 물건 사고, 식사하는 등의 장면 선정은 정치적 야망을 꿈꾸는 현실의 이미지인 리얼리티나 지시대상을 가지고 있기 때문이다.

경제적 기능에서 역사적 재현장(볼거리 장소)이나 스타는 하나의 자본으로 지시대상인 것이다. 예컨대, '태조 왕건'은 연출장면 중 일부는 삼국지를 시뮬라크르 하기를 했다는 논란이 있다.15) 여기서 논하는 것은 시뮬라크르 하기 논란이 중요한 것이 아니라, 우리는 "태조 왕건을 통해 삼국지를 다시 읽는 느낌"이라며 고대 전쟁사는 어차피 유사성과 상이한 리얼리티가 있기 때문에 이 드라마를 통해 지금의 구조 속에서 옛날 시뮬라시옹하기를 향수와 재미를 느끼는 것이 중요하다. 그러나 그때의 구조 속에서 보는 의미하고 역사 사극 드라마 속에서 보는 의미는 다르다. 단지 우리가 같다고 느끼고 있을 뿐이다. 그러나 그 당시 실체들을 느끼는 리얼리티의 개념들을 결합하는 것은 바로 의미가 주어진 것이고 추상적인 지시대상도 어느 정도 상상적으로 그려 볼 수 있는 것이다.

또한 스필버그의 히트작인 '쉰들러 리스트(Shindler's List)'에서 묘사된 지역에 관광 붐을 일으키고 있듯이 우리나라 충북 제천시에 소재한 '태조 왕건' 촬영 세트장이 역사적 재현장의 관광지로 변해 제천지역 경제16)에 큰 도움을 주고 있다. 이는 미국의 디즈니랜드(Disneyland)가 과실재와 시뮬라크르의 재현(represention)이듯이 제천 촬영 세트장도 텔레비전 역사 사극으로 과실재성과 시뮬라크르의 이미지를 생산해 내는 곳이다. 바로 그 재현장(제천의 촬영 세트장)은 돈은 벌어 보겠다는 지시대상으로 사실감 있게 리얼리티를 최대한 복원하려는 재현된 세트장이다.

현대의 신화적이고 전설적인 이상향은 이미지 산업의 할리우드, 제천 세트장이

---

15) 내용은 "남동풍으로 승리한 군사 태평이 자신이 바람을 불러올 수 있게 된 계기는 적벽대전에서 제갈량을 연상시키고, 견훤을 잡기 위해 관우를 매복시킨 것과 마찬가지다. 왕건의 수달을 향한 마음은 조조의 관우에 대한 마음과 같고, 수달의 견훤에 대한 충성심은 관우의 유비에 대한 마음이며, 견훤이 수달의 원수를 갚는 것은 유비가 손권에 대해 행한 것과 같다고 KBS 인터넷 네티즌들의 지적"이다(문화일보, 2001: 21).

16) 2000년 3월 이후 127만 명 찾아 137억 원 관광비용 사용하였다(문화일보, 2001: 27).

생산하는 영화나 드라마의 속에 존재한다. 이곳이 신화가 현실이 되듯이, 촬영장 세트에서 찍은 신화가 현실이 되는 곳이다. 이들의 장소는 분명히 신화적 생활이 현실이며 현실생활이 신화적인 경이(驚異)의 장소이다. 자신의 전설을 구현하는 전설의 장소이며, 현실생활의 닻을 내리고 있는 곳이다(Edgar Morin, 1992: 92).

이런 논리에서 볼 때, 이 시대 이런 역사 재현장(볼거리 장소)이나 스타는 자본주의 경제 제도에서 하나의 산물이므로 자본으로서의 상품이다. 재현장이나 스타는 귀중품인 금(金)과 같은 존재이기 때문에, 자본이라는 개념 자체, 사치(보석)라는 개념 자체와 혼동되며 신용 화폐적 가치가 부여된 것이다. 재현장이나 스타는 또한, 자본주의가 공업화하여 그 대량생산을 담당하고 있는 제품과도 같다. 재현장이나 스타는 자본주의 문명의 특산품이며, 동시에 신화와 종교의 측면에서 표현되는 깊은 인간학적 욕구에 대응하는 것이다. 신화와 자본, 그리고 상품이 감탄할 만한 일치는 우연도 아니며, 모순도 아니다. 신화로서의 재현장이나 스타는 상품으로서의 스타는 동일한 현실의 두 얼굴이다. 이 현상이 포스트모던 언어체계에서 관찰하여 보면 기의와 기표가 동일한 평면상에서 역할하고 있다. 장 보드리야르의 내파현상 관점에서 보면 동일한 현실의 두 얼굴이 아니라 하나로 된 이미지의 얼굴이다. 따라서 이 현상은 포스트 언어체계에서 벗어난 기호의 변형이다. 이를 쟈크 데리다의 해체주의 관점에서 기의와 기표가 일대일 관계에서 기의는 끊임없이 '차연'되어 기표만이 자율성이 부여되어 의미 없는 하나의 흔적으로만 남는다.

다른 측면에서 분석하면 재현장이나 스타는 우리가 보고 느끼는 체험이 기의에 내포되어, 즉 기의화되어, 기표(상표)에 연결된 후 기표가 체현의 대표로서 행세한 경우이다. 다시 말하면 소리(영상)는 체험을 대표한 언어이다. 이런 언어체계가 전통적 언어체계로서 기의가 기표에 내포됨으로써 이루어지는 것이다. 따라서 기의와 기표가 서로 다른 평면에서 그 의미에 차이를 주고 있기 때문에, 우리는 재현장이나 스타상품을 보고 느끼는 것은 오리지널이 어떤 형태의 모델인지를 몰라도 그 가치와 존재에 대한 이분법적 사고를 인식하고 있다는 것이다. 이런 논리이라면 여기서 현실(실재)과 이미지가 겹쳐지지 않는 두 개의 이미지인 것이다. 사실 "스타와 상품으로서의 스타는 동일한 현실의 두 얼굴이다" 하는 것은 과실재성의 현상이 아니라 초현실적인 것으로 보아야 할 것이다. 이 과실재성에서 나타난 이미지는 대상과 현실이 하나가 되는 동일한 시뮬라크르로 우리가 느끼고 있을 뿐이다. 이들의 등장인물이나 스타는 다른 미디어에 출연 시 각각 다른 이미지를 주고 있기 때문에 이미지는 내파적이지 않다는 논리가 어느 정도 설득력이 있다. 이는 단지 우리가 느끼는 지각양태가 다르기 때문이다. 이는 우리가 이전에 꼭 경험했던 것 같은 상황, 즉 흐르는 시간보다는 과거의 일정한 시점이 불현듯 되돌아온 순간에 우리를 고착시키는 하나의 힘 같은 '기시감' 현상을 일으킨 것이다.

이런 현상들은 장 보드리야르의 시뮬라크르가 리얼리티를 압도하는 것으로 가상실재 같은 과실재성(hyperreality)이다. 이 과실재성은 포스트모던 세계에서 이미지나 시뮬라크르와 현실 간 경계는 내파되고 그와 함께 '현실(reality)'의 경험과 지반은 사라진다고 주장한다(Kellner, 1999: 157).

이렇게 현실(reality)이 사라지고 기의가 지시대상을 붙잡지 못하면 우리가 직접 체험한 것혹은 맨살체험이나 가공된 시뮬라크르의 체험이 기계적 체험으로 매개될 때 진짜, 가짜의 구분이 묘연한 체험으로 생겨난 것이 바로 과실재성(hyperreality)이다. 이 과실재성은 원본이 없는 이미지며 기호인 것이다. 이것이 바로 소비자본주의에서는 문화상품으로 그 가치가 문화적 기호에서 경제 기능으로 다시 상징적인 교환의 논리가 성립된 것이다. 이런 맥락에서 장 보드리야르의 내파논리는 재현이나 재생산을 오히려 부추기는 과정이라고 보아야 할 것이다. 단지 재현되는 구조 속에서 나타나는 이미지 즉, 지금의 현실은 그때의 구조와는 다른 구조 속에서 재현되기 때문에 마치 전혀 다른 재현으로 착각되나, 그것은 오리지널을 근간하여 그 이상으로 재현하려는 인간의 무한한 욕망에서 출발된 초현실적인 과실재성인 것이다.

이런 과실재성의 시뮬라크르는 문화현상이면서 동시에 경제현상이 된다는 프레드렉 제임슨(Jameson)의 표현을 빌리자면, 이런 시뮬라크르는 광고나 영상매체에서 기호이면서 동시에 지시대상이 된다. 그리하여 소비의 대상물이 기호로서의 가치를 지닌다는 이야기다. 그래서 상품의 교환가치가 일종의 기호가치로 바뀐다는 것이다. 여기서 주목할 만한 것은 생산의 최종 목표나 방법들은 문화의 측면에서 온다. 즉 문화적 조직의 물질적 수단의 조직화는 다 같이 문화에서 오는 것이다(Sahlins, 1976: 207, 김성기, 1991: 49에서 재인용). 이와 같은 맥락에서 생산 / 효용성 / 기능성보다 교환 / 기호 / 상징성 등이 인간적 삶의 본질을 규정한다는 접근 방식이다. 한마디로 문화적인 것이 물질성 내지 사회경제적인 것의 힘을 갖는다는 논리이다(김성기, 1991: 43). 이 표현을 기호학적으로 읽어보면, 시뮬라크르의 상품의 지시대상은 문화적인 것이고, 이 문화적인 것의 지시대상은 사회경제적인 힘인 토대 - 상부를 구축한다.

이 논리는 리얼리티 / 반영을 구분하여 토대는 리얼리티로서 즉, 사용가치로서 자본이나 생산이 되고, 상부는 사용가치를 넘어선 기호의 반영으로 행복, 안락함, 풍부함, 성공, 위세, 욕구 등 본질론과 환원론, 또는 형이상학적 이분법을 무의미로 만든다. 이러한 가치는 차별성을 가진 상품으로서, 이미지로서 곧 기호화된다.

이를 장 보드리야르의 기호세계에서 토대는 기표로, 상부는 기의로 바꾸어 생각해 볼 필요가 있다. 이 논리라면 장 보드리야르가 주장한 이미지를 중요시 여기는 기표가 우위에 있다고 하지만, 정녕 장 보드리야르는 형이상학적 회귀로 그는 오히려 기표보다 기의를 더 우위에 두고 있다는 논리가 성립된다. 따라서 그의 논리는 기호물신주의에 바탕을 둔 이데올로기적 환영에 젖어 있는 것이다. 그의 시뮬라크르는 원본이나 기원과는 무관도 하지만 때로는 지시대상이나 리얼리티가 완전히 이 소멸된 것만으로 보는 것도 대안은 아니다.

이렇게 시뮬라크르는 이미지가 외부의 사물을 재현하거나 지시하는 것이 아니라 실제세계와 원본 - 시뮬라크르의 관계를 맺지 않은 채 창조되거나 다른 이미지를 조작하고 변형하여 생산됨으로써 점점 더 자기 지시적인(self - referent)성격17)을 띠어가고 있다는 장 보드리야르의 주장 일면에는 원초적인 오류가 있는 것으로 판단된다. 여기서 조작한다는 자체가 이분구도가 전제된 것으로, 본래의 것을 모델화(모방)

---

17) 자기 지시적(self - referentiality)이란 언어 기호의 지시대상이 외부와의 객관적 현실이 아니라 언어 기호 자신인 것을 의미한다. 모든 언어가 어느 정도는 자기 지시적이지만, 미디어 언어는 그것이 맥락과 떨어지는 거리와 그것의 독백적 성격에 비추어 더욱더 그렇다. 언어 / 실천이란 것이 대화를 통해 사회적 관계가 재생산되는 안정된 문화에서의 일상생활의 대면적인 맥락으로부터 떨어질수록, 언어는 스스로가 일상생활의 맥락과 사회적 관계를 만들어 내고 재생산해야만 한다. 바꿔 말하면 미디어는 그 맥락을 시뮬레이션하고 청중에게 대화를 해야 한다는 것이다.

한다는 의미인 것이다. 본래의 것이란 리얼리티가 존재함으로써 지시대상을 가질 수 있는 조건이 성립된다. 그렇다면 장 보드리야르의 내파이론도 기원으로 복귀하고 있으며, 시뮬라시옹은 재현이나 재생산에서 차이를 만들어 내고 있다. 따라서 내파로 이루어진 시뮬라크르는 상징적 교환논리에서 가치 / 기호의 시차적 논리에 있는 인간의 욕구의 이데올로기에서 찾아볼 수 있다. 이제 무수한 것이 순환하는 기표나 이미지의 재현들 시대에서, 지시대상은 모델로, 생산은 재생산으로, 리얼리티는 하이퍼리얼리티로 대체된다. 따라서 이 시대 재현이나 재생산은 불가피한 흔적으로서 그 표면에서 변화가 발생할 수 있는 사건이다.

4. 대중매체 속에서 나타난 이미지 분석

장 보드리야르는 이미지의 연속적인 4단계를 다음과 같이 나열하고 있다. 첫째, 이미지는 사실성의 반영이다. 여기서 이미지란 선량한 외양일 뿐이며 신성한 계열이다. 둘째, 이미지는 깊은 사실성을 감추고 변질시킨다. 여기서 이미지는 나쁜 외양으로 저주의 계열이다. 셋째, 이미지는 깊은 사실성의 부재를 감춘다. 여기서 이미지는 외양임을 연출한다. 이것이 마법의 계열에 속한다. 넷째, 이미지는 그것이 무엇이건 간에 어떠한 사실성과도 무관하다. 이미지는 자기 자신의 순수한 시뮬라크르이다. 이때의 이미지는 전혀 외양이 아니라 시뮬라시옹의 계열이다(Baudrillard, 1981b: 27). 이러한 단계를 통하여 무엇인가 감추고 기호로부터 아무것도 없음을 감추고 있는 기호로의 이전은 결정적인 전환점이다. 즉 이제 기호가 가리키는 지시대상의 죽음 그리고 그로 인한 실재의 사라짐이 이미지의 연속적인 단계 속에서 일어나고 있는 것이다. 특히 대중매체, 영화, TV, 사진, 광고, 컴퓨터 게임 등을 통해 발생된 이미지들은 과연 여기의 어느 단계에 해당하는가? 어떤 상황이든 이미지는 문자문화보다 오히려 더 즉각적인 파토스(pathos)의 힘을 가지고 있다. 물론 이 이미지는 로고스(logos), 즉 언어와 이성 없이는 보다 더 정확한 생각이나 사상을 전달할 수는 없을 것이다. 다시 말해 이미지는 언어와 결합될 때만이 훌륭하게 우리의 현실을 투영할 수 있는 것이다. 그러니까 우리의 현실 이미지는 대중매체와 결합될 때 더 훌륭한 이미지의 역할을 수행할 수 있다는 것이다. 특히 지시대상보다 더 중요시되는 이미지의 시대에는 장 보드리야르의 네 번째 단계인 실재와 무관한 이미지가 범람할 것이다. 다음은 장 보드리야르의 이미지 언어 연속 단계를 적용하여 영상매체에 나타난 이미지를 가지고 장 보드리야르의 내파에서 본 이미지와 쟈크 데리다가 본 이미지를 비교하여 분석하겠다. 분석에 앞서 장 보드리야르의 네 번째 이미지는 기의가 소멸된 기표화된 시뮬라크르의 이미지가 쟈크 데리다의 측면에서는 깊이 없는 하나의 '흔적'인 이미지일 것이다. 다음 <그림 16>같이 영상매체에 비친 현실 이미지와 비현실 이미지를 장 보드리야르의 내파이론과 쟈크 데리다의 해체주의 관점에서 비교하여 봄으로써 결론적 개념을 짚어 볼 수 있을 것이다.

그림에서 나타나듯이, MBC–TV에서 인기리에 방영되고 있는 "전원일기"를 중심으로, 등장인물 중 회장 역을 맡은 최불암의 이미지와 전국구 국회의원에 당선된 실제 최영환 이미지를 비교 분석할 때, 이들의 양자 간의 이미지는 장 보드리야르의 관점에서는 같은 의미구조를, 그리고 쟈크 데리다의 관점에서는 다른 의미구조를 가지고 있다. 우선 국민들이 국회의원인 실제 최영환의 이미지와 전원일기에서 회장 역으로 출연한 최불암의 이미지를 동일선상에서 같은 의미의 이미지로 느끼고 있다 하겠다.

〈그림 16〉 현실 이미지와 비현실 이미지 비교

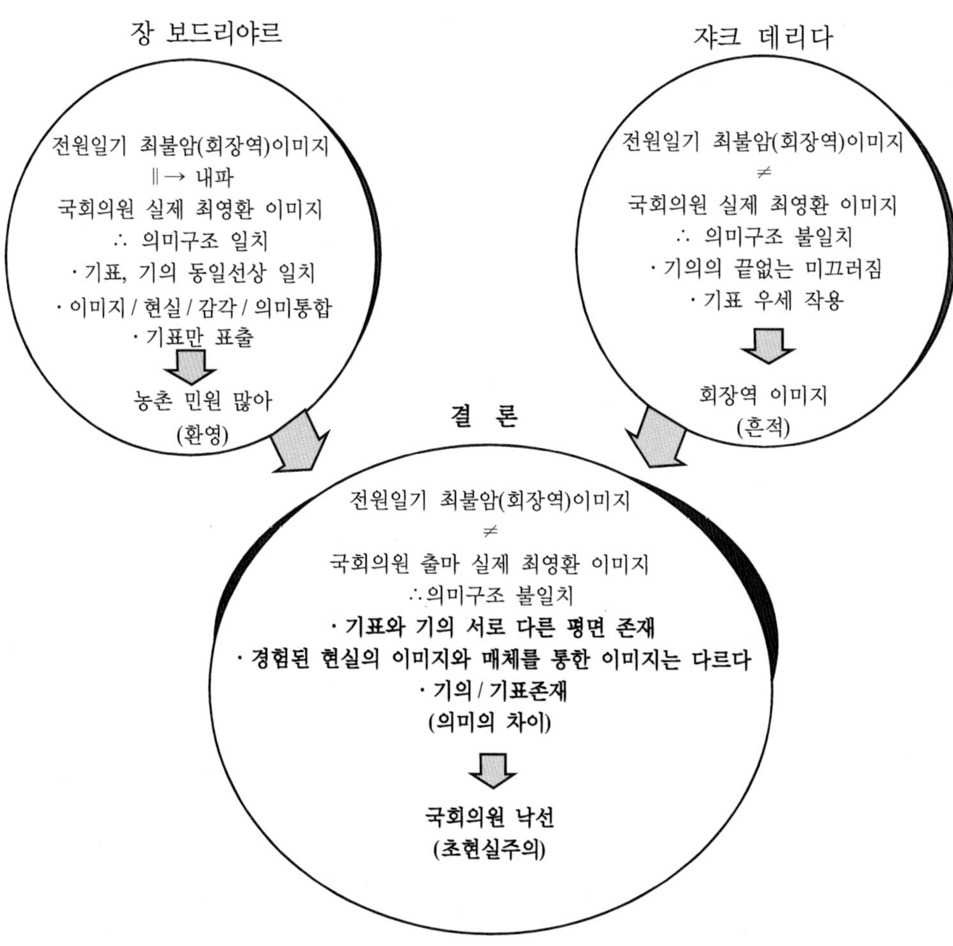

따라서 극중 인물 최불암은 실제 국회의원이 되었을 때 방송인이라 하여 문공분과 위원으로 선임되었다. 하지만 그가 업무 수행 시 농촌 문제와 관련된 민원이 많았다는 것은 텔레비전 속의 현실(가상현실 혹은 시뮬라크르)이 실제 현실(최영일이란 사람이 국회의원이다)을 압도한 것이다. 이는 국민들이 전원일기에 출연한 회장역 이미지를 국회의원인 최영환 이미지와 겹쳐 읽고 있기 때문이다. 예컨대 기호의 의미구조상에서 최영환이란 이미지 기표는 전원일기 회장 역과 국회의원인 최불암의 기의와 동일 평면선상에 위치하고 있기 때문에 이들 사이에 구별 짓던 의미의 차이가 없어진 것이다. 다시 말해 극중 인물의 회장 역과 국회의원의 이미지, 현실, 감각, 의미, 이데올로기, 지시대상이 내파로 모두 하나로 통합되어 극중의 이미지인 기표만 표출된 환영이며 시뮬라크르이다. 현실의 이미지인 최영은 비현실 이미지인 최불암의 실제 시뮬라크르이다. 그는 '전원일기'의 김 회장으로 알려진 사람이고, 그는 우리가 바라는 하나의 이상적 아버지인 시뮬라크르이다. 전원일기에서 나온 '양촌리'는 모든 것이 변해도 언제까지나 변하지 않는 모두의 고향이자, 언제나 편안함을 주는 농촌의 상징인 영원한 시뮬라크르이다. 이 드라마에서 풍기는 농촌사람의 정과 흙의 냄새가 이미지로 존재하지만 우리의 영원한 시뮬라크르이다. 또한 극중의 부부인 최불암과 김혜자를 실제 부부로 착각하는 시뮬라크르는 오래 함께 출연했기 때문이다. 늘 촬영장에 음식을 싸와 출연진과 나눠 먹는다는 김수미의 '한 식구'라는 말은 극중이 아니라 실제 생활에서도 적용된다. 이는 실제와 현실의 간극을 좁히는 내파적 시뮬라크르이다. 또한 고두심은 "저희들은 사생활까지 다 알아요. 친형제나 자매보다 친하다는 말은 바로 장 보드리야르의 식으로 표현하면 원래의 실체가 가장 훌륭한 자기 자신의 재현 이미지가 될 것이다. 따라서 이와 같은 현상들이 실체와 이미지가 동일한 하나가 되는 단계이다. 여기서는 현실과 이미지(비현실)를 분할하던 이원론이 사라지고 일원론이 대두된다. 그러나 쟈크 데리다의 해체주의 관점에서는 어떻게 느끼고 있는가?『전원일기』최불암(회장 역) 이미지는 재현체계 속에서의 그대로의 회장 역의 이미지만을 반영하려고 한다. 그렇다면 가장 충실하게 원래 그대로를 재현하고 있는 이미지가 되려고 할 것이다. 재현체계 속에서 최불암과 김혜자의 가상 부부 역할, 양촌리 마음의 고향 이미지는 가장 충실한 이미지이며, 현실과 이미지가 하나가 된 동일한 흔적으로 우리가 느끼고 있을 뿐이다. 국회의원인 실제 최영환의 기의는 끝없이 미끄러져 가시적으로 표출되지 않고 극중 회장 역 이미지, 즉 기표만이 우리의 눈에 비치는 흔적으로 남아있을 뿐이기 때문이다. 이는 전원일기 최불암(회장 역) 이미지와 극회의원에 출마한 실제 최영환 이미지는 의미구조상 불일치하고 있다. 다시 말해 기표와 기의가 서로 다른 평면에 존재해 의미의 차이를 국민들에게 주고 있기 때문이다. 여기서 만약에 장 보드리야르의 내파이론이 성립된 합당한 논리라고 한다면, 극중에 출연한 최불암은 그 인기를 가지고 영등포구 지역구 국회의원에 출마하였을 때, 국회의원에 당선되어 있어야 할 것이다. 그러나 그는 이 엄연한 내파의 논리를 이해하지 못했기 때문에, 전국구 의원을 그만두고 신한국당 공천으로 영등포구에 출마하여 정치 신예인 김민석과 맞붙어 압도적인 표차로 낙선한다. 이제 현명한 유권자는 극중의 회장 역 최불암 이미지와 국회의원에 출마한 실제 최영환 이미지와는 구별하고 있다. 그러니까 유권자들은 극중 회장 역 최불암은 하나의 비현실 이미지로서 그 연기력에는 만족하지만, 그가 정녕 실제 국회의원으로 출마한 최영환의 이미지는 유권자가 다르게 느끼고 있기 때문이다. 그러니까 장 보드리야르가 말한 내파된 이미지, 즉 과실재성은 원본과 또 다른 이미지가 아니라 원본을 전제한 차이 난 이미지인 시뮬라크르이다.

이런 장 보드리야르의 내파, 시뮬라크르, 과실재성 성삼위일체를 조금이라도 최영환이 눈치 챘다면 한적한 농촌 지역에 출마하여 재선의 영광을 누리고 있지 않았을까? 여기서 보드리야르가 주장하는 내파현상으로 읽어보면 '전원일기'의 김 회장의 이미지는 그 자신이다. 그의 연기스타일은 TV 이미지에 앞서 존재하는 것이 아니다. 실제 모습을 보는 것이 화면으로 보는 것보다 더 믿을 만한 경험도 아니다. TV 카메라가 없었다면, 그리고 시청자가 없었다면, 그 연기력도, 대중의 인기력도 없었을 것이다. 그 연기력은 TV 화면이나 선거 유세장에서나 양쪽 모두에서 동시적으로 그리고 유사하게 존재한다. 양자 사이에 존재론적 위치에서 아무런 차이가 없으며, 어느 것 하나가 앞서거나, 다른 것을 재생산한다고 할 수도 없다. 어느 하나는 다른 하나와 똑같이 현실적이거나, 비현실적이다.

따라서 유권자들은 극중에 재생산되어 온 인기 있는 최불암의 이미지로 투표한다. 다른 한편 그들이 실재하는 인간과의 관계에서 그 정확성이 검증될 수 있는 이미지에 투표한 것도 아니다. TV 화면으로 경험했든, 유세장에서 경험되었든 상관없이 최불암은 하나의 환영이며, 그 밖의 그 어느 것도 아니다. 즉 어느 지시대상도 아니다. 따라서 그의 극중 환영이 실재적인 것으로 수행(투표)되었다. 이 환영은 현실을 부정하지 않는다고 믿었다. 단지 이미지와 현실 간의 차이가 소멸될 뿐이다.

극중 이미지와 실재에서 본 이미지와 동일하며, 이미지에서 추정되는 바와 동일하게 수행한다. 이 환영의 개념은 앞서 설명했듯이 이미지, 현실성, 감각, 광경, 의미 등의 변별적인 개념들이 내파되어 하나의 개념으로 통합된 것이다. 여기서 최불암은 극중의 『전원일기』의 김 회장으로 현실과 같은 이미지로 보고 있다. 그러나 최불암은 극중 최불암이라는 이미지(환영)와 실재하는 최불암과의 이미지가 유권자에게 다르게 느끼게 하는 사람들의 인식 때문이다. 따라서 유권자들은 비현실적인 최불암에게 투표하는 것이 아니라 현실의 최불암에게 투표한 것이다. 여기서 사람들은 극중의 이미지와 실재의 이미지의 차이를 구별하고 있다는 결과를 얻을 수 있겠다. 그렇다면 유권자가 본 이미지의 지시대상은 극중의 최불암이지 유세장에 나온 실제의 최불암의 지시대상과는 다르게 느끼고 있다 하겠다. 즉 상황에 따른 최영환의 기호(이미지)는 각각 다르게 작용하고 있다. 단지 우리가 느끼는 지각양태가 다르기 때문이다. 이처럼 장 보드리야르는 우리 시대의 조건을 규정하는 핵심을 설명하려고 시도한다. 즉 우리 사회는 이미지가 포화되어 있다는 것이다. 그 포화는 우리 시대와 그에 앞선 시대의 정도의 차이라기보다는 범주적 차이를 자아내는 그런 것이다. 즉 우리는 보다 많은 이미지를 경험하는 것이 아니라, 이미지와 그 밖의 다른 경험들 간의 완전히 상이한 관계 속에서 살고 있는 것이다.

그러나 사실 우리는 이미지와 그 밖의 다른 경험들 간에 아무런 차이가 없는 포스트모던의 시대에 살고 있다.

또 다른 측면에서 살펴보자. MBC에서 인기리에 방영되었던 『제3공화국』이란 정치 드라마에서 탤런트 이대근이 차지철 역을 맡았다. 아마 그의 거친 듯한 모습이 별로 지혜롭지 못한 차지철을 묘사해 내는 데 적격이었는지 모른다. 그는 이후 『제4공화국』에서도 차지철 역을 맡게 된다. 그런데 이대근을 캐스팅하지 못한 한 방송국에서 그 역을 소화한 것이다. 차지철은 사라지고 차지철의 시뮬라크르인 이대근이 차지철의 전형이 되었고, 차지철 역할의 성공 여부는 이대근 흉내 여부에 달린 것이다. 오리지널과 시뮬라크르가 완전히 와해되는 순간을 보여주는 극적인 예라고 하겠다. 그러나 이대근이라는 존재는 매체상의 이미지로 치환된 것이지 실재의 이미지는 차이가 존재한 것이다.

　TV의 세계에서 어떤 역할의 이미지나 모델은 종종 실제 어떤 역할로 간주된다. 예를 들어 웰비(Welby) 박사의 역할을 맡은 로버트 영(Robert Young)은 의료진찰을 요구하는 수천 통의 편지를 받고 결국 광고에 드러냈다. 레이몬드 버(Raymond Burr)는 변호사 페리 메이슨(Perry Mason)과 탐정 철인(Ironside) 역을 성공적으로 해내고서는, 1950년대에는 법에 관한 조언을 1960년대에는 탐정의 도움을 요구하는 수천 통의 편지를 받았다. 멜로드라마에서 악역을 맡은 사람들은 TV에서 자신들이 행한 사기에 화가 난 팬들로부터 자신을 보호하기 위해 공공장소에 나갈 때 보디가드를 고용해야 한다(Kellner, 1999: 157). 이러한 예는 우리 역시 수없이 많이 보게 된다. 『사랑이 뭐길래』에서 '대발이 아버지' 역할을 맡았던 이순재 씨는 다음 해 국회의원으로 당선되었고, 지금 역시도 방송 스타를 모시기 위한 정치권의 경쟁이 치열하게 전개되고 있다. 이들에게 주어진 것은 이미지일 뿐, 실제 그 능력이 검증된 것은 아니어서 대부분 방송 연예인 출신들은 연임에는 실패하는 경우를 종종 보게 된다. 영화 『공동경비구역(JSA)』에 출연한 배우 이영애(여)와 송강호(남)가 대통령 직속 의문사진상규명회의 '명예의 조사관'이 된다(동아일보, 2001: 25). "이 영화가 의문사의 총격사건에 대한 진실을 밝히는 내용일 뿐만 아니라 화해와 평화의 메시지를 담고 있어 위원회의 활동 목적에 부합한다고 판단해 주요 출연자인 이 씨 등에게 명예의 조사관을 임명하게 된다는 임명동기는 바로 장 보드리야르의 시뮬라크르를 하기에 좋은 예라 하겠다.

　이 시뮬라크르는 꾸밈에 의해서 '진짜보다 더 진짜'로 보이는 것들의 영역이다. 이런 영역이 장 보드리야르나 에코가 말하는 과실재성(hyperrel)이다. 이 영역에서 기술은 완벽성을 이루지만 진실은 자취를 감춘다. 달리 말하면 자연의 것(현실)은 사라지고 순전한 인공적인 것이 대신 들어선 경우이다. 왜냐하면 현실을 의미하는 기의가 내파되어 그 기의 자체가 소멸되고 기표가 현실, 대상과 이미지를 동일한 평면에 존재하므로 대상과 현실과 이미지 간에 아무런 차이가 없기 때문이다. 즉 의미란 기호체계 내의 위치에서 도출되는 것이지 그 체계 밖의 '현실' 세계의 준거에서 비롯되는 것이 아니기 때문이다. 그러나 현실의 이미지를 의미하는 비현실의 기의들, 즉 과실제 체험들, 웰비 박사 의사의 역할, 대발의 아버지 역할, 공동경비구

역(JSA)에 출연한 배우 이영애와 송강호 등이 지시하고 있기 때문에 비현실의 역할이 실제에서 의사로 착각되고, 국회의원에 당선되었고, 명예조사관에 임명된 것이다. 여기서도 현실과 이미지에 의미를 만들려고 하는 기호 조작자들의 이데올로기적 행위일 뿐이다. 영상에서의 이미지와 현실에서의 그들이 이미지는 다를 것이다.

앞에서 살펴본 '궁예, 김 회장, 차지철, KBS 맛자랑 그림, 웰비 박사, 페리 메이슨과 탐정철인, 악역을 맡은 사람들'은 지시적(referential) 존재나 실체(substance)는 아니며, 기원이나 리얼리티가 결여된 하이퍼리얼(hyperreal)이다. 따라서 재현과 현실 간, 즉, 텔레비전 속의 현실(가상현실 혹은 시뮬라크르)은 궁예이다. 김 회장(최불암), 차지철, KBS 맛자랑 음식물과 실제의 현실인 김영철, 최영일, 이대근, 실재의 음식물 등을 관념적으로 일치시키려는 제작자들의 재현적 상상(representational imaginary)인 이미지에 불과한 시뮬라크르일 뿐이다. 실재는 이제 축소된 미니어처(miniaturised units), 모형(matrices), 기억장소(memory banks) 그리고 명령모델(command models) 등의 발생학적 차원(genetic dimension)에서 이루어질 뿐이다. 이런 점에서 시뮬라크르 하기는 대상과 현실은 차이가 있는 공간의 세계이며, 모든 지시물의 청산(liquidation of all referentials)이라기보다는 이미지(기표)가 무수한 의미만 생산해 낼뿐이다. 의미 없는 스펙터클을 끊임없이 만들어 내 커뮤니케이션적 황홀(the ecstacy of communication)만이 우리 주위를 맴돌 뿐이다. 이를 장 보드리야르의 입장에서 말하면 현실이 지시대상 없이 바로 현실이 그 이미지라는 논리이다. 이는 현실의 이미지와 대상의 이미지가 차이가 없이 그대로 고정된 의미를 전달함으로써 생기는 것이다. 이 설명은 의미가 고정되었다는 것을 의미한다. 이를 쟈크 데리다의 해체주의 관점에서 보면 의미는 중심적이고 고정된 의미를 반대한 반 근원주의이다. 쟈크 데리다가 본 의미는 고정된 것이 아니라 환경과 상황에 따라 다르다. 다시 말하면 기호와 의미의 대립체계에서는 기호와 의미 사이 분할이 행하여지고 하나의 기호는 각각 사용하는 곳에 따라 의미를 달리하다. 어떤 차이가 기호에 존재한 만큼 그 기호는 의미가 있다는 표현이다.

장 보드리야르가 자주 사용하는 것은 은유적 표현이다. 그는 주장하기를 "내파의 현상은 시각화되면서 동시에 이 현상이 대중에게 안겨주는 화려한 의미망을 암시한다. 즉 의미를 넘어서, 의미의 내파에서 오는 매혹이 있다"(Baudrillard, 1983b: 128)

는 것이다. 대중은 매체 앞에서 여전히 매료되는데, 이는 결국 이미지가 무수한 의미를 생산하므로 대중에게는 의미가 과부화에 걸려 무가치화된 것이다. 다시 말하면 매체가 이제, 어떤 부류의 사건이나 정보를 막론하고, 순수한 스펙터클의 모델로 받아들여진다는 말과 다를 바 없다고 설명하고 있다. 이처럼 알듯 말듯 의도적으로 '불충분하게 규정된(ill-defined)' 용어를 이용하여, 장 보드리야르는 우리 시대의 조건을 규정하는 핵심을 설명하려고 시도한다. 즉 우리 사회는 이미지가 포화되어 있다는 것이다. 그 포화는 우리 시대와 그에 앞선 시대의 정도 차이라기보다는 범주적 차이를 자아내는 그런 것이다. 즉 우리는 보다 많은 이미지를 경험하는 것이 아니라, 이미지와 그 밖의 다른 경험들 간의 완전히 상이한 관계 속에서 살고 있다는 것이다. 사실 우리는 이미지와 그 밖의 다른 경험들 간에 아무런 차이가 없는 포스트모던의 시대에 살고 있다.

미디어가 현실을 왜곡하고 있거나 변화되어야 할 현실을 반영하고 있다고 믿는 사람들은 상 보드리야르의 입장이 너무나 현실에서 동떨어진 것으로 생각한다. 예를 들어 위르겐 하버마스 같은 비판 이론가들은 현실 재현의 적합성을 판단할 수 있는 합리적 기준을 세우는 것이 가능하다고 생각하며, 시민 사회에서 왜곡되지 않는 커뮤니케이션과 토론이 가능한 조건을 창출할 수 있는 사회변화를 전적으로 지지한다. 반면 헵디지와 같은 이들은 미디어와 소비용품이 제공하는 의미를 재의미화함으로써 집단과 사회 운동이 저항을 만들어 낼 수 있다고 주장한다.

5. 의미 만들기(do make meanings)와 유포(social circulation),
의미 사용(do use them)

전통적 주류미디어는 현실의 일부를 최대한 반영하거나 현실을 생산 혹은 재생산한다는 것이 모방이론과 재현이론의 바탕이 된다. 대중매체는 현실을 기록하고 부호화(en-code)한다. 부호화한다는 것은 사회·문화, 경제적 영역에서 우리의 현실

경험(맨살경험)을 매체에 옮기는 것이다. 부호화된다는 것이 의미를 만드는 것이고, 유포하고자 하는 작업인 것이다. 또 의미를 옮기는 과정에서 이데올로기가 발생된다. 이 매개 역할을 선도적으로 하는 것이 TV이다. 이 과정에서 의미는 이미지에 의해 만들어지고 또 유포된다. 그래서 이 시대는 이미지가 그 지시대상보다, 더 중요하게 하거나 이미지와 지시대상 자체를 점점 더 구별하기 어렵게 한다. 그래서 구조 속에 종속적인 대중들은 이미지의 의미를 소비함이 없이 이미지만 소비한다는 것이다. 따라서 장 보드리야르의 표현대로 실물이 곧 이미지라는 주장이 일단은 성립 가능하다. 장 보드리야르의 지시대상과 무관한 이미지 생산이나, 쟈크 데리다의 의미에 대한 끝없는 거부는 종속적인 사람들이 의미를 만드는 것이 아니라는 이미지만 소비한다는 표현이다. 이는 기표의 감각적 즐거움이 볼거리를 제공한다는 뜻으로, 의미는 소비하지 않는다는 것이다. 즉 대중적인 구경거리를 단지 즐거움이란 표면적인 감각이라는 개념으로 이해해서는 안 된다. 피스크가 주장하기를 경제적인 사회·문화적 조건들에 있는 사람들은 상향식 의미가 벌어진 틈새에서 나름대로 의미를 만들고 있다. 대중적인 즐거움(popular spectacle)이란 사람들이 그 속에 참여하지 않고서는 불완전한 것이다(Fiske, 1993: 64). 예컨대 KBS‒TV 대하드라마 '태조왕건'이 방영될 때, 종속적인 사람들은 배역들의 역할을 즐기는 사람들은 한국사의 오늘에 보다 분명한 주제와 덕목이 무엇인가 새롭게 제시받는다. 정치권에 있는 사람이나 그 주변에 있는 사람들, 그리고 대중들은 나름대로 현 정치나 사회의 현상에 비교해 봄으로써 제 각기 의미를 만들어 내고 있다. 왕건 역(최수종)이 주는 의미는 외유내강형으로, 오늘날의 가장 바람직한 최고 경영자의 모델(CEO)로서, 시작은 좋으나 말년에 피곤했던 인물이며 관심법의 대가로 궁예 역(김영철), 초나라의 항우처럼 너무 강하면 부러진다는 의미를 지닌 견훤 역(서인석), 음해(陰害)적이고, 비현실주의자로 엄청난 야욕의 '청주인' 아지태 역(김인태), 그리고 충성스럽고 의리의 정의를 남긴 궁예의 책사인 종간 역(김갑수)으로 비유할 뿐만 아니라, 그때 궁예(김영철)가 착용했던 금장 안대는 시뮬라크르의 문화적 상품을 만들어 냈다. 이런 볼거리는 대중들의 활력과 권한부여에 관한 구경거리로서 종속적인 사회구성원들(formations of the subordinate)이 즐길 수 있고 또 실제로 즐기는 것이다. 이런 볼거리는, 한편으로는 정서적인 수준에서 작용하는데, 즉 농도(intensity)나 질감(texture)이 중요시되는 권한부여와 활력과 같은 유쾌한 감정을 자극하는 것이다. 또한 이 볼거리는 사람들로 하여금 자신의 일상적인 삶에 직접 전환될 수 있는 특수한 맥락적 의미들(context-specific meanings)을 생산하도록 자극하기도 한다.

MBC-TV 드라마 '허준'에서, 매실은 역병을 치료한 특효약이고, 매실이 보양에 좋다는 방송이 나간 뒤 매실 생산 농가는 안도의 한숨을 쉬었다. 드라마가 상영되자 판매량이 40퍼센트 이상 늘어나 생산농사 소득으로 연결되고, 매실 애주가 급증, 매실 음료 증가, 살구가 매실로 둔갑 등 사회현상은 영상이미지의 의미가 가져온 결과들이다. 이러한 영상 콘텍트의 의미들은 생산농가의 생활의 일부이다. 이 의미들은 사람들이 자신이 사용할 수 있는 이미지들을 이용하여 생산해 낸 것이다. 이 의미들은 사람들과 말과 행동이 일치한 실천적 행동으로 전환되고, 새로운 형태로 사람들의 일상생활 조건들에 짜여들어 간다. 우리는 이 의미들이 일상생활과 인과 관계를 맺고 있는 것처럼, 즉 일상생활에 영향을 끼친다는 것보다, 그 의미들은 그들의 일상생활의 일부이다. 의미들의 생산과 유포는 시장, 길거리, 아파트 단지, 작업장 등 어디든 상관없이 종속적인 사회구성원이 있는 곳은 지배질서의 영역(the place of the dominant order)에서 대중들의 공간을 창조해 내는 전술과 같은 필수적인 실천적 관행(necessary popular practice)이다.

이 실천적 관행은 프레드렉 제임슨이 주장한 것처럼 후기자본주의하에서 하나의 자본적인 운동으로, 포스트모던의 의식을 지니고 포스트모던한 생활양식으로 살고 있다고 하기보다는 특별한 사회역사적 위치에서 사회적 행위자들(social agents), 즉 자본주의 사회에서 사는 사람들이 그 기호체계를 사용하는 방식에 따른 결과물일 뿐이다. 자본주의 사회에 있는 사람들은 어느 정도 행위권과 권한을 가지고 있다. 이 행위권과 권한은 개인주의의 산물이라기보다는 사회구성원들의 생산물이자 그 활동성이다. 이 활동성은 사회적 행위권 의미, 이데올로기, 훈련 등 각종 억압으로부터 기호의 자유를 찬양하면서 자신의 이익을 증대시킬 수도 있고, 텍스트를 생산, 사용, 재사용 또는 재해석하는 가운데 자신들의 개인적인 창의성과 자유가 자기들만의 기호를 생산해 낸다는 것이다. 그러나 장 보드리야르의 기호론은 기호들이 자신들의 본질을 생산하지 않는다는 것, 기표가 기의들과 결합되지 않고 분리한다는 것, 이데올로기와 재현 간의 연결고리 약화 등에 관한 설명보다는 사회적으로 종속적인 사람들이 문화영역에서 지배적인 타자(other)에 의해 생산되고 유포된 기호들과는 무관하게 맥락적으로 적절한 의미들을 만들어 냄으로써, 자신들의 사회적 행위권과 권한을 행사할 수 있다는 피스크나 프레드렉 제임슨의 논리들에 더 많은 의미를 부여한다. 이는 사람들이 생활하고 있는 일상생활 속에서 얽히고설킨 사건들에서 서로 다르게 경험된 현실들로 그 개념을 재구성한다는 것이다. 이 의미는 사회적으로 종속적인 사람들은 최소한 의미들을 생산, 전파 그리고 활용하고 있다는 것이다. 우리 생활에서 지배적인 의미들이 상향식 의미생산에 사용되는 지배적인 기호체계들에서 단지 거리가 멀어진 것뿐이며, 총체적인 배제되는 것은 아니다. 그리고 지시대상도 저 밖에 아직도 존재하고 있다. 상향식 의미들(bottom-up meanings)은 하향식 의미들(top-down meanings)과 구조적 관련 속에서 생산되고 유포되며, 이 구조 속에서 그 의미를 사용하게 된다. 사회·문화적으로 종속된 사람들의 행위권은 언제나 그 행위권을 제한하고 견제하고 억제하는 체계 내에서 행사된다. 따라서 많은 포스트모던의 이론과 후기구조주의적 이론의 핵심 특징인 의미의 배제란 후기자본주의를 포함하여 모든 자본주의 사회가 본래적으로 지니는 지배구조의 함의를 깨닫지 못하도록 하는 문화적 엘리트의 한 전략으로 비칠 수 있다(Fiske, 1993: 66).

그런데 장 보드리야르의 주장은 우리의 현실과 이미지 사이에 아무런 차이가 없다는 것이다. 이는 한 이미지나 기호에서 기표와 기의의 차이를 인정치 않는 것으로 '본래의 것이 그대로 이미지'이기 때문에 의미가 생산되지 않는다는 논리는 사회적 유물론에 근거를 두고 있는 것이다. 그러나 이미지는 의미 없는 표면이 아니라 의미가 만들어지고 저장되는 자원 저장소이다.

결과적으로 장 보드리야르는 언어학적 혹은 상징적 코드 분석으로 전환하게 되는데, 차츰 코드들이 재현하는 외적 대상에 대한 준거를 버리고 순전히 코드 간에 내적 연관관계를 취급하게 된다. 그래서 그는 이미지가 단지 현실을 재현한 것이 아니라 그 자체로 현실이다. 왜냐하면 의미란 기호체계 내 위치에서 도출되는 것이지 그 체계 밖의 '현실'세계의 준거에서 바로 되는 것이 아니기 때문이다. 이 논리는 실체가 바로 이미지고, 실체와 이미지 사이에는 의미가 존재하지 않는 하나의 기표일 뿐이다. 즉 의미를 품고 있는 기의는 기표로 대신한다. 그렇기 때문에 미디어에 의해 기계적으로 재생산된 이미지는 단지 보이기 위한 스펙터클에 불과할 뿐이다. 그래서 장 보드리야르는 우리로 하여금 거기에 존재하는 것들, 즉 삶의 사실성, 표면, 구경거리 등등으로 되돌아가도록 해주었다는 점에서 아주 옳다. 이를 스튜어트 홀(Hall. 임영호 옮김, 1996: 111)은 다음과 같이 평가하고 있다. "사물들이 순전히 사실성(facticity)을 갖는다―사물들은 바로 표면에 보이는 그대로이다―는 가정에 의존하고 있는 것으로 보인다. 그것들을 '읽어 낼' 수도 없다. 우리는 해독, 언어, 의미를 초월해 있다. 현재적 / 잠재적 식의 구분에 의존하는 오래된 해석학적 분석을 비판하려는 장 보드리야르의 시도에 찬성한다" 하였다. 장 보드리야르의 내파현상은 극도로 확대된 일종의 초현실주의[18]라고 생각한다. 그는 현실성을 인정하는 과정에서 직접적으로 표면에 나타난 것 외는 아무것도 존재하지 않는다고 말한다(Hall, 임영호 옮김, 1996: 112). 이는 그가 말한 바와 같이, 정보는 더욱 많고 의미는 더욱 적은 세계에 우리는 살고 있다고 한 것과(Baudrillard, 하태환 옮김, 1999: 143) 같다. 포스트모던 사회에서 우리는 이미지나 의미를 생산할 수 있는 표현들의 다양성, 다원성에 압도된 것으로 느끼며, 현대 문화 생산에서 우리가 끊임없이 시뮬라크르를 생산하고 재생산, 반복, 요약할 수 있게 해주는 풍부한 기술적 토대를 인식해야 한다. 이 의미들은 하나의 최종적이고 절대적인 의미, 즉 궁극적인 기의란 없으며, 단지 쟈크 데리다가 말한 바와 같이 최종적 의미가 현전(presence)하는 것이 아니라 끝없이 연기될 수밖에 없다는 것이다(Derrida, 1973: 142~143). 이는 쟈크 데리다의 차연 개념으로 고정된 의미는 끝없이 지연되기 때문에 궁극적 기의, 초월적 기의가 있을 수 없음을 뜻한다. 말하자면 장 보드리야르의 내파로 이루어진 과실재성은 쟈크 데리다식으로 말하면 재현가능이 차연의 망각에 기인된 환상과 같다는 것이다. 이와 같은 논리들은 기호체계 과정에서 기호의 자유로운 독립적 역할에서 과도한 포스모던 언어 해석에서 오는 것이다. 왜냐하면 우리는 의미를 자연적인 행위가 아

---

18) 초현실주의는 1924년 프랑스에서 일어난 예술론으로 현실과 동떨어져 있는 것을 자유로운 상상으로 표현하는 사상이다(민중서관, 1997: 2227).

니라 자의적인 행위, 즉 이데올로기가 언어 속에 개입한 것으로 이해하기 때문이다. 그러므로 본 연구자는 스튜어트 홀이 한 말같이 문화적인 의미규칙들이 다원화되었기 때문에 재현이 끝났다고 하는 장 보드리야르의 주장에 동의하지 않는다고 한 그의 주장에 찬성한다. 왜냐하면 오늘날 우리는 기호화의 무한한 다양성의 시대에 있다고 생각한다. 우리는 이와 같이 해독과 담론의 다양성 속에 있으며, 이는 새로운 형태의 자의식과 반성 능력을 만들어 냈다. 이러한 팽창(explosion)의 결과적으로, 그리고 환상적으로 문화의 생산과 소비 양식은 바꾸었지만, 이는 재현 자체가 붕괴되었음을 의미하지 않는다. 재현은 보다 논란거리 과정이 되었지만 이것이 재현의 종말을 뜻하지는 않는다(Hall, 임영호 옮김, 1996: 113). 다시 말해, 어떤 것이 새로운 것인지를 인식하고 또 그것이 어떻게 나오게 되었는지를 어느 정도 역사적으로 이해할 수 있도록 고심해야 하는 긴장을 덜어 준 것을 바로 포스트모던의 용어 자체가 가져다준 개념이다. 즉 시공간을 초월한 앞서가는 문명의 발달이기 때문이다. 이제 이런 상황에서 현실을 반영하는 데 편견이나 편향된 재현이 있을 수 없다. 장 보드리야르에게서 상품 문화이론은 사물과 재현 간 어떠한 구분도 모두 제거해서, 의미의 차이를 없애는 하나이다. 즉 이분법 구도는 전재되지 않는다. 그러나 결과적으로 내파로 '의미의 붕괴' 혹은 '차이가 소멸'되지만 앞에서 연구한 바대로 의미 없이 언어를 개념화할 수 있다고 생각지 않는다. 내파란 두 극을 뭉개고 하나로 통합된 개념이다. 따라서 이분법이 전제되어야만 내파논리는 성립되므로, 의미의 차이가 소멸된다는 표현은 리얼리티나 지시대상에서 멀어진 의미를 생산하거나 재생산하고 있다는 증거들이다. 의미의 차이는 주어진 기호의 가치를 결정하는 의미의 기초단위이다. 어떤 차이가 기호에 존재한 만큼 그 기호는 의미가 있다. 그러나 오늘날 이처럼 차이가 기호 생산자들의 자의성에 맡겨진 상태에 있으므로 가치체제는 질서를 잃고 떠돌아다니는 정체 없는 것이 되어가고 있다. 차이란 것은 이미지가 갖는 유혹의 변수(變數)로서, 그것은 한편으로 차이 자체를 소거하는 듯하지만, 다른 한편으로는 무한히 다양한 의미의 차이를 일으킨다. 또한 의미의 차이에서 여성과 남성은 아직도 다르고, 사람은 매체상의 이미지로 치환된 것이 아니라 아직도 왕성한 욕망을 가진 존재라는 등의 반대 의견을 내세운다. 그러면서 붕괴된 것은 그런 것들이 아니라 사람들의 지각양태(知覺樣態)와 사회성(社會性)[19]같은 것들이다. 장 보드리야르가 주시한 것은 시뮬라크르와 함께 대중 안으로 사회적인 것의 내파가 일어나 현실원칙(reality principle)의 형태를 취하고 있느냐 그렇지 않느냐 하는 것이다. 이런 주장의 내용을 살펴보는 것이 다음 장의 과제이다.

---

19) '사회성'이란 서로 다른 개인들 사이의 관계를 규정한 것이다. 그러나 다름이 사라져 버린 미분화의 대중 덩어리들 속에서는 사회적인 것이란 사라지게 된다(Baudrillard, 하태환 옮김, 1999: 128). 장 보드리야르가 주장한 '사회적인 것'은 상징적 교환으로, 죽음, 유혹, 의례적인 것을 전제하는 것 같다. 그런데 생산주의적 사회가 그것을 제거하고 대신 '시뮬라크르화된 사회적인 것'을 설립했다. 그 결과, 사회적인 것의 내용은 노동 / 권력 / 의미 등의 폐기된 잔여물(residue)을 재처리하는 과정으로 귀결된다(Baudrillard, 1993a: 66~72).

제 7 장

시장공간에서 이미지 내파

제1절 로고스 중심에서 외파·내파현상

우리는 시장에서 이미지의 내파현상을 쉽게 고찰할 수 있다. 시장공간은 전통을 중시하는 모더니티와 전통바탕에 새로운 것을 창조하는 포스트모더니티가 뒤섞여 있는 퓨전(fusion)[1]의 공간라고 할 수 있다. 흔히 전통적으로 이어온다는 것은 중심적이고 고정적인 의미가 유지해 온다는 것의 의미이다. 이는 다른 말로 표현하면 로고스 중심적이라는 의미일 것이다. 이런 현상은 전통을 중시해 온 모더니즘적인 물적 팽창을 가져온 것이 바로 '외파'의 영향이다. 그러나 이 현상도 시대의 변화에 따라 중심적인 것은 주변으로, 고정적인 것은 변화로 해체된다. 그동안 전통적인 것을 중시해 온 것은 '내파'로 다른 의미를 지닌 시뮬라크르일 것이다. 이런 현상들을 총체적으로 발견할 수 있는 공간이 바로 농수산물시장 공간일 것이다.

따라서 오늘날 농수산물시장이나 슈퍼마켓, 백화점, 할인점의 농수산물 먹을거리 판매점을 단순히 농수산물이 유통되는 공간으로 인식하는 것은 너무 단편적이다. 후기산업사회에 나타난 시장에서는 생산, 소비, 규제, 정체, 재현 등[2]의 측면에서 그

---

1) 퓨전(fusion)은 사전적 의미로 융합, 연합, 연립, 합병, 복합되고 혼합된 의미를 뜻한다. 오늘날 모든 공간이나 음악 등이 서로 혼합된 문화활동이 점점 많아지고 있다. 볼거리, 놀거리를 한자리에서 해결할 수 있는 현대의 퓨전공간은 젊은이들의 일상의 문화공간으로 떠오르고 있는 TTL Zone과 나(Na)지트도 음악·영화감상·게임·인터넷을 한꺼번에 즐길 수 퓨전공간이다. 이 외에도 한자리에서 입고, 먹고 쉴 수 있는 옷집·분식집, 꽃집·미장원, 병원·카페 등 동서양의 음식이 어울려 색다른 맛의 울림을 만들어 내듯 전혀 어울릴 것 같지 않은 것들이 한 공간에 모여 사람들의 시선을 끌고 있다.

나라사회의 특성을 총체적으로 발견하게 되므로, 이제 시장과 판매장은 경제적이고 사회문화적인 대중문화의 공간으로서 새롭게 재인식되어야 한다는 것이다. 이런 맥락을 살펴보기 위하여 우선 농수산물에 대한 이해가 필요하다.

후기산업사회에서 보는 농수산물은 '문화물(artifact)'이다. 이 문화물이 유통된 시장을 문화공간으로 전제 / 이해하여야 할 필요성이 있다. 이런 필요성은 학문적인 관심이며, 주요한 연구대상으로 농수산물에 대하여 큰 의미를 부여할 수 있다. 시장은 '대중문화공간'이고, 농수산물이 '문화물'이라는 논리이다.

이제 농수산물이 "문화물이라는 의미는 영어 어원 'agri-culture'에서 보듯이 agri-는 농산물을 의미하고 culture는 재배하다"는 의미에서 유래한다. 즉 '밭을 갈다'에서 유래하듯이 인간의 정신을 갈고 닦아 풍성한 수확을 거두게 하는 것은 예술, 철학, 종교 같은 정신적인 것들이다. 이렇듯 농산물은 문화와 깊은 관련이 있다. 이러한 관념론적 문화인식과 사회, 경제라는 개념과 더불어 하나의 분야를 형성하게 된 것은 비교적 최근에 이르러서이다. 이런 의미를 함축하고 있는 농수산물은 이제 하나의 경제적인 사용가치와 교환가치를 넘어 일종의 상징적 교환 그리고 기호가치 상품으로서 소비자의 선호에 맞게 테크놀리지화되어 대량으로 재배되고, 대량으로 소비되고 있다. 이 농수산물은 생산자, 출하자, 시장, 유통인, 소비자들의 여러 유통단계를 거치면서 그들의 나름대로 '삶의 방식(way of life)'과 '표상적 실천(representative practice)'3)을 가지고 있다. 이런 모더니즘적 농수산물은 생산자와 소비자가 분리되어 있고, 기계적 및 기술적으로 대량생산, 대량판매, 대량소비를 통해 궁극적으로는 소비자들에게 오감(五感)

---

2) 스튜어트 홀(Stuart Hall)과 폴 뒤 게이(Paul du Gay)는 문화를 인식하는 핵심적인 전제는 무엇보다 문화라는 의미생산(meaning making)은 진행 중인 과정(ongoing process)이라는 것이다(du Gay, Hall et al. 1997: 85). 이들은 하나의 문화적인 텍스트나 현상은 생산, 소비, 정체성, 규제, 재현이라는 다섯 가지 문화회로의 순환으로 완성된다(du Gay, Hall et al. 1997: 3).

3) 여기서 말한 표상적 실천은 시장을 이용한 사람들의 생활방식이다. 즉 시장에서 사용된 언어적 실천이다. 이 언어적 실천은 단순히 언어와 말의 사용에 국한하지 않는다. 비언어적인 기호, 부호, 상징, 이미지, 도상, 제스처 등을 사용하는 의도적 상호작용뿐만 아니라 시장상인, 고객들의 패션, 레저활동, 상품소비성향, 쇼핑방법 등 제반의 행위들이다.

을 만족시키는 소비상품이 늘어날 것이다. 이런 소비 형태가 기호적으로 '멋'을 찾는 단계에 이르면, 농수산물 대부분이 소형화 내지 다양화되면서 맛과 향기가 좋고, 그리고 보기에도 좋은 아름다운 형태로 바뀌게 된다. 허신행은 "이 단계를 선호→예술단계로 말하"고 있다(허신행, 1999: 292). 예술이란 인간의 삶의 과정에 대한 아름다운 인간의 활동이다. 인간의 이런 예술적 활동은 주관적인 것에서 수많은 사람들에 의해 수많은 맥락과 긴 역사적 시간 속에서 축적되는 이해이다. 이런 맥락과 같은 선상에서 농수산물도 인간의 아름다운 삶의 과정에서 생산된 것이다. 이런 목적으로 하여 생산되고 재생산되는 상품이 바로 '문화양식'이다.4) 이런 의미에서 볼 때 농수산물은 생산자와 소비자 분리, 재생산기술, 의도적인 생산, 상품화, 소비와 같은 개념들은 결국 대중문화의 본질적 성격을 규정한다(유선영, 1995: 41). 따라서 농수산물은 문화물이고, 대중문화를 전달하는 문화매개(cultural intermediaries)이다. 이런 문화물을 취급하는 장소인 시장은 분명히 '대중문화공간'이라고 할 수 있다. 그런데 이런 의미에서 대중문화공간을 찾을 수 있는 곳이 바로 우리나라 농수산물 유통의 중심지인 농수산물도매시장인 가락시장 외 전국 중소도시에 소재된 32개 농수산물도매장과 백화점, 슈퍼마켓, 할인점 등일 것이다. 그렇지만 이 공간은 사회적인 것과 문화적인 것, 경제적인 것의 구별이 어렵다. 이를 달리 말하면 한 공간에서 목적에 따라 다양한 공간으로 이용되고 있다는 의미이다. 먹을거리, 볼거리, 놀거리 등 쉬는 공간이 뒤섞여 있는 퓨전(fusion)의 공간이다. 따라서 이 공간에서 생활한다는 것은 한국적인 사회·문화 그리고 경제

---

4) 문화양식이란 어떤 객체가 문화적 의의를 지니게끔 고안된 분리 가능한 물질적 표의 체계(예: 문자와 글쓰기 등)에 의해 전달되는 양식을 말한다. 예컨대 대중문화는 생산할 수 있는 수단으로 확대·확장기술, 복제기술 등과 상호 간 의미를 교환하는 '커뮤니케이션 테크놀리지와 유형' 등이 모두가 문화양식들이다. 이렇게 볼 때 상품으로서 문화양식은 생산자와 수용자 분리, 복제기술, 의도적 생산, 상품화, 소비자에게 선호되는 것을 목적으로 하여 생산되는, 즉 소비와 같은 개념으로 생산된 상품은 일종의 문화양식의 범주에 포함된다. 또한 대중적 읽을거리를 담은 포켓북, 신문, 잡지들, 잡지를 통한 서적 과대광고의 성행, 예술가에 대한 사적 후원제도의 쇠퇴와 공적 후원제도 및 독서층 확립, 대출도서관의 등장 등은 중산층을 대상으로 한 새로운 문화양식이다. 그리고 신문, 영화, 라디오, 텔레비전이 등이 대중의 일상생활에 깊숙이 들어오면 이것 또한 문화양식이다(유선영, 1995: 47~48). 한마디로 생활방식의 일환으로 생산된 상품들은 문화양식의 상품인 것이다.

를 습득, 실행하며 사는 것이며, 따라서 경제적인 것은 사회·문화적인 것이다. 이는 일본 동경에 소재한 쯔끼지 농수산 도매시장도 먹을거리, 관광객 전유물로 된 볼거리 시장으로 변화된 문화공간으로 자리매김하고 있다. 이 점이 바로 장 보드리야르나 프레드렉 제임슨이 보는 관점일 것이다. 이러한 관점들은 농수산물 판매점을 통해서 이루어진다는 것을 관찰할 수 있다.

이러한 인식하에 현대사회를 후기산업사회로 규정하고, 자본주의에 따른 모더니티와 포스트모더니티 간의 차이를 극명하게 부각시키고 있다. 이렇게 볼 때 장 보드리야르에 따르면, 모더니티의 전통적인 가치관 바탕에서, 사회적 영역, 담론, 가치의 분화뿐만 아니라 시장과 테크놀리지, 기계화, 대량생산과 대량소비, 국가 경계 및 자본의 확대, 국경 없는 다국적 유통으로 강력한 브랜드 침투, 새로운 운송, 상품과 서비스 등에 관한 '외파(explosion)'로 특징짓는다면, 포스트모더니티는 기호의 확장으로 일상생활의 심미화, 시공간의 압축에 따른 사회적인 것의 신축성 증대 그리고 과실재성(hyperreality)의 새로운 지형을 확인한다. 이런 맥락화에서 고급문화와 대중문화, 진리와 허위, 실재와 시뮬라크르, 자연과 문화 등 심층 / 표층은 물론 우리가 전통적으로 당연시해 온, 모든 유형의 이원적인 대립체계가 근본적으로 접합되고 근본적으로 무너지는 '내파(implosion)'로 특징지어진다. 이런 현상들은 농수산물 판매장에서 총체적으로 찾아볼 수 있을 것이다. 이처럼 시대의 발전에 따라 외파는 내파에 변화를 가져왔다. 이 외파와 내파개념은 원래 마샬 맥루한의 『미디어의 이해』의 첫 구절에서 따온 것이다. "세분화와 기계화의 기술로 인하여 3천 년에 걸쳐 '외파(explosion)'되어 온 서구세계가 이제 '내파(implosion)'로 이행하게 된다"(마샬 맥루한, 박정규 옮김, 1990: 295). 이 외파와 내파가 가져온 가치관은 시대에 따라 농수산물에도 따라서 변하지 않을 수 없다. 시장에 나타난 모더니즘의 특징인 외적인 요인의 외파적 발전이 내파로 특징지은 포스트모더니즘 현상을 살펴볼 수가 있다. 즉 외파와 내파의 구조적 가치관에서 보는 모더니즘적이고 포스트모더니즘적인 몇 가지 특징을 다음 <표 5>과 같이 추출해 낼 수 있다.

〈표 5〉 외파·내파가 가져온 구조적 가치관

외파(explosion): 외적팽창	내파(implosion): 내적팽창·접합·해체
모더니즘	포스트모더니즘
전통적	전통적 파괴
육체적	정신적
기계적 / 테크놀리지	컴퓨터 / 사이버
대량생산·소비	맞춤 생산
사용가치 / 교환가치	상징적 교환 / 기호가치(유행가치)
이원적 대립	이원적 붕괴
형식중심: 표준화, 규격화, 포장화 이데올로기적 국가기구(ISA)*	형식파괴: 표준화, 규격화, 포장화 파괴
합리적 설득과 이해	비합리적 설득과 왜곡
서술구조의 일관성유지	서술구조 해체
단순구성	복잡구성
언어중심적	기호중심
남성지배적 배치와 시선	여성지배적 배치와 시선
아톰*	비트
산업자본주의 사회	정보화 사회 / 사이버사회

* 이데올로기 국가기구(ISA: Ideological State Apparatus)

* 아톰과 비트의 특징을 비교하여 보면, '/' 사선 앞을 아톰의 특징으로, 사선 뒤를 비트의 특징으로 본다. 아날로그 세계 / 디지털세계, 연속성 / 불연속성(단절), 복수적 형질(모호성 및 다중적 기의 / 단형의 형질, 몰(mole)적 결합체 / 분자(molecule적 덩어리, 구조적 존재(물질적 결박 상태) / 탈구조적 존재(물질적 결박으로부터 이탈된 상태), 기표와 기의(결핍된 욕망) / 기의 없는 기호(충족된 욕망), 물질의 공간 / 탈물질의 공간(라도삼, 1999: 98)

이렇게 시대의 변화에 따라 농수산물판매장의 가치관이 구체적으로 어떻게 특징 지어지는가를 모더니즘적인 판매장의 외파현상부터 살펴보겠다.

1. 모더니즘적인 농수산물 외파현상

앞에서 이미 후기산업사회의 특징을 살펴보았듯이, 후기산업사회가 가져온 모더니즘의 특징은 '외파(explosion)'이다. 이 외파로 가져온 모더니즘적 시장은 전통적 가치관의 변화 없이 물질적인 테크놀러지, 기계화, 대량생산과 대량소비, 자본의 확장, 새로운 운송, 상품서비스, 국경 없는 농수산물 유통에 관한 현상들이다. 여기서 가치관의 변화가 없다고 하는 것은 그동안 중시해 온 전통적 인식, 풍습, 형식에 변화가 없다는 것이다. 이는 전통의 맥을 이어온 중심적인 의미와 고정된 의미들이 그대로 대물려 시장에 내려오고 있고, 그 행위들이 실천되고 있다.

이런 전통의 맥을 이어오고 실천의 행위가 수행된 대표적인 모더니즘적인 농수산물 시장이 바로 가락시장이다. 특히 농수산물도매시장은 세계 어느 곳에서도 찾기 어려운 특성을 지니고 있다. 이런 시장은 밤이 낮이요 낮이 밤인 시장으로, 24시간 상거래가 이루어지고 있는 가장 한국적인 시장이다. 한국적인 것이 곧 세계적인 것이다(이정호, 1998: 102). 가장 한국적 의미는 우리의 것이 이어온 전통적이라는 것이다. 우리의 것을 이어온다는 것은 바로 앞에서 살펴본 바와 같이 모더니즘적인 여러 특성에서 찾아볼 수 있다. 바로 이런 가치관들이 내포되어 있는 곳이 가락시장이다.

시장은 도시 가운데서도 산업사회와 자본주의 경제의 특징을 가장 첨예하게 드러내 주는 곳이다. 이 시장의 속성은 물신주의가 팽배한 곳이다. 즉 사용가치의 물신주의와 교환가치의 물신주의이다. 그렇지만 물신주의의 확장은 이 공간을 통하여 농수산물을 매개로 하여 서로 다른 이질적인 문화와 풍습을 다른 지역으로 전파시켜 민중들의 생활문화를 변화시키는 곳도 바로 시장이다. 이런 의미에서 시장은 전 지구화 (globalization)(Scobie, W., 1988 / Agstyl, S. 1989)와 재지방화에 위치시키는 데 그 역할과 연관성이 깊다. 이 의미는 세계적 지방화는 지방적으로 재생산함을 의미한다. 예컨대 기업의 총괄적인 지휘는 본사에서 하고 현지 생산공장은 임금이 싼 국가나 현지 생산지에 두고 저임금으로 고품질 가치가 있는 생산품을 만들어 내고 있는 기업들이다. 이들 기업들 대부분 전자제품이나 열대과일(바나나, 파인애플)을 취급하는 기업들이다. 이렇게 다국적 기업들은 주권국가 간의 자유 교역을 표방하면서, 실질적으로는 중심부 국가의 다국적 기업이 월등히 우세한 자본력과 기술력을 이용하여 주변부 국가를 경제적으로 지배하는 것이다. 다국적 기업에 의한 자본과 기술침투는 고도의 시장독점, 고도의 이윤창출, 로열티, 금리 등 엄청난 경제잉여를 본국으로 송환하기 때문에 제3세계를 경제적으로 지배하는 새로운 지배구조이며, 결과적으로 자본운동에 있어서 국가 간의 경계가 소멸된 단계라 할 수 있다. 이것은 자본을 가진 기업이 그 자본을 은밀히 침투시킬 때 자본주의 문화까지 지배 이데올로기에 포섭된다는 것이다. 이것이 다국적 자본주의 문화논리이다. 예를 들어 맥도날드(Mcdonaldization)화의 '패러다임'이 패스트푸드점의 원리가 미국사회와 그 밖의 세계의 더욱더 많은 부문들을 지배하게 되는 과정이다. 이 맥도날드화는 패스트푸드업뿐만 아니라 교육, 노동, 의료, 여행, 여가, 다이어트, 정치, 가정, 그리고 사실상 사회의거의 모든 부분에 영향을 미치고 있다 (조리 리처, 김종덕 옮김, 2000: 22).

그런데 이런 다국적 기업의 실천적 행위가 가장 가시적으로 드러나는 곳이 시장이다. 이런 시장에서는 과거의 기존 전통적 맥을 고수하면서 현실에 빠르게 적응하면서 미래를 향해 신축성 있게 받아들이고 있다. 그래서 이런 시장은 과거와 현재 그리고 미래의 흔적이 함께 현전한다. 즉 전통적인 재래시장과 같은 역할을 해냄으로써 재래시장의 생존을 위협하면서 동시에 그 속에 모든 현대와 미래시장을 포괄하고 있다는 의미이다. 이런 점에서 가락시장은 농수산물의 생산지인 농촌과는 전혀 다른 성격을 지닌 곳이다. 그러나 이 시장은 농어촌과 도시를 이어주는 접합된 곳이다. 그래서 이 시장은 농어촌 경제와 관련이 있는 곳이며 농수산물의 시장이면서 도시 속의 총체적인 시장이다. 왜냐하면 가락시장은 농어촌의 시장보다는 도시의 농수산물시장이 농어촌의 순박성과 도시의 속물성의 충돌을 가장 첨예하게 보여줄 수 있기 때문이다. 농수산물시장은 생산자와 소비자를 매개하는 공간만이 아니다. 공급과 수요를 조절하는 과정에서 나타나는 온갖 선과 악이 존재하는 공간이며, 도시인들의 속물성을 가장 극명하게 볼 수 있는 곳이다. 시장은 서로 다른 물품을 생산하는 분업의 결과로 물물교환을 위해 생겨난 것이고 그 가장 중요한 기능이 노동이나 생산된 물품을 판매 혹은 교환하는 것이라고 하지만, 시장은 그 시대의 삶의 방식과 밀접한 관련을 맺고 있고, 시장의 모습은 역시 끊임없이 변해 가고 있다는 점에서 역사적이고 사회성을 지니고 있다 하겠다. 이 시장의 역사는 시간과 공간의 프리즘 속에서 이루어진다. 그러나 시장은 포괄적이고 추상적인 개념으로서, 형태도 없고 만질 수도 없는 '공간'이 아니라 지역특성을 보이며, 인간에게 어떤 구체적인 의미가 부여된 '장소'이다. 이 장소에서는 단순히 생산물의 교환뿐만 아니라 삶과 사람들 사이의 관계, 정보, 문화들이 교환된다. 이 교환들은 우선 시장구조의 팽창에 따라 물적(物的, material) 상적(商的, commerical) 기능이 형성되고 변화를 가져온다.

(1) 시장에서의 구조 팽창

시장의 발전은 원시사회의 물물교환 시대부터 오늘날 전자 상거래에 이르기까지 시장의 모습은 수시로 바뀌었지만 도시화가 진전되고 생산이 대량화, 전문화됨에 따라 중간상이 생겨나고 유통환경 변화와 농수산물 유통근대화 촉진과 도심권의 팽창에 따른 도시정비 차원에서 대규모 종합도매시장이 필요하게 되었다. 도시 문화의 상징물이고 문화적 전통을 유지시킬 수 있는 유통공간, 도시 자본과 세계 자본주의 체계를 편입시키는 통로가 된 곳이 바로 현대시장인 가락시장이다. 이런 역사성과 사회문화의 시대적 변화에 대응하기 위해 전액 공공투자로 건설된 시장이다. 김정탁은 "왜 우리에게(서울에) '살아 있는' 상징물이 없을까?(새서울뉴스, 2001. 11. 25일자)"라고 반문하지만, 바로 시장은 '살아 있는 상징물'이다. 그래서 가락시장에 붙은 명칭도 다양하다. 예컨대 '단일 시장으로 세계에서 제일 큰 시장', '가락시장은 살아 있다', '먹을거리, 볼거리 천국', '살가운 삶의 현상', '알뜰 쇼핑 천국', '북새통 새벽시장', '사람 사는 맛 물씬', '별천지 가락시장', '낮과 밤을 거꾸로 사는 사람들', '난장판 가락시장' 등 시장이 큰 만큼 사람의 직업에 따라 불린 이름도 다양하다. 이런 중추적인 시장기능을 하는 시장에는 먹을거리가 가득 찬 시장을 찾아 전국 생산자, 출하자, 유통인, 소비자들이 밤낮없이 모여 들여 자본주의 바탕에서 상호 경제적 가치를 갈망하는 곳이다. 그리고 볼거리를 위해, 하루에도 수백 명의 내·외국 관광객들의 발길이 끊이지 않는다. 이들이 모이는 곳은 당연히 뉴스원의 장소로 언론인들의 취재거리가 된다. 이와 같은 현상들은 후기산업사회가 가져온 외파(폭발)일 것이다. 이 외파가 지난 3천 년간 우리 사회의 팽창을 가져왔다. 그래서 '미디어는 메시지다', '미디어는 마사지다' 그리고 '지구촌' 등의 표현으로 유명한 마샬 맥루한은 이를 인간의 확장(the extension of men)으로 연결한다(McLuhan, 1964 / McLuhan & Fiore, 1967). 이 인간의 확장열망은 후기산업사회에 따른 시장의 외형적인 구조물 확장, 대량물량과 소비로 확장을 가져왔다. 그리고 이곳이 우리 사회의 보통사람의 삶을 일구어 낸 경제적이고 문화실천의 공간이라 하겠다. 지금까지 모더니즘적 특성인 외파현상이 시장의 외적 구조 측면에 많은 팽창을 가져왔음을 살펴보았다. 이제 모더니즘적인 시장에서 그 전통적인 형식이 중시되고 있음을 살펴보겠다.

(2) 시장에서의 전통적인 형식 중시: 역사성, 사회·문화적 전통 유지

시장은 과거와 현재 그리고 미래의 '흔적'이 함께 숨 쉬고 있는 실천적인 장소이다.예로부터 시장은 우리의 삶과 민속이 모여든 곳이다. 시장은 누구에게나 공개된 장소이지만 막상 역사의 줄기에서는 가리고 묻힌 분야 가운데 하나이다. 시장은 물가 교환되는 곳이다. 그러나 중요한 것은 시장은 전통적인 형식에 따라 시장을 움직이는 주체, 구성원(유통인)5)들이 민중들의 삶에 필요한 필수품을 시장을 통하여 연결함과 동시에 민중들의 생활방식도 함께 연결시킨다는 것이다. 그렇기 때문에 시장은 민중들의 생활방식인 민속 집결소이기도 하며 그런 만큼 사회문화의 변동 장이기도 한다. 생동감 있는 시장 풍경, 시장의 변천, 시장을 움직이는 원리와 규제,

---

5) 시장구성원들이란 시장에서 농수산물이란 매개물을 놓고 상호 간에 거래가 이루어지도록 영향력을 행사하는 사람들이다. 즉 농수산물을 생산하는 생산자나 출하자, 이를 운반하는 운송업자, 시장에서 상품을 내리고 싣는 노조원들, 그리고 상품을 생산자나 출하자로부터 상품의 판매를 위탁받아 경매에 의해서 중도매인 또는 매매참가인에게 판매하고 그 대가로 소정의 위탁 상장수수료를 받는 민간업체로서의 도매시장법인, 그리고 상품을 소비자 입장에서 구매한 다음 적당한 마진을 남기고 소매상인에게 상품을 넘기는 중도매인, 이들에 의해 낙찰된 물건을 구매하여 직접 고객에게 판매하는 직판상인들, 농수산물을 구입하고 외해로부터 수입·수출한 업자들로 구성된 임대업자들, 그리고 시장운영과 관리가 잘 되도록 지도 감독 입장에 있는 시장관리자들을 총체적으로 시장구성원들이라고 칭한다. 여기서 상인위치에 있는 사람들 모두를 유통인이라고 한다.

시장을 무대로 살아가는 사람들(유통인들)의 모습과 생활을 통해 시장의 사회·문화적 의미를 살펴보고자 한다.

시장은 예로부터 사람들이 모이는 장소였다. 이 장소를 '장(場)'이라 했고, 여기서 물건을 매매하는 상인은 장사(장수)라고 불렸다. 역사적으로 물물교환을 하던 원시적인 시장에서, 물화교역(物貨交易)의 장소를 뜻하는 구체적인 시장으로, 그리고 경제학에서 논의되는 노동시장·금융시장 같은 공간적 제약을 뛰어넘는 추상적인 시장으로까지 발전해 왔다. 그리고 본 연구에서 논의될 과실재성 시장(hypermarket)[6] 같은 개념은 사회문화적으로 연구되어야 시장개념이다.

농수산물도매시장과 같이 구체적인 특정 상설 시장은 옛날부터 성읍이나 도시에 상설 점포 형태(신라 소지왕 12년)로 존재하면서 시장 또는 시전으로 불렸는데, 이는 서구의 마켓(market)과 동일한 것이었다(서울특별시 농수산물공사, 2000: 82).

정기 시장 형태인 5일장 또는 재래시장으로 불리는 시골 장이 처음 개설된 시기는 15세기 후반이었다. 조선시대에는 이러한 시장을 일반적으로 장시(場市)라고 하였다. 장시는 농촌의 정기 시장으로서 조선시대에 처음 형성된 곳은 전라도 무안 지방으로 알려져 있다. 이것이 공식기록에 등장하는 것은 '성종실록'이다(허신행, 2001: 4). 역사적으로 볼 때 전통시장은 3, 5일장 등의 정기시장, 상설 시장, 백화점 등의 근대적 문화유통공간 등, 우리가 현재 알고 있는 시장의 모습들은 나름의 역사와 문화를 지닌 한 시대의 얼굴들이다. 다시 말해 3, 5, 7일 단위로서는 정기 시장이 농어촌 문화를 배경으로 한 시장의 문화를 대변한다면, 상설 시장은 느슨한 형태의 도시문화 혹은 상업문화의 얼굴이고 백화점이나 편의점 등은 고도로 집약되

---

6) 과실재성 시장(hypermarket)이란 일반적인 전통적 재래시장과 그 개념이 다르다. 장 보드리야르는(J. Baudrillard.) 그의 저서 *Simulacres et Simulation*, Paris: Galilee., 1981에서 'hypermarché'라고 표기하고 있다. 본 책을 번역한 하태환은 그의 번역서 *Simulacres et Simulation*, 『시뮬라시옹』, 민음사, 1999에서 hypermarché를 거대시장이라고 번역하고 있다. 본 연구자는 hypermarché를 과실재성 시장(hypermarket)이라고 번역하겠다. 장 보드리야르에 의하면 hypermarché를 프랑스의 란즈스(Rungs market) 같은 시장을 지칭한 것 같다. 한국에서 이와 같은 개념의 시장을 찾는다면 가장 근접한 시장이 가락시장이 될 것이다. 과실재성 시장에 대하여 다음 장 포스트모더니즘적인 시장에서 자세히 다루어질 것이다.

고 관리된 현대 도시문화의 상징물 같은 것이다. 이와 같이 시장에서는 경제적 교환이 행해졌음은 물론 이와 같이 사회적 교환이 이루어졌으며 이를 통해 문화적 전통이 이어져 나갔다. 이제 도시문화 속에서 새로운 세대의 문화로 불리는 시장과 농수산물 유통문화 속에서 그 중심성을 획득하고 있는 것이다.

이러한 시장은 수요와 공급 관계에 의하여 일정한 가격이 형성되고 상품의 매매가 이루어지는 장터로 정의할 수 있는데, 같은 시장에서도 여러 가지 개념이 혼재한다. 예컨대, 실재하는 각종 상품이 거래되는 경우로서 사는 사람과 파는 사람이 모여서 거래되는 과실, 채소, 생선, 가축 시장 등이다. 특정한 수요층을 겨냥한 일정한 상품이 팔리는 전자상품시장이라든가, 활어시장, 아울렛(outlet)[7] 등이다. 상품 수용의 지역을 특정하는 경우의 시장은 경동의 한약시장, 가락시장이다. 그 밖에 침체된 시장, 활기찬 시장, 도깨비시장이라든가 하는 추상적인 의미로 사용할 때도 있다.

가락시장의 경우는 생산자와 소매시장을 연결하는 시장이다. 후기 산업시대에 나타난 경제발전과 소득증가에 따라 국민들의 식생활에 대한 관심이 높아지면서, 보다 품질이 좋은 농수축산 식품을 적정한 가격으로 공급하며, 이에 관련된 생산자·유통인·소비자 모두의 이익을 보호한다는 취지에 인구가 집중된 대도시에 대규모 시장을 건설하는 시장이 바로 공영 도매시장인, 가락시장이다. 원래 서울 동남쪽 송파는 왕조의 훌륭한 터전을 이루었고, 남으로 육로는 여기를 기점으로 갈라져 나가, 이곳 송파를 수륙 양륙 물산의 집산지로 수도 한양에 생필품을 조달하였으며, 이곳 채소류는 동대문의 시세를 좌우했다. 또한 주민들도 멋을 알아 탈춤과 탑골놀이, 강변 장사 씨름의 고장으로 명성을 이루었다. 오늘날 송파 산대놀이의 형성과 발달은 조선 후기에 크게 번성한 송파장을 배경으로 한 것이다. 송파장터는 조선시대부터 한양의 물류의 공급기지로서, 강원도 등지의 산물들과 삼남지방의 산물들이 한양으로 들어오는 길목에 위치한 송파장은 서울 외곽에서 가장 번창한 난전을 이루었다

---

7) 아울렛(outlet)은 메이커와 백화점의 비인기 상품, 재고품, 하자 상품 및 이월 상품 등을 자사 명의로 대폭적인 할인가격(30~70%)으로 판매하는 업태이다. 이 업태의 특징은 수십 개 또는 수백 개의 동종 점포가 출점하여 쇼핑센터를 이루는 형태이다. 그리고 대부분 물류 창고나 관광 단지 등에 입지하고 있다(서울특별시 농수산물공사, 2000e: 27).

(정승모, 2000: 134). 조선 후기로 내려오면서 교역량이 많아져 거의 상설화된 장이었다. 이런 가락시장은 역사적으로 사회문화적으로 과거와 현재가 함께 존재한 전통성과 깊은 관련이 있다. 과거는 전통적인 모더니즘적 시장으로, 현재는 포스트모더니즘적 시장으로 대변할 수 있다. 이런 시대적 상황 속에서 잉태한 시장이 바로 가락시장이다. 따라서 이런 상황에서 창립된 가락시장은 이데올로기적 국가기구(ISA)에 의해 많은 영향을 받을 수 있을 것이다. 예컨대, 농수산물유통및가격안정에 관한법률(이하 '농안법'이라 한다)에 의하여 개설되었고, 그 법에 의해 운영되고 있다. 또한 국제적인 세계무역기구(WTO) 같은 체제에 민감하게 적응해야 한다. 따라서 이 시장에서는 형식이 중요시되는 시장이다. 홀이 주장한 문화회로 다섯 단계인 생산, 소비, 재생산, 정체, 그리고 규제가 형식에 얽매여 있다. 우선 시장의 유통과정을 살펴보면 생산자나 출하자가 생산지에서 생산품(products)시장으로 출하하려면 우선 상품을 상품, 중품, 하품으로 선별한 다음 규정된 규격 포장지에 포장하여 정해진 시 산대에 시장에 '상장(上場)'과 '상장예외(上場例外)'[8]라는 두 가지의 판로가 제도적으로 마련되어 있다. 상장된 상품은 시장에서 정해진 시장 규제에 따라 판매가 진행된다. 이는 출하자가 도매시장법인에게 판매를 의뢰한 판매방법이다. 이 경우 출하자는 상장 의사표시로서 표준 송품장을 제출한다. 도매시장은 송품장을 접수한 후, 하역과 동시에 경매를 위한 사전 준비 작업으로서 판매원표를 작성하고, 품목별, 출하자별, 등급별로 상품을 진열한 후 생산자나 출하자를 대표한 경매사와 소비자를 대표한 중도매인 간에 상품을 놓고 공개된 장소에서, 경매방법인 수지호가식, 전자식,

---

8) 상장(上場)이란 공영 도매시장에서 수탁(受託) 판매 또는 매수(買受)판매의 권한이 부여된 자가 매매 거래의 대상으로 결정하는 것이다. 도매시장법인 상장 품목의 경우는 상장 일자·출하자 성명·등급별 수량 등을 기재한 수탁증 발부 시점을, 중도매인 상장 품목의 경우는 출하 물품의 인수 시점을 상장 시점으로 보고 있다.
　상장예외품목(上場例外品目)이란 농안법에 의하여 중도매인이 도매시장 개설자의 허가를 받아 도매시장법인이 상장하지 아니한 농수산물을 거래할 수 있는 품목으로서 반입 물량이 아주 소량인 경우, 품목의 특성으로 인하여 당해 품목을 취급하는 중도매인이 소수인 경우, 기타 상장 거래에 의하여 중도매인이 해당 농수산물을 매입하는 것이 현저히 곤란하다고 도매시장의 개설자가 인정하는 경우에 도매시장법인에 상장하지 않고 거래할 수 있는 품목이다(서울특별시농수산물공사, 2000e: 22~23).

서면입찰식에 의해 상호 선의 경쟁을 통해 최고가를 제시한 중도매인에게 낙찰된다. 이때 낙찰된 상품은 일정한 위탁상장수수료(청과 4%, 선어 3~4%, 건어물 3%, 패류 3~4%, 소·돼지 1.5%, 양곡 1.5%)를 지불한 후 상품의 출하자에게 물품대가 지불된다. 경매를 통해서 낙찰받은 농수산물을 각자의 점포로 운반시킨 중도매인들은 매입 의뢰들에게 넘기거나 소매상들에게 판매한다. 이렇게 판매된 대부분 농수산물은 아침 7시 사이에 7천여 대 차량에 실려 백화점이나 슈퍼마켓 등으로 옮겨져 일부 가공 및 소분 포장 등 재생산(represention)을 거쳐 소비자의 선택을 기다리게 된다.

이런 제반 행위를 원활히 하기 위하여 다양한 정체들이 있다. 우선 서울시 농수산물공사는 상인들을 감독하고 시설물을 유지 관리하며 유통 정보를 수집하여 신속하고 있다. 상품을 매입하고 팔기 위한 도매시장법인, 중도매인, 매매참가인, 중판(비허가 상인), 직판상인들이 있다. 이렇게 시장을 중심으로 인구가 번창하며 교통, 행정, 산업이 발달하여 도시가 형성되었다. 그리하여 도시 기능과 구조는 일반적으로 시장 및 유통기능의 진화 과정과 그 축을 함께하며 발전하여 왔다. 이 가운데 시장 유통은 단순히 물건을 사고파는 상업적 유통 기능 말고도 사람들이 서로 만나 정보와 인정을 교환하고, 문화를 공유하며, 지식을 확대하는 커뮤니케이션의 장으로서 사회문화적 기능을 수행해 왔다. 그러므로 허신행은 시장은 "곧 사회이며 도시이며 국가의 기본 가운데 하나이다"(허신행, 2001: 1)라고 한다. 따라서 이런 특수한 조직체는 그 나름대로 특징을 나타내는 생활의 방식이 있는 것이다. 특히 시장이라는 특정 장소는 다중집합 장소이기 때문에 이들만이 갖는 제도와 언어체계가 있기 마련이다. 특히 시장에서는 그 구성원들만이 사용하고 상징하는 커뮤니케이션 수단과 표현 방법이 있다. 이것이 바로 시장에서 통용된 은어 및 속어, 속담 그리고 비언어 커뮤니케이션 행위들이다.

(3) 시장에서 통용되는 커뮤니케이션 수단과 그 표현방법

어느 문화권이든 그 문화권에서 공유되며 사람들의 가치관이나 태도, 행동의 지침이 되는 코드(code)가 있게 마련이다(최윤희, 1999: 18). 이 코드는 시장이란 특수한 집단에서 다양한 사람들에 의해 다양한 채널을 통해서 전달되는 한 세트의 신호(a set of signals)일 것이다. 시장에서 통용되는 신호의 형태는 구두(oral)체계의 퍼스널(personal) 커뮤니케이션이 주를 이루며, 메시지의 전달관계에 있어 그 채널은 다분히 구두적(대면적)이며, 대중이 아닌 비교적 동질적인 제1차 집단을 수용자로 한다(조봉환, 1978: 11). 이 신호가 시장에서는 잘 통용되는 은어, 속어, 그리고 비언어 커뮤니케이션이다.

이런 커뮤니케이션 방법은 시장에서 상품을 매개하는 과정에서 시장구성원들이 설득하는 행위가 바로 판매와 연결되기 때문에 이들에게는 중요한 커뮤니케이션 수단이고 표현 방법이다. 이 커뮤니케이션 수단은 우선 일상생활에서 평소 사용하는 언어보다는 자기들의 세계에서 단골손님에게만 의사가 전달되면 되고, 또 상품 판매는 일종의 눈치와 정보 획득이 자기 이익과 결부되기 때문에 남에게 노출되지 않도록 자기 손님에게 알아차린 통용언어나 속어 및 은어를 많이 사용한다.

예컨대 시장에서 상인들은 자기만이 알아보기 쉽게 거래자의 표시를 쉽게 찾아볼 수 있는 벽이나 캘린더, 장부 등에 '안양에서 오는 빨간 마후라 아줌마', '망원동 부부아저씨' 등 상징적인 아이콘으로 표식하고 있다.

특히 시장에서 상호 간에 커뮤니케이션은 정보이다. 시장에서 정보는 돈이다. 그래서 상대 당사자들만이 면-대-면 커뮤니케이션을 한다 할지라도 눈치가 빠른 인접 동료 상인에게 자기들의 커뮤니케이션 행위가 즉시 노출될 수 있다. 따라서 시장에서 종사하는 유통인들이 은어나 속어 그리고 비언어 커뮤니케이션 표현 방법을 더욱 많이 사용하게 된 이유가 바로 여기에 있다. 그 밖에도 시장에 관련된 고사성어나 속담9)이 많은 이유가 그동안 우리의 생활의 방법이 시장을 중심으로 매개되어 왔기 때문이다. 시장에 관련된 속담의 내용은 개인의 장(場)이 아닌 공생공존(共生共存)의 공간인 시장에서 만들어져 유포된다(김선풍·리룡득, 1993: 3). 다시 말해 속담은 한 사람의 의지로 만들어지는 것이 아니기 때문에 공감의 의지가 형성된 시장 같은 공간에서 조구(造句)가 형성되고 만들어져 유포된다는 의미이다. 이런 제반 행위들은 바로 앞에서 설명한 시장에서 이루어진 커뮤니케이션 행위와 무관하지 않을 것이다. 오늘날처럼 커뮤니케이션이 발달되지 않았던 시대에 있어서도 다수 서

---

9) 시장에서 쓰이는 고사성어와 속담에 대해서는 서울특별시농수산물공사에서 발행된 『농수산물 유통관련 용어집』, 2000, pp.73~79를 참조 할 것.

민들의 사고와 생활상을 반영한 커뮤니케이션 수단으로 민중 사이에서 구전되어 오는 민요와 민담, 속담 등이었다(김원태, 1997: 225).

특히 시장에서 통용된 언어 중에는 숫자에 관한 은어나 속어가 많다는 것이 특징이다. 이는 숫자가 바로 돈의 단위로 상징되기 때문이다. 그리고 속어가 많은 이유는 눈치가 빨라야 정보도 빠르게 획득할 수 있고 나아가서는 자기 수익과 깊은 관련성이 있기 때문이다. 시장에서는 한국 사람이 전통적으로 중시한 체면이 필요치 않고 나아가 '정'이나 '기분'도 쉽게 좌우지되지 않는 곳이 바로 시장이다. 오직 눈치만 있으면 돈을 버는 곳이다. 그래서 옛 속담에 '말 죽은 데 체장수 모이듯 한다'란 시장과 관련됨 속담에서와 같이 시장에서는 남의 사정은 아랑곳없이 제 욕심만 채우려고 많은 사람이 모인 것이 시장이란 것이다. 이런 시장은 한국인의 커뮤니케이션을 특징지을 수 있는 체면, 눈치, 기분 등 사회심리적 커뮤니케이션 행동(박기순, 1998)을 발견할 수 있을 것이다. 이런 특징들이 앞에서 설명한 바와 같이 시장이 가장 한국적이란 논리하고도 맥락을 같이한다. 시장은 갈등과 가장 첨예한 대립적인 선의의 헤게모니의 장이다. 시장에서 자기 이익만 되면 체면을 무릅쓰고 물건을 구입하고 고객에게 물건을 흥정한다. 이런 특수한 환경에서 생활한 유통인들의 의미를 전달하는 설득 커뮤니케이션 방식으로 은어나 속어, 그리고 비언어 커뮤니케이션 수단과 방법들이 발달되기 마련이다.

이들의 통용된 은어 및 속어는 우리의 고유 풍습과 관련된 것과, 우리의 육체를 상징하는 것들, 그리고 지방명칭이나 그 지방 특산물을 상징하는 사투리에서 오는 경우도 있다. 숫자 같은 경우는 대부분 외래어인 일본어에서 오는 경우가 많다. 그러나 시장이란 한 문화권에서 통용된 은어나 속어는 단지 공유된 상징적인 의미만 전달되기 때문에 이는 다분히 '기표' 중심적이라고 할 수 있겠다. 예를 들어 어떤 상품에서 최고 큰 것의 가격은 '대가리'라고 표현하고 있다. 그 대가리라는 의미는 단지 크다 또는 중요하다는 상징적인 이미지만 전달되지 그 상품의 질이나 가치에 대해선 어떤지 아무도 모른다. 설령 그와 같은 상품을 과거에 체험했다 하여도 그것은 단지 그때의 경험이지 지금의 객관적인 그 상품에 대한 '질'이나 '감정'은 아무도 모르기 때문이다. 그래서 그 대가리란 상품은 오직 크다, 중요하다는 상징적인 기의(의미)만 전달될 뿐

이다. 예컨대 우리가 그 대가리를 '큰 고구마'라고 불렀을 때, 그 큰 고구마는 음성 –
이미지가 기표로 된다. 이 기표가 의미하는 것은, 즉 기의는 '둥글고 큰 상품'이라는
개념이다. 다음 <표 6>은 시장에서 통용되는 은어 및 속어를 정리한 것이다.

〈표 6〉 시장에서 통용된 은어 및 속어

따 통	속이 아주 잘 찬 배추나 물건 중에 최고 큰 것
떳다방(도부꾼)	차량을 이용한 순회 판매
밭떼기	수확하기 전에 밭단위로 거래하는 것
산	일종의 덤을 말한다. 무, 배추, 수박 등 낱개로 판매하는 농산물의 경우 유통 과정상의 손실을 고려해 조금씩 더 주는 시장 관행, 수박의 경우 50통에 한 개를 더 준다.
재	상품성이 없는 것, 특상품에 미치지 못하는 것(주로 배추, 무 등)
짱박다	속박이 하다
중 판	중도매인에게 물건을 받아 소매상에게 공급하는 중간 상인
짐속불량	포장 상자 안의 내용물이 균일하지 않음, 즉 선별 부족
짐속이 약하다	포장 상자의 중량 부족, 즉 중량부족
차떼기	거래 물량을 차 단위로 거래하는 것
품걸이	노동력을 팔아 하루 벌어 하루 먹고 사는 사람, 즉 일용노동자
칼 질	출하가 본격적으로 이루어지기 전에는 가격을 높게 해 주어 출하자를 유인한 다음, 성출기에는 가격을 낮추는 방식
하 주	출하주를 일컫는 말
후려치기	청과물 또는 수산물 거래에서 흔히 나타나는 상행위로서 출하주에 대해서 매입자가 가격을 혹독하게 깎아내려 구매하는 경우를 말한다.
내려치기	경매 실시 이후에 속박이, 변질 등의 이유를 제시하며 낙찰 가격을 깎아내리는 것
내사리	속박이
대가리	어떤 상품 중에서 최고 큰 것의 가격, 즉 최고 시세
떨 리	팔고 남은 물건을 싼 값으로 처분하는 것
도 리	경매 진행 시 복수의 동일 호가(같은 가격)가 나왔을 때 직전 낙찰자에게 낙찰시키는 것. 즉 첫 번째 경매에서 A라는 사람이 낙찰을 받았고 두 번째 경매 진행 시 A와 B 두 사람이 같은 가격을 제시했을 때 A라는 사람에게 낙찰시키는 것을 말함

출처: 서울시농수산물 공사, 『농수산물 유통관련 용어집』, 2000e. pp.55~58.

다음은 시장에서 통용되는 숫자 은어 및 속어를 살펴보면 먹주(1), 대(2), 폐삼(3), 을시(4), 아랑·인구·시번(5), 살(6), 살번(7), 땅(8), 땅번(9), 먹주(10)[10], 주번(11), 선이(12), 신이번(13), 꽁(14), 꽁번(15), 능(16), 능번(17), 짜돌(18), 짜돌번(19), 대(20), 대먹주(21), 대나름이(22), 폐삼나들이(33), 폐삼을시(34), 부자(35)가 있다(서울특별시 농수산물 공사, 2000e: 58).

이와 같은 농산물 수량단위를 나타내는 용어들은 시대의 변화에 따라 점점 사용되지 않고 있지만 시골 농어촌시장이나 재래시장은 아직도 일부분은 나이가 든 상인이나 고객들에게 통용되고 있다. 아래 <표 7>은 전라남도 고흥군 과역면에 소재한 과역장과 경기성남 모란시장, 서울 청량리 그리고 가락시장을 토대로 그 사용빈도를 조사한 자료이다.

<표 7> 우리말 농수산물 수량단위 사용빈도

용 어	뜻풀이	사용빈도
갓	청어·굴비 따위 10마리, 고사리·고비 따위 10모숨	사용 않음
거리	오이·가지 따위 50개를 이르는 단위	사용 않음
꾸러미	달걀 10개를 꾸리어 싼 것 또는 꾸리어 싼 것을 세는 단위	사용
담불	벼 100섬을 단위로 이르는 말	사용 않음
동	한 덩이의 묶음. 피륙 50필, 먹 10장, 붓 10자루, 무명·베 50필, 백지 100권, 조기·청어 2,000마리, 곶감 100접, 볏짚 100단을 가리키는 말	사용
마지기	논밭의 넓이의 단위. 벼나 보리의 씨를 한 말 뿌릴 만한 넓이를 한 마지기라 함. 논은 200평~300평. 밭은 100평에 해당	사용
모숨	모나 푸성귀처럼 길고 가는 것의 한 줌쯤 되는 분량	사용 않음
뭇	생선 10마리, 미역 10장, 자반 10개를 이르는 단위	사용
바리	마소에 잔뜩 실은 짐을 세는 단위	사용 않음
섬	한 말의 열 배	사용
손	고기 두 마리를 이르는 말로 흔히 쓰임. 고등어 한 손	사용
접	과일·무·배추·마늘 따위 100개를 이르는 말	사용
줌	주먹으로 쥘 만한 분량	사용 않음
채	인삼 한 근(대개 750g)을 일컫는 말	사용

---

10) 이때 먹주는 1과 10 모두 다를 지칭하고 있어 상황에 다르게 사용되고 있음을 알 수 있다.

용 어	뜻풀이	사용빈도
축	오징어 20마리	사용
쾌	북어 20마리	사용 않음
톳	김 100장	사용

※ 출처: 서울시농수산물 공사,『농수산물 유통관련 용어집』, 2000. p.80을 참고로 재정리.

시장에서 사용된 유통용어 중 외래어의 대부분이 일본어인 것은 우리나라가 일제 강점기 동안 일본의 농수산물 유통의 체계 영향을 많이 받았기 때문이다.

더욱이나 시장유통체계는 일본의 거래체계에 큰 영향을 받았기 때문에 일본의 언어들이 우리 시장에 아직도 잔존해 있음을 알 수 있다. 다음 <표 8>는 시장에서 거래 시 통용된 일본 용어들이다.

〈표 8〉 도매시장에서 거래 시 통용된 외래어(일본어)[1]

외래어	뜻풀이	외래어	뜻풀이
고미단가	평균가격	다이	과일거래단위
기리	가격결정	대다이	장부기입
내사리	속박이	데끼리	최고 가격을 먼저 제시한 사람
바라	포장하지 않은 농산품	이낑	물량에 관계없이 많은 물량 낙찰 시 전부 인수
아도	한 물건을 몽땅 산 것을 지칭	아래끼리	아래 사람
아도꾼	물건을 전부 가져가는 사람	하매인	중도매인에게 직접 물건을 받아 판매하는 소매상인
야바우	가기꾼	야마	물건을 적재한 상태
오대	큰손	장끼	대금 정산서
우에	위	오바, 쥬바	건 멸치의 크기 정도를 표현

출처: 서울특별시 농수산물 공사,『농수산물 유통관련 용어집』, 2000e. pp.55~58.

특히 시장에서 통용된 용어 중, 주목된 점은 농산물보다 수산물에 더 외래어(일본어)가 많다는 것이 특기할 만하다. 이는 정확한 근거는 아직 찾지 못하였지만 본 연구자가 추론하기는 일본이 수산대국으로서 일제강점기 동안 우선 우리나라 남해안의 일대에서 생산된 질 좋은 수산물을 강제로 채취하고 약탈해 가면서 수산물에 더 많은 영향을 끼쳤던 것으로 판단된다. 특히 부산 공동어시장이나 여수, 군산일대 어촌 공판장 등에서는 아직도 일제 강점기의 형태들이 남아 있다. 예컨대 건물이나 상관습들이다. 상관습들 중에서 수산물 경매 시나 거래 시 일본의 용어들이 사용되고 있다는 것이다. 근대에 와서 우리나라 농수산물 유통거래법제도 등도 거의 일본의 유통거래법에 준하여 만들어졌다는 사실도 주시할 수 있다. 또한 농산물의 씨앗을 판매하는 종묘사의 경우, 일본의 종자나 씨앗을 수입하여 재배하였기에 원명을 그대로 사용하는 경우가 많다. 이를 반영하는 근거들을 가락시장에서 통용된 대표적인 외래어(일본어)를 비교하여 보면, 아래 <표 9>와 같다.

<표 9> 가락시장에서 통용된 농산물 외래어(일본어)

품목	품종의 통용어	뜻풀이
마늘	아까마늘	구(球)의 선택이 붉은색의 재래종 마늘
양파	하스끼	잎 달린 상태로 거래되는 조생종 햇양파
	하기리	잎은 제거한 후 망 단위로 거래되는 양파
파	로스파	음식점에서 많이 쓰는 대파
	할로파	줄기와 잎이 연한 파
사과	후지	부사
	아오리	여름부사, 쓰가루
감	하지야	외관상 팽이 모양을 한 떫은 감

출처: 서울특별시농수산물 공사, 『농수산물 유통관련 용어집』, 2000e. pp.55~58.

시대의 변화에 따라 인간의 입맛 기호도 다양해지면서 이제 먹을거리 과일, 채소 수산물도 한 지붕 시대가 되고 있다. 세계 각국의 농수산물이 비행기를 타고 서로 국경 없이 이동하고 있으며, 각 나라들이 자국의 농수산물은 물론 외국의 우수한 품목을 재배하기를 원하고 있다. 우리나라에도 외국인 왕래가 많아지면서 그들의 자국채소 소비량이 늘고 있다. 이로 인해서 그들이 원하는 농수산물이 매일 항공화물 편으로 상당량이 수입되고 있는 실정이다.

특히 현재 우리나라는 특수채소 같은 경우는 외국산들이고 이들의 농산물 품명도 그대로 원명을 사용하고 있다. 특수채소는 대개 일반인들에게 서먹서먹하게 되고 희귀한 먹을거리 채소라 여겨진다.

그동안 특수채소는 호텔용 센터, 식품수입회사들에 의해 이들 채소가 수입되어 호텔, 백화점, 외국인식당 등에 납품되었다. 현재 이들 외국채소들에 대해 우리는 특수채소라고 부르고 있다.

한국의 산업사회가 급속도로 진전되는 1980년대 중반부터 소수농가에 의해 이들 외국채소가 서서히 재배되기 시작했다. 이로 인해서 국내 종묘사들에 의해 씨앗이 수입되어 생산농가와 함께 국내기후 적응성 시험재배가 시작되었고, 1990년대부터 이들 채소코너, 편의점 등에 납품되어 오고 있으며, 최근 들어서는 일반 가정 식탁까지도 이들 채소들이 신기한 모습으로 오르고 있다(이상수 외, 1998). 1995년 이후부터는 이들 특수채소들의 생산량이 늘어나면서, 채소가격도 낮아지게 되어 가락동 농수산물시장 내 상장예외품목으로 지정되어 생산농사로부터 매입해 판매를 개시하게 됨에 따라 급속도로 일반 채소화되어 가고 있다는 것이다. 이들 특수채소의 분류는 장식용 채소, 먹는 꽃(식용화), 싹 기름(순이)채, 고마(미니)채소, 색깔(컬러)채소, 매운맛 채소, 단맛 채소 등 기능성 채소로 분류된다.

그런데 이제는 이들 특수채소에 대한 사람들의 기호가 일반화되면서, 이들의 특수채소가 일반 채소화되어 가고 있다는 의미는 외국산 채소가 한국에 씨앗으로 들어와 우리의 땅에 접합되고 내파되어 우리의 것과 비슷한 시뮬라크르가 되어가고 있다는 의미이다. 특히 쌈밥 체인점이나 호텔에서 식사할 때 우리는 이 시뮬라크르 식품을 소비하게 된다.

류경오·이상수가 번역한 『새로운 채소도감』 1998년 판에 의하면, 현재 특수채소 품목은 803가지 중에 외래어 표기가 470가지에 이르고 있다. 이들의 대부분 품명은 아래 <표 10>와 같이 원명을 사용하고 있는 외래어이다. 외래어 중 일본어 표기가 211개이고, 중국어 표기가 59개, 태국어 표기가 11개, 그 밖에 프랑스, 그리스, 켈트어 등 몇몇 품명에서 원명을 표기하고 있지만 아직도 영명으로 표기하는 것이 많다

〈표 10〉 특수채소 다양한 외래어 표기법 분석

엔다이브 · endive(프랑스명), 치커리 · chicorée(프랑스명), 트레비소 · treviso(이탈리아명), 크레송 · creson(프랑스명), 부추(일본), 파슬리 · parsley(영명), 모로헤이야 · mulukhi−yya(이집트명), 아스파라가스 · Asparagus(영명), 비트(Beet), 셀러리 · Celery(영명), 에더블플라워(먹은 꽃) · edible flower(영명), 염교 · ラッキョウ(일본명), 다이차이 · 塌菜(중국명), 박초이 · 白菜(중국명), 타크티프랑(태국명), 가차이(태국명), 도케zp(태국명), 파카나(태국명), 시마바라 감자(Shimabara Potato), 대지마감자(Daejima Potato), 케일 · Kale(켈트어명).

특히 1990년대 이후 서양 쪽의 외래명이 증가됨을 보이고 있다. 또한 우리나라에서 그 원명은 우리 표기법으로 다시 불리고 있지만 시대의 변화에 따라 외래어 그대로 불리는 추세이다. 이 대목에서 주시할 것은 앞에서 이미 설명하였듯이 종전에는 일본식 유통체계나 농산물 품목명도 일본어 표기가 지배적이었지만 이제는 시대의 변화에 따라 세계 각국의 품목이 수입되면서 세계의 여러 나라 언어가 농수산물에도 그대로 적용되고 있다는 사실을 예의 주시할 필요가 있다. 여기에 대한 설명은 수산물도 예외가 아니다. 그동안 수산물은 '잡는 어업'에서 '기르는 어업'으로 캐치프레이즈(catch phrase)를 걸고 우리나라 수산당국의 정책으로 추진되어 왔다.

이에 따라서 수산물은 일본의 기술진에 의해 양식기술을 습득하고 그들의 양식기술이 우리의 것으로 전수(傳受)되어 오면서 그 표현 방법들에 있어서, 언어적 이데올로기가 침투되었다. 예컨대 종패(패류의 종자)나 수산양식에서 생산된 수산물은 일본어 표기법이 많다. 특히 시장에서 통용된 일본어 표현은 건어물 쪽이 많다는 것이 특이하다. 이는 일본이 한국을 강점하면서, 수산물을 건조시켜 공출하기 위한 수단으로, 수산물 특히 패류(예를 들어 굴, 멸치, 홍합 등)를 건조시키는 정책을 펴왔기 때문에 수산물 표기에 그 영향을 많이 끼쳤다고 볼 수 있겠다.

〈표 11〉 가락시장에서 통용된 수산물 외래어(일본어)

품 목	품종의 통용어	뜻
물오징어	이 까	물오징어 명칭
돔	구로다이	검은 돔
	아까다이	붉은 돔

품 목	품종의 통용어	뜻
전갱이	아 지	전갱이 큰 것(전갱이의 사투리)
	메가리	전갱이 새끼
방 어	메 지	방어새끼
건멸치	오 바	가장 큰 멸치
	쥬 바	중간 정도 크기 멸치
	혼쥬바	쥬바 중에서 크기가 균일한 멸치
	오쥬바	크기가 5~6㎝ 정도의 크기
	고쥬바	쥬바보다 약간 작은 황백색 멸치
	고 바	고쥬바보다 약간 작은 멸치
	죽 방	국물용으로 쓰이는 큰 멸치
	가이리	길이 2㎝ 정도 멸치
	가이리고바	길이 2.5㎝ 정도 멸치
	까나리(까네기)	몸통이 가늘고 긴 멸치
	지리멸	길이 1㎝ 정도의 작을 애멸치
	지리가이리	지리별보다 약간 큰 소멸치
	오사리	7~8월 성어기 사이에 어획된 멸치
김	깔깔이	자연산 김
	오 리	개량종 김
	히 라	재래종 김
건명태	노가리	북어 새끼
	코달이	흑태 중에서 5~7일 정도 말린 작은 건명태

출처: 서울시농수산물 공사, 『농수산물 유통관련 용어집』, 2000e. pp.66~70.

위 <표 11>은 가락시장을 중심으로 하여 통용된 일본어 표현방법이다. 시장에서 사용된 은어나 속어, 비언어 커뮤니케이션은 시골장이나 재래시장이 가락시장 같은 공영 도매시장(公營都賣市場)11)에서보다 더 많이 사용하고 있는 것으로 나타났다.

---

11) 공영 도매시장(公營都賣市場)이란 농수산물유통및가격안정에관한법률(이하 '농안법'이라 한다)에 의하여 특별시, 광역시 또는 시가 농림부장관이나 해양수산부장관, 도지사의 허가를 받거나 또는 직접 관할 구역에 개설하는 시장을 말하며, 공공 주체가 시장을 관리·운영하는 것을 강조하여 공영 도매시장이라고도 한다. 현재 서울 가락동 농수산물 도매시장을 비롯하여 구리, 수원, 인천, 대전, 부산, 대구 등 전국에 24개(2002년 현재)

시장에서 통용되는 은어나 속어, 속담들은 비언어 커뮤니케이션하고 같이 사용되고 있다. 그중에서도 시장에서 공개적으로 행하여진 상품의 판매과정 즉 경매나 가격을 결정할 때는 비언어적 표현수단이 많이 사용된다.

우리가 일상생활에서 수행하는 커뮤니케이션 행위의 50% 이상은 언어가 아닌 다른 방법, 즉 비언어적 방법에 의해 이루어진다. 말이나 글자, 즉 언어만이 사회적 의미공유를 가능하게 하는 커뮤니케이션 매체는 분명 아니다. 우리는 어떤 사람의 말과 다른 한편으로 그의 몸짓이나 표정에서 느낄 수 있는 의미가 서로 다를 때, 말보다 표정과 몸짓의 의미를 더욱 진실한 것으로 믿는다(조종혁. 1994: 25). 이 말의 의미는 표정은 입으로 하는 말보다 더 많은 것을 이야기해줄 뿐만 아니라, 사람의 몸은 거짓말을 할 줄 모른다는 의미일 것이다(Fast, 1970: 김양호 옮김, 1981). 어떤 특수한 장소에서는 언어보다 손짓이나 기구를 사용하는 비언어 커뮤니케이션이 보다 빠른 의사전달 방법인 것이다. 그래서 시장에서 이러한 특수한 의사전달 수단과 표현 방법인 손짓이나 주판알 등이 필요하게 된 것이다.

예컨대 농수산물시장에서 경매 또는 입찰 시[12] 경매 참여자의 흥을 돋우기 위해 가성(假聲)인, "어~헤~저~" 하는 경매사의 외침은 살가운 삶의 현장으로 참여자들을 이끌어간다. 그 다음 경매 참여자(중도매)들이 숙달된 동작으로 손가락을 쥐었다 폈다 하면서 돈의 액수를 표시하여 구매의사를 제시한다.

이런 경매형식을 시장에서는 수지 호가식이라고 한다. 다음 <그림 17>은 시장에서 경매 시 사용되는 수지 호가식의 커뮤니케이션 형태이다.

이런 비언어 커뮤니케이션의 표현 수단이 시장에서 널리 사용되는 이유는 제3자에게 자기 정보 노출을 알리게 되면 그만큼 자기에게 불이익이 오기 때문이다. 또 다른 예로 주판알로 가격을 표시하면서 제3자에게 노출시키지 않게 상호 면-대-

---

공영 도매시장이 개설되어 있다(서울특별시농수산물공사, 2000e: 8).

12) 도매시장에서 경매 또는 입찰의 방법으로는 수지 호가식, 전자식, 기록식, 서면입찰식 등의 방법이 있다. 현재 가락시장은 경매방법의 개선방안으로 수지 호가식에서 전자 기록식인 컴퓨터에 의한 전자경매방법을 개발하여 이 방법을 적극 권장하고 있다. 그 결과 거래의 투명성이 한결 높아지고 있다.

면 커뮤니케이션을 하는 비언어 행위는 시장에서 더 편리하고 더 빨리 자기 의사를
전달할 수 있기 때문이다. 그러나 이런 손을 이용한 비언어적 커뮤니케이션 방법으
로 사용된 경매나 입찰 방법은 점차 컴퓨터에 의한 전자경매방법으로 대체되고 있
다. 이제 시장에서도 변화하는 가치관과 함께 인간의 지혜가 만들어낸 커뮤니케이
션에 채용된 테크놀로지에 지배받게 되었다. 이것이 바로 마샬 맥루한이 말한 인간
의 확장이다. 코첸(Kochen, 1981)은 테크놀리지는 그것이 '우리가 지금 하는 일들'
을 보다 싸고 보다 빠르고, 보다 나은 방법으로 수행하게 해주기 위해서 개발된다.
시장에서 테크놀리지의 확장은 시대 변천에 따라 더욱 발전되고 있다. 예를 들어
컴퓨터에 의한 전자경매 시스템, 시장 구성원들의 커뮤니케이션 수단에 사용된 개
인 휴대폰, 운송자들의 대형 냉동냉장 차량 등이다.

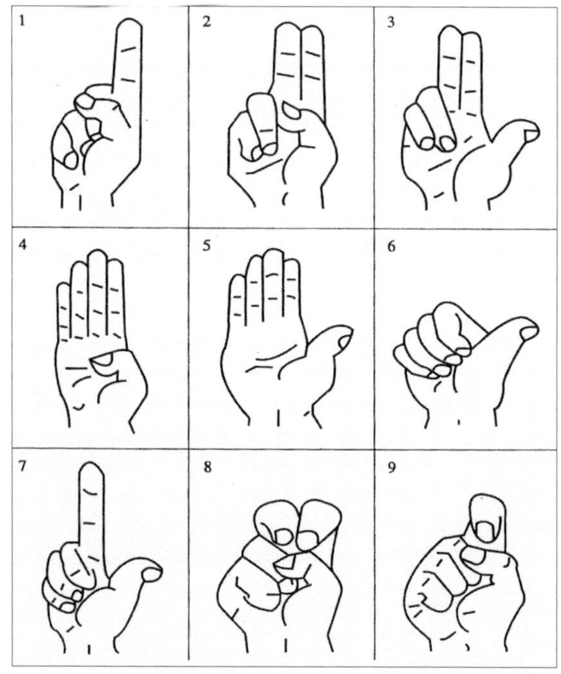

〈그림 17〉 경매 시 사용된 수지 호가식

(4) 시장에서의 가치관 변화

전통적인 모던한 시장은 합리적인 설득과 이해로 특징지어진다. 여기서 합리성이란 상품의 유용성이 중요할 때만 그 사용가치가 있는 법이다. 농경사회에서는 농수산물의 사용가치가 비교적 단조롭게 이루어졌다. 이 시대는 대부분 민중들이 배고픈 시절이므로, 농수산물의 유용성이 중요하게 여겨져 사용가치가 중요하게 작용한 시기였다. 또한 자급자족을 주로 하고, 또한 생산지에서 직접 농수산물을 사고팔고, 아니면 인근 시골 정기 시장을 이용하여 구매행위가 이루어졌기 때문에 서로 간에 첨예한 이해적 갈등이 적었던 시기였다. 따라서 상인 간에 고객 간에 합리적인 설득으로 상행위가 이루어졌다. 예컨대 순박한 농어민과 상인들 간에 농수산물을 중심으로 상호 간에 합리적인 설득과 이해로 상업적 유통기능인 매매거래(buying and selling)가 이루어진다는 것을 의미한다. 이 시대에 생산된 농수산물은 '멋'을 내기 위한 모양이나 색깔보다 '생존'인 영양을 중시하는 시기이다. 여기서는 상품이 주는 품질이 그 상품의 이미지나 브랜드가 중요하지 않다는 것이다. 따라서 이 단계에서는 장 보드리야르가 말하는 교환가치, 상징적 교환, 그리고 기호가치가 중요하지 않다는 뜻이다. 여기서 인간의 가장 기초적인 생존과 영양을 중요하게 여기게 되었기 때문이다. 이것이 바로 사용가치가 중요하다는 것이다. 그렇지만 우리의 삶의 질이 높아지면서 상징적 교환가치와 기호가치로 변한다는 것이다. 여기에 대한 자세한 논의는 다음 장에서 연구될 것이다.

이런 형식과 합리적인 전통적인 시장형태에서는 현장중심으로 상행위가 이루어지기 때문에 유통인들이 물건을 사고파는 데는 단순한 구두적(oral) 서술구조로 호객행위가 이루어진다. 특히 공영 도매시장에서 농수산물의 유통은 광고매체에 의존하기보다는 상인들의 상관행이나 소비자들의 소비관행에 의해서 이루어진다. 일반 소매업태의 유형13)에서는 잘 포장되어 브랜드를 잘 설명할 수 있는 인쇄된 글(written

---

13) 소매업태의 유형은 연면적이 3,000㎡ 이상인 백화점(department store), 슈퍼마켓(super market), 할인점(discount store), 24시간 체제인 편의점(convenience store), 하이퍼마켓(hypermarket), 전문적 상품을 취급하는 쇼핑센터(shopping center), 물류창고 형태인 아울렛(outlet) 등을 소매유통형태라고 한다.

exchange)로 쓰인 의사소통이 이루어진다. 즉 기호의 재현이 합리적 자율성을 가진 대행자(agent)에 의해 일어난다. 그렇지만 가락시장 같은 시장(특히 무, 배추 같은 채소류 시장)은 벌크형태(in bulk), 즉 포장하지 않고 트럭에 산적된 채로 팔리고 있다. 특이 무, 배추 같은 경우는 상품이 찬 서리나 이슬을 맞아 마른 상품의 잎이 너덜너덜하게 붙어 있고, 흙이 묻은 상품을 고객들이 더 선호하고 있다. 또한 상인들도 이 점을 더 강조하면서 판매행위를 하고 있다. 이때 상인과 고객 간의 커뮤니케이션 행위는 다분히 대면적 구어(orally mediated exchange)로 이루어진다. 이는 시장이란 현장에서 상인과 고객 간에 직접 상징적 유사물을 보고 사고팔기 때문에 어떤 사전 약속 없이 상호 간에 구어적인 커뮤니케이션 과정에서 유통행위가 일어난다. 이런 맥락에서 볼 때, 인류역사는 시장에서 그 상징의 소통구조의 가치관을 시대적으로 구분할 수 있겠다. 이 점에서는 마크 포스터(M. Poster)가 주장한 정보양식론(the mode of information)을[14] 시장의 가치관 변화와 일치시켜 볼 수 있다. 그 역사적인 단계는 각각 구어적 단계(oral stage), 인쇄적 단계(print stage), 전자적 단계(electronic stage)로 구분한다. 그리고 이어 각각의 단계에 상징의 수단을 '상징적 유사물', '기호의 재현', '정보의 시뮬라시옹'에 대응시킨 뒤 각각의 단계에서 나타나는 주체의 형태를 제시하게 된다. 즉 구어적 단계에서는 대면적 관계에 둘러싸인 채 발화(enunciation)의 소재로 지정된다. 인쇄단계에서는 합리적 자율성을 가진 대행자(agent)로 구성된다. 그리고 전자적 단계에서는 끊임없는 불안정 속에 탈중심화되고 분산되면서 여럿으로 불어난다(M. Poster, 김성기 옮김, 1994: 22~23, 라도삼, 1999: 65에서 재인용). 이런 관점에서 본다면 옛날 시장에서 커뮤니케이션 역할담당은 보부상(지금의 상인)[15]들이 '장돌림', '장돌뱅이'로서 항간의 소식과 상품의 소개

---

14) 포스터(M. Poster)는 장 보드리야르의 의미생성양식(mode of signification)보다 더 나아가 '정보양식'(the mode of information)을 제기한다. 정보양식이란 새로운 언어유형을 구성하는 전자적 커뮤니케이션에 의해 매개되는 사회관계를 지칭한다(Poster. 1994: 304). 쉽게 말해 미디어, 특히 장 보드리야르의 논리를 뒷받침해 주고 있는 또 다른 주장을 살펴보면, 마크 포스터의 정보양식은 텔레비전과 컴퓨터 네트워크와 같은 전자적 미디어(electronic media)의 발달에 의해 형성된 사회적 환경으로 실재와 허구, 진실과 허위, 안과 밖, 원인과 결과의 거리가 사라진 사회를 가리키는 것이다.

를 이 장에서 저 장으로 전하는 커뮤니케이션 활동을 수행하였지만, 지금은 미디어 매체의 발달로 상품이 일종의 매체로서 그 역할 수행을 대신하게 되었다. 다시 말해 앞에서 설명한 대로 상품을 중간 매개체로 하여 시대의 변천에 따라 구어적, 인쇄적 그리고 전자적으로 그 가치가 변화하고 있다.

(5) 시장에서 구성원들의 성(性) 변화

옛날부터 장은 주로 여자들이 본다. 남자들은 장에 많이 나타나지만 실제로 장에서 상행위를 하는 사람은 드물다. 농한기에는 특별한 목적이 없이도 장에 나온다. 그래서 옛 속담에 '남이 장에 간다고 하니 거름지고 나선다' 하는 말같이 자기 주관 없이 남이 하는 대로 따라한다는 말이 있다. 이 말은 모더니즘 시장에서 할 일 없이 그냥 남을 따라 나서거나 오늘날 포스트모더니즘 시장에서 여자들이 볼거리를 보러 가는 행위들하고 별 다를 바 없다.

그러나 세월이 흐름에 따라, 과거에 비해 현재의 정기시장이 보여주는 변화 가운데 빼놓을 수 없는 것은 여자의 출장률(出場率)이 훨씬 높아졌다는 점이다.

운송수단이 발달하지 않았던 과거에는 장에다 팔 물건을 나르는 데 주로 지게나 소달구지가 이용되었고 또 남자들이 이를 운영하였다. 그러나 대부분의 경우에는 물량이 적어 여자들이 충분히 들고 갈 수 있으며 장에 가는 목적도 물품 구입하기가 십상

---

15) 보부상(褓負商)이란 지금의 상인인 중도매인 같은 역할을 한 중간상인이었다. 역사적으로 보부상은 신라 시대 이후 자유 경제의 기반 위에 물물교환을 매개하던 행상인으로 그 발생 시기는 확실하지 않으나, 적어도 삼국시대 이전부터 있었던 것으로 알려졌으며, 고려 말에는 보부상을 이용해 소금을 운반한 기록이 있다. 정기 시장을 순회하면서 각종 상품을 유통시켰던 보부상들은, 조선 중기 이후 규율이 엄격한 조직체로 발전했으며, 특히 개성상인들은 보부상의 중심 세력을 이루었다. 보부상은 직물·금·은·화장품·가죽 세공품 등 비교적 값비싼 잡화를 보자기에 싸서 들고 다니던 봇짐장수인 보상(褓商), 그리고 도기·소금·담배·어류·해초류 등 일용품을 지게에 지고 다니던 등짐장수인 부상(負商)을 함께 지칭한다. 이들은 정기 시장에서 유통의 왕자로 군림했으나, 조선 말기에 이르러 교통이 발달하고, 상품의 종류와 양이 증가하고, 또한 시장경제의 내용이 복잡해지면서 정기 시장에 대한 지배권을 상실하게 되었다.

이어서 남자의 출장을 반드시 필요로 하는 경우가 과거에 비해 훨씬 줄어들었다.

시장에서 상행위를 마치면 여자들은 대부분 그냥 집으로 돌아오는 데 비해 남자들은 대부분 농·수협에 들러 일을 보거나 친구들과 어울려 잡담을 나누며 술을 마신다. 또한 남녀 총각들이 선보는 것도 장이었다.

현재 농촌시장은 여성들에 의해 움직여진다고 해도 과언이 아니다. 장날 장터를 관찰해 보면 무질서한 가운데서도 상행위는 주로 여자들에 의해서 이루어지고 남자들은 장 중심부에서 약간 떨어진 가축전이나 음식점, 술집, 다방, 그리고 농기구 판매장, 대장간 등에 몰려 있음을 발견할 수 있다. 여성들이 과거에는 주로 가사(家事)에 매여 있다가 이제는 젊은 노동력이 도시로 빠져나간 상태에서 가사보다는 농사에 적극 참여하게 됨으로써 경제활동에서 여성의 비중이 커지고 있다. 또 과거와 달리 현재에는 집 밖에서의 여성의 활동에 대해 개방적이다(정승모, 2000: 83). 이러한 그들의 사회적 지위의 변화와 그에 따른 역할의 변화가 정기적인 시골장이나 재래시장에서뿐만 아니라 대도시에 있는 현대적인 농수산물 도매시장에서도 나타나고 있다.

가락시장에서는 상품이 대량생산, 대량판매, 대량 소비됨으로써, 이에 따라 모든 상품이 무게가 있으므로, 물리적인 힘을 필요로 하는 남성을 중심으로 상인들이 형성되었다. 또한 전통적 시장(시골 장이나 재래시장)에서는 항시 좋은 목이 잘 팔리고 수입이 좋기 때문에 당연히 상권다툼이 있게 마련이다. 그래서 좋은 상권을 차지하는 것은 몸싸움을 잘하는 사람이나 큰소리를 치는 등 물리적인 힘이 필요한 시기였다. 따라서 시장은 항상 힘깨나 쓰는 남성이나 깡패들이 있었다. 구용산시장이 그러하였고, 개장 초 가락시장도 마찬가지였다. 그러나 시장 개설 초창기와는 달리 점차 시대 변천에 따라 농수산물 품목에 따라 상인들의 성(性) 구성비가 변하고 있다. 예컨대 농수산물의 중도매인들은 주로 남성들로 배치되는 반면에 직판시장이나 점포 앞자리는 주로 여성들이 배치된다. 이런 현상은 고객에게 설득 판매할 수 있도록 유혹하려는 상행위일 것이다. 유혹은 외관의 전략이다(Gane, 1991: 171). 이 점이 바로 이미지가 중요시되는 기호시대로 변하고 있다는 증거가 될 것이다. 이 점에 대해서는 다음 장에서 시장 여성구성원들의 가치관이 어떻게 변하고 있는가를 살펴보게 될 것이다.

이런 점들은 시장도 시대의 변화에 적응하기 위하여 전통적인 외파적인 사용가치나 교환가치를 뛰어넘어 기호가치 혹은 유행가치의 이미지가 중시되는 포스트모더니즘적인 시장의 특성은 어떻게 변화고 있는가를 다음 장에서 살펴보겠다.

2. 포스트모더니즘적인 시장의 내파현상

전통은 시대의 변화에 따라 형성되고 변한다. 이런 점에서는 전통을 중시해 오던 시장도 예외에서 벗어날 수 없다. 이런 변화 속에서 단순히 경제적인 외파적인 모더니즘적인 공간을 넘어 문화적인 기호의 공간으로 자리매김하는 곳이 바로 가락시장이다. 앞에서 전통적인 맥을 이어준 모더니즘적인 시장형태들을 이미 살펴보았다. 이제 시대의 변천에 따라 시장은 전통적인 맥을 같이하면서 포스트모더니즘적인 형식을 가장 빠르게 실천하고 있는 곳이다. 예컨대 전통적으로 중요시해 오던 모더니즘적인 시장은 형식이 파괴되고 합리적인 설득보다는 비합리적 설득으로 서술구조가 해체되고, 기호의 모든 의미는 지시대상을 선정하지 못한 채 부유하는 기표만이 다양한 이미지를 생성한다. 이 이미지는 시장에서 소비자의 욕망을 충족시키고 있다. 소비자의 욕망을 충족시키는 것은 상품이 기호로 교환된 시뮬라크르다. 이 과정에서 상품은 문화의 매체로 작용한다. 그래서 상품이 문화라고 한다. 장 보드리야르는 이 단계를 후기산업사회의 재생산에 있어서 기호로서의 상품지배라고 강조한다. 이 과정은 문화의 결정적 역할이 만들어낸 것이다. 세속적이고 일상적인 이 시뮬라크르 상품은 본래적이고 기능적인 사용가치가 정치적으로 해석하기 어려운 정도로 사치스럽고 이국적이며 아름답고 낭만적인 이미지를 결정하고 있다. 그래서 그 시뮬라크르 상품은 본질적인 의미화는 기호와 이미지의 확산으로 현실과 상상적인 것의 경계가 허물어진 시뮬라크르의 미학적 세계로 우리를 인도한다. 이런 현상의 공간을 찾는 고객은 시뮬라크르에 내파되어 마치 도착증에 걸린 사람처럼 된다.

이 시뮬라크르 상품이 우리(소비자)를 기다리고 있는 곳은 바로 시장이다. 그래서 결국 시장을 찾는 고객은 상품을 구입하게 된다. 시장에서 이런 특징적인 현상들이 나타난 것을 포스트모더니즘적 현상이다.

(1) 시장에서의 전통적인 형식 파괴

전통과 형식의 맥을 이어온 모더니즘적인 시장에서와는 달리 포스트모더니즘적 시
장의 특징은 전통과 형식파괴에 있다. 모더니즘적 시장에서는 농수산물 상품 사이에
일대일의 관계가 성립된 형식이 있었다. 다시 말하면 기표로서의 상품은 그것이 의미
하는 기의와 밀접히 연관되어 있어야만 했다. 이는 사용가치를 곧 상품의 가치와 동일
시하는 것과 같은 맥락에서 이해될 수 있다. 예를 들어 모더니즘 시대에 농수산물을
사거나 팔 때는 이 상품이 얼마나 양이나 영양이 많고, 오래 두고 먹을 수 있을는지,
또는 질이 얼마나 우수한지 등에 대한 사용가치의 유용성에 초점을 맞추어 상품을 유
통시켰다. 그러나 포스트모더니즘 시대에는 이처럼 사용가치를 선전하거나, 기표나 기
의를 반드시 지칭할 필요는 없다. 상품을 사고팔 때, 상품의 신선도, 색깔, 모양새를 보
고 값을 매기거나 구입한다. 즉 '기표' 중심이 되었다는 의미이다. 다시 말하면 '이미
지(벗)'를 중요하게 여기는 시대이다. 이 실천적 행위가 바로 브랜드개발, 포장 디자인
등일 것이다. 오늘날 상품의 보존성과 수송의 효율성을 높이도록 포장을 규격화하고,
디자인이 소비자의 구매욕구를 자극하도록 세련되고 있는데 브랜드화는 이러한 유통
구조의 변화와 함께 수반되는 자연스러운 현상이기도 하다(성진근 외, 1997: 264).

우리가 상품을 사려고 할 때 우선 상품을 구매하기 전에 상품의 유용성보다는 상
품의 원산지나 브랜드의 이미지에 더욱더 많이 좌우되어 상품을 구입한다. 다시 말
하면 고객이 시장에서 농수산물을 구입하기 전에 그 브랜드의 원산지를 더 선호한
다는 의미이다. 이제 농수산물도 내용 외관(기표, 이미지)을 중시하는 방향으로 유통
관행이나 소비자의 기호가 변모하고 있다는 증거이다.

이제는 농수산물도 브랜드 시대이다. 소비자에게 신뢰를 주기 위한 '얼굴 있는 농
수산물' 개발이 전국에서 봇물을 이루고 있다(www. agribrand.com). 예를 들면 '학
사농장', '청매실 농원', '가야산 한방 참외' 등이 차별화된 제품을 브랜드로 연결,
성공한 사례가 잇따르고 있다. 이처럼 '농업도 벤처다'라는 인식이 확산되면서 농업
인들 사이에 자기 농산물 브랜드 갖기가 한창이다. 예를 들어 전남 나주 세지농협
은 멜론의 출하시기를 조절하여 '세지 머스크 메론'이라는 브랜드로 시장점유율

80%를 차지, 유명세로 인해 보통 멜론보다 20% 이상 높은 가격에 거래되어 농수산물도 변해야 수익을 올릴 수 있다. 농림부가 2001년 지방자치단체를 통해 농산물 브랜드 사용현황을 조사한 결과, 브랜드 수는 1999년 말 3215개에서 2000년 말 4701개로 50% 이상 증가했다. 이 중 다수 출하조직이 공동으로 사용하는 공동 브랜드 수는 619개(13.2%)였으며, 특허청에 등록된 브랜드 수는 1243개(26.4%)에 달한 것으로 조사됐다. 1999년 조사결과와 대조해 볼 때 총 브랜드 수는 46%, 공동브랜드 16%, 등록 브랜드는 67.4%를 각각 증가했다. 이제 농수산물도 이미지의 시대를 맞이하여 브랜드 명칭도 자기 고장 특산물 그림이나 자연을 토대로 한 농수산물의 특징을 나타내는 등 다양해져 소비자들의 눈길을 끈다. 예를 들어 '고추 먹고 맴맴', '첫눈에 반한 딸기', '단양 온달장군 6쪽마늘' 등 장난기 어린 브랜드로 소비자의 관심을 잡는가 하면, 강원도처럼 청정지역임을 살려 고랭지채소, 풋고추, 피망 등에 대해 공동으로 '맑은 청(淸)' 브랜드를 붙이는 이미지 전략도 눈에 띈다. 다음 <표 12>는 특징 있는 농산물별 브랜드명과 도식방법을 열거한 것이다.

〈표 12〉 농산물 브랜드명과 도식방법

품 목	브랜드 명 및 도식방법
쌀	여주광특미(여주 여주), 백옥(용인 이동), 임금님표＋그림(이천 이천), 메뚜기표＋그림(청원 동송), 연동미(연기 동면), 고천암(해남 해남), 안계청결미(의성 안계), 가락황금쌀(부산 가락), 조성수정미(보성 조성) 밀달쌀(김포 하성).
감자잡곡	일출봉＋그림(남제주 성산－감자), 달래강(중단 이류－옥수수), 봉평(평창 봉평－메밀)
채 소	진위(평택 송탄－오이, 호박), 참외＋그림(성주 대가, 김천 감문), 양촌(논산 양촌－딸기), 배추＋그림(고양 신도), 섬초(신안 비금－시금치), 포곡(용인 포곡－성주), 팔영산(고흥－오이), 소양강 오이 브랜드 이미지(B.I., 강원－춘천시), 세지 멜론(나주), 아침딸기(부여), 첫눈에 반한 딸기 브랜드 이미지(B.I., 합천시), 맹동수박(음성).
과 일	장수사과(장수 장수), 얼음골사과(밀양 산내), 배목(영동 영동－배), 영동포도(영동), 백화명산 포도(백화), 감곡 복숭아 브랜드 이미지(B.I., 캐릭터－감곡), 길안사과(전문 브랜드), 문경사과 브랜드 이미지(B.I., 먹골배－ 남양주), 올골찬 복숭아 브랜드이미지(B.I., 경산군), 참마을 배 브랜드 이미지(B.I., 상주시), 추풍령(영동 추풍령－포도), 직지(김천 직지－포도), 효돈감귤(남제 효돈), 매향, 매시리, 매롱(하동 하동－매실), 씨티로(고흥 두원－유자), 삼도봉(영동 상촌－호두), 경산대추(경산 압량)
참 깨 한약재	천등산(중원 산척－참깨), 태백산 황기, 당귀(태백 태백), 청양구기자(청양 청양), 옹동숙지황(정읍 옹동)

품 목	브랜드 명 및 도식방법
꿀, 돼지	함덕봉밀(북제주 함덕), 꿀돼지(예산 오가)
김치류	토끼＋그림, 청산김치(연천, 청산), 적성, 며느리(파주 적성), 수라청(화성 남양 - 김치, 깍두기), 호반(춘천 동면), 선장김치(아산 선장), 풍산김치, 탈＋그림(안동 풍산 - 김치, 깍두기), 우리외, 우레(옥산 성산 - 김치, 짱아찌), 학가산 도라지김치(예천 보문 - 도라지김치), 백마강 단무지(부여 부여 - 단무지)
음　료 차　류	100%로고마크, 동구밖, 만남(경북 능금 - 사과 쥬스), 온누리(경북능금 - 과일통조림), 고향기(경북능금 - 청주), 우리우리(경북능금 - 매실쥬스), 수라청(화성 남양 - 녹차, 인삼차), 치커리＋산(인제 인제 - 치커리차), 구수미(횡성 우천 - 숭늉, 감주)
장　류 기　름	물태리, 명월 생고추장(제천 청품 - 고추장, 양념장), 양평장독(양평 지제 - 된장, 간장, 고추장), 백로마늘(횡성 서원 - 참기름, 들기름), 원평감식초(김제 금산 - 감식초)
한　과 국　수	동외(순창 금과 - 강정, 산자), 쌀래미(고창 흥덕 - 국수, 당면), 부잣집(보령 오천 - 멸치액젓), 인진아라리(양양 서광 - 인진엿)
수　산 축　산	영광굴비(목표, 영광), 흑산도 홍어, 함평한우, 고흥유자골한우(고흥), 벽제고봉산 한우(벽제), 안동전통한우(안동), 예천한우(예천)

주: 1) 대개 하나의 브랜드로 여러 가지 상품을 등록하나 대표적인 것만 열거함.
　　2) 괄호 안은 어느 시·군에 있는 어느 농협을 의미함
출치: 농협중앙회 유통종합지원부 자료(싱진근, 1997: 268)를 재정리함.

이처럼 농가들이 상품의 브랜드화에 관심을 갖는 것은 '얼굴 있는 농산물'은 소비자에게 신뢰를 얻어 공급과잉 시장에서 안정된 판로를 확보할 뿐만 아니라 일반 농산물에 비해 20~30% 정도 높은 값을 받을 수 있기 때문이다.

삼성경제연구소 민승규 박사는 "상품의 거래 주도권이 공급자에서 소비자로 이전, 가격이 높더라도 소비심리를 만족시키는 제품이 팔리는 시대가 도래했다"면서 "농산물도 제품 자체보다는 브랜드가 더욱 중요시되고 있다"고 말했다. 그는 또 "브랜드 로열티가 기업 이익률 제고의 원천이 된다"면서 "단순한 브랜드 개발보다는 브랜드 가치를 높이는 데 관심을 기울여야 할 때"라고 강조했다.

미국의 한 보고서는 슈퍼마켓에는 매년 3000여 개의 신제품이 진열되지만 이 중 소비자가 기억하는 브랜드는 7개에 그친다고 했다(매일경제 2001.11)

이에 따라 차별화된 브랜드에 대한 홍보전략도 대면적인 구어적에서 인쇄적 그리고 방송매체 등으로 다양화하고 있다. 위 <표 7-4>에서 살펴보았듯이, 세계무역기구(WTO) 체제하 국경 없는 무한경쟁 시대에 우리의 것을 지키고 살리기 위해 생산자,

시장 구성원들(유통인)은 고품질 농수산물을 생산하고 소비자중심에서 소비자의 기호에 맞는 맞춤 생산품을 생산하려고 부단히 노력하여 기호적인 시뮬라크르 생산품을 생산해 낸다. 그 일환으로 상품의 차별화된 전문브랜드를 개발하고 있다고 볼 수 있다. 이런 농수산물 브랜드는 그 브랜드의 전통과 브랜드 개성(brand personality)을 부각시키기 위해 브랜드의 지역특성과 현재 브랜드의 선호도를 증가시켜 소비자가 친근한 선호도를 가질 수 있도록 하고 있다. 이런 브랜드 아이덴티티의 실행(brand identity implementation)이 상품의 품질개발, 포장디자인 개발, 브랜드의 사용가치와 사회적 관심이다.

이 표를 통해 몇 가지 특징을 도출할 수 있다. 첫째, 농산물 브랜드명을 붙이는 양상은 크게 지역 농수협명, 지역의 특성을 나타내는 산이나 강 이름, 상표의 이미지를 쉽게 전달할 수 있는 이름, 정서적으로 한국인에게 호감이 가면서 부르기 좋은 이름으로 대별할 수 있겠다(이병호, 1997: 269). 또한 고향의 전통이나 향수에 대한 이미지를 부각시키기 위해 옛날의 유명했던 지역특산물을 복고하는 지역브랜드 상품화가 많다. 이 중에서 지역 농수협의 이름을 붙이는 경우가 가장 많다. 특히 채소나 과일, 쌀의 경우가 그렇다. 이는 관내농협에서 생산되는 여러 품목의 농산물을 포함할 때 따로따로 이름을 붙이지 않아도 되고 생산자의 합의도출이 쉽다는 점에서 가장 무난하다. 예를 들면 안계청결미, 봉평메밀, 장수사과, 청산김치, 포항 초시금치, 일산 알타리무, 고흥 유자, 서산 생강, 기내미 무, 배추, 고창 수박 등은 지역농협의 이름을 브랜드화하는 품목 앞에 붙인 케이스이다.

특히 농산물 브랜드는 다음 <그림 18>같이 지역의 특성을 나타내는 유명한 산, 강이나, 섬 이름으로 브랜드 이미지를 차별화하고 있다. 예컨대, 소양강 오이, 고흥 팔영산 오이, 이천 쌀, 미미한라봉, 천등산 참깨, 태백산 황귀, 일출봉 감자, 달래강 옥수수, 백마강 단무지, 무등산 수박, 흑산도 홍어, 영광 굴비 등이다.

이 경우에도 지역민의 친근감과 함께 명승지일수록 홍보효과가 크기 때문에 유리한 점이 많다.

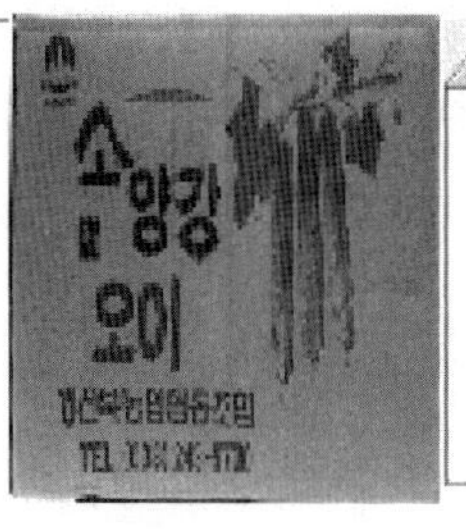

그러나 이 경우 관내의 다른 생산자가 먼저 상표등록을 하였으면 사용할 수가 없다. 예를 들어 '대왕님표 여주 쌀'은 여주군의 고유캐릭터인 세종대왕의 능이 자기 고장에 있다는 것을 내세워 <그림 19>와 같이 세종대왕의 '어좌문양형상'화하였고 뒷면에는 부채모양의 미래를 지향하는 밝은 빛을 나타냄으로써, 여주 쌀은 벼이삭 색깔이 황금색으로 부드러운 감을 주고 여주의 고유 로고로 지역 '유명세 이미지' 표현을 최대한 활용하고 있다.

그리고 상품의 이미지를 쉽게 전달할 수 있도록 브랜드화한 경우를 살펴보면, 철원 동송농협의 메뚜기표 청결미는 은연중 철원지역의 청정성과 친환경전형 농협에 의해 생산된 쌀이라는 이미지를 나타내고 있다. 전남 쌀 풍광수토「風光水土」는 신선한 바람(風), 남녘의 따뜻한 햇볕(光), 맑고 깨끗하며 오염되지 않은 기름진 땅(土)에서 농업인이 정성으로 생산한 쌀이라는 이미지를 창출하였다. 이천 농협의 임금님표 쌀(<그림 19>)은 '신중동국여지승람'에도 기록되었듯이 예전부터 임금님께 진상했던 최고의 좋은 쌀로 '깨끗한 물, 비옥한 옥토, 천혜의 기후'에서 재배한 임금님표 이천 쌀이다. 이 임금님표 쌀은 공익적 기능과 친환경농법으로 환경보호에 앞장서고, 안전한 농산물의 생산 공급으로 건강을 최우선으로 한다는 최고의 쌀이라는 이미지를 내포한다. 횡성우천농협의 구수미 숭늉이나 감주는 구수한 옛날 맛을 재현했다는 이미지를 풍긴다. 제부 미미한라봉은 지역 이미지와 고품질, 최고급 브랜드로 리콜제까지 도입하여 상품의 차별화를 도입하고 있다.

〈그림 19〉 특색 있는 브랜드 이미지

그 밖에 농산 가공품의 경우는 정서적으로 한국인에게 친숙하며 부르기 좋은 이름을 붙여 소비자의 호감을 끄는 브랜드가 많다. 예를 들어 경북 능금조합의 사과 쥬스나 과일가공품에는 동구밖, 온누리, 우리두리 등, 먹골 배, 영동 포도, 첫눈에 반한 딸기, 포곡 상추 등이다(이병호, 1997: 269).

〈그림 20〉 농산물 브랜드 이미지(B.I)화 사례

경북 경산군

경북 문경시

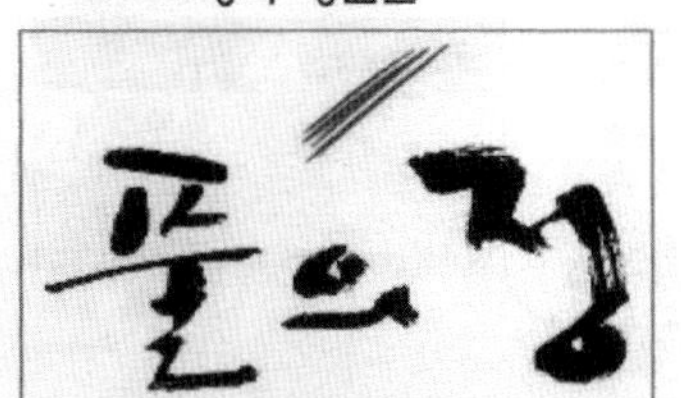

경북 의성군 효선농장

경남 의령군

경북 합천군 농부농협

경북 성주군 수륜농협

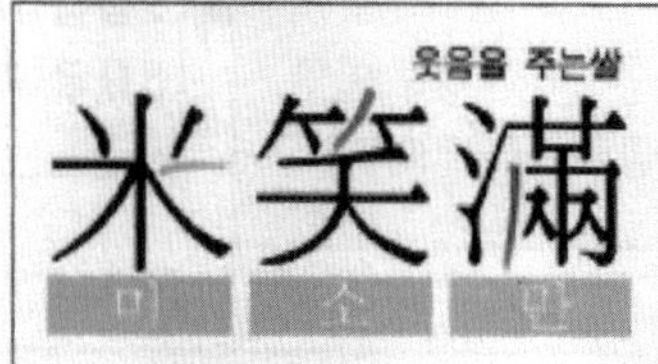

경남 함안군 군북농협

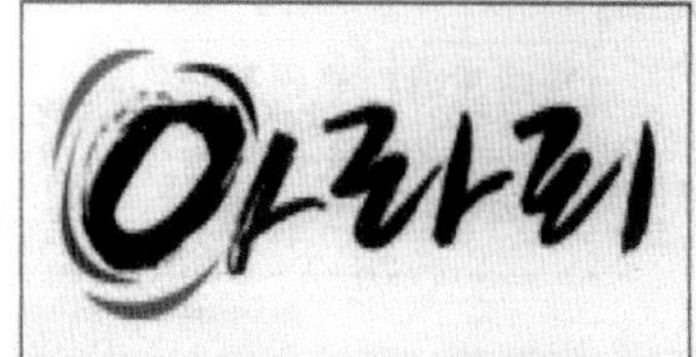

경주 안강 농협

특히 기호식품이라는 부각을 높이기 위해 질(質)과 기능에 대한 소위 기능성 농산물에 대한 브랜드가 증가하고 있는 추세이다. 예를 들어, '예천 붉은 감자'는 일반 감자보다 맛과 양이 뛰어나고 숙취제거와 피부미용에 좋으며 고혈압과 당뇨 예방에 탁월한 효과가 있다고 알려져 소비자들로부터 새로운 건강식품으로 인기를 끌고 있다. 그 밖에도 유기농산물의 채소 등 건강을 위한 채소 소비가 늘어나고 있다. 예컨대 고흥 유자골 한우, 봉화 한방 소, 무안 양파소 등은 소비자의 생활수준이 향상되면서 찾는 건강 기능성 농수산물이다. 어떤 농산물의 경우는 자기 상품이 고품격이라는 이미지를 부각시키기 위해 전문적 브랜드 이미지(B.I)를 개발 활용하고 있다. 예를 들어 옹골찬 복숭아, 참마을 배, 문경 사과, 감곡 복숭아, 합천시의 첫눈에 반한 딸기, 춘천 소양강 오이 등이다.

이와 같이 공동브랜드는 시·군 단위농협에서 소규모 다품목을 브랜드화하고 있어 물량확보나 홍보, 품질관리에 만전을 기하고 있다(이병호, 1997: 271). 여기에는 주로 영농조합인 농협을 통하여 계통출하하는 품목으로는 쌀, 오이, 고추, 참외 수박 등이다. 그리고 산지 작목반이나 수집상들에 의해서는 감자, 잡곡 등이 공동브랜드로 출하하고 있다. 개별브랜드화하여 출하하는 품목은 주로 참깨, 한약재 품목들이다. 김치류나 음료·차·장류·기름·한과 국수 등은 주로 업체가 자체 브랜드를 개발하여 출하하고 있다.

2007년 7 – 8월(2개월) 동안 서울가락시장, 구리시장, 청량리시장, 강서시장에서 국내 92개 생산자 단체를 대상(상추, 오이, 수박, 참외 복숭아, 포도 등 6개 품목을 대상)으로 농산물 브랜드 현황을 조사한 것에 의하면, 브랜드 명칭에 단위농협 범위 지역명 사용이 84.8%(78개 단체), 유명 명소(산, 강, 이름) 사용이 8.7%(8개 단체)이고 나머지는 친숙한 브랜드 이미지 사용이 6.5%(6개 단체)로 나타나서 지역특산물에 브랜드 이미지를 붙이는 것을 선호하고 있다. 그리고 브랜드 사용범위는 전체 92개 대상 중 단위농협 브랜드를 사용한다가 67.4%(62개) 단체로 가장 많다. 또한 생산, 출하 형태에서는 개별 생산, 개별 출하로 상표를 공동 사용하는 경우가 32.6%(30 개별 생산)로 가장 많다. 다음 <그림 21>은 브랜드 명칭 및 브랜드 사용 범위이다.

<그림 21> 브랜드 명칭 및 브랜드 사용 범위

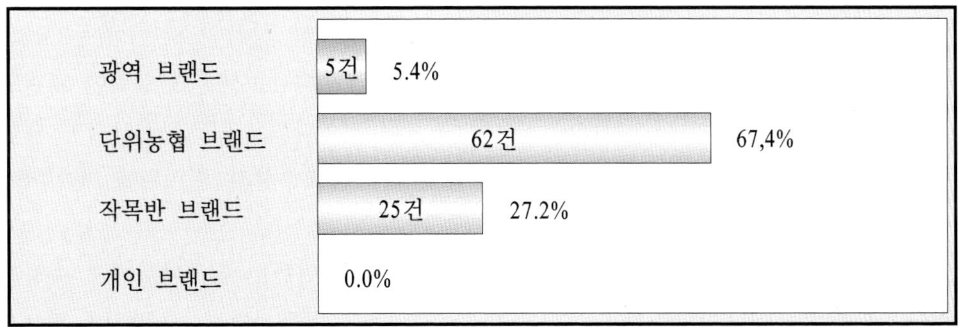

출처: 서울특별시 농수산물공사, 『가락시장 농산물 브랜드화 실태 및 개선방향』, 2000, p.7.

이와 같이 공동브랜드는 농협 등 계통브랜드, 산지 작목반 등 단체 브랜드를 이용하게 되면 생산자 간의 교류와 기술전파도 촉진되고 주산지가 확산되어 지역 간의 경쟁력 제고에도 크게 기여되기 때문에 단위농협 브랜드를 이용하는 편이 많다.

결론적으로 이 조사에서 그래도 생산자나 출하자들은 33.7%가 브랜드를 홍보하고 차별수단의 전략으로 판매를 촉진하고 있다는 것을 볼 수가 있다.

한편 본 조사에서는 가락시장 내 중도매인, 경매사 100명에게 7개 항목에 대하여 브랜드 인지도를 설문한 결과 첫째, 중도매인 경매 응찰 시 브랜드 감안하여 구매한다가 12%(12명), 품질확인 후 구입이 52%(52명), 출하지역을 확인 후 구입이 20%(20명)이고 출하자를 확인 후 구입한다가 16%(16명)으로 나타나서 아직까지는 상인들이 외관적인 이미지인 브랜드보다는 내용 면에서 우수한 질과 품질을 중시한다는 의미는 사용가치에 더 치중한다는 것이다. 둘째, 브랜드 상품 신뢰도를 묻는 조사에서는 신뢰하는 편이다가 전체 56%(56명)를 차지하여 그래도 상인들은 상품의 브랜드를 중시하고 있다. 셋째, 고객인 일반 구매자들은 상품을 구매 시 브랜드를 선호하는 경우는 10%(10명)이고 품질확인 53%(53명), 생산지와 판매자의 추천을 중요시하는 경우가 각 18%(18명)이다. 넷째, 농산물의 경우 브랜드 상품은 신뢰할 수 있다가 41%(41명)와 그래도 브랜드 상품이 우수하다가 32%(32명)으로 브랜드에 대한 신뢰도가 점점 높아지고 있다는 것을 나타내고 있다. 다섯째, 브랜드 상품이 미흡한 점은 상품에 대한 차별화가 부족하다가 전체 중에 38%(38명)를 차지하고 있다. 여섯째, 여타 상품과의 가격차는 10% 이내 높은 75%(75명)로서 브랜드 상품이 좋다를 나타내고 있다. 그리고 상인들이나 상품을 경매한 상품의 감정 전문가들은 브랜드화의 필요성이 필요하다가 95%(95명)에 이르러 향후 농산물도 강력한 브랜드(brand power)가 중요한 판매전략의 하나로 등장할 것이다. 그래도 브랜드화에 대한 이해부족으로 브랜드를 단순한 포장화로 착각하는 기표중심의 이미지를 벗어나야 한다.

그리고 정부 차원에서 공동브랜드나 우수브랜드를 도입하는 출하자들에게 출하장려금 등 각종 인센티브를 제공하고 있다. 예를 들어 공동선과장 시설이나 포장재 디자인 등은 시장 교섭력을 높이고 브랜드관리의 효율성을 추구하고 있다.

이 맥락에서 볼 때, 상품의 가격도 상품의 본질적인 질이나 맛보다도 우선 지역적인 브랜드에 따라 가격이 매겨지는 것이 농수산물의 특징이다. 다시 말해, 지금까지는 모든 제품을 정량적인 효용에 소비가치를 두었는데, 이 기호시대에서 상품의 본질적인 사용가치인 정량적인 효용인 영양 등보다는 그 상품이 주는 상징적인 이미지 '멋' '행복감' '안정감' 기쁨이라는 정서적인 목표를 위한 소비에 중점을 두고 있다. 즉 기호의 사용의 효용이 아니라 향유를 위해 소비한다는 것이다. 이런 현상이 기호가치를 더 중요하게 다루고 있다는 의미이다. 이제 제품의 질도 중요시되지만 그보다 중요한 것은 소비자들이 상품을 통하여 '멋진 체험(experience)'을 갖는 것이다. 모더니즘 대량생산 시대의 소비자들은 자신만의 독특한 체험과 개성을 중시한 제품 기능상의 특징(features)이나 편익(benefits), 품질 등과 같은 사용가치의 기본 욕구를 충족시키는 과정이다. 그러나 포스트모더니즘 소비 특성은 소비자들의 구매를 통해 자신의 정체성을 확인하고 그러한 가치를 제품 혹은 제품을 공급하는 기업과 함께 공유하기를 원한다. 또한 고객들은 이성적인 선택을 하지만 종종 감정에 이끌려 움직이며, 고객의 체험은 환상과 느낌, 인지, 행동, 그리고 재미를 추구한다. 예컨대 '스타벅스'는 단순히 커피만 팔기보다는 커피와 함께 이국적 분위기, 친절한 서비스, 재즈 음악 등 로맨틱한 만남의 장을 제공하고 있다(B. Schmitt, 박성연·윤성준 옮김, 2002).

일반 소비자들이 보다 가깝게 다가가기 위해 농산물과 예술작품을 접합한 농산물 기호품을 만들어 내고 있다. 예를 들어 구기자 홍삼으로 빚은 '가야곡왕주'는 대나무 청자주기 세트와, 면역증강 효과가 있는 '진주 상황버섯차'는 옻칠찻잔에 담겨 기호식품으로 만들어 내고 있다. 이는 농산물이란 단순한 사용가치 먹을거리에서 '농산물과 예술의 만남으로 그 경계가 없어진 퓨전(fusion)의 공간으로 변모하고 있는 것이다. 이런 판매전략은 고객에게 독특한 기호적인 체험을 제공하는 일종의 문화산업이다

또 다른 측면에서 예를 들어 보면, 2002년 1월 11~21일 TV 3사가 방영한 '채식 열풍' 프로에서 이 시대의 기호가치를 읽을 수 있다. SBS-TV는 방영한 신년특집 프로그램에서, '잘 먹고 잘 사는 법', '채식 신드롬이 식문화를 바꾸고' 있다. MBC

-TV는 '과일과 채소만으로 암을 예방할 수 있다'고 방영하였다. 그리고 KBS-
1TV에서 지나친 채식은 면역조절 기능에 이상을 가져온다'라고 방영하는 예들은
바로 기호가치 바탕에서 시청자에게 어느 쪽이 맞나 혼란을 가져왔다. 이것이 바로
채식이란 '이미지의 기표'의 혼란이다.

이와 같은 현대적 현상들이 결국 고객을 합리적이고 이성적인 의사 결정자뿐만
아니라 감각적이고 감성적인 존재로 인식해야 한다는 것이 바로 포스트모더니즘 소
비문화 현상이라고 하겠다.

이 맥락에 비추어 장 보드리야르(1972, 1975)가 주장한 상품 기호에 대한 이론화
는 매우 중요하다. 그는 단순히 인간 욕구의 몇 가지 고정체계와 관련되는 사용가
치와 교환가치를 효용성 측면에서 상품을 이해했던 것에서 벗어나고자 하였다
(Featherstone, M., 1999, 정숙경 옮김, 1999: 133). 장 보드리야르는 상품의 대량생산
을 지향하는 본질적인 이유는 자본주의에서 교환가치의 지배에 있으며, 본래적인
자연상품에 대한 사용가치를 부과하는 것이, 소쉬르적인 의미에서 상품의 의미가
기표의 자기준거적 체계의 위치에 따라 자위적으로 지배되는, 즉 상품이 기호가 되
는 결과를 초래했다고 한다. 그 결과, 소비는 결국 사용가치의 소비로, 물질적인 유
용성에 대한 소비로 이해되지 않고, 무엇보다 기호의 소비로 이해된다. 이를 기표가
기의와 결합하지 못하고 기표는 불안정 상태로 부유하면서 다양한 이미지만 확산하
게 된다. 이렇게 되면 현실과 상상적인 것의 경계가 없는 단계에 이르게 된다. 이것
을 우리는 시뮬라시옹의 과정이라고 한다. 이 과정에서는 진실, 도덕, 권력, 신, 역
사, 상상, 이데올로기, 삶과 죽음 등에 의해 형상되었던 현실(실재) 그이 기호, 이미
지, 모형인 시뮬라크르에 대체되어 과실재성으로 변환한다. 모든 실재의 인위적인
대체물이 바로 시뮬라크르이다. 장 보드리야르는 이 단계에서 상품은 단순한 소비
재가 아니라, 이제는 문화의 '소통체'이며, 취향과 라이프스타일을 결정짓는 '의미전
달체'라 하였다. 또한 사물(상품)의 소비를 사용가치 소비보다는 행복, 안락함, 안정
성, 사회적 권위, 현대성의 소비로 규정한다.

예를 들면 이 상품을 구매하면 우리 가족이 농약의 안정성 기준치를 넘은 상품을
먹지 않겠지 하는 가족에 대한 건강을 지키려는 인간의 본초적 자식보호의 모성애

차원에서 상품을 구입한다. 그래서 어떤 소비자들은 농수산물의 상품성을 고를 때 색깔이나 모양새보다 잎에 벌래가 뜯어 먹은 흔적이 있는 상품(예를 들어 깻잎 등)을 더 찾게 된다. 이런 기호시대에 농민들은 소비자가 선호한 아이디어 상품을 개발하고 있다. 즉 향기 나는 쌀, 컬러 고구마(보라, 주황색) 등으로 '차별화된 브랜드 전략', 오리와 우렁이를 이용한 '친환경농법', 산청 맑은 나라 메뚜기 쌀 등 '이색 홍보전략' 등 아이디어 농업이 인기가 있다. 이것이 바로 장 보드리야르의 소비사회에서 이미지, 이데올로기, 감정, 위세, 심리까지도 실재와 동가(同價)적인 경제적 생산영역으로 간주하고 있기 때문이다. 이 점이 바로 장 보드리야르가 말하는 과실재성(hyperreality)의 세계이다.

오늘날, 시대가 변하고 인간의 삶의 질이 높아지면서 소비형태 다섯 단계인 생존→영양→맛→멋→예술(허신행, 1999: 396) 중에서 가장 기초적인 생존과 영양을 주요하게 여긴 단계이다. 허신행은 누구나가 소득 수준이 낮을 때는 생존을 위해서 이것저것 가리지 않고 마구 소비하지만, 즉 사용가치가 필요하지만 소득이 늘어나면서 '영양'과 '맛' '멋'을 찾는 인지, 선택, 선호 다음 단계로 이동하게 된다는 것이다. 그러다가 의·식·주의 기본 욕구가 대체로 충족되고 나면, 소비자들은 식생활에 있어서 예술의 단계로 넘어가 고도의 식도락을 즐기게 된다. 이 단계에 이르면 소비자는 눈, 귀, 코, 입은 물론 촉각까지를 만족시키는 소위 오감(五感)에 의한 식사를 하게 된다. 식품 소비 형태가 예술의 단계에 이르면, 농산물은 대부분 소형화 내지 다양화되면서 맛 좋고, 향기 좋은, 그리고 보기에도 아름다움 형태로 바뀌게 된다(허신행, 1999: 292)는 것이다.

이 이행 단계가 '멋'의 과정이다. 멋 단계는 미학적으로 이미지이다. 이미지는 수동적이다(Boorstin, 1987: 188~193). 부어스틴이 이미지가 수동적이라고 말한 것은, 그것이 초대한 것들을 자기의 틀 속으로 받아들인다는 뜻이다(김경용, 1993: 256). 이 의미는 일단 이미지가 생기면 그것은 보다 더 중요한 실재성이 되는 것이 보통이다. 이미지는 과실재성이지만 그것이 실재성 자리를 차지하여 새로운 질서를 일으킬 때 한층 더 심화된 '가짜 같은 진짜' 혹은 '진짜 같은 가짜'가 된다. 이 이행이 바로 '예술'의 단계이다. 그래서 예술은 인간이 인위적으로 만들어낸 시뮬라크르이다.

(2) 시장에서 여성의 가치관 변화와 유혹의 기표

포스트모더니즘 시장에서 가장 두드러진 특징으로 꼽히는 것은 시장 상인들의 성
(性)구성이다. 이 점은 앞에서 논의되었지만, 오늘날 시장에서의 성 변화는 여성이
늘어나는 추세이다. 이는 두 가지 측면에서 관찰된다. 그중 하나는 시장이라는 험악
한 환경에서 일하는 남자들은 일찍이 젊은 나이에 병사나 급사하는 경우도 있다.
이 경우 남자 상인들은 시장에서 주로 저녁에 장사하기 때문에 피로와 과로가 쌓인
데다가 술 담배, 커피를 많이 하고 또는 동료상인과 화투(花鬪)16) 치기를 오락으로
하는 것이 도박으로 변하면서, 오락인지 도박인지, 상대가 동료인지 도박 상대인지
등의 경계가 모호한 상태로(내파된 상태), 시간의 흐름을 잃은 채 식사도 잠도 제대
로 못 하는 상태에서 영업을 함으로써 병사나 급사하는 경향이 많다. 이렇게 되면
중도매인 승계가 가족 중 부인이나 직계인 자녀에게 되고 있기 때문에 대부분 부인
이 그 업을 승계하여 운영하기 때문이다. 또 다른 이유에서 여성이 많은 경우는 특
히 고객을 직접 상대로 한 소매업형태의 시장이다. 바로 이 대목이 장 보드리야르
가 보는 내파적 상징적 교환가치와 기호가치로 포장된(covered) 유혹의 변수가 숨겨
진 장소이다. 특이나 외국인들이 가락시장에서 소매형태업에 종사한 여성 상인들을
보는 관점은, 이곳 여성 상인들 모두의 화려한 패션적 감각이 덧보이는 옷차림과
화려한 화장(make-up)기에 상당한 감명을 받았다는 것이다. 이 대목에서 장 보드
리야르의 세계관에 비추어 볼 때, 여기서 주는 의미는 크다. 장 보드리야르는 여성
의 본능과 힘을 그들의 생물학에 두지 않고, "여성의 힘은 유혹의 힘이다"라고 단언
한다(Baudrillard, 1992a, 배영달 옮김, 1996: 240). 이 대목에서 장 보드리야르는 상
징적 교환을 유혹의 변수로 바꾸어 놓는다.

---

16) 화투의 유래는 정확히 알려지지 않고 있다. 대체로 포르투갈 상인들이 '카르타(carta)놀이
딱지'를 일본에 들여왔고 이를 본떠 만든 것이 하나후다(花札)며 이것이 조선 말기 우리
나라에 전래된 것으로 여겨진다. 화투는 남녀·상하 구분 없이 즐기는 오락이기도 하지
만, 돈을 매개한 도박은 욕심을 '禍'를 가져오며, 동료 간에는 얼굴을 붉히기도 하는 등
사회문제화를 야기한다. 그렇지만 요즈음 화투놀이 방법과 수단이 온라인게임 등 다양하
게 발전하여, '국민오락'으로서 볼 것인지 '도박'으로 볼 것인지 그 경계가 불명확하다.

　그는 또한 "여성은 동물적인 매력과 화장술과 술책을 지닌다"고 하였다. 이것을 유혹의 술책이라고 장 보드리야르는 주장하고 있다. 이 술책은 자연스러운 아름다움을 능가한 인위적인 아름다움을 옹호와 상징적인 세계의 지배와 매혹적인 가상의 조작인 여성화장술이다. 여성들이 사용한 화장과 유행은 보다 자연스러운 외관과 행위를 요구하는 페미니스트들의 도전이다. 여성들은 자신들의 목적을 이루기 위해 그들의 매력과 술책, 그리고 상징적인 것과 의례적인 것을 이용한다. 여기서 상징적이라고 하는 의미를 뒤에서 자세히 다루겠지만 과거에 대한 향수로 가득 차게 하는 자본주의 이전의 '원시주의'를 함축하고 있기 때문이다(Baudurillard, 1992a, 배영달 옮김, 1996: 247). 그러나 포스트모던한 시대에서는 상징적 교환은 기표를 중심으로 유혹하는 기호의 교환가치로 이행된다. 그래서 "여성들은 흉내 낼 수 있는 기호에 불과하다. 여성해방운동이 남근지배주의에 내세운 권리는 여전히 남성 / 여성의 구별을 유지하면서 원래의 체계를 전복하려 한 것인 반면, 이 시뮬라시옹(기호 놀이)은 그 틀을 허물고 있다(Baudurillard, 김전석 편, 정연복 역, 1993c: 21)"라고 하는 원리가 적절히 적용되는 것 같다. 시장에서 욕망은 도처에 있다. 그러나 보편적으로 이루어지는 시뮬라크르 속에 있다. 여자들은 권력이 실제 세계의 지배만을 나타내는 데 반해, 유혹은 상징적인 세계의 지배를 나타낸다는 사실을 이해하지 못한다. 모든 권력이 다 유혹에서 벗어나 있지만 유혹은 그것의 모든 기호를 뒤집을 수 있다(Baudrillard, 1992a, 배영달 옮김, 1996). 이 단계가 장 보드리야르가 보는 상징적 교환가치이고 기호가치인 것이다. 이런 교환가치는 인간의 무한한 소비행위(consumer behavior)를 부추기고 있다. 따라서 시장에서 여성 상인들이 화장을 하고 고객을 상대로 하는 판매행위는 일종의 유혹으로 기호적인 실천적 행위이다. 이를 장 보드리야르는 유혹의 관점에서 욕망을 충족시키려는 소비행위로 보고 있다. 이런 소비행위는 단순히 경제영역에서 보는 소비뿐만 아니라 인간에게 기호화된 연속의 과정으로 유혹적 기호로 소비자를 무아지경으로 유도하여 소비행위를 꼼짝없이 한다는 논리를 주장한다.

　장 보드리야르의 세계관인 내파이론은 구조주의 내부붕괴를 암시한다. 그에게 신화란 기표의 연쇄로 이루어진다. 그것이 내보이는 유혹의 몸짓이다(Barthes, 1957).

그런 것은 우리가 잘 알 수 없는 것이고, 커뮤니케이션 밖의 상황에 있기 때문에 우리의 담화를 어렵게 한다. 그의 주장대로 내파, 시뮬라시옹 그리고 과실재성으로 이루는 삼위일체 이행은 파국에 이른다. 그의 파국적 이행과정은 후기자본주의 모습인 구조주의적 이원론(structural binarism)의 일부를 이루고 있다. 이런 주장을 매우 개략적으로 장 보드리야르의 세계상을 그레마스(Greimas, A., Julien)의 기호학적 사변형으로 표현하면 다음 <그림 22>과 같다.

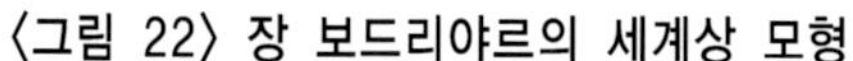

<그림 22> 장 보드리야르의 세계상 모형

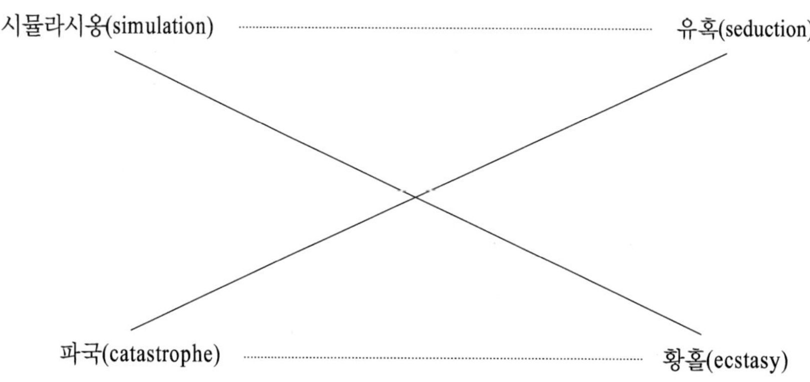

시뮬라시옹은 저 밖의 실재성을 내파시켜 기표를 생산하는 공정이며, 시뮬라크르는 그것의 문화와 소자들에게 파국의 운명을 암시한다. 이런 기표들은 포스트모더니즘적 시장이란 공간에서 과도하게 존재하기 때문에 너무나 많이 눈에 띈다. 그러나 동시에 이 기표들은 소비자들이나 고객들은 모르는 비밀한 내면을 가지고 사람들을 유혹한다. 고도의 가시성과 숨겨진 비밀은 역관계에 있다. 유혹적 기표들은 그것의 소비자들을 무아지경으로 이끌어간다. 시뮬라시옹과 황홀이 모순(부정)관계에 있는 것은 위 <그림 22>과 같이 설명된다. 시뮬라시옹이 과실재성 혹은 신현실성(neo-real)임에 비하여 황홀은 그와 반대의 함축의미를 갖는 과장(hype)과 연관되기 때문에 시뮬라시옹과 황홀은 서로 모순(부정)된다(Morris, in Witt, 1991). 과실재성이 '사실보다 더 사실적인 것'을 뜻함에 반해서 과장은 '거짓보다 더 거짓된 것',

'추한 것보다 더 추한 것' 따위를 뜻한다. 위트는 파국이 황홀에 대해 '지나친 역'관계에 있다고 설명하다. 유혹은 무한한 변덕을 가지고 끝없는 유희(kind of play)를 하고 있음에 비해서, 파국은 유혹의 갑작스러운 종언을 예시하고 있다. 파국은 외부적 요인에 의한 것임에 반해서, 유혹은 자발적이다. 따라서 유혹과 파국은 모순관계에 있다. 이런 시뮬라시옹의 공정은 소비자가(고객이) 상품을 응시할 때, 그 상품과 소비자 간에 의미의 내파로 '소비자는 유혹에서 황홀로, 상품의 진정한 가치의 의미는 내파로 파국에 이르러 결국 소비자는 시뮬라크르인 과실재성 상품을 구매하게 된다. 이를 의미의 생성 양식(mode of signification)으로 설명하면 소비자가 바라보는 그 상품(기표)의 지시체가 바라는 사용가치인 의미(기의)는 소멸되고 기표만이 소비자에게 교환된다. 이를 기호교환가치라고 한다.

이렇게 사용가치가 교환가치에 의하여 대체되고 실제가 실제보다 더 실제 같은 과실재에 의하여 그 자리를 박탈당한 포스트모더니즘 소비사회에서 가장 중요한 자리를 차지하는 것은 상품으로서 소비재가 아니고 상징적인 기호와 그 이미지이다. 이 이미지가 시장에서는 중요한 역할을 한다. 시장에서 이미지를 생산하고 발산하는 것은 상품뿐만이 아니라 시장구성원 모두의 역할 수행이다. 이 이미지가 대중매체나 구전으로 소비자의 욕망을 자극하여 과실재에 대한 소매행위를 유발하게 된다. 다음에는 이런 소비행위가 시장이라는 곳에서 어떻게 이루어지고 있는가를 살펴볼 것이다.

(3) 시장에서 소비행위와 욕망의 충족

오늘날 사람들은 자기 자신을 위해서 즐기지만, 소비할 때는 결코 혼자서 소비하는 것이 아니다. 모든 인간은 욕구와 충족의 원칙 앞에서 평등하다. 왜냐하면 모든 인간은 비록 교환가치 앞에서는 불평등하고 반목하고 있지만 사물과 재화의 사용가치 앞에서는 평등하다. 모든 소비자들이 자기들도 모르는 사이에 서로 연루되는, 코드화된 가치들의 생산 및 교환의 보편화된 체계 속에 들어가기 때문이다. 소비행위가 소비자의 독립된 욕구가 아닌 사회적으로 결정된 가치에 따라 행해진다는 점에서 소비사회는 의미생성논리에 지배된다. 인간의 소비행위가 인간 간의 관계 속에서 어떤 의미를 가지고 있는지를 파악해 볼 수 있는 것이다. 이런 의미에서 소비는 언어와 마찬가지로 의미작용의 질서이다. 사회를 이렇게 의미체계로 파악하고 그 구조를 연구하려는 것이 기호학의 시작이다. 그래서 소비는 커뮤니케이션 및 교환의 체계로서, 끊임없이 보내고 받아들이고 재생되는 기호의 코드로서, 즉 언어활동(goods as language)으로서 정의된다. 재화와 차이화된 기호로서의 상품의 생산, 유통, 구입, 판매, 소비는 오늘날 우리들의 언어활동이며 코드인데, 그것에 의해서 사회 전체가 의사소통하고 서로에 대해 말한다. 이것이 소비구조이며 그 언어이다. 특히 소비사회에 있어 중요한 것은 더 이상 사물 자체가 아니라 다른 사물과의 '차이'이다. 소비는 인간이 사물을 통해 자신을 표현하는 형식이며 기호이다. 그래서 인간의 소비의 욕구는 객관적 욕구대상을 향한 주체의 최종적인 의도의 행위가 아니라 교환체계 내에서 차이의 유형적 요소, 즉 전체 사회적인 부산물로 형성된 신분에 부합하는 가치들과 의미작용들에 관한 체계이다. 이런 욕구는 소비자 개인과 사물과의 관계에서 비롯되는 것이 아니라 상품의 '이 체계'에 의해 발생하므로 '욕구체계'라 볼 수 있다. 따라서 욕구체계는 생산체계의 산물이다. 그런데 장 보드리야르는 기호와 사물들의 체계관계에서 이미지와 가치가 내파로 소멸된 동질화, 등가화, 합리화된 욕구로 산출한다.

이런 논리에서 보면, 소비라고 하는 특수한 양식 속에는 상품이 가지는 물신적 초월성을 포함해서, 모든 것이 기호질서에 둘러싸여 존재하고 있다. 상품(기표)과 기의 사이에는 존재론적 분열이 아니라 논리적 관계가 있듯이, 소비의 주체는 개인이 아니라 기호의 질서이다.

그러나 소비체계는 최종적으로 욕구와 향유에 근거하는 것이 아니라 기호(기호로서의 사물) 및 차이의 코드에 근거하고 있다. 우리에게 사회학적으로 의미를 갖고 또는 우리의 시대를 소비라고 하는 기호로 특징짓는 것은 바로 이 소비라고 하는 일차적 수준을 기호체계로 전반적으로 재조직한 것이다. 이 기호체계는 우리 시대가 자연에서 문화로 이행하는 독특한 양식 중의 하나이다.

장 보드리야르의 소비사회에 대한 이론적 분석 틀은 마르크스, 프로이트, 소쉬르의 이론들을 선별적으로 흡수하면서 획득한 것이다. 특히 마르크스의 경제적 논리를 수정하는 작업에서 시작하여 이를 비판하는 과정을 거쳐 형성되었다. 이러한 작업은 대중문화의 출현과 함께 대량생산, 대량소비, 그리고 재생산을 설명하기 위한 그의 노력의 결과였다. 장 보드리야르는 마르크스가 주장하는 시장과 교환가치의 발전단계를 기본적으로 동의한다. 전통적인 마르크스주의에서는 문화영역이나 의미화 영역 등 모든 실천적 영역을 생산이라는 개념에 기초하게 함으로써 이들을 경제에 종속시켜 왔다고 말한다. 그러나 장 보드리야르가 보는 소비사회 또는 포스트모던 시대에는 경제적 생산영역과 문화 및 이데올로기의 영역의 구분이 더 이상 가능하지 않다고 말한다. 이는 문화적 생산물, 이미지, 표상형식, 더 나아가 감정이나 심리구조까지 경제영역의 일부로 포함시키고 있기 때문이다.

오늘날 소비사회는 문화상품이 다양한 의미로 대량 생산되고 대량 소비되는 시대이다. 이런 시대는 상품의 이미지나 기호가 상품으로 여겨지는 시대이다. 그래서 장 보드리야르가 주장한 이런 소비사회는 '기호의 정치경제'를 만들어 내고 기호의 법칙과 약화(code)의 법칙에 의해서 움직이는 사회라고 한다. 그러므로 장 보드리야르는 마르크스의 중요한 개념인 생산양식이 포스트모던 소비사회에 와서 기호 / 의미화 작용양식(mode of signification)으로 바뀌었다고 주장한다. 이는 사회이론에서 근본적인 패러다임이 바뀌었음을 의미한다. 그래서 기호의 시대가 도래한 것이다(Baudrillard. 1988b: 4). 이 기호시대는 사물이 물리적 체계가 아닌 기호이며 이 기호 또한 체계를 가지며 사물이 기호의 체계화된 지위로 전환되는 것은 인간관계에서도 그와 같은 양식화를 수반한다고 본다. 따라서 인간관계는 사물을 통하여 매개되며 사물이 인간관계를 대체하게 되고, 소비는 체계적이고 총체적인 관념의 실천으로 이해하게 되는 것이다. 이제 상징적인 사물이 교환 가능한 기호로서의 사물로 이행된다. 개인이 특정한 사물에 관심을 갖는 '자연적 욕구'가 있는데 장 보드리야르는 이를 비판한다. 그는 우리의 욕구는 사회가 생산하고 만든 인위적인 것이다. 더 나아가 인간의 욕구체계가 생산체계의 산물까지 나아간다.

장 보드리야르는 소비사회를 설명함에 있어 소쉬르의 기호이론을 원용한 사회이론을 제시한다. 여기서 주목할 대목은 장 보드리야르가 보는 소비개념은 경제영역에서 소비가 아니라 소비와 인간의 욕망과 함께 작용한다는 것이다. 따라서 그의 소비는 인간의 욕구에 대한 넓은 의미의 상징적인 이미지(기호)가 내포되어 있다. 즉 소비는 사용가치뿐만 아니라 상징적인 것의 이상을 훨씬 넘어선 하나의 기호로서 그 가치[17]를 나타내는 데 있다. 인간의 욕구를 특정한 사물에 대한 욕구로 파악하지 않고 사회적 의미에 대한 욕망으로 해석하며 사람들은 상품의 구입과 사용을 통해 자신을 돋보이게 할 뿐 아니라 동시에 사회적 지위와 위세를 나타낸다는 것이다. 이렇게 본다면 소비란 생산적인 활동이 됨과 동시에 교육과 노력을 요구하는 사회적 활동양식으로까지 격상된다.

모더니즘의 시대에는 하나의 상품(기호)을 기호로 읽을 때, 그 상품(기표)보다는 그 상품이 의미(기의)하는 의미를 더 중요하게 여긴다. 그렇지만 소비사회에서는 무수히 발생되는 기표가 기의를 밀치고 우위를 차지하게 되었다. 이것은 내용보다는 모양이나 껍데기가 중요시되는 스펙터클 사회이다. 즉 이 시대는 볼거리 사회이며 사용가치보다는 교환가치가 우위를 차지한다는 사실이다. 그래서 후기산업사회가 만들어 내는 문화상품의 특징은 그것의 사용가치에 있다기보다는 이미지와 기호 그리고 상징적인 표상체계(representation system)가 우위를 차지하는 데 있다.

이는 상품의 본질적인 가치나 사용가치 등 기의적인 측면과 무관한 기호의 법칙이나 약호의 법칙에 따르는 비본질적인 기표가 경제적 교환의 법칙을 좌우한다는 뜻이다. 다시 말해 상품의 기호작용에서 기표가 기의를 지시하지 않고 기의와 유리되어 있으며, 그렇기 때문에 기의보다 우위에서는 기표가 기호로서 그리고 약호로서 소비자의 욕망을 선정적으로 부추기는 시대가 곧 장 보드리야르가 생각하는 포스트모던 소비사회의 이미지이다. 포스트모던 사회는 사용가치가 교환가치에 그 자리를 빼앗긴 시대이다. 오늘의 상품의 '진실'은 더 이상 무엇인가에 쓰인다는 게 아니라 의미한다는 것이다. 이제 상품은 더 이상 도구나 소비재가 아니라, 기호로서 조작된다는 것이다. 그래서 소비는 인간에게 있어서 기호화된 욕망의 연속의 과정이다.

이런 상황하에서는 이제 상품은 질(質)뿐만이 아니라 이미지가 중요하다. 이미지는 기호시대의 특징이다. 어느 연구에 따르면 신발·섬유 등 경공업제품의 경우, 성

---

17) 그 기호가치는 오늘날 행복, 안락함, 풍부함, 성공, 위세, 권세, 현대상 등이 포함된다.

능이 같을 때 디자인이 경쟁력을 70% 이상 좌우한다고 한다(이정호, 1995: 28). 오늘날은 국가경쟁력은 이미지에 많은 영향력이 있다. 만약 한국과 스위스가 같은 시계 제품을 생산한다고 할 때, 스위스 시계 제품이 국제적으로 더 경쟁력이 있다는 것은 이미지의 중요성을 말하고 있다. 이미지는 제품 속에 숨겨진 경쟁력이다. 스위스는 시계로, 프랑스는 패션으로 국가가 갖는 이미지의 경쟁력이다.

그래서 포스트모던 문화의 특성 중 가장 두드러진 것으로는 이미지 생산을 들 수 있다. 이런 시대에는 원본(original)보다는 오히려 차별화된 이미지로서의 시뮬라크르가 상품의 높은 교환가치를 가지게 된다. 앞에서 살펴보았듯이 장 보드리야르의 소비행위와 욕망은 고도의 산업사회로 변모에 따라 외파가 가져다준 산물로 대량생산과 대량소비, 유통구조의 혁신 등으로 이른바 이미지가 보다 중요시되는 스펙터클 사회가 가장 극명하게 드러난 농수산물시장에서 찾아볼 수 있다.

후기산업사회로 이행하면서 사람의 삶에 질이 높아짐에 따라 사람들이 농수산물도 기호적인 상품이 되어 그 가치를 높이려는 데서도 문제가 있다. 이 뜻은 이제 사람들이 의식주인 경제적인 사용가치보다 문화적인 교환가치와 기호가치를 더 중요시하고 있다는 것이다. 인간의 욕구는 끝이 없어, 인간의 자연적인 욕구에서 인위적 욕구체계가 생산체계의 산물까지 이행과정을 우리는 가락동 농수산물도매시장에서 찾아볼 수 있다.

여기서 욕구는 더 이상 만족과 향유의 장이 아니라 합리화되고 동화되고 관리된 전체의 표현이 된 것이다. 그래서 욕구는 생산력이 전개하는 체계의 요소이다.

오늘날과 같이 농수산물이 문화상품으로 작용하기 이전에는 단지 사용가치 측면에서는 상품의 본질적 가치인 기의적 측면인 '영양'이나 '맛'을 중요시하였다.

그러나 인간의 욕망이 상품의 소비에서 기호의 소비로 전환되면서 상품성의 사용가치가 함몰된다는 것이다. 이것은 상품이 그 본질적 경제가치를 상실했다기보다는, 문화가 일상과의 간극을 지우고 우리 삶 전반에 밀착하게 되었다는 뜻이다(원용진, 2000). 프레드렉 제임슨의 표현으로 설명하자면, 우리가 살고 있는 일상공간은 대중미디어의 매체로 공적 영역과 사적 영역의 구분이 모호해진 공간이고,[18] 현실보다 더 현실적인 가상을 만들어 내는 공간이다. 우리는 분명 이 공간을 경험하고 있다.

이 새로운 문화질서를 가져온 논리는 바로 '내파'이다. 장 보드리야르의 관점에서 보는 이 새로운 문화질서는 초현실(hyperreality)의 세계이다. 이 세계는 현실의 세계와 시뮬라크르의 세계가 서로 양립 가능한 대등한 의미의 세계라고도 볼 수 있다. 그래서 현대사회는 원본 없는 이미지가 그 자체로 현실을 대체하고, 현실은 오히려 그 이미지에 의해 지배당하게 되는 시대이다.

다시 말하면 현대는 이미지가 실제 대상을 복제하는 것이 아니라 오히려 실제 대상의 이미지를 복제하는 역전된 상황에 놓여 있는 시대이다. 이것이 바로 현실(reality)보다 재현이 더 중요시되는 과정이다. 이 재현은 인간의 끝없는 소비행위에서 출발한다. 여기서 소비라는 의미를 재화나 서비스를 '써 버린다'는 뜻 말고도 '욕구를 충족한다'는 의미로도 포함시키고 있다. 즉 현대사회를 소비가 주요 특징일 뿐만 아니라 욕구의 충족을 원하는 사회라고 적절히 이름을 붙이는 Post-modernism 사회의 또 다른 이름이라고 할 수 있다(이정호, 1995). 이 의미들은 소비사회에서는 전통적 의미의 경제적 생산영역과 문화 / 이데올로기 영역을 더 이상 구분할 수 없다고 본다. 이는 문화적 생산물, 이미지, 표현형식, 더 나아가 감정이나 심리까지도 경제영역, 즉 생산과 소비, 이윤추구의 일부가 되기 때문이다. 따라서 장 보드리야르는 이런 소비사회를 분석하는 데는 근본적인 사고의 전환이 필요하다고 역설한다. 그에 의하면, 마르크스주의의 중요한 개념인 생산양식이 이 시대에 와서는 기호 / 의미화 작용 양식(mode of signification)으로 바뀌었다. 이제 근본적인 패러다임이 바뀐 것이다. 바야흐로 기호의 시대가 온 것이다(Baudrillard. 1988b). 이제 기표는 더 이상 기의와 불가분(不可分)의 관계가 아니다. 오히려 기표는 떠다닐 뿐(Floating signifier)이다.

자본주의와 마르크스주의의 두 대립적인 체제로 특징져지던 모더니즘의 시대에는 기의가 기표보다 우위를 차지했다. 그러나 이제는 떠다니는 기표가 기의를 밀쳐 내

---

18) 예컨대 소니워크맨(sony walkman) 같은 소형 휴대용 녹음기가 나오기 전까지는 음악을 들으려고 할 때는 사적 영역 공간에서만 듣는 것이 가능한 것이었지만 이제는 소형녹음기가 등장하면서 사적 영역에서나 공적 영역에서 남에게 방해를 주지 않고 자기만 음악을 듣는 것이 가능하게 되었다. 이로써 사적 영역과 공적 영역의 개념이 소멸되었다고 할 수 있다.

었다. 이는 소비사회에서 다양한 문화상품이 폭발적으로 증가하여 사용가치보다는 교환가치가 우위에 있다는 사실로도 증명된다. 문화상품의 특징은 그 가치가 사용가치가 아닌 이미지나 기호, 재현양식(representation system)에 더 비중이 실린다는 점이다. 이러한 예는 TV나 광고 속의 이미지, 그리고 가수나 배우들이 스스로 기호적인 상품이 되어 그 가치를 높이려는 데서도 볼 수 있다. 이는 결국 상품의 본질적 가치나 기의적 측면과는 무관한, 기호의 법칙이나 약호의 규칙 같은 '비본질적 기표'가 경제적 교환의 법칙을 좌우한다는 뜻이다.

장 보드리야르가 오늘날을 소비사회로 규정하고 있는 부분이 바로 소비사회에서 상품은 상징적 기호와 이미지에 의해서 가치가 결정된다는 것이다. 그에 의하면 오늘날의 소비란 (중략) 상품이 즉시 기호로서, 기호가치로서 생산되는 단계를 말하며, 동시에 기호(문화)가 상품으로 생산되는 단계 바로 그 곳을 뜻한다(Baudrillard. 1988a). 이 때문에 소비자가 소비하는 것은 상품이기보다는 미디어에 의해서 생산된 상징적 기호와 이미지이다. 예를 들어 농수산물의 주요 수출 다국적 기업인 델몬트사에 의해 유통되고 있는 바나나를 사 먹은 것은 바나나를 먹은 것이라기보다는 하나의 의미, 즉 공동체의 기호를 소비하는 것이다. 그런데 여기서 공동체의 기호를 소비한다는 것은 개인에게는 또 다른 자신의 표현이다. 델몬트사(Delmonte Co., Ltd.)[19]가 유통시킨 바나나를 사먹지 않고 치키타사(Chiquita Co., Ltd.)의 바나나를 사서 먹은 것은 맛의 선택이라기보다는 치키타사가 유통시킨 의미에 대해서 스스로를 동일시하는 과정이라고 말할 수 있다.

또 다른 예를 들어보자. 옷 입는 행위는 분명 외부로부터 인간을 보호하기 위한 목적과 기능이 있는 행동이다. 그렇지만 오늘날 이 같은 기능 때문에 옷 입는 사람은 드물다. 아침에 무슨 옷을 입고 시장을 찾는 고객을 맞이할까 고민하는 것은, 옷을 피부기능의 확장이라 생각하지 않고 자신의 표현수단의 하나로 생각하기 때문이

---

19) 델몬트(Delmonte)나 치키타(Chiquita)는 미국의 다국적 기업으로서 주로 열대과일 농산물을 취급한다. 바나나 파인애플 등을 많이 판매하는 기업들이다. 델몬트(Delmonte)는 스페인어로 '산'에서 유래된 모국어를 사용하고 있다. 또한 치키타(Chiquita)는 스페인어로 '귀여운 소녀'란 뜻이고, 이들은 미국기업이지만 스페인 언어를 사용함으로써 숨겨진 언어 이데올로기의 헤게모니 장을 확장하고 있다 하겠다.

다. 또한 상대방도 옷을 통해서 그를 평가한다. 이 경우 옷은 중요한 커뮤니케이션 기호로서 작용한다 할 수 있다.

이렇게 상품이 경제적인 사용가치의 본질적인 심층적 의미보다 문화적인 교환가 치나 기호가치가 우세하게 작용하고 있기 때문이다.

이 대목을 에코(Eco, 1976: 3)의 표현을 빌려 더욱 심층적으로 살펴보면, 이런 심층적인 개인의 기호 의미작용[20]은 타인과 의미를 공유할 수 있는 수렴적 (convergent) 과정이다. 이 수렴적 의미작용은 타인과 공유가 되면 그 기호가치는 더 욱 낮아진다. 그러나 타인이 의미를 공유하지 못하고 발산(divergence)하면, 의미의 차이가 생긴다. 이 의미의 차이가 바로 기호의 가치를 결정한다. 그런데 이런 의미 작용에서 발산된 의미는 기표에 기의를 연결하지 못함으로써 기호를 만들지 못하고 기호로 하여금 기의의 가치를 충분히 표현하지 못하고 기표가 그 역할을 도모하게 된다. 이 작용을 탈기호화 행위라고 한다(김경용, 1993: 325). 여기서 탈기호화란 소 쉬르가 말한 대로 기표와 기의 사이의 차이를 갖는 전통적이고 보편화된 관계를 파 괴함으로써 기의를 증발시켜 기표를 단지 유혹하는 힘으로 변화시키는 것을 말한다. 달리 표현하면, 그것은 기의를 억누르고 기표에 우월성을 두는 것이다. 즉 기표-기 의 관계는 무효화된다. 이를 장 보드리야르는 의미의 발산으로 기호학적 체계를 벗 어난 과정이다. 이는 인간이 의미를 소비할 뿐만 아니라 의미체계를 변화시키려는 노력이 의미를 굴절시키고 새로운 의미를 생성시킨다. 이런 작업이 내파의 과정이 다. 또한 이는 쟈크 데리다의 관점에서는 고정된 의미중심을 해체하는 '탈중심'화이 다. 이런 탈중심화 과정은 의미의 끝없는 차이와 지연에서 오는 차연인 것이다. 결 국, 쟈크 데리다의 '해체'라는 개념도 기호가 내포하는 의미가 '붕괴되고', '소멸된 다'는 논리인 것이다(Heinz Kimmmerle, 박상선 옮김, 1992: 156). 이 경우를 장 보 드리야르는 실체와 이미지가 동일한 하나의 관계가 되는 '시뮬라시옹' 관계로 보고

---

20) 커뮤니케이션과 의미작용은 상호 대립되는 개념이라 할 수 있다. 커뮤니케이션은 공통 의미의 추출과 공유를 위한 수렴적(convergent) 과정이다. 이에 비해서 의미작용은 한편 으로 의미 공유의 목적을 포함하면서도, 다른 한편으로는 의미의 발산(divergence)을 도 모하는 유희적 과정이다. 의미의 발산은 탈커뮤니케이션 행위이다.

있다. 그렇다면 이 관계들을 상호 접목하여 보면 내파이론은 해체전략이며, 내부로부터 해체라 할 수 있다(전경갑, 1999: 151). 이렇게 볼 때 쟈크 데리다의 '해체이론'과 장 보드리야르의 '내파이론'은 절묘하게 같은 맥락의 논리에서 논의될 수 있다.

(4) 시장에서의 상품가치의 변화

시장에서 상품의 가치는 상품의 본질적인 '사용가치'에서 '기호가치'로 이행됨을 나타내고 있다. 후기산업사회에서 상품의 '신성화' 경향은 그것의 사용가치(use value)가 아닌 교환가치(exchange value) 때문이다. 상품의 사용가치가 의미 영역의 문제인 반면 교환가치는 기표 영역의 문제이다. 오늘날 상품은 하나의 기표, 즉 소유자의 커뮤니케이션 부호로 사용되고 있다(조종혁, 2001: 79). 예컨대 소비자가 사과 한 상자를 비싼 값을 치루고 구매한 물건에 안심을 하고 자기 기만에, 행복감에 빠진다. '비싼 물건'이란 기표는 '믿을 만하고 좋은' 것이란 기의를 지니고 있고, 또한 그것은 소비자에게 '자기 가족이 맛있게 먹는 장면에 대한 행복감'의 기의를 일으켜 준다.

이 점에 대하여, 아래 <표 13>는, 장 보드리야르의 네 가지의 가치를 중심으로 농수산물을 예를 들어 분석한 것이다.

〈표 13〉 장 보드리야르의 네 가지 가치체계

팽창국면(사조)	외적 논리	내적 논리		기호작용	농수산물경우
외파 (모더니즘)	사용가치 use value	실제적인 작용	도구 유용성	의미	먹을거리 / 맛
	교환가치 exchange value	등가	상품 거래	기표	판매 / 부가가치 / 돈
내파 (포스트모더니즘)	상징적 교환 symbolic exchange	양면성	상징 증여	기의 / 기표	향수 / 전통 / 근면 / 순박 / 가난
	기호교환가치 sign exchange value	차이 내파	기호 신분	기표 (유혹)	볼거리 취미 / 개성 / 생활수준

앞에서 이미 외파가 가져온 외형적인 모더니즘적인 가치관의 변화에 대하여 살펴보았다. 우리 주변에서 흔히 볼 수 있는 농수산물 상품 중에서 고향의 향수를 불러일으킨 지방 특산 농수산물을 많이 목격할 수 있다. 예를 들어, 현지 위치(장소)를 떠난 의성 마늘, 창녕 양파, 광천·강경 새우젓, 영광 굴비, 흑산도 홍어, 제주 갈치 등은 시간과 공간을 초월한 오리지널이 없는 하나의 흔적(이미지)으로 존재한 재현물로서 원산지 표시(기표의 교란)를 재생산시킨 농수산물이다. 이 재현물들은 지금은 그 고장에서 생산되지도 고기가 잡히지도 않는데 타지방에서 그 유사한 생산물을 가져와서 그곳의 출하집하장에서 가공하고 상품화(선별, 포장, 브랜드 스티커 부착 등)할 때 마치 그 특산물지역에서 생산된 것처럼 원산지를 표기(브랜드)하여 출하하고 있다. 이것이 하나의 흔적(이미지)으로 그 당시 그 특산물을 상징하고 있다. '서울시농수산물공사에서 농수산물의 원산지 표시 방법을 이렇게 합니다'라고 게시하여 시장을 찾는 고객이 수입산과 국산, 진짜 가짜에 속지 않도록 계도를 하고 있는 홍보물로써 계도하고 있다.

이 진짜 가짜의 흔적은 오리지널을 전제하지만 동시에 언제나 오리지널의 사라짐을 조건으로 해야만 성립된다. 이 상품들은 애당초 존재했던 오리지널<시조(始祖)원본>의 의미는 더 이상 생산될 수 없다. 원산지를 표기한 이 상품은 시간과 공간의 벽을 넘어 오리지널과는 전혀 다른 상황(장소)에서 다른 텍스트(상품)로 읽히고 있다. 상황이 다르면 의미도 달라진다. 원산지에서 지녔던 의미, 즉 오리지널 의미는 상황에 따라 다중의미체(polysemy)로 변모한다. 아주 다른 의미를 지닌 과실재성(hyperreality)으로 변모할 수 있다는 논리이다. 한마디로 흔적(이미지)은 복고(復古)를 우리에게 소리 없이 외치는 공간이다. 이는 우리가 이미 체험된 고향생각(기의)을 재현된 특산물(기표)의 교환가치로서 상품과 거래, 그리고 등가적인 작용을 가져오게 한다. 또한 기호가치 혹은 유행가치로서 고향생각(기의)과 재현된 특산물(기표) 간의 의미차이로 구매자의 취미나 개성을 나타내고 있다. 뿐만 아니라 그 상품(기표)을 구매함으로써 구매자가 전통적으로 조상으로부터 대대로 대물려오는 농토를 그동안 부모형제들이 부지런히 농사짓는 근면함과 시골의 순박하고 배고프고 가난한 시절의 상징적 교환가치인 '의미(기의)를 지니게 된다. 그러나 오늘날 진실의 도착현상이 일어나고있는 현상을 우리 주변 도처에서 볼 수 있다. 흔적으로 내려오는 이미지 자체가 기의를 남김없이 내파시켜 기표로만 표징시키기 때문에 이미지가 궁극적으로 보여주는 것은 기표 외엔 아무것도 없다.

'기표 외엔 아무것도 없다'라고 하는 의미는 장 보드리야르가 시뮬라시옹 놀이 이외엔 아무것도 없다로 종결된다. 이 논의들은 후기구조주의자들의 지시대상체(referentiality) 비판과 비교 가능하다(Kellner, 1989: 50). 이런 맥락에서 쟈크 데리다가 '텍스트 바깥엔 아무것도 없다(there is nothing putside of the text)'라고 한 것과 같은 의미로 보아야 할 것이다. 이런 논점에서 볼 때, 기의란 우리의 추상이고 환상에 불과하다(김경용, 1993: 259). 우리는 이미지 형틀에 따라 변모되고 자기류의 순응자로 만들어진다. 하나의 이미지는 그 앞에서 이를 응시하는 사람과 관계에서 매 순간 끊임없는 변화의 과정에 처해진다(조종혁, 2001: 85). 이런 각본은 바로 진실의 도착 위에서 번영한다. 진실을 거짓으로 윤색해 줘야만 진정한 진실로 받아들여진다. 진짜를 가장한 가짜가 잘 팔리기 때문에, 가짜를 가장한 진짜도 빛을 보기 시작한다. 이 과장을 장 보드리야르의 구조가치 체계인 진짜 가짜, 가짜 진짜(pure simulacrum)라 한다. 예로, 중국산 농수산물이 원본을 전제로 한 국산 농수산물로 감쪽같이 둔갑한다. 사실 오늘날 테크놀리지 발달은 같은 환경, 같은 영농이나 양식 기술로, 생산해 낸 상품이 외국산인지 국산인지 그 구별이 어렵다. 또한 황해에서 잡힌 조기나 갈치 등은 어느 것이 중국산인지, 국산인지 구별 짓기가 어렵다. 이것은 우리의 주변환경이 내파로 시공간을 초월하여 복합적이고 혼합적인 뒤섞인 공간으로 변화되어 있기 때문이다. 바로 이 점이 현상과 본질 등의 이분법적 구분이 내파되어 '무차별화(de−differentiation)'의 양상을 띤다. 이 구분 와해를 라슈나 제임스는 '탈분화(de−differentiation)'라고 하고, 베버와 하버마스는 문화적 '분화'의 역전 과장을 의미한다. 그러나 라슈나 베버, 그리고 하버마스가 보는 '탈분화'는 문화영역에서 이미지나 기호가 언어처럼 체계적인 규칙에 따라 구조화되기보다는 무의식이나 감각적인 기억에 따라 작동한다고 보고 있다. 반면에 장 보드리야르는 현상과 본질 간에 구분와해에 중요한 역할을 담당하는 것이 내파의 시뮬라시옹(simulation)이라고 한다(Kellner, 1989: 77).

　그 내파의 시뮬라시옹의 단계에서는 모델(models)과 코드(codes)에 통제되고, 모든 이분법이 소멸되어, 본질과 전혀 다른 과실재(hypereal)로 탄생되는 시뮬라크르(simulacra)이다. 이 관점을 쟈크 데리다의 표현대로 현재 유통되고 있는 지방 특산물은 오리지널이 부재한 상태에서 하나의 '흔적'으로서 재현된 시뮬라크르이다. 오리지널 특산물이란 상상하기 어렵다. 오리지널 의미란 애당초 없다. 만약 있다면 흔적으로만 남겨진 시뮬라크르이다. 이 시뮬라크르는 내파의 작용에 따라 시뮬라시옹(simulation)의 과정 단계에서 생성된 것이다. 이 과정 단계에서 시뮬라크르(siunlacra), 모델(model), 하이퍼리얼(the hyperreal) 등은 재현적 현상들로 구성된다. 이 단계는 사물 간의 관계는 오리지널과 위조물(counterfeit) 간의 관계나 유사(analogy) 혹은 반영(reflection), 재현(represention)의 관계가 아닌 등가물(equivalence)의 관계로 된다. 바로 이 점에서 장 보드리야르의 내파이론이 중요한 가치를 지닌다. 시뮬라시옹은 리얼리티의 소멸 위에서 세워지는 시뮬라크르의 차원이므로 재현적 인식론의 종말과 함께 새로 열리는 영역이기 때문이다.

　시뮬라시옹은 재현과 상반된다. 재현은 기호와 실재가 일치한다는 원칙에서 출발하지만 시뮬라시옹은 이 등가성 원칙의 유토피아에 대한 부정에서 출발하기 때문이다. 재현이 시뮬라시옹을 왜곡된 재현으로 해석함으로써 시뮬라시옹을 흡수하고자 한다면 시뮬라시옹은 모든 재현적 구조물까지 시뮬라시옹 내부로 내파되어 흡수해 버린다. 이 재현체계 속에서 이미지(시뮬라크르)는 가장 완벽한 이미지가 시뮬라크르가 된다. 결국 오리지널 실재가 가장 훌륭한 자기 자신의 재현 이미지(시뮬라크르)가 될 것이다. 따라서 실체와 이미지(시뮬라크르)가 동일한 하나가 되는 단계, 이 단계가 시뮬라시옹의 단계이다. 이렇게 분할하던 이원론이 사라지고 일원론이 대두된다(Baudrillard, 하태완 옮김, 1992: 15).

　그렇다면 이 논리가 설득력이 있는가를 분석하기 위해, 장 보드리야르의 시뮬라크르에 적절한 변형을 가하여 네 가지 시뮬라시옹의 상황을 얻을 수 있다. 이를 위해 다음 <그림 23>같이 장 보드리야르의 시뮬라시옹 세계관에 적절한 변형을 가하여 그레마스(Greimas, A., Julien)의 '기호학적 사변형'에 각 행위소(actant)를 적용하여 보았다.

〈그림 23〉 장 보드리야르의 시뮬라시옹 세계상

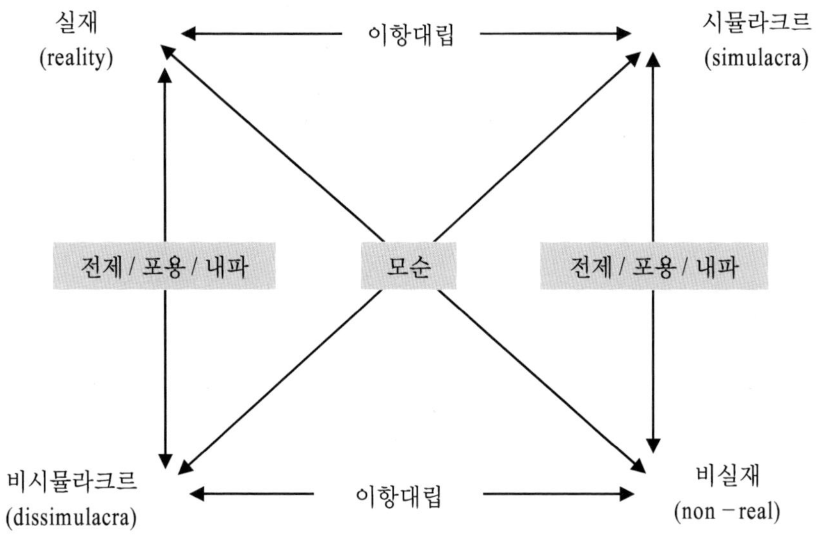

출처: 김경용, 『미디어 신화』, 경문사, 1993, p.254,
서정철, 『기호에서 텍스트로』, 민음사, 1998, pp.277~279에서 재정리함.

위 <그림 23>에서 네 가지 시뮬라시옹의 상황을 얻을 수 있다. 이를 위해 우선 실재와 시뮬라크르 두 축을 각각 반으로 쪼개어 비실재(non‑reality)와 비시뮬라크르(dissimulacara)를 얻을 수 있다. 이들을 교직시키면, (1) 실재하는 것을 부정하는 것은 비실재이고, 실재를 인정하는 것은 시뮬라크르하는 것이다. (2) 실재하지 인정하지 않는 것은 실재를 부정하는 것이고, 실재를 인정하는 것은 시뮬라크르하는 것이다 (3) 시뮬라크르를 부정하는 것은 비시뮬라크르이고, 비시뮬라크르는 실재하는 것을 인정한다. (4) 비시뮬라크르를 부정하는 것은 시뮬라크르이고, 시뮬라크르는 실재를 인정하는 사분 모형이 얻어진다. 실재하는 것을 시뮬라크르화되어 전혀 다른 과실재성의 생산을 뜻한다. 실재하지 않는 것을 시뮬라크르하는 것은 사기나 날조이다. 또한 시뮬라크르한다는 것은 갖고 있지 않는 것을 갖고 있는 척하는 것이므로 시뮬라크르한다는 것과 감추는 것(속이는 것)은 다른 문제이다. 속이는 것과 감추는 것은 리얼리티 원칙을 침해하지 않지만 시뮬라크르의 경우는 진실과 허위, 실재와 상상 간의 '차이'를 없앤다. 위 그림에서 나타나듯이 장 보드리야르의 시뮬라시옹의 세계는 상호 간에 전제 / 포용 / 내파로 심화하고, 도착(倒錯)되어 각 행위 간 은유와 환상과 비현실로 받아들여진다. 이를 이히데는 분류혼돈의 효과(cross-sorting)라고 부르고 있다. '비슷한 것'은 '똑같은 것'이 된다(Ihde, 1982: 68). 실재하는 것을 비시뮬라시옹하는 것은 성상이라는 기호이므로 신은 거대한 시뮬라크르에 불과하다는 논증을 가능케 한다. 이런 점에서 시뮬라시옹은 재현과 상반된다. 재현은 기호와 실재가 일치한다는 원칙에서 출발하지만 시뮬라시옹은 이 등가성 원칙의 유토피아에 대한 부정에서 출발하기 때문이다. 재현이 시뮬라시옹을 왜곡된 재현으로 해석함으로써 시뮬라시옹을 내파하고자 한다면 시뮬라시옹은 모든 재현적 구물까지 시뮬라크르의 내부로 내파해 버린다.

여기서 비시뮬라시옹(dissimulation)이라 함은 있음에도 없는 척하는 행위이다. 가지고 있으면서 갖고 있지 않는 척(feign)하는 것이다. 반면에 실재하지 않는 것을 비시뮬라시옹하는 것은 순전한 시뮬라크르(순시뮬라크르)로서 진리의 도착(倒錯)을 일으킨다고 했다. 이와 같은 순전한 시뮬라시옹의 세계에서는 허위로부터 진실을, 사기로부터 진실을 가려낼 아무 근거를 얻을 수 없기 때문에, 신(神)조차 스스로를 알아볼 길이 없이 되고 만다(Baudrillard, 1988: 170~71). 이미지는 과실재성이지만 그것이 실재성의 자리를 차지하여 새로운 질서를 일으킬 때 위의 네 가지는 모두 한 층 더 심화된 가짜가 되고 만다. 신성은 가짜 신성이 되고, 가짜는 '진짜 가짜'로 내파되고, 진리의 도착은 완전한 혼돈을 일으킨다. 그래서 시뮬라시옹은 진짜와 가짜, '만들어진'(produced) 증상과 진짜(authentic) 증상 간의 구분을 모호하게 하는 구분철폐와 주객전도의 양상을 띤다(김경용, 1993: 254).

이렇게 진짜와 가짜의 논리들은 장 보드리야르의 의미작용들의 '차이논리'로써 설명할 수 있을 것이다. 이는 바로 소비사회에서 소비 욕구가 이루어지는 논리로 설명된다. 오늘날 소비사회에서 소비욕구는 소비자 개인과 사물(생산품)과의 관계에서 비롯되는 것이 아니라 사물(상품)의 차이체계 의해 발생하는 인간의 욕구체계라고 볼 수 있다.

이 욕구체계는 마르크스의 사용가치와 등가 교환가치에서 볼 수 있는 사물(상품)

에 내재되어 있는 가치를 보다 상징적 기호와 이미지를 더 중시하는 장 보드리야르의 가치체계를 앞에서 이미 논의되었다. 여기서 이를 더 구체적으로 논의하자면 포스트모더니즘 시대에서 '기호교환가치'는 소쉬르나 쟈크 데리다의 경우 계열체 내의 기호들 간의 차이에 의하여 의미가 발생한다 하고, 장 보드리야르나 에코의 경우는 계열체 내의 기호 내에서 기표와 기의 간에 내파로 의미의 차이가 소멸됨으로써 원래 기호가 그대로 기표로 재현됨을 의미한다. 그러나 모더니즘 시대에서 '상품사용가치'는 계열체로부터 통합체적 상품의 계열체 내에서 상품 간의 의미(기의) 차이에 의하여 그 가치를 지니고 있음을 살필 수 있다. 또한 기호가치 혹은 유행가치가 상품 간의 차이에 기반을 둔 가치부여의 수준에 머무는 것이 아니라, 차이가 내파로 소멸된 사회적 영역에서 하나의 신분 등 기호 등을 의미하는 기능까지 확대되고 있음을 알 수 있다. 예를 들면 농수산의 지방 특산물에 대하여 소비자는 옛날 어린 시절의 배고프고 가난한 시절에 대한 향수에 젖은 상징적 의미(기의)의 교환가치에서 그 특산물의 실제적인 사용가치인 영양가와 맛은 아랑곳하지 않고 판매자의 유혹에 빠져 비싼 값은 치루고 산 교환가치인 특산물에 안심을 하고 자기 기호가치(기만)에 빠진다. 여기서 '비싼 물건이란' 그 상품의 교환가치(기표)는 '믿을 만하고 좋은' 것이란 사용가치와 상징적 교환(기의)을 지니고 있고, 또한 그것은 소비자에게 '자기 취미나 개성으로 상품과 자기를 등가적인 교환가치와 기호가치로 만족해한다. 이는 자기는 높은 사회적 신분'을 가졌고 이에 행복 등 다중의미체(polysemy)의 지시체로 자기도 취에 빠진 기호가치(기의)를 얻기 위한 사람들의 심리상태에서 그 고객은 오직 특산물(기표)만이 찾게 된다. 이때 특산물이란 이미지 그 자체가 하나의 실체로서 행세한다. 원래 이미지는 도상(icon)이지만, 이미지는 시원실체를 밀어치우고 그 스스로를 하나의 적법한 실체로서 내세우기도 한다. 사실적 이미지건 환상적 이미지건 물건이 된다(Boorstin, 1987: 197). 이런 사례는 실재 이용되어 오늘날 향토 음식 판매장과 지방 특산물 장터가 많이 늘어나고 있는 것과 같은 맥락에서 볼 수 있을 것이다. 또한 항시 매체상에서 논란이 되고 있는 '채식주의' 같은 이론적 논란 등이 바로 이와 같은 논리에서 이루어진 담론적 헤게모니이다. 이런 논의들의 대상은 고향이 시골인 사람들이고, 여자보다 남자들이, 나이 많은 층이 더 많이 찾는다는 것이다. 이것은 전통적인 형식을 여자보다 남자들이, 젊은이들보다 연장자가 이를 더 중요시하고 있다는 것이다. 이것이 바로 전통적인 우리 사회에서 보이지 않는 남성중심의 이데올로기의 가부장제가 은연중에 우리의 의식생활 속에 깊숙이 함축되어 있다는 증거이다. 이런 우리들의 삶의 방식을 잘 이용하고 있는 것이 바로 특산품 농수산물의 판촉 행위이다. 이런 특산물은 거의 고향사람들로 하여금 단골 고객망을 구축하여 판매한다. 예들 들면, 고흥유자골 한우는 서울에 '새로운 음식 예약 문화세계'란 회원제로 인터넷(www.tableok.com)으로 예약회원을 확보하고 있다. 그 외에도 안동한우, 안동사과, 홍성능금, 서산6쪽마늘, 음성 청결고추, 봉화 복수박, 함평 한우, 임금님표 이천쌀, 임금님 나주 배 등 특산물을 소개한 코너가 이런 경우이다. 이런 기호상품은 진짜를 가장한 가짜 시뮬라크르의 상품이 생긴다. 이는 가짜에 감쪽같이 잘 속는 구매자가 있기 때문이다. 이런 때 가짜를 가장한 진짜도 빛을 보기 시작한다. 이 마술의 유혹에 우리는 감쪽같이 눈속임을 당한다. 소비자가 진짜 상품을 소비하고 싶은 욕구가 발생하는 것은 진짜 상품과 가짜 상품이 차이를 지니기 때문이다. 그 차이가 바로 우리에게 상품의 소비욕구를 발생시키고 있다. 예컨대, 물감 들인 수산물 부세인 진짜 아닌 가짜 시뮬라크르가 등장하고, 향토색으로 착색시킨 가짜 시뮬라크르 마늘이 잘 팔리기 때문이다. 이런 진짜 가짜 특산물을 선호하는 소비자가 있기 때문에 이런 소비층을 겨냥하여 상품이 만들어지고 있다. 이런 논리가 장 보드리야르의 의미의 생산논리를 적용시켜 볼 수 있는 부분이다. 예컨대 시뮬라크르 상품을 판매하는 사람들이나 구매하는 사람들 자기 자신이 그 상품의 이미지와 기호가 일치한다. 다시 말해 소비자가 보는 특산물은 가짜나 진짜가 주는 이미지의 의미구조(기표, 기의)가 동일선상에 일치되어 의미의 차이가 없이 진짜와 가짜들의 기표만이 표징되기 때문이다. 이것이 바로 우리가 느끼는 이미지와 그 밖의 다른 경험들 간에 아무런 차이가 없는 기호시대에 살고 있다는 것이다. 이런 논리에서 이뤄진 소비행위는 소비자의 독립된 욕구가 아닌 사회적으로 결정된 가치에 따라 행해진다는 점에서 소비사회는 의미생성 논리(logic of signification)에 지배된다. 그래서 주요한 명제는 인간의 욕구란 생산의 산물이 아니라 욕구체계는 생산체계의 산물이기 때문이다(Baudrillard. 1988d, 이상율 역, 1999: 4~5).

이런 점에서 소비는 언어의 의미작용의 질서이다. 이는 소비체계가 욕구와 향유에 근거하고 있는 것이 아니라 기호와 차이의 코드에 근거하고 있기 때문이다. 따라서 재화와 차이화된 기호로서의 사물(상품)의 유통, 구매, 판매 취득이 바로 오늘날 언어 활동이며, 이를 통해 사회 전체가 의사소통한다고 볼 수 있으며, 이 의사소통이 문화를 매개한다. 달리 말해 이것이 소비의 구조이며 그 언어(langue)라면 개인의 욕구 및 향우는 발화의 효과(effects of parole)가 되기 때문이다(채영숙, 1992: 24).

이런 현상들이 이 시대 우리가 보고 느끼고 체험하면서 사는 생활방식(way of life)이다. 이 생활방식 속에서 우리가 사용하고, 보고, 먹고, 생활필수품들이 일종의 문화 매개물로서 '문화물(artifact)'이다. 이 문화물 매개물에 의해 우리의 삶의 질이 높아지고 있다. 이런 생활방식들은 우리가 살아가는 오늘날의 '문화양식'들이다. 이런 논리적 바탕에서 볼 때 농수산물은 문화 매개물이다.

(5) 주변에서 중앙으로 재위치 매김

오늘날 이 공간, 즉 시장에서는 현대와 대비되는 과거들의 흔적들로서, 중산층 문화에 대비되는 '천출' 혹은 싸구려 문화로서, 중심에 대하여 주변적인 것이 동시에 있는 곳이다. 그래서 시장 한편에서는 보이지 않는 유혹의 경쟁이, 그리고 정치꾼들의 모양새 내기의 장이고 이방인의 먹을거리 볼거리가 가득한 곳이다. 이런 시장에서 정체들이 누구인지, 사람과 사람, 차량으로 뒤범벅된 대립적 공간의 이미지는 어떤가. 가락시장의 하루는 찬란한 전등불빛 아래 다양한 등가적인 상품이 밀물처럼 밀려오면서 중개꾼(경매사) 외침 속에 팔 사람 살 사람 등, 유통인들의 자유로운 선의의 경쟁에서 시작된다.

이곳이 자본주의의 논리에서 쾌락과 갈등이 생산되고 재현된 공간이다. 또한 이 공간은 한국인의 커뮤니케이션을 특징지을 수 있는 체면, 눈치, 기분 등(박기순, 2000: 13)이 중시되기도 하지만 그러나 이 공간은 인간적이고, 끈끈한 삶의 냄새가 물씬 풍기는 보통 사람들이 일구어낸 생활의 터전이다. 이런 시장의 표상은 다른 사회의 구조 속에서 찾아보기 매우 힘든 실재하는 문화 매개체(cultural intermediaries)가 활동하는 공간이다.

이러한 '삶'의 공간은 생산자들의 노동이 결실을 보는 현장이요, 유통인들이 돈을 버는 재미있는 삶의 세계일뿐만 아니라 가장 한국적 공동체와 공통체 문화 형성에 주요한 기제(mechanism)가 될 수 있는 독특한 커뮤니케이션 수단과 방법이 있다는 것은 앞에서 이미 논의되었다.

현대 문화형성을 이룬 커뮤니케이션의 연구관심과 연관 지을 수 있다. 문화는 커뮤니케이션을 통해서 구성되고 또한 동시에 커뮤니케이션 현상은 문화로 인해 가능하게 된다. 왜냐하면 문화란 인간에 의하여 개발되고 창출되는 공통성을 지닌 정신의 복합체계로서 누구나 설득하고 종종 영향을 주기 위한 것이기보다는 공동체를 형성하고 공동문화를 형성하기 때문이다(이강수.1993: 68).

커뮤니케이션을 설명하기 위해서는 문화를 설명하지 않고서는 '정보의 전달'도 '의미의 해석'도 일어나지 않기 때문이다. 기호를 통해서 이루어지는 커뮤니케이션과 의미작용의 현상은 지배적인 문화에 영향을 받으며, 또한 이를 반영한다. 동시대 서로 다른 집단의 문화나, 시대의 흐름에 따라 변화되는 문화연구는 일상 삶의 생활 속에서 이루어지는 소비 행위, 특히 대중문화를 소비하는 과정에서 이루어지는 문화적 실천을 찾아내어 그 사회적 의미와 정치적 중요성을 읽어내려 하는 것이다. 이에 대한 이해는 시장문화를 커뮤니케이션의 입장과 의미작용에서 보아야 하는 가장 중요한 이유가 바로 여기에 있다(정기현, 2001: 68). 이런 두 작용이 도시와 단절된 부분문화나 주변문화를 문화 심층의 주류문화에 접합시킨 곳이 바로 시장이다. 그리고 그 기제는 바로 농수산물이다. 그러므로 본 연구는 문화와 미디어 혹은 커뮤니케이션의 전체 논의에서, 다양한 계층의 하위문화 집단들이 하나의 사회구성을 이뤄 전근대성 특성을 이루고 있다. 이런 커뮤니케이션 작용이 대도시에 위치한 과실재성 시장(hypermarket)[21]이 중앙 / 지역 / 주변을 재위치시킬 수 있다 할 수 있다. 지역적인 각 지방의 특성을 지니는 농수산물(기표들)은 생산자들과 출하자들의 의미와 함께 유통의 메카인 중앙시장인 가락시장으로 옮겨진다. 여기서 연결된 농어촌

---

21) 이 과실재성 시장(hypermarket)에 대해서는 다음 장에서 자세히 다루어질 것이다.

과 도시의 의미들이 접합되고 내파되어 동질적인 등가품으로 재생산되고 있다. 그래서 농수산물로 하여금 주변이 중앙으로 재위치 지어진다. 중앙으로 재위치 지어진 공간은 기계가 생산해 낸 대량상품은 진정 본질적인 사용가치가 상실되고 그 자리를 교환, 기호 혹은 유행가치에 그 자리를 채워준다. 시장구성은 들과 고객들이 이 '기호의 가치'를 찾아, 공동체를 형성하고 하위공동문화를 형성한다. 그래서 이 공간은 대중이 모이고, 생활하고 있는 대중문화의 공간이라고 할 수 있을 것이다.

(6) 시장은 대중문화 공간이다.

앞에서 이미 농수산물이 문화물이란 개념은 대목마다 설명되었다. 그렇다면 이 문화물이 여러 사람 즉 대중에 의해서 유통되는 것은 대중문화가 분명하고, 이 대중문화가 유통되는 시장은 대중문화의 공간이라는 결론에 이르게 된다. 대중문화란 여러 사람이 즐기고 생활하는 문화이다. 이런 맥락에서 볼 때 시장에서 유통되는 농수산물은 시장구성원들에 의해서 돈 벌고 재미를 보면서 즐기는 문화 매개물로 간주될 수 있다.

원래부터 대중문화는 산업화와 함께 등장하였으므로 애초부터 물질문명의 산물로 간주되었다. 자본주의적 발전과 엇물려 후기산업사회의 특징은 다양한 문화상품을 만들어 내면서 예술을 포함한 고급문화와 대중문화의 구별이 없이 다양한 문화상품을 생산해 내었다. 그런데 위 두 대비되던 영역에서 구별되었던 의미의 차이들을 뭉개지게 함으로써 만들어진 것이 바로 문화상품인데, 이것이 시뮬라시옹이 만들어낸 과실재성 상품들(hyperproducts)이다. 이 점에 대해서는 다음 장에서 자세히 다루어지겠지만 프레드렉 제임슨의 경우는 이런 현상은 문화와 경제의 분화(differentiation)가 소멸되면서 탈분화(defferentiation)가 나타난 현상이라고 한다. 다시 말해 자본주의에서 경제영역이고 문화영역인 문화상품은 산업화와 함께 세속화되어 가는 인간정신과 우리의 생활 가치체계에 대한 안타까움과 향수가 어우러져 오랫동안 일종의 상품처럼 취급되었고 문화산업에 의해 계획적으로 관리되고 생산되는 상품으로 취급되는 것이 바로 농수산물인 것이다.

앞에서 논의되었던 시장을 대중문화 공간으로 보는 결론에 이르기 위해서, 시장을 문화의 공간으로 보는 두 가지 전제하에서 출발해야 한다. 시장이란 공간에서 이루어진 대중문화가 상품을 매개로 유통이라는 상업적 용어로서 커뮤니케이션 체계로서, 상징적 교환체계로서, 그리고 기호체계로서 생산된다. 이렇게 자본주의 포스트모던 단계(postmodern stage)가 되면, 모더니즘 문화의 자율성 공간이 붕괴됨과 동시에 팽창된 자본의 위력이 기호영역과 표상체계 그리고 생활세계의 모든 문화영역에 전면적으로 확산 침투된다. 그래서 후기산업시대에 있어서는 문화적 형식의 생산과 교환 그리고 소비 그 자체가 경제적 실천의 핵심으로 포섭되기에 이르렀다. 그 결과 포스트모더니즘적 소비자본주의 사회는 물상화의 극치를 이루게 되었고, 문화영역과 경제영역의 분화는 와해 혹은 내파된 것이다. 이 내파가 일어난 곳이 바로 농수산물시장이다. 그래서 이 시장을 '대중문화공간'으로 간주한 것은 다음 두 가지 전제이다. 그중 하나는 대중들의 삶에 필수적인 먹을거리 농수산물을 '문화물(artifact)'로 보는 관점이고, 또 다른 하나는 농수산물을 취급하는 구성원들 즉 유통인들의 삶의 '생활방식(way of life)'이다. 이 논의는 "문화란 문화물과 문화공간이 공존하는 곳에서 인간이 일하고 사는 바의 그것이다"라는 개념정의는 이를 잘 뒷받침해 주고 있다(양성호, 1999: 403). 또한 "문화는 인간이 살아가고 노동하는 방식이다"라는 공식이다.[22] 이런 논리적 근거에서 시장은 농촌과 도시에서 사라져 가는 '생활양식'[23]이 재현되

---

22) 이 공식은 독일 노동조합연맹에서 광범위하게 수용된 것이다(W. F. 하우크, 백지숙 옮김, 1995: 121). 이러한 용어들의 개념에 대한 확장이 근대적 시장경제에서 판매와 소비에서 경쟁과 선택에 도입된 것이 초기의 농업자본주의 성립과 대략 일치한다는 것은 결코 무의미한 것이 아니다. 물론 우리는 시장을 물자가 교환되는 경제적 공간으로 이해하는 데 익숙하다. 경제공간으로서의 시장은 어떤 특정한 물리적 공간을 지칭하는 것이 아니라 어떤 상품에 대한 수요와 공급에 관한 정보가 수요자와 공급자 사이에 교환되고, 그 결과로 상품이 매매되는 매개체라고 매우 추상적인 수준에서 정의되고 있다(조순, 1997: 232). 그러나 전통사회에서 시장은 판매자와 소비자가 물건을 사고팔기 위해 모이는 단순한 기능만 가진 것이 아니었다. 수많은 사람들이 시장에 모이게 됨으로써 자연스럽게 많은 정보가 집결되는 장소가 되었으며, 또한 서로의 정보를 교환하기 위해 모이는 커뮤니케이션 장이 되었다(윤병철, 1999: 154).

23) 여기서 생활양식이란 어느 특정 계급(시장 노동자들의 시장 하위 계급 구조)이나 혹은 어느 집단(시장의 특정 부류의 상인들)의 특유의 '삶의 양식'이며 의미인 동시에, 제도와

면서 옛것이 반복 변형되고 전혀 다른 유형의 시뮬라크르가 생산됨으로써 전통의 맥을 이어주고 새로운 것이 창조된 포스트모던니즘적 공간이다.

이렇게 유통인들의 삶의 방식이 있는 시장에서 유통된 농수산물은 문화물이고 문화 매개체(cultural intermediaries)란 단서는 앞에서 언급했던 근거에서 찾을 수 있을 것이다. 다시 말하면 후기자본주의 사회에서 '상품＝문화'라는 등식은 상품이 문화로 조작화(operationalize)하는 한 수단이 된 기호라고 할 수 있다. 이런 등식은 장 보드리야르가 말하는 내파로 가치체계, 의미체계(지시대상체, 기의), 그리고 사회적 합리성 원칙의 파괴를 의미한다. 이 구분 소멸은 현실이 기호화된 포스트모던 사회에서 경제 / 문화, 현실 / 기호, 주체 / 객체의 구분이 폐기되고 거리가 소멸된다는 의미이다. 여기서 상품이 문화란 등식은 상품이 기호품이라는 것이다. 실물의 현실의 세계가 따로 있고 기호품이라는 환영의 세계가 따로 있는 것이 아니라 상품이 이미 기호품이다. 상품이 환영의 상상세계로 제시되고 있는 것은 사람들로 하여금 바깥 세계는 현실계이고 상품은 상상계라고 믿게 하기 위해서이다. 그러므로 이 상품은 기호품이고 과실재성 상품이다. 시뮬라시옹의 세계는 진품 또는 실물인 것이 아니라 안팎이 모두 내파로 현실계 / 상상계, 실물 / 환영, 진품 / 시뮬라크르의 구별은 성립하지 않는다. 이 시뮬라크르는 오리지널(시원판) 없는 내파된 과실재성 상품이다. 그러나 이런 논의를 쟈크 데리다의 해체기호론적으로 읽어보면 실제 상품과 우리가 찾는 기호품은 의미구조가 일치하지 않는다. 실제 상품의 이미지와 우리가 찾는 이미지의 의미구조가 불일치하고 있다. 즉, 기표와 기의가 서로 다른 평면에서 존재한다는 것은 '기표와 기의 간에 의미의 차이가 있다'는 것이다. 그래서 우리가 실제 과거에 경험했던 상품의 이미지와 우리가 직접 지금(now) 듣고, 보고, 느끼는 매체를 통한 이미지와는 다르다는 것이다. 이런 맥락에서 볼 때 장 보드리야르의 논리는 '체험(상품) / 지시대상체 / 이데올로기 / 이미지가 주는 각각 구별된 의미의 차이가 고정된 의미로 보는 로고스 중심주의 덫에 걸려 있다는 것이다. 이 대목에서 프레드렉 제임슨의 주장은 '모든 중심은 이미 해체되었기 때문에 포스트모더니즘 사회

사회관계 혹은 신념체계, 그리고 관습이나 물질적인 삶과 사물의 이용에 구현된 가치와 관념이다.

의 총체적 현실을 재현하는 것이 불가능하다는 점을 인정하면서도, 그는 이와 같은 재현위기의 극복 가능성을 포기하지 않는다'는 것이 그의 주장이다. 따라서 프레드 렉 제임슨이 보는 포스트모더니즘 세계에서는 재상이 가능한 것이다. 그래서 그의 세계관은 지시대상체도 소멸된 것이 아니라 너무 다양하기 때문에 우리가 저 밖의 지시대상체를 찾는 것이 어렵다는 것이다. 우리가 체험한 실제 상품과 우리가 찾는 기호품은 내파되어 지시대상체가 소멸된 것이 아니라 너무 많은 지시대상체를 가지 고 있는 것이다. 이는 단지 탈커뮤니케이션 일종인 발산된 의미작용이다(Eco, 1976: 3).24)이를 프레드렉 제임슨의 자본주의 문화론 관점에서 볼 때, 상품이 문화란 의미 는 문화적 우위성(cultural dominant)으로 규정하는 오늘의 포스트모더니즘적인 문화 의 산물인 이미지, 스타일, 표상체, 미디어에 주요한 의미를 부여하고 있다.

　이와 같은 것들이 경제적 생산물의 외양을 돋보이게 하는 부수적인 요소가 아니 라, 그 자체가 바로 경제적 생산물로 인식과는 판이한 시대라는 것이다. 그래서 오 늘날 문화적 혹은 미적 생산이 총체적으로 경제적 상품이 미적 상품인 이미지인 스 펙터클로 만들어지고 전시된다. 이는 가전제품뿐만 아니라 농수산물도 예외가 아니 다. 예컨대 피망이 종전에는 초록색만 있던 것이 지금은 빨강, 노랑, 초록색깔로 볼 거리로 생산되고 잘 판매되고 있다, 이 외도 고추, 수박, 먹는 꽃 등 농수산물도 미 적 감각을 최대로 살리기 위해 다양화된 색깔로 개발되고 개량화된다. 이는 우리 시대 문화가 사회적 삶의 모든 영역으로 폭넓게 확산되고 침투되었기 때문이다. 바 로 이런 점이 프레드렉 제임슨이 포스트모던 시대를 문화우위 시대로 규정하는 것 이다. 다시 말하면 모더니즘 문화의 자율성 공간이 붕괴됨과 동시에 팽창된 자본의 위력이 기호영역과 표상체계 그리고 생활세계의 모든 문화영역에 전면적으로 확산 침투된다. 그래서 후기자본주의 시대에 있어서는 문화적 형식의 생산과 교환 그리 고 소비 그 자체가 경제적 실천의 핵심으로 포섭되기에 이르렀다.

---

24) 커뮤니케이션과 의미작용은 상호 대립되는 개념이라 할 수 있다. 커뮤니케이션은 공통 의미의 추출과 공유를 위한 수렴적(convergent) 과정이다. 이에 비해서 의미작용은 한편 으로 의미의 공유의 목적을 포함하면서도, 다른 한편으로는 의미의 발산(divergence)을 도모하는 유희적 과정이다. 의미의 발산은 탈커뮤니케이션 행위이다.

그 결과 포스트모더니즘적 소비자본주의 사회는 물상화의 극치를 이루게 되었고, 문화영역과 경제영역의 분화는 와해 혹은 내파된 것이다. 이는 사회 전체가 문화에 내파되어 기술영역과 유통부문, 소비패턴이 문화와 결합된다고 한다. 이 논리가 시장에서 하나의 책략으로 매체 문화권에 들어올 때, 이 문화 매개체(상품)는 대중이 있는 시장이라는 공간에서 매스미디어라는 기술 매개로 하여금 생산자, 출하자, 상인에게 매개(중개)되고 소비자에게 판매되는 일련의 순환과정이 바로 문화회로이다. 이런 맥락에서 볼 때, 우리는 인간의 행위 없이 존재하는 것을 '자연'이라고 부르며, 인간이 생산해 온 것을 '문화'라고 부른다. 그렇다면 인간이 생산해 온 농수산물은 틀림없이 문화물이다.

(7) 과실재성 시장과 과실재성 상품의 논리

장 보드리야르는 그의 저서 *Simulacres et Simulation*에서 '과실재성 시장과 과실재성 상품'이란 주제는 아마 저자의 고국인 프랑스 파리의 외곽에 위치한 란즈스 시장(Rungs Market)을 예를 들어 언급한 것 같다.

장 보드리야르가 보는 과실재(hyper−)란 용어는 진실, 도덕, 권력, 신(神), 역사, 상상, 이데올로기, 삶과 죽음 등에 의해 형상화되던 실재는 그의 기호, 이미지, 모형인 시뮬라크라(simulacra)에 의해 대체되어 과실재로 변환한다. 이처럼 실재가 실재 아닌 실재인 과실재로 전환되는 작업이 시뮬라시옹(simulation)이고 실재의 인위적인 대체물이 바로 시뮬라크르이다. 본 연구에서 농수산물을 과실재성 상품으로 보는 이유는 하나의 상품이 생산되어 팔리기까지 이데올로기, 이미지 등의 의미의 차이가 주어지기 때문에 과실재성 상품으로 간주한다(Baudrillard, 1981b, 하태환 옮김, 1999: 137∼141 참조). 장 보드리야르나 에코에 의하면 과실재성 상품(hyperproduct)은 실재보다 더 실재적으로 보이도록 만들어진 인공품이다. 이는 실재보다 더 실재임은 기호학적 과장으로 실제로는 가짜를 뜻한다. 즉 자연적 실재보다 더 사실적으로 보이도록 기호학적 과장이 가해진 것들은 실재에서 지나친 것들이라는 뜻에서 과실재성 또는 파생실제라고 부른다. 이는 어떤 실체를 대표하기도하고 하나의 이미지로 실체를 행세하기도 한다. 오늘날 농수산물의 경우 과실재성 상품이라고 할 수 있는 경우는 원산지를 속여 그 상품의 오리지널(시원적)인 것처럼 상품화한 것이나 소비자 선호에 맞게 과일이나 채소를 실제적인 것보다 더 실제적으로 덧붙여 이미지의 기호상품으로 만들어낸 것들이다. 예를 들어 착색한 마늘, 물감 들인 수산물 부세 등이다. 그리고 이미 사라진 지방 특산물(예 강경 새우젓과 토굴젓 등)을 재현하여 상품화한 것 등은 일종의 과실재성 상품이라고 하겠다. 그렇다면 이것들이 유통된 시장은 과실재성 시장(Hypermarché)이다. 여기서 언급된 과실재성 시장이란 전통적인 시장개념과는 전혀 다른 시장이다. 이 과실재성 시장(hypermarché)이 주는 의미는 장 보드리야르가 그의 텍스트에서 자주 사용하는 'hyper-' 용어로 과실재와 연관하여 보면 'hypermarché'를 '과실재성 시장'이라고 번역함이 옳을 것이다. 우선 이 시장의 규모를 생각하여 번역자 하태환은 '거대시장'이라고 번역하였으나 장 보드리야르의 내파, 시뮬라시옹, 하이퍼리얼리티와 관련지어 볼 때는 'hypermarché'은 과실재성 시장이라고 해야 할 것이다. 이 시장이 주는 의미는 대도시에 있는 백화점이나 슈퍼마켓은 주로 대도시 안에서 밀집된 지역을 겨냥한 상점이기 때문에 새로운 생활권은 그를 중심으로 형성하지 않는다. 그러나 과실재성 시장은 대도시 밖에서 종합(복수)의 시장으로 구성되어 있으며 이것이 일단 생기고 나서 나중에 주위에 이것을 중심으로 하여 주거 생활권이 형성될 수도 있다. 과실재성 시장은 수십여 개의 백화점 크기의 상점들이 밀집하여 있는 상업권이다. 프랑스 파리의 란즈스 시장(Rungs Market), 미국 뉴욕 헌츠포인트 시장(Hunts Point)과 한국의 가락동 시장 같은 경우이다. 여기서는 상품의 분배가 전통적인 시장에서처럼 수요공급에 따라 행해지는 것이 아니라 일방적인 거대 공급과 몰려온 다수 대중의 선택에 의하여 유통된다. 이 과실재성 시장(특히 미국에서는)은 대주거단지에 선행한다. 전통시장은 도시와 농촌이 함께 접촉하는 장소인 도시의 한가운데에 있었던 반면에, 과실재성 시장은 대단지를 일으킨다. 과실재성 시장은 농촌뿐만 아니라 도시도 '대단지'에 자리를 내주기 위하여 사라져 버린 모든 생활양식을 표현한다. 대단지란 완전히 기능적인 도회지로서 소비적 차원에서 도시와 등가가치이며 작은 모델이다. 그러나 그 역할은 '소비'를 훨씬 넘어서서, 대상들이란 여기서 더 이상 개개의 특수한 사실성을 갖지 못한다. 여기서 일차적인 것은 그들의 일련의 순환적이고 스펙터클적인 배치인데, 이는 사회관계의 미래 모델이다. 과실재성 시장의 '형태'는 이처럼 현대성의 종말이 무엇인가를 이해할 수 있도록 해준다(Baudrillard, 1992a, 하태환 옮김, 1999: 137~140).

장 보드리야르의 관점에서 보는 이 과실재성 시장은 '내파현상'으로 가치체계, 의미체계가 파괴됨으로 생산과 재생산이 없는 시장이다. 그래서 시장은 파국(catastrophe)에 이르러 종말을 고한다. 따라서 이 시장에서 활동하는 구성원들과 소비자들도 유혹되고 내파된다고 주장한다. 이러한 논의의 출발점은 장 보드리야르의 기호의 개념으로부터 출발한다. 오늘날 기호는 의미의 등가법칙이 작용하는 재현의 원칙이 아니라 이미지의 그 뛰어난 상상력으로 재현의 이상을 넘고 있는 현실보다 더 현실적(the more real than real)이기 때문이다. 다시 말해 재현은 자신을 비추어 볼 '거울상'으로 기호와 실재가 일치한다는 원칙에서 출발한다. 즉 재현은 실재(reality) 이미지 간의 거리 그리고 동일자와 타자 간의 굴절이 존재하는 영역이다. 이 과정은 내파로 이미지와 현실이 하나가 되는 시뮬라시옹 단계이다. 일련의 이 과정은 이미 앞에서 논의되었듯이 장 보드리야르의 세계관에서, 시뮬라크르를 부정(모순)하는 것은 비실재이고 이 비실재는 실재가 되는 것이다. 그리고 시뮬라시옹의 과정은 황홀(ecstasy)에 모순관계이고 이 황홀은 유혹을 전제 / 포용 / 내파한다. 유혹은 리얼리티와 그 이미지를 혼란시킨다는 점에서 기만(deception)의 전략이며, 기호와 실재세계 간의 구분이 폐기된 시뮬라시옹 영역에서의 작용이다. 유혹한다는 것은 리얼리티로서는 죽고 자신을 환영(illusion)으로 재구성하는 것이다(to seduce is to die as reality and reconstitute oneself as illusion)(Baudrillard, 1990a: 69). 유혹은 재현과 상반된 개념이다. 재현은 리얼리티 차원에서 대상이나 실재기호를 생산하거나 재생산하지만 유혹은 리얼리티를 소멸한 바탕에서 이루어지기 때문에, 시뮬라시옹과 같은 논리인 것이다.

이 시뮬라시옹은 갖지 않은 것을 가진 체하기라는 것이다. 이것이 진짜가짜 또는 가짜진짜가 되는 시뮬라크르의 과실재성(hyperreality)이다. 이를 켈너에 따르면 장 보드리야르가 형이상학으로 회귀(metaphysical turn)한 것으로 그가 기호물신주의(sign fetishism)에 빠져 있기 때문이며, 그것은 장 보드리야르가 사물(thing)보다 기호에 그 실재(reality)를 두고 있기 때문이다. 따라서 시장에서 유통된 과실재성 상품은 유통인들이 오리지널(시원실체)보다 더 진짜로 만들려는 인위적 기호작용 실천적 행위일 뿐이다. 이런 현상을 도정일은 현대적 병리학 또는 '은유적으로 재현'하는 이중의 재현을 수행한 것이라고 주장한다(도정일, 199c: 305). 이런 점에서 장 보드리야르의 포스트모던의 세계에서도 재현적 인식이 불가피함을 드러내는 것이다.

(8) 시장에서 미디어·구성원의 내파

시장이나 백화점 등을 찾는 한 고객이 대량의 기호화된 사물을 응시할 때, 그 응시하는 것에 의해서 그는 사회적 지위 등을 의미하는 기호의 질서 속으로 흡수해버린다. 이를 장 보드리야르는 사회성들이 대중 속으로 내파된다고 하는데, 그 내파가 시장에서는 어떻게 미디어와 대중에게 내파되고 있는지를 살펴보고자 한다.

시장에서 구성원들의 행동은 미디어에 의해 내파된다. 즉 시장의 유통을 중심으로 생활하고 있는 대중들은 메시지, 기호, 다량의 정보의 포화에 의한 내적인 내파이다. 위 모든 것에 세뇌된 시장의 구성원들은 구매하라, 제도에 따라라 등 졸라대고 유혹하는 정보, 광고, 정치 등에서 제공하는 모든 메시지에 대해 지겨워하고 분개하게 된다고 하는 것이 장 보드리야르의 주장이다. 이처럼 모든 메시지에 무관심한 시장구성원들은 시무룩한 채 침묵하고 있는 다수가 되고, 이 속에서 모든 의미와 메시지, 권유는 마치 블랙홀 속으로 빨려들어 가듯이 내파된다. 따라서 가시적인 것은 사라지고 시장구성원들 간에 계층적 차이, 위계질서, 갈등과 첨예한 대립, 이데올로기, 헤게모니, 계층 간 문화적 차이만 난다.

예컨대, 우리가 시장에서 구매하여 사용하고 소비하는 것은 재화의 사용가치라기보다는 강렬하고 지속적인 기의의 유혹에 반응하여 상징적인 기호를 소비하는 것이다. 이것이 바로 장 보드리야르가 말한 바와 같이 대중은 미디어와 사회적인 것이 내파되었다는 것이다.

시장은 풍부한 먹을거리를 제공하고 있지만, 우리는 언제부터인가 농약문제, 환경호르몬, 유전자변형문제 등 '먹을거리'가 '걱정거리'가 되는 시대에 살고 있다. 이러한 현실을 반영하듯, 전 세계는 오래전부터 '자연 그대로' 농수산물을 찾고 있다. 예컨대 '채식용으로 건강에 좋다', '이 상품은 질이 좋다' '유기농산물이 좋다'라는 식으로 날마다 매체와 유통과정에 있는 타 구성원들은 유혹당하고, 수용자(고객과 소비자)들 역시 매체와 이들에게 유혹된다. 마치 자동차를 운전하는 운전자가 자동차의 기계적인 의미를 잊은 채 자동차가 오직 자기 자신의 일부인 양 착각에 빠진 것과 마찬가지로, 시장구성원이나 수용자들은 수많은 메시지에 유혹됨으로써 상품과 사람 간에 등가관계에 있는 것처럼 느낀다. 더 구체적으로 말해 장 보드리야르의 포스트모더니즘 관점에서 본 농수산물시장이란 하나의 공간에서 동질적인 사람과 상품이 내파화(imploded)되어 하나의 기호들로 묶은 조작적인 포스트모더니즘 기호 공간이다. 이 거대시장에서 판매될 상품은 동일 평면상에 거의 판판하게 나열된 상품들로 하나의 물건으로서가 아니라 기호로서 작용하고 있는 과실재성 상품들(hyperproducts)이다. 여기 시장에서 대중(구매자)들은 물품에 의해 끌리는 것이 아니라 평면 이미지인 그 기호에 끌려오는 흐름이라고 할 수 있다. 바로 이런 점이 미디어와 대중 관계에 있어서, 사회체가 대중 속으로 내파, 즉 '미디어의 의미의 내파'와 '대중 안에 미디어 및 사회의 내파'라는 사회적 엔트로피의 과정이라고 한다. 따라서 이 과정에 있는 대중은 상품의 본질적인 사용가치는 이해하지 못한 상태에서 상징적인 기호인, 즉 리얼리티 원칙이 사라진 시뮬라크화된 상품만을 구입하게 된다.

시장의 특징은 극도로 세분화되고 대단히 혼잡하며 과도하게 통제되고 있다. 모든 제도들이 시장 구성원들 간에 충분히 소화되지 못하고 내부에서 폭발하고 무너지는 경향이 있다. 따라서 시장의 외파와 내파를 대립시키지 않으면 안 된다. 외파는 생산이 지배하는 세계에서는 확대된 자본과 생산력, 경제가치, 공간 구성확대를 해방시키다(장 프랑수아 스크립차크, 1998: 294). 다시 말해 시장구성원들, 즉 생산자, 출하자, 상인, 시장관리인, 그리고 소비자들이 필요한 충분한 물량 공급과 자본력, 고부가가치 품목 개발, 모두가 수용할 수 있는 제도 마련, 필요 적절하게 활용할 수 있는 공간확대 등 시장의 모더니즘적인 외파(explosion)와 시장의 내부 구성원들의 정신적 가치관에 바탕을 둔 내파는 형식파괴, 이원적 붕괴 등과 상호 대립되면서 해체되고 재접합하면서 시장이란 조직체가 발전되어 간다. 이것들은 바로 농수산물을 매개체로 하여 시장구성원들의 생활방식에서 나온 것이다. 따라서 우리가 흔히 농수산물과 시장을 경제적인 영역에서 문화적인 영역으로 간주할 수 있는 이론적 근거들을 바로 후기자본주의 특징들인 장 보드리야르의 '내파이론'에서 찾을 수 있다. 그래서 이 내파이론이 시장의 유통과정이나 시장을 둘러싼 주변과 중심에서 일어난 시장의 현실과 이미지를 잘 설명해 낼 수 있는 이론으로 설득력 있게 받아들여질 수 있다. 이 대목에서 내파로 인하여 자본주의에서 누린 경제적 가치의 영역이 사라졌거나 없어졌다는 것을 의미하는 것이 아니라 문화가 경제가치와 국가권력에서 여러 종류의 실천 혹은 심리구조 자체에 이르기까지 사회 전 영역에 확산되었다는 프레드렉 제임슨의 주장(Jameson, 1991: 48)이 더 일리가 있다고 생각된다. 예컨대 시장상인들의 옷차림이나 상관행상 사용하고 있는 언어, 몸치장, 농수산물 원산지 둔갑, 상품표준화 파괴, 국경 없는 유통, 소비자가 선호하는 소비패턴의 변화, 유통인들의 상행위(위세적이고 권위적 유통 등) 등 유통환경 변화, 그리고 인근 시장 주변이 산업화 도시화로 외파됨에 따라 시장내부에서 이루어진 인간과 상품 간의 내파로 이루어진 시장문화의 현실이다. 이 결과로 오늘날 농수산물은, 시대가 요구하는 상품이 되었다는 것이다. 이런 유통변화에서 국경 없는 농수산물이 생산지에서나 먼 소비지 어디든지 지역에 먼 거리에 관계없이, 수확철이나 비수기에 관계없이, 여름철이나 겨울철에 관계없이, 토정특산품의 신토불이 관계없이, 민족의 소비성향에 구애됨이 없이 무차별적으로 국가 간 민족 간에 경계나 차이 없이 넘나드는 농수산물이 되었다는 의미이다. 이와 같은 요인들은 일종의 내파이론을 적용한 이데올로기가 만들어낸 국가기구(ISA: Ideological State Apparatus)들에 있다. 예컨대 세계무역기구(WTO)는 국가 간의 농수산물의 수출, 수입 제한 없이 유통되도록 다국적기업들을 가진 서방국가들이 정치적으로 만들어낸 이데올로기적 국가기구이다. 바로 이런 맥락들은 마샬 맥루한(M. Mcluhan)이 주장한 '인간의 확장' 개념으로 적용시켜 볼 수 있다. 오늘날 우리가 먼 것(곳)을 가깝게 느끼고 사는 것은 전자적 커뮤니케이션과 교통수단의 발달로 내파가 가져온 구조적 이유 때문이다. 이 내파가 인간 경험의 모든 측면을 한 장소에 가져오는 것을 말한다. 사람이 먼 거리에 떨어진 사건이나 사물을 동시에 감지하고 만질 수 있게 되는 현상이다. 마샬 맥루한은 이렇게 전자적으로 시공간이 축약되면서 출현한 세상을 "지구촌의 새로운 세계(the new world of the global village)라"고 불렀고(Waters. 1995), 쟈크 데리다는 "시간공간 무한히 단축되고 지연됨을 '흔적' 혹은 '차연'이란 개념으로 설명할 수 있다. 이런 논리는 "내파가 바로 세계화 혹은 지구화"라는 개념으로 재해석할 수 있다. 여기서 내파개념이 갖는 또 다른 중요한 효과는 세계화가 지닌 외파와 내파 양면성을 구분할 수 있다는 점이다. 오늘 날 정보기술의 발달이 가져오는 핵심적인 사회적 변화는 한마디로 내파라고 표현할 수 있다.

이런 변화를 장 보드리야르는 시뮬라시옹(simulation) 과정이라고 한다. 이 시뮬라시옹에서는 두 가지가 사라진다. 첫째로는 현실체의 매력을 죽인다. "미디어는 사건, 물체, 지시대상을 사라지게 한다"(Baudrillard, 1982: 24, Heath, 1990: 287에서 재인용). 둘째로 시뮬라시옹은 개념의 마력을 죽인다. 이것은 원현실체의 기의가 증발됨을 의미한다. 이런 현상들이 의미하는 것은 대중들이 점점 기의를 생산할 능력을 잃어가고 있음을 뜻한다. 그래서 사람들은 미디어(영상 매체) 앞에서 그 의미들을 깊게 생각하거나 명상하는 것은 점점 의미 없고 쓸모없는 일이라고 여기게 된다. 따라서 우리는 기의가 증발하고 난 벌거벗은 기표들의 세계로 둘러싸이게 된다. 이것이 이 시대 일어나고 있는 원시적 기표 세계의 부활 현장이다. 이 기표의 세계에서는 우리가 자유롭게 기의를 생산하고 허용함으로써(주어진 모든 기의는 남김없이 받아들여 내파시킨다) 수많은 지시대상만 우리 주위에 떠돌아 다녀 기표는 그 대상체를 잡지 못한다. 그래서 기의 없는 이미지만이 우리 앞에 난무할 뿐이다. 이 이미지는 변모의 공간에서 우리를 유혹한다. 이 변모의 공간에서 모든 이미지는 형틀에 따라 변화되고 자기류의 순응자로 만들고 만다. 이 공간에서 상인과 소비자들은 똑같은 등가적인 나열된 상품의 평면 위에 동질적인 이미지(기호) 속으로 내파(유혹되고 함몰)되어 침묵을 유지한 채, 이들은 과실재성의 시뮬라크르화된 상품을 구입한다.

이 점에서 장 보드리야르의 포스트모더니즘적 시장은 단순한 경제적인 공간이 아니라 내파(implosion)된 과실재성 공간으로 간주될 수 있는 부분이다. 여기서 취급되는 농수산물은 경제영역과 문화영역을 접합시킨 일종의 문화양식에 의하여 생산된 문화매개체이며 과실재성 상품이다. 물론 궁극적으로 농수산물도 수용자(혹은 소비자)의 선호함을 겨냥한 의도적인 목적으로 시뮬라크르화된 문화상품이 생산되고 있으므로 문화양식이다. 이와 같은 개념들은 결국 대중문화의 본질적인 성격을 규정하고 있다(유선영, 1995: 41).

　이런 논점에서 볼 때 오늘날 유통되는 농수산물은 생산자와 소비자가 분리되어 있고 기계적, 기술적(복제 유전자 변형 등)으로 대량 생산되고 대량 소비되는 문화상품이라는 점에서 문화양식으로 보고 있기 때문이다. 이런 논의들은 미디어가 대중을 내파시키고 시장구성원들이나 시장을 찾는 고객들이 갖은 사회적 지위 등을 의미하는 기호의 질서 속으로 흡수되어 버린다. 이를 장 보드리야르는 사회체가 대중 속으로 내파된다고 한다.

　그런데 여기서 중요한 것은 시장을 움직이는 주체들, 즉 생산자들, 유통인들, 소비자들의 일상 삶이 있는 시장에서 농수산물을 매개로 하여 연결된다는 점이다. 이 매개물은 미디어와 민중(대중) 간에 내파되어 시장에서 민속적 하위 시장문화의 생활방식을 접합시킨다. 이 접합시킨 공간이 인간의 삶에서 꼭 필요한 먹을거리인 농수산물을 수요공급에 따라 유통기능을 유지시킨다. 이는 전통적인 모더니즘 특징인 농수산물은 테크놀리지, 기계화로 대량생산, 대량소비의 외파(explosion)가 포스트모더니즘 특징인 내파(implosion)로 접합시킨다. 바로 시장에서 이런 현상들이 "시장에서 미디어가 상품과 시장의 구성원들을 내파시키고, 대중들(고객들) 역시 이들에 내파되고 있음을 사회적인 것이 내파된다"고 한다.

제2절 상품이 교환되는 공간에서 커뮤니케이션 장으로,
　　　기호가치 공간으로

　지금까지 살펴본 바와 같이 시장의 외적(외파), 내적(내파) 팽창에 대하여 옛날 시장에서부터 전통적인 시장, 모더니즘적인 시장, 그리고 포스트모더니즘적인 시장으로 변천하고 형성되면서 그 가치관이 어떻게 변화되는가를 앞에서 살펴보았다.

이러한 시장은 변천과정이 어떻게 변모되었든 현실적으로 상품이 교환되는 공간적 장소가 되었다. 이곳은 다양한 사람들이 다양한 상품을 가지고 나와 상호 간에 상품을 유통하면서 정보를 주고받는 커뮤니케이션 장[25]으로, 더 나아가 기호가치의 공유의 공간으로서 그 의의를 살펴볼 수 있는 공간이다.

시장은 피지배층이 마을을 벗어나 다른 집단의 사람들과 만날 수 있는 유일한 커뮤니케이션 장이었으리라고 추측된다(윤병철, 1999: 149). 따라서 시장이란 처음에는 잉여생산물을 단순히 교환하는 장소로서의 비로소 혈족과 공간을 중심으로 형성된 공동체를 벗어난 커뮤니케이션을 가능하게 하였다. 고대 사회에서 혈연과 공간을 중심으로 한 공동체의 커뮤니케이션 장은 서당, 방앗간, 빨래터, 우물가 사랑방 등이었다. 그리고 혈연과 공간을 중심으로 한 공동체가 벗어난 대규모의 커뮤니케이션 장은 전쟁터와 시장이란 공간이다.

그러나 모더니즘 사회에서는 미디어의 발전으로 커뮤니케이션 장의 범위를 엄청나게 확장시켰다. 이렇게 미디어는 인간의 확장으로 등장하면서, 동시에 인간 자체를 변화시켜 왔다. 이런 미디어는 시ㆍ공간적으로 인간의 사회적 행동들을 전 지구화적으로 동질화되게끔 만들고 있다. 더구나 오늘날 컴퓨터와 위성통신 기술의 발전은 사이버공간이라는 새로운 커뮤니케이션 장을 만들어 새로운 사회의 사회적 관계를 만들어 가고 있다. 이와 같이 커뮤니케이션 장은 미디어의 개념과 함께 발전해 왔다. 특히 시장에서 커뮤니케이션 장은 상품교역과 인간관계 형성, 다양한 정보가 교환되는 장소로 이용되었다. 시장에서의 커뮤니케이션은 전적으로 수평적인 커뮤니케이션이며, 오직 설득을 통해서 원래의 목적인 교환을 성취하게 된다. 이와 같이 시장에서의 커뮤니케이션의 특징은 필연적으로 커뮤니케이션이 공개화하고, 인간관계를 합리적으로 조정할 수 있는 관계로 만들어 간다는 점에 있다(윤병철, 1999: 154). 전통사회에서 이러한 경험은 공동체의 이념 또는 지배계층의 가치관에 매몰되

---

25) 인간 역사에 있어서 중요한 커뮤니케이션 장으로서 기능하였던 공간들은 국가기구, 사원, 학교, 시장, 군대, 의회, 자본가 기구(예컨대 전경련), 노동조합, 사교클럽, 미디어 공간(방송), 사이버공간(컴퓨터 단말기) 등 여러 가지를 열거할 수 있겠다.

어 있던 하위집단에 사회와 자신에 대한 성찰의 기회를 줄 수 있었다. 이러한 측면에서 서구 자본주의의 발전과정에서 자본가의 성장은 시장의 발전과 매우 긴밀한 관계를 갖는다.

한편, 전통적인 모더니즘인 시장은 많은 사람들이 다양한 정보를 교환하고 결속하는 장소로서의 의미는 축소되어 전적으로 상품과 상품정보가 교환되는 장소로 변화하였다. 이와 같은 현상의 변화는 자본주의 사회의 지식과 정보교환이 시장이 아니라 하더라도 다른 커뮤니케이션 장 또는 미디어에 의하여 충족될 수 있었기 때문일 것이다. 그러나 오늘날 후기산업사회에서 시장은 상품과 정보교환을 충족할 뿐만 아니라 '문화공간'으로서 그 기능을 확대하는 것을 보다 중요하게 본 것이, 본 연구자가 보는 관점이다. 따라서 이제 농수산물시장의 정가가 아닌 가격체계, 향수를 불러일으킨 지방특산물의 브랜드 등은 단순히 각각의 차이에만 귀속되는 것이 아니라 기호, 감성, 가치 판단에 영향을 미치게 된다. 물론 가락시장은 전통적인 문화공간과는 다르다. 가락시상은 순수 문화공간이라기보다는 한곳에서 일괄 판매되고, 일괄 구매(One-stop shopping)[26]되고, 볼거리, 먹을거리 그리고 쉼터가 접합되고 혼합된 일상 삶의 방식이 뒤섞인 사회·문화·경제의 공간이다. 가락시장의 모든 구성원들, 시장종사자, 생산자, 소비자, 구경꾼들 모두는 '볼거리의 즐거움' '팔거리의 즐거움' '쇼핑거리의 즐거움'들은 유통의 원리에 따라 궁극적으로는 돈 버는 의미로 귀착된다. 시장에서 농수산물이란 대상으로서의 의미만을 경험하는 것이 아니라 즐겁고 감동적인 것의 의미로 경험한다는 것이다, 그러므로 즐거움과 의미, 상품이라는 복합성을 이데올로기와 분리된 영역으로 분석해야 한다고 주장한다(Heath, S. 1981: 200). 그런데 이 원칙이 관철되는 과정이 '즐거움'으로 전환되어 있다는 데

---

26) 일괄구매(One-stop shopping)란 다종다양한 상품을 한 장소에서 일괄적으로 구매하는 것을 말한다. 소비자는 상품 구매를 위하여 많은 점포를 이동하면서 구매하는 시간적·육체적 노력을 꺼린다. 소비자의 이러한 욕구에 대하여 소매점은 편리성을 제공하는 방향으로 대응하여야 한다. 지금까지는 백화점이 이 같은 역할을 담당해 왔으나 최근에는 이러한 원스톱 쇼핑센터가 각지에 많이 생겨나고 있다. 대표적인 유통업체는 백화점, 슈퍼마켓, 할인점, 전문점 등이 입점하여 원스톱 쇼핑을 전개하고 있다(서울특별시 농수산물공사. 2000c: 38).

에서 시장은 단순히 그냥 시장이 아니라 문화공간이라는 것을 확인할 수 있다.

이 의미는 '재미'–'즐거움'의 욕망으로 충족된다. 의미와 즐거움은 그저 그대로 구성원들의 경험되는 것이다. 이용과 충족 모델에 따르면 세상에 대한 우리의 관여는 욕망에 의한 것이며, 우리의 인생여정은 욕망을 만족시키기 위한 욕망에 의해 인도된다. 그러니까 세상을 인식하는 방식의 배후에는 항상 욕망이 있다는 것이다(강만석: 1994: 39). 이를 장 보드리야르의 식으로 표현하면 욕망이나 유혹 등은 하나의 기호이다. 이 욕구는 고객의 신분과 위세를 나타낸 의미를 기호적으로 읽을 수 있다. 고객이 어떤 상품에 시선을 두느냐에 따라 그 고객의 사회적 지위 등을 의미하는 기호질서 속에서 그 신분을 엿볼 수 있다. 이렇게 될 때 상품과 소비자는 동질적인, 똑같은 하나의 공간이 인간들과 사물들을 묶는다. 하나의 기호로써 통합된다. 이때 고객이 바라보는 상품은 기호화된 상품이다. 따라서 소비자는 기호화된 제품을 구입하게 된다. 이렇게 볼 때 소비의 주체는 개인이 아니라 기호의 질서이다(Baudrillard, 1988d, 이상률 옮김, 1999: 298). 농수산물 도매시장, 특히 가락시장에서 모든 상품이 평면적으로 나란히 나열된 계열체로서 서로서로 동렬에 놓임으로 하여 그들 상호 간에 어떤 우열이 있는 것이 아니라 서로서로 등가이다. 등가란 의미는 대립된 두 개의 상품의 외연이 내파되어 달리 하나가 같은 이미지를 나타내고 있는 것이다.

지금까지 전통적인 시장에서는 이미 상품에 따라 차등 있게 가격이 매겨져 통합체적으로 나열되지만, 이 과실재성 시장(가락시장)에서는 동일 평면상에 거의 판판하게 나열된 상품들은 하나의 물건으로서가 아니라 기호로서 작용하고 있으며, 구매자들은 물품에 의해 끌리는 것이 아니라 평면 이미지인 그 기호에 끌려오는 흐름이라고 할 수 있다.

예컨대 가락시장의 무, 배추 시장은 바로 이와 같은 예시를 잘 나타내고 있다. 이 시장에 집하된 무, 배추 물량은 봄철 및 여름철에는 강원도, 경기도 그리고 경상북도 일원의 고랭지 지역에서 같은 생산자나 출하자들로부터 같은 환경, 같은 조건하에서 잘 가꾸어진 후, 동시에 같은 작업자들에 의해 작업되어 같은 크기의 상품이 거의 동일한 중량의 화물차에 실려 같은 시간대에 시장의 동일한 공간에 판판하게 동렬로 진열하게 된다. 이때 어느 상품에 우열이 있는 것이 아니라 서로서로 등가적이다. 정해진 시간에 경매자와 중도매인 간에 상호 보이지 않는 대립과 견제, 경쟁 속에서 같은 조건하에 상품들(기표)은 사용가치 즉 기의적(내용품)으로 우열이 가려진다. 이는 바로 농수산물은 등가적 품목이란 것이다. 외관적으로는 같은 상품처럼 보이지만 이 우열은 경매사와 중도매인으로부터 등가적인 의미가 표출된다.

오늘 같은 소비의 사회에서는 모든 생산물(상품)이 즉각적으로 기호 겸 교환가치로 산출된다는 논리가 장 보드리야르의 주장이다. 이에 장 보드리야르는 생산물(상품)의 소비를 사용가치보다는 행복, 안락함, 사회적 권위, 현대성 등의 소비로 규정하는 것이 오늘날 기호가치의 특징이라 하겠다. 이 기호가치가 가장 첨예하게 드러난 곳이 사람들이 모여 만들어낸 문화형성체인 시장인 것이다. 이 속에서 생활하는 유통인들이나 농수산물은 인간이 만들어낸 등가적인 하나의 시뮬라크르이다. 이 의미는 사용가치와 교환가치를 넘어 기호가치가 더 중요시된 곳이다. 즉, 이전에는 기호가 현실(reality)을 재현하는 것이었던 반면에 지금은 재현 자체가 현실(reality)을 압도하게 된다는 것이다. 그래서 오늘날 시장은 현실(reality)보다 재현이 더 주요하게 다루어지고 있는 곳이다. 이런 점이 사용가치보다 기호가치가 더 우세하게 나타나고 있다는 것이다. 이런 점에서 시뮬라시옹은 재현과 상반된다. 재현은 기호와 실재가 일치하는 관계에 있지만 시뮬라시옹은 이 등가성 원칙의 유토피아에 대한 부정에서 출발한다. 다시 말하면 시뮬라시옹을 왜곡된 재현으로 해석함으로써 시뮬라시옹을 흡수하고자 한다면 시뮬라시옹은 재현적 구조물까지 시뮬라크르를 내부로 흡수해버린다(채영숙.1992: 47). 시뮬라시옹은 지시적(referential) 존재나 실체(substance)도 아니며, 기원이나 리얼리티가 결여되고, 사실, 현실, 재현 등과 대비되는 개념적 토대 위에 세워지는 리얼리보다 더 리얼리한 과실재성(hyperreality)이다. 이 과실재성은 시뮬라크르의 차원이므로 재현적 인식론의 종말과 함께 새로 열리는 영역이다. 이 영역을 내파가 이뤄온 결과물로서 혹자는 초현실(hyperreality)이라고도 표현한다.

제3절 사회에서 의미생성양식(mode of signification)

모더니즘 시대에는 생산과 소비가 사용가치에 의해 매개되었다는 의미에서 기표와 기의는 밀집하게 연계되어 있었다. 그러나 포스트모더니즘 시대에는 이처럼 사용가치를 부치기 위해 이 상품은 '진짜다', '가짜가 아니다' '사라', 내 학위는 '진짜다' 확인하라, '이 과일은 '맛있다', '사라', '드셔보셔요'라고 하는 권유가 필요 없다는 것이다. 이는 기표가 기의를 반드시 지칭할 필요가 없다는 것이다. 이 시대 소비사회에서는 기표와 기의는 이미 내파로 차이가 없어져, 기의는 소멸되고 기표만이 이미지로 떠다니기(floating) 때문이다. 따라서 이때 기표가 기의를 지시한다기보다는, 기표가 기의에 유린되어 기의가 지시한 지시대상에 포착하지 못하고 기표만 표징된다. 이를 장 보드리야르는 환영(illusion)이라고 한다. 그래서 이전의 모더니즘 시대에서는 기의가 우위를 차지했지만, 포스트모더니즘 시대에는 의미, 즉 기의가 허물어지거나 도착된 기표만이 만발하는 시대이다. 이 점이 이미지나 기호로 대변하는 시대라고 보는 것이 장 보드리야르의 포스트모더니즘 관점이다. 따라서 이 세계에서 우리가 보고 느끼는 이미지와 현실(사회적 관계의 현실이든 경험적 세계이든 상관없다)은 서로 다른 존재론적 지위를 갖는 것이 아니다. 즉 어떤 실체의 이미지와 현실 사이에는 아무런 차이가 없다는 것이다. 그 결과, 우리는 오늘날 환영(illusion, 幻影)의 시대라고 특징지은 시대에 살고 있는 셈이다((Baudrillard. J. 1983a). 장 보드리야르는 환영이란 내파된 (imploded) 또는 내파되어 새롭게 통합된 개념으로 보고 있다. 그가 의미하는 환영이란 그 이전 시기인 표상(재현)의 시기에 의미생산에 필요한 차이를 구성해 왔던 각각의 용어들이 붕괴 또는 내파된 데서 유래한 것으로 볼 수 있다.

이런 내파현상은 오늘날 다양한 문화상품이 기호로 상품화하는 현상으로 사용가치보다 교환가치, 상징적 교환 그리고 기호가치가 우위를 차지한다는 사실에서도 잘 드러난다. 그래서 문화상품의 특징은 그것이 사용가치에 있다기보다는 이미지와 기호 그리고 재현이 현실보다 우위를 차지하는 데 있다. 이를 장 보드리야르는 리얼리티가 소멸된 전혀 다른 모습의 시뮬라시옹 과정이 만들어 내는 과실재성(hyper-reality)이라고 한다.

예컨대 오늘날 농수산물은 기호가치의 이미지(기호)나 약호 같은 비본질적인 기표에 의해서 교환이 결정된다. 이는 포스트모더니즘 소비사회에서 이미지(기호)는 상품과 등가(等價)이거나 또는 상품 자체보다도 우월한 지위를 가질 수 있다는 논리이다. 이 경우 진본보다는 오히려 차별화된 이미지로서의 시뮬라크르가 더 높은 교환가치를 가질 수 있다. 이렇게 되면 이미지(기호)와 실재의 거리가 없어지게 되며(우리가 보기고 느끼기에), 따라서 이미지(기호)는 실재를 지시하지도 않는다. 그 결과 이미지(기호)는 실제의 지시대상과는 전혀 무관하게 스스로의 독립된 가치를 가지는 새로운 영역에서 오리지널(진본)이 된다. 이 과정에서 생산된 '진짜 가짜(pure simulacra)''가 된다. 그러므로 이미지(기호)는 실재와 거리를 유지하지도 않는 것처럼 보이고 느끼며, 또한 거리를 유지할 수도 없는 것처럼 된다.

이러한 상황에서 이미지(기호)는 하나의 실재로 시뮬라크르이다. 이런 시뮬라크르는 진짜로서의 실재와 가짜로서의 시뮬라크르 사이의 구별이 흐려지게 된다. 이처럼 하나의 시뮬라크르로서의 기호는 환영과 허구와 다르다. 장 보드리야르의 주장대로 재현이나 재생산이 없다는 것은 전통이나 혈통이 있을 수 없고 모두가 오리지널(원본)만 존재한다는 것이다. 오리지널(원본)만 존재한다는 의미는 기표와 기의 간에 차이가 존재하지 않는다는 의미이다. 이를 조종혁은 어떤 의미의 영역에서의 '원본'과 '비원본'의 구분은 그 당위성을 상실하고 만다는 것으로 덧붙인다. 의미 차원에서 이 둘의 구분을 가능하게 하는 것은 상황의 차이뿐이다. 상황과 상황 사이, 기호관계에 질적 차이는 없다. 따라서 원본은 진리가 아니다. 비오리지널(비원본)은 허위가 아니다. 의미 차원에서 원본과 카피의 가치에 차등을 두지 않는 것이 후기산업사회의 문화의식, 기표문화의 중요한 특성인 것이다(조종혁, 2001: 81). 바로 이 점이 장 보드리야르가 내파로 현실과 이미지 간에 의미의 차이를 없애고 하나로 보는 관점인 것이다. 현실(오리지널)이 그대로 이미지인 것이다. 이러한 일련의 과정 속에서 우리가 살고 있는 포스트모던 사회는 현실이 내파되어 실물의 사용가치가 교환가치에 그 자리를 빼앗긴 기호의 시대이다. 이런 결과가 우리 사회에 만연하고 있어 가짜가 진짜보다 더 리얼리하게 작용되고 있다. 따라서 상품은 질(質, quality) 뿐만 아니라 이미지를 부각시키려는 인간의 유혹에서 빠져 본질의 중요성을 잃게 된다.

우리가 매체상에서나 남에게 듣는 농수산물 우리가 직접 가서 체험하는 농수산물 하고는 아무런 차이가 없는 그대로의 농수산물이라는 것이다. 이 점이 바로 기의와 기표가 일직선상에서 차이 없이 하나로 통합된 것이다. 이 세계에서는 이분법이 존재치 않으며, 현실의 고정된 기의(의미) 또는 중심된 기의가 차이 없이 그대로 이미지이다.

따라서 이 세계관에서는 원본, 근원, 본질이 기호 이전에 현전하는 것으로 더 이상 쪼개지지 않는 진리이다. 이것이 바로 로고스 중심주의다. 달리 표현하면 본래 존재한 의미를 더 이상 분리될 수 없이 다분히 중심적이고, 고정적인 로고스 중심주의란 것이 소쉬르, 에코, 그리고 장 보드리야르의 관점이다. 여기서 반영된 것은 오리지널(원본)과 전혀 다른 시뮬라크르이다. 이 시뮬라크르는 하나의 이미지에 불과한 과실재성(hyperreality)이다. 이 시뮬라시옹의 과정에서는 기의(의미)보다는 기표(형식)가 중요시되는 경우이다. 그래서 이런 현상은 모두 내파가 가져다준 결과의 산물인 것이다.

이런 일련의 총체적인 과정을 장 보드리야르는 '유혹하는 기표', '기표의 교란'이라고 한다.

그리고 조종혁은 "기표문화와 의미의 위기"에서, 오늘날 지구촌 후기산업사회(post industrial society)에서 발견되는 공통의 문화의식을 가진 '기표문화'라는 말로써 규정하고 있다(조종혁, 2001: 76). 장 보드리야르는 이런 세계관을 역사의 종말을 주장한다. 왜냐하면 어떤 사물의 리얼리티가 부재한 상태란 의미는 기의가 소멸된 상태에서 기표만 만발한다는 뜻은 의미 없이 형식적인 껍데기만 전달되고 알맹이는 없다는 의미로 해석되기 때문이다. 이런 논리로 보면 생산이나 재생산(또는 재현)은 위기에 처한다. 다시 말해 의미란 고정되어 있는 것이 아니라 기호 사이의 상호관계(차이)에 따라 늘 새롭게 생성되기 때문이다. 의미가 고정된다는 것은 생산이나 재생산(재현)이 있을 수 없다는 것을 의미한다. 따라서 고정된 의미는 역사의 종말을 의미한다. 이런 논리의 근거로 장 보드리야르의 내파의 논리로, 쟈크 데리다의 경우에는 차연(différance)의 논리로 주장하고 있다. 이 차연은 기표가 기의와 즉각 결합하지 못하고, 기의(의미)는 모든 기호들(기표로서 이건 기의로서 이건(뉴턴 가버·이승종, 이승종·조성우 옮김, 1999: 178)과의 공간적 차이(spatial difference)와 시간적 지연(temporal deferment)으로 영향을 받기 때문에 절대적으로 확실한 의미가 결정되는 것이 아니라, 의미는 끝없이 지연되는 것이다. 의미가 지금(現) 여기에(前) 현현되는 고정된 중심이 있는 것이 아니라, 중심이 이미 기의의 연쇄에 분산된 것이다. 그리고 그 기표에 흡수된 현재 지각한 의미는 이미 지나간 것과 다가올 것, 앞서 왔던 흔적과 뒤에 올 흔적,27) 말하자면 과거와 미래로 구조화된 것으로 본다. 이런 특징들은 후기산업사회의 문화의식으로 탈중심화를 지향하고 있다. 이 탈중심화는 의미가 고정되거나 핵같이 중심이 없이 미끄러진다는 것이다.

　쟈크 데리다는 바로 그 '중심'이라는 것이 본래적으로 존재한다는 전제를 받아들일 수 없었던 것이다. 이것이 '탈중심'이다. 말하자면 언어체계의 구조에 고정된 의미의 중심이 있다는 것을 철저하게 거부하는 것이 후기구조주의의 특징이다. 이 새로운 도전이 바로 기표문화이고 이미지가 다양한 기호 시대인 것이다. 이런 세계관은 분리될 수 있는 이원론이 가능하다. 이 점에서 소쉬르가 기표보다 기의에 우위를 두고 있는 것과 장 보드리야르가 고정된 의미로 이미지와 현실을 통합된 하나로 본 이분법의 철폐론은 다분히 로고스 중심주의의 덫에서 벗어나지 못했다고 볼 수 있다. 즉 로고스 – 진리는 단지 하나의 기표로 남아 있을 뿐이고 그것의 기의는 영원히 유예된다. 다시 말하면 아무리 현란한 말과 논리를 전개시켜도 그것들이 중심으로 삼고 있는 절대적 본질 그 자체의 '현전' 또는 '현전성(presence)'은 확보되지 않은 채 현란한 말들만 겉돌 뿐이라는 것이다. 서구의 전통철학은 언제나 글보다 말을, 문자보다 음성을 중시해 왔다. 즉 말 밖에는 아무것도 없다. 우리가 말을 할 때는 말하는 사람에게 투명하게 전달되기 때문에, 말은 의미가 재현되어 안주하고

---

27) 쟈크 데리다의 흔적(trace)이라는 개념을 과거뿐 아니라 미래에도 적용한다(전경갑. 1999: 148에서 재인용). "This trace relates no less to what is called the future than to what is called the past." (Derrida, 1973: 142)

본래적이고 생명력 있는 사고의 그릇이지만, 글은 말하여진 본래적 언어를 오염시킬 위험이 있는 불필요한 외피에 불과한 것이 소쉬르 관점이다. 이와 같이 소쉬르가 글보다 말이 일차적이고 본래적인 언어라고 한 데 대하여, 쟈크 데리다는 표의문자와 수수께끼 그림에 착안하여, 오히려 말보다 글이 본래적이라고 하였다.

소쉬르는 음성언어만이 의미를 재현할 수 있는 언어라고 주장한다. 그러나 이 대목을 쟈크 데리다는 "고정적인 로고스 중심주의를 철저히 반대하는 입장"을 취한 차연작용을 망각한 환상이며 그릇된 현전의 형이상학이라는 것이다.

쟈크 데리다의 사상은 이와 같은 궁극적 근원을 철두철미하게 반대하는 반근원주의(antifoundationalism)이다. 그의 철학적 반근원주의는 모든 근원, 중심, 기준 및 궁극적 의미를 거부하는 허무주의를 펴면서 언어의 의미는, 의식이나 실재세계 혹은 본질과 같은 언어 외적인 것에 전혀 구애됨이 없이 용어들 간의 차이와 대립 그리고 상관적 관계에서 구성된다는 것이다. 그는 소쉬르나 장 보드리야르가 주장하고 있는 기표와 기의 간의 고정된 관계, 즉 고정된 의미의 중심이 있다는 것을 철저하게 거부한다.

이런 점들은 프레드렉 제임슨의 『포스트모더니즘, 후기자본주의의 문화논리』라는 논제에서도 깊이 있는 의미들을 주장하고 있다. 그는 포스트모더니즘을 본질적으로 문화가 사회적 삶의 전면에 침투하는 '문화적 우위성'으로 규정한다. 그에 따르면 오늘날 포스트모더니즘 문화가 미학적 대중주의(일상생활의 심미화), 중심분산 및 해체, 문화생산물의 깊이 없음(기호로 확장된 이미지 다양화), 진정한 정서의 고갈, 해체된 자아에 대한 도착된 행복감, 비판적 거리의 소멸 및 의미의 해체(분화 및 와해 소멸되면서 탈분화 및 내파), 그리고 혼성모방(pastiche) 등으로 문화의 다원화, 대중화 및 다양화에 기여하여 왔다. 이런 시대적 변화에 따라 다국적 자본이 주도하는 후기자본주의 시대에 있어서는 모든 것이 전 지구적 범세계적 규모로 일어나며 중심은 이미 해체되었다고 프레드렉 제임슨은 주장하고 있다.

따라서 그는 포스트모더니즘 사회에서, 총체적 현실을 재현하는 것은 불가능하다는 점은 인정하면서도, 프레드렉 제임슨은 이와 같은 재현위기의 극복 가능성을 포기하지 않는다(전경갑, 1999: 392). 결국 장 보드리야르의 내파이론을 부분적으로 인정하면서 그와 상반된 논리를 주장하고 있다.

또한 앞에서 이미 설명한 대로 피스크(Fisk, in Curran, 1993)는 역시 장 보드리야르가 주장한 내파의 논리를 부정하고 있다. 그에 따르면 '이미지는 내파적인 않다'란 것이다. 왜냐하면 이미지의 의미는 지시대상체와 차이에 의존하기 때문이다. 그래서 우리는 어떤 현실을 재현할 수 있고 재생산도 가능한 것이다. 장 보드리야르의 주장대로라면 우리 주변에 '본래의 것'이란 결코 애당초 존재하지도 존재할 수가 없다. 이런 논리라면 지금까지 인간이 기계적으로 만들어 내었던 수많은 화면 위에 재생산된 이미지지의 본래 현실이란 존재할 수가 없다.

그런데 어디 그러한가. 앞에서 설명했던 '영상물'들이나 우리 주변(특히 시장)의 재현물들은 다 하나같이 원본을 모델로 재현되고 또 재생산되어 널리 유포되고 있는 현실이다. 단지 이들은 포스트모더니즘의 기호시대에 만무한 이미지의 조작에 기표가 너무 다양한 기의를 지시하기가 어려울 뿐이다. 이를 쟈크 데리다는 '차연'으로, 기가 끊임없이 미끄러져 기표만이 표징되기 때문이라고 설명하고 있다. 지금까지 논의되었던 논의들은 이 시대가 낳은 무수한 이미지는 상징적 교환가치나 이미지로 재현되고 있기 때문이다.

이런 맥락에서 볼 때 장 보드리야르의 내파이론은 좀 과장된 점이 있다는 것이다. 예를 들면, 저 밖에 무수한 대상체는 아직도 자연에 얼마든지 존재하며, 구분짓던 모든 이항대립, 예컨대 여성과 남성은 아직도 다르고, 그가 과실재성 시장이라고 부른 시장은 아직도 종말을 고하지 않고 오히려 활성화가 되어가고 있다. 이 대상들은 매체상 이미지로 치환된 게 아니라 아직도 왕성한 욕망을 가진 사람이고 현실적으로 실제 존재한 것들이다.

이제 이런 논의들은 현장에서 언어적 의미화의 실천을 접합시킴으로써 문화연구의 한계를 극복할 수 있을 것이며, 나아가 시장의 문화적 접근은 당연한 학문적 관심이라고 할 수 있다.

제8장

로고스 중심에서
장 보드리야르의 기호정치경제논리

지금까지 모더니즘을 형성해 온 서양의 로고스 중심주의는 포스트모더니즘의 이론가인 장 보드리야르에게도 내파이론으로 계승되어 재현이나 재생산을 불가능하다는 결론으로, 역사의 종언을 주장하고 있는 학자들이 있다. 그러나 이것은 그가 기호물신주의에 빠져 있다는 것을 의미한다. 장 보드리야르의 사유방식은 '초월', '이분법', '실재', '독립', 논리적 질서' 등의 개념을 기저에 깔고 있다. 그의 세계는 현상의 세계를 벗어나 초월세계에 독립적으로 존재하는 '실체에 대한 탐구에 전념하는 사유방식은 본질주의라고 할 수 있다. 한마디로 장 보드리야르의 사유에 대한 기저는 현상의 다양성 속에서 작동하는 질서와 진리의 의미로 표현되는 로고스(logos)와 그리고 머나먼 과거에 대한 기억 속에서 보존된 정보가 전달될 수 있도록 담론화시킬 수 있는(김성도, 1999: 24) 사이버네틱과 같은 개념이다. 이는 어떤 면에서 검증이 불가능하고 비 논증적인 논리를 가지고 있는 뮈토스(muthos)와 같은 사유방식이다. 이 두 논리에 근간하고 있는 그 내파는 이제 다른 모습으로 바뀌지 않으면 안 된다고 주장하는 학자들도 있다. 다시 말해 그의 논리 중 이분법적(dualistic) 사유는 전일적(holistic)인 사유로, 획일성의 사유에서 다양성의 사유로, 인간 중심적 사유에서 자연 친화적 사유로, 물신 숭배적 사유에서 정신성을 고양하는 사유로 전환되어야 한다는 것이다. 이를 쟈크 데리다가 주장한 관점에서 보면 "토대적 사유인(foundational thinking)에서 벗어난 사유," 즉 로고스 중심주의가 아닌 다양한 주변부 문화의 사유체계가 지닌 '차이'가 승인받아야 할 당위성이 존재한 사유세계로 보기 때문이다. 이는 이분법적인 사유가 있고, 재현, 재생산과 항시 우리가 목적을 추구하는 지시대상이 존재하여만 한다. 왜냐하면 우리가 저 밖에서 체험한 현실은 이미지에 의해서 재현되는 대상은 이미지의 존재가 지속되는 한 재현된 상태로 있기 때문이다. 즉 이런 사유의 세계는 무조건적인 하나 됨(동이불화·同而不和)을 거부하고 차이와 다양성을 인정하는 가운데 하나로 일치됨(화이부동·和而不同)을 중시하는 세계가 되어야 한다. 이런 점에서 장 보드리야르의 내파이론은 진리와 허위의 경계를 지움으로써 그의 시뮬라크르를 정당화하려는 행위는 쟈크 데리다가 해체주의 관점에서 진리와 허위의 경계선을 무너뜨리는 정치적 이념적 성격을 노출시키려는 행위로서 장 보드리야르가 기호물신주의에 빠져 있다는 것이다. 이 논리가 바로 장 보드리야르의 기호정치경제 논리인 것이다. 따라서 쟈크 데리다 관점에서 장 보드리야의 내파이론은 인간의 이원적인 형이상학적 사고를 부정하고자 했으나 정작 내파이론 자체는 이분적인 사고를 전제하지 않고는 전개될 수 없다는 오류가 발견된다. 이로써 장 보드리야르는 로고스 중심주의의 덫에 걸려 있다고 할 수 있다.

제 9 장

장 보드리야르의 문화현상 특성 성찰

　장 보드리야르의 포스트모더니즘적 기호론은 모더니즘적 실물의 특징인 외파와 포스트모더니즘적 기호의 특징인 내파가 그 차이를 가장 극명하게 부각시키고 있다는 점에서 인정받고 있다. 그래서 이 이론은 이 시대가 필요한 이론의 활력을 불어넣은 자극적인 존재로 연구할 가치가 있다. 이러한 측면에서 장 보드리야르의 이론이 불충분하게 규정한(ill-defined) 후기산업사회 문화현상의 구체적인 특성은 보다 깊이 있게 성찰되어야 한다.

　따라서 장 보드리야르의 내파이론을 전통적 주류미디어 연구의 재현개념과 비교하고 후기구조주의와 해체주의의 개념적 틀을 적용해, 장 보드리야르가 말하는 내파이론이 과연 후기산업사회에서 한국의 대중문화를 얼마만큼 적절히 설명해 낼 수 있는지를 시장의 소비문화 형태를 중심으로 일어난 외파·내파현상을 분석해 볼 필요가 있으며, 나아가 문화연구의 영역에서 내파이론이 지니는 학문적 위상을 재조명해 보고, 후기산업사회(postindustrial society)에서 그 현실규정과 사회·문화적 특성을 설명하는 모델로서 채택해 볼 수 있겠다.

제 10 장

장 보드리야르의 이분법적 사고체계

이미지와 현실을 같은 존재론적 위치에 두려는 장 보드리야르의 시도를 확장하면 그의 세계에서는 주체와 객체, 심층과 표층, 진리와 허위, 여성과 남성, 기표와 기의 등의 차이가 내파로 인하여 소멸된다. 이는 결국 객체의 존재로 주체의 존재를, 남성의 존재로 여성의 존재와 가치를 인식하는 이분법적인 사고체계를 부정하는 주장이다. 그러나 인간이 이분법이 없이도 사고할 수 있는가? 동시에 내파로 인한 차이 소멸은 먼저 대립극들의 존재가 있어야 가능한 것이 아닌가? 다시 말해 이분법적인 사고체계를 부정하는 장 보드리야르도 사실은 이분법적 구도를 전제로 한 사고를 하고 있는 것이 아닌가, 그렇다면 장 보드리야르의 세계관도 이분법이 존재한다고 할 수 있다. 따라서 본 연구는 그의 텍스트가 모순을 내포하고 있다는 의문을 제기하게 된다.

이러한 의문은 후기구조주의와 쟈크 데리다(J. Derrida)의 해체주의(deconstructionism)[1] 관점을 환기시킨다. 쟈크 데리다에 의하면 모든 텍스트는 스스로를 해체하는 하부코드를 배태한 채 세상에 등장하는 통찰력을 내놓고 있기 때문이다. 모든 기준과 근원 및 중심을 거부하기 때문에 쟈크 데리다의 해체는 텍스트에 내재된 모순을 텍스트 그 자체 논리의 순서에 따라 내파시키고 재접합되면서 해체될 수밖에 없다. 따라서 그의 전략은 내파이며 내부로부터의 해체라 할 수 있다(전경갑, 1995: 151). 쟈크 데리다는 서양 철학의 전통을 로고스 중심주의(logocentrism)[2]로 규정하고 이

---

1) 쟈크 데리다(J. Derrida)의 해체(deconstruction) 또는 해체주의(deconstructionism)를 중심으로 한 후기구조주의(post‐structuralism)는 텍스트로서의 세계와 그것의 현상들을 '읽는' 새로운 시각이다.

2) 고대 그리스인들은 '로고스(logos)'라 불리는 '초월적 기의(transcendental signified)'를 섬겼

를 철저히 거부할 것을 주장했다. 그는 언어체계의 구조에 고정되고 중심된 의미가 있다는 것을 철저하게 거부하는 것이다.

다시 말해 언어는 고정된 지시대상을 지니는 것이 아니라 기표의 끊임없는 의미 부여 작용 안에서 해석된다는 뜻이다. 결론적으로 기표와 기의의 고정되고 중심된 관계가 없다는 것이다.

쟈크 데리다의 이와 같은 사상은 궁극적 의미의 근원을 철두철미하게 반대하는 반근원주의라 할 수 있다. 이는 결국 이분법적인 사고는 해체되어야 한다는 전제이다. 쟈크 데리다에 의하면 그동안 인간의 사고행위는 끊임없이 변화되는 이항대립체를 인식하는 것이다. 이와 같은 이분법적 구도를 통해서 세계를 바라보는 쟈크 데리다의 통찰은 동양적 기저에 깔려 있는 내재적 우주관3)인 상호 연관된 그리고 상호보완적인 '개념의 짝(conceptual polarity)'과 일맥상통한다. 이런 관점에서 쟈크 데리다의 해체(deconstruction)는 장 보드리야르의 내파현상이 가지는 논리적인 한계를 극명히 들추어 낼 것으로 예측된다.

다. 초월적 기의란 인간이 사용하는 기호들의 의미작용 이전에 이미 인간 밖에 의미 있는 것을 지칭한다. 이 초월적 기의의 의미작용은 형이상학(metaphysics) 믿음에서 논의된다(조종혁, 2001: 84). 로고스는 우주의 진리(眞理, truth, 이법(理法, law), 법 이성(理性, reason), 신(神, God)의 말씀이 존재한다는 형이상학적 사고가 로고스 중심(logocentrism)이다. 이 로고스 중심주의는 말 중심(음성중심)과 같은 개념이다. 쟈크 데리다는 이와 같은 본질, 실체, 신, 이성, 절대정신과 같은 궁극적인 중심이나 근원의 존재를 확신하는 모든 유형의 전통철학을 포괄적으로 로고스 중심주의라 한다. 이런 근원에서 유래한다고 보는 언어관을 근원주의(foundationalism)적 언어관 혹은 로고스 중심주의(logocentrism)적 언어관이라 하는데, 소쉬르 이전의 언어이론들은 모두 이러한 전통적 언어관에 근거한 것이다. 쟈크 데리다의 해체의 핵심은 '로고스 중심주의 서양 철학사에서 현존이 없는 곳에 비실재적인 이름을 붙여 오늘날까지 지속한다는 환상의 '형이상학적' 편견이라고 한다. 이 편견이 서양 철학사에서 형이상학적 편견으로 글(writteen: gramme)에 대하여 말(spech: phone)에 우위성을 두고 있는 점이다. 쟈크 데리다는 이 '말 중심'의 우위성을 해체하는 것이 바로 그의 텍스트 개념이라 하였다.

3) 동양에서 상호 연관적인 '개념의 짝'의 대표적인 경우는 음 / 양이라고 할 수 있다. 음과 양은 배타적이 아니라 서로 의존 개념들이며, 한 개념의 존립을 위해서는 상대방도 필요로 하고, 또 서로 순환·생성하는 '상호내재(mutual immanence)' 혹은 '대칭적으로 관련된(symmetrical relatedness)' 개념의 짝이다(이승환, 2000: 366).

장 보드리야르의 '내파이론'은 전통적인 '편향 / 재현거리'4) 개념과 마찬가지로 미디어가 제시하는 이미지 밖의 객관적인 현실을 전제하는 개념임을 예측할 수 있다. 이에 내파이론 역시 편향 / 재현거리 개념의 또 다른 변형에 불과한 것으로 여겨진다. 또한 이러한 내파이론으로 장 보드리야르는 인간의 이분적인 사고를 부정하고자 했으나 정작 내파이론 자체는 이분적인 사고를 전제하지 않고는 전개될 수 없다는 오류를 발견하게 되었다. 이로써 장 보드리야르는 로고스 중심주의의 덫에 걸려 있다고 할 수 있다. 이 점은 쟈크 데리다 해체주의의 관점에서 비판의 대상이 되고 있지만, 쟈크 데리다의 해체개념에도 의미의 붕괴, 소멸과 같은 의미를 내포하고 있다(Heinz Kimmerle, 박상선 옮김, 1992: 156)는 점에서 내파와 해체는 같은 맥락의 논리에서 출발한다. 이런 맥락에서 볼 때 내파이든 해체이든 그 이론들의 본질(essence)에는 '초월', '중심', '이분법', '실체', '분리와 독립' 등에 대한 탐구의 전념이 후기구조주의 특징이다.

---

4) 언어의 확장에서 현실을 반영하는 데 재현적 거리가 좁혀짐에 따라 편향된 거리(편향거리)는 상반적으로 커진다. 이 '거리'의 개념은 미디어 기술의 발전에 따라 더 커질 수도 있고 좁혀질 수도 있다는 논리이다. 여기서 발생된 거리는 물리적 거리가 아니라 개념적 거리를 의미한다. 본 연구에서는 두 개념(재현거리와 편향된 거리) 간 내파로 발생된 '차이'를 중점연구 대상으로 삼았기 때문에 거리가 있다는 표현은 편견(prejudice), 편향(bias), 왜곡(bending) 등으로 표현할 수 있다. 사전적 의미로 편견은 불완전한 정보에 근거한 단순한 특성에 의해 스테레오 타입화되어 일군의 사람들을 향해 있는 공격적 편향이다. 편향(bias)은 미디어에 의한 재현(representation)에 있어서 추정되는 왜곡을 의미하는 용어인데, 이는 이야기의 한 국면이나 논쟁의 어느 한편에 대한 (1)의식적인 선입견이나 (2)무의식적인 무시로부터 온다(박명진, 1994: 327). 왜곡이란 미디어가 실제의 세계를 반영하는 데 있어서 조작된 행위가 강하게 반영된 표현이고, 편견이나 왜곡은 현실이나 사실과는 너무 동떨어진 의미를 내포하고 있다. 편향은 왜곡과 같은 의미로 사용될 수 있지만 보다 완곡한 표현이다. 따라서 본 논문은 편향이라는 용어를 왜곡과 동일 의미로 사용하도록 하겠다. 또한 왜곡된 거리도 편향된 거리로 표현한다. 왜냐하면 본 논문에서 설명하는 재현이론은 실제를 최소한 반영한다는 전제가 가정되어 있기에 편향이라는 용어가 보다 본 논문의 취지에 부합되기 때문이다. 여기서 거리의 의미가 '차이'를 뜻하므로 이를 영어로 표현하면 'distance'보다는 'difference'라는 의역이 더 가까운 표현이 되겠다. 따라서 재현거리는 'representational difference'로, 편향거리는 'biased difference' 왜곡거리는 'bending difference'라고 표기한다.

이러한 한계가 예측되는 가운데도 장 보드리야르의 내파이론이 구성하는 두 가지 힘은 대중과 미디어, 이미지 간에 현대사회의 문화적 특성을 규정하려는 시도가 계속되고 있다. 특히 국내에서는 대중문화를 포스트모더니즘 이론으로 설명하려는 시도 가운데, 장 보드리야르가 제시한 개념들의 편린이 보이고 있다. 이렇게 장 보드리야르의 텍스트에서는 앞서 말한 이론적 한계와 그 모호성이 예상되지만, 그의 포스트모더니즘 기호론은 모더니즘적 실물의 특징인 외파와 포스트모더니즘적 기호의 특징인 내파가 그 차이를 가장 극명하게 부각시키고 있다는 점에서 인정받고 있다. 그래서 이 이론은 이 시대가 필요한 이론의 활력을 불어넣은 자극적인 존재로 연구할 가치가 있다. 이러한 측면에서 장 보드리야르의 이론이 불충분하게 규정한(ill-defined) 후기산업사회 문화현상의 구체적인 특성을 보다 잘 읽어낼 수 있을 것인지 의문을 갖게 된다.

그러나 내파현상은 기호화의 무한한 다양성 시대를 가져왔음에 기여하여 왔음은 아무도 부인할 수 없다. 그 내파현상은 뛰어나게 기호화의 능력을 갖춘 수행자 역할을 해왔다는 의미이다. 이와 같이 내파현상은 하나의 변형된 기호의 의미작용일 뿐이다. 하지만 장 보드리야르처럼 내파로 기원과 원본이 없는 시뮬라크르 개념을 통해 재현의 불가능성만 말하는 것도 대안은 아니다. 재현을 모델로부터 무관한 것으로 만듦으로써 장 보드리야르는 재현의 실천 자체의 가능성을 없애버렸다. 엄연히 재현의 실천이 현실에서 작동하고 있는데도 말이다(강내희, 2000: 38). 우리가 선택할 길은 재현을 사건의 가능성으로 보는 것, 즉 그것을 원본이나 기원과는 무관한 시뮬라크르로 보되 이 내파의 작동으로 재현이 차이들을 좁히기도 하고 차이를 넓히기도 한다는 점을 인식하는 것이다. 이때 재현은 불가피한 내파의 '흔적'으로서 그 표면에서 변화가 발생할 수 있는 사건의 공간에서 작용한다. 이런 시뮬라크르와 흔적의 결과적인 이론도출에서 본 연구자는 재현에 그 두 논리를 적용하여 볼 것이다. 이 재현이란 어떤 것이 다시 나타나 있는 상태이다. 그런데 이 내파가 재현을 사건이 될 수 있도록 만드는 것으로서, 그것이 재현 작용이다. 그런데 이 재현이란 작용은 원본과 그 복사라는 관계에서 몇 가지 의미를 함축하고 있다. 첫째는 거기에는 언제나 일정한 거리가 개재된다는 점이고, 그리고 재현은 주어진 실재를 있는 그대로 전사, 복사하는 것으로 주장된다. 그리고 마지막으로 재현은 이처럼 있는 그대로가 아닌 것을 보여준다는 면에서 환상적인 것이다. 따라서 장 보드리야르의 내파현상은 현실효과의 측면에서 보면 이런 세 가지의 현실의 모습을 바꿔 내게 하는 훌륭한 전도자 역할을 수행할 수 있을 것이다. 이런 역할 수행이 가져다준 시뮬라크르의 현상은 무엇보다 경제적이고 사회·문화적인 역할이 종합적으로 이루어진 시장에서 그 실례가 가장 잘 드러날 것이다. 예컨대 사이버 시대 전산화로 '종이 없는 정부', '공문서 없는 정부', '구비류 없는 민원', '간섭 없는 정부'로 탈바꿈하게 될 사회적 현상이나, 60억 전 인류가 함께 팔고 사는 단일시장으로 물량이 주변에서 중앙으로 집중적이고 중심적인 통합된 '허브와 스포크(Hub and Spoke system)'[5] 개념의 시장 팽창, 유럽연합의 화폐 통화 통합화, 교육 붕괴, 국가 간 무역장벽 붕괴, 남녀 간 성차별 붕괴 등은 내파의 논리가 알게 모르게 가져온 결과이다.

이상에서 살펴본 바와 같이 장 보드리야르의 내파이론은 두 리얼리티 간에 가치-존재차이를 내파로 해체시키고 와해 붕괴, 연합, 통합은 리얼리티가 소멸되거나 지시대상이 없어진 것이 아니다. 따라서 이는 마샬 맥루한의 '매체는 메시지이다'에 대한 연장선에서 볼 수 있는 이론이다.

또한 이미지와 현실을 같은 존재론적 위치에 두려는 장 보드리야르의 시도를 확장하면 그의 세계에서는 주체와 객체, 심층과 표층, 진리와 허위, 여성과 남성, 기표와 기의 등의 차이가 내파로 인하여 소멸되고 새로운 것으로 상생된다. 이는 결국 객체의 존재로 주체의 존재를, 남성의 존재로 여성의 존재와 가치를 인식하는 이분법적인 사고체계를 부정하는 주장이다. 그러나 인간이 이분법이 없이도 사고할 수 있는가? 동시에 내파로 인한 차이소멸은 먼저 대립극들이나 짝꿍의 존재가 있어야 가능한 것이 아닌가? 다시 말해 이분법적인 사고체계를 부정하는 장 보드리야르도

---

5) Hub and Spoke System란 Hub의 사전적 개념은 수레바퀴의 바퀴살들이 모인 중앙의 통, 즉 중심축을 의미한다. Spoke의 개념은 이들 바퀴살을 가리킨다. 이들 용어의 물류적 개념으로서 Hub는 중심·중핵·중추·거점 등 의미로 쓰이고, Spoke는 주변 또는 위성의 뜻으로 사용된다. 다시 말해서 Hub는 대규모·대물류·종합·집산적 기능을 의미하고, Spoke는 소규모·소물류·단순·분산적 기능을 뜻한다. Hub를 통해 물류를 집중 관리함으로써, 비용 절감 및 효율성을 제고시킬 수 있다(서울특별시 농수산물공사, 2000e: 49).

사실은 이분법적 구도를 전제로 한 사고를 하고 있는 것이 아닌가, 그렇다면 장 보드리야르의 세계관도 이분법이 존재한다고 할 수 있다.

이 시점에서 장 보드리야르의 내파이론은 두 가지 측면에서 그 대안을 찾아야 한다. 첫째는 가치-존재론 측면에서 원본이나 기원과는 무관한 시뮬라크르로 인정하는 것이고, 또 다른 하나는 기호가치 측면에서 보는 관찰로 인간의 사고행위가 이분구도를 전제하는 한 차이를 두기 때문에 재현은 부분적으로 인정이 되어야 한다는 대안이 제시된다.

푸코(Foucault) 측면에서 장 보드리야르리의 내파이론은 언어범주로 보는 경향이 있다. 푸코(Foucault)는 인간의 지식의 역사는 점진적으로 발전하여 한 시대에 특징적인 지식의 공간과 지식형태의 불연속적인 배치라고 설명하였다(Foucault, 1966a / 1966b). 시대의 변동에 따라, 현대인은 각기 다른 인식 틀(episteme)이 있기 마련이다(박명진, 1994: 238). 시대에 따라 기호가 사람과 사람, 사람과 사물이 맺는 관계가 각각 달라졌는데, 르네상스시대는 기호와 사람·사물이 닮음(resemblance)의 관계를 맺었던 반면 고전시대는 차이(difference)의 관계, 근대에는 동일성과 차이(identity and difference)이다. 그러나 이런 세기 분절(articulate)에서 지식공간의 담론적 실천은 장 보드리야르의 '내파'로 대표되는 포스트모더니즘은 전통적인 인식론과의 단절양상을 띠며, 이를 언어적 범주(기호학적 범주)로 재구성하려는 시도로 드러난다.

따라서 포스트모더니즘은 모더니티의 전체주의적 폭력과 그것을 이데올로기라는 형태로 뒷받침한 언어의 폭력으로부터 벗어나고자 한다. 이에 따라 텍스트의 의미를 고정시키려는 전통적 언어체계는 거부되고 언어의 방임상태 속에서 함께 실천되는 현실의 폭력에서 글쓰기와 읽기의 자유로운 작용만이 사회문화의 진정한 가능성으로 남게 된다.

쟈크 데리다는 이러한 언어의 상대성에 대한 인식을 서양 철학의 전통에 적용하여 비판한다. 쟈크 데리다에 따르면 서양 철학의 전통은 의미의 전체 위계질서를 그 위에 건설할 수 있는 제일 원리, 즉 다른 모든 기표와 기의를 그 아래 질서 지우는 '초월적 기표'와 '초월적 기의'를 추구하고 있다는 점에서 로고스 중심주의(logocentrism)이다. 쟈크 데리다는 이러한 로고스 중심적 사상체계를 '형이상학적'이라고 부르며, 이러한 서양 철학의 형이상학적 전통은 역사적인 상대성 속에 처한 시대상의 특정한 사회구조를 절대적인 것으로 위장하려는 이데올로기적 허구일 뿐이라고 비판한다. 쟈크 데리다의 해체주의란 바로 이데올로기로서의 형이상학적 의미체계가 상대성 속으로 해체될 수 있음을 보여주는 작업이다. 쟈크 데리다의 해체주의는 진리 / 허위, 주관 / 객관, 지식 / 허구 등의 이분법을 폐기하거나 진리의 문제가 포기되었을 때에는 비판적 질문 자체가 제기될 수 없다는 한계를 분명히 전제한다.

그러나 장 보드리야르의 기호론인, 내파이론은 이러한 인식론적 입장을 가장 극단적으로 드러낸다. 장 보드리야르가 보는 시뮬라크르 사회에서는 대상이나 기호는 경험을 구조화하고 대상과 현실 간의 차이를 제거한다. 마샬 맥루한(Marshall Mcluhan)의 내파라는 개념을 사용하여 진리와 허위, 현실과 재현, 사실과 기호 간의 경계는 내파되고 그와 함께 '현실'의 경험과 지반은 사라진다고 주장한다.

장 보드리야르에 따르면 모더니티는 실물생산의 시대이며 포스트모더니티는 기호생산체제인 시뮬라크르의 시대이다. 그가 보기에 시뮬라크르의 새로운 '포스트모던' 시대는 모델과 코드, 사이버네틱스가 지배하는 정보와 기호의 시대이다. 시뮬라크르를 구성하는 두 가지 힘은 '미디어 내 의미의 내파와 대중 안에 미디어 및 사회의 내파'이다. 특히 미디어 영역에서 정보와 오락, 이미지와 정치 사이의 경계는 내파된다. 다양한 토크쇼에서는 문화산업의 광고를 '사실', '정보'로 위장하기 위하여 뉴스 아나운서의 틀을 사용한다. 또한 짧은 뉴스 / 오락의 형태로 제공한다. 이러한 것들은 정보와 오락의 경계를 허문다.

이와 유사한 내파정치와 오락 사이에도 뚜렷이 나타난다. 최근의 정치 캠페인에서 이미지가 실재보다 더 중요하다. 이처럼 차이 개념은 장 보드리야르의 포스트모던 사회이론의 핵심적인 요소이다. 장 보드리야르는 내파이론은 경계를 허무는 사회적 엔트로피의 진행과정을 설명하고 있다. 이것은 미디어에서 의미가 내파되고, 대중에게서 미디어와 사회적인 것이 내파되는 것을 포함한다. 미디어 메시지와 기호는 확산되어 사회 장 속으로 깊이 스며들고, 의미와 메시지는 정보와 오락, 광고, 정치가 중화된 흐름 속으로 사라져 버린다. 대중은 메시지의 지속적인 포격, 그리고 사라, 소비하라, 일하라, 투표하라, 견해를 표시하라, 진실을 밝혀라, 사회생활에 참여하라고 계속 조르는 데 염증을 느끼고 분노한다고 장 보드리야르는 주장한다. 이처럼 무관심한 대중은 시무룩한 채 침묵하고 있는 다수가 되고, 이 속에서 모든 의미와 메시지, 권유는 마치 블랙홀 속으로 빨려들어 가듯이 내파된다. 따라서 사회적인 것은 사라지고 또한 그와 함께 계급, 정치적 이데올로기, 문화형태 간의 차이, 미디어 기호와 현실 자체 간의 차이는 내파된다. 이처럼 많은 미디어나 사회분야에서 구분 짓던 경계와 차이는 환영의 비차별적인 흐름 속으로 내파되는 것처럼 보이지만 이것은 단지 욕망의 유물론을 전개하려고 노력하면서, "현실은 불가능하다. 그것은 단지 보다 더 인위적인 것이다."라고 들뢰즈, 가타리는 주장한다(Deleuze, Gilles and Guattari, 1983, 최명관 옮김, 1999: 43).

대중매체, 광고, 정보, 사회 등의 문화영역이 생산과 경제활동에 보다 직접적인 역할을 담당하게 된 현 상황에 대한 장 보드리야르의 진단(diagnosis)은 프레드렉 제임슨의 자본주의 문화론과 맥락을 같이한다. 다시 말해 후기구조주의 사상가나 포스트모던 사회이론가들이 오늘의 우리 시대가 단편성, 차이와 이질성, 다양성과 다원성, 그리고 인과적으로 설명할 수 없는 온갖 요소가 혼재하는 시대이기 때문에, 이 같은 사회현실을 총체적으로 재현하는 것은 불가능하지만 재현의 가능성을 포기할 수는 없다. 프레드렉 제임슨이 보는 후기자본주의 시대에 나타난 재현의 형태는 문화적 대중주의, 문화적 생산물의 깊이 없음, 비판적 거리 말소, 의미가 해체는 되지만 그 흔적은 잔존하고 있다. 따라서 장 보드리야르가 말한 재현 불가능이나 이분법 구분철폐 그리고 의미가 완전 말소된 내파는 일어나지 않는다.

쟈크 데리다의 해체주의 입장에서 본 장 보드리야르의 내파이론은 서구 담론 속에 유지되어 온 진리 / 허위, 주관 / 객관, 지식 / 허구 등의 이분법을 폐기하거나 진리의 문제가 포기되었을 때에는 비판적 질문 자체가 제기될 수 있다는 한계를 분명히 전제한다. 포스트모더니즘은, 특히 장 보드리야르의 내파이론은 진리와 허위, 현실과 재현, 사실과 기호 사이의 구분을 전면 폐기한다. 다음 <표 14>는 쟈크 데리다의 해체주의 관점에서 내파이론의 비교이다.

〈표 14〉 해체주의 관점에서 내파이론의 비교

내 용	내파이론	소쉬르의 구조언어학	해체주의
이미지	본래의 이미지만 존재	청각적 이미지와 개념	본래의 이미지, 재생된 이미지 각기 존재
의 미	근원적	언어 외적 의미의 근원 부정	반근원적
의미차이	차이소멸	대립 / 차이	차 연
기 의	소 멸	개 념	끝없이 지연
지시대상	소 멸	존 재	존 재
이분법	철 폐	이원적 대립	존 재
재 현	불 가	가능성 인정	차연에 기인된 환상
주장논리	simulacr,implosion, hyperreality	구조언어학 (언어학적기호)	차연, 흔적(trace)

포스트모던 시대에서 코드나 모델 등의 기호세계는 생산양식이 아닌 의미생성양식에 의해 지배되므로 기호와 지시대상 간의 연관성이 파괴된다. 그러나 장 보드리야르는 이를 리얼리티의 소멸로 확장시키고, 리얼리티의 소멸 위에 세워지는 내파의 세계를 바로 포스트모던의 시뮬라시옹라고 본다. 시뮬라시옹은 모델과 코드에 의해 지배되는 양식이다. 모델과 코드의 배열조합에 따라 형식을 달리하므로 시뮬라크르는 비결정성의 세계이며, 사실논리나 이성질서(order of reason)와 관계없고 결정론6)이나 인과성 등의 리얼리티 원칙이 내파로 사라진 세계이다. 따라서 리얼리티의 부재(absence)를 은폐하는(dissimulate) 시뮬라크르의 세계로서 시뮬라시옹은 리얼리티 원칙과 진리원칙을 내파로 흡수한 무차별의 양상을 띤다. 장 보드리야르의 내파이론은 기존 기호체계에서 벗어난 기호화 논리로 보아야 할 것이다.

이 내파이론은 후기구조주의자들의 지시대상체(referentiality) 비판과 비교 가능하다(Kellner, 1989: 105). 특히 쟈크 데리다가 "텍스트 바깥엔 아무것도 없다(there is nothing outside of the text)"고 한 것이 장 보드리야르의 경우에는 "시뮬라시옹 이

---

6) 결정론(determinism)은 모든 사건은 선행사건에 따라 필연적으로 발생한다고 보는 입장. 결정론은 어떠한 우발도 부정한다. 자유를 환상이 라고 여기거나(강한 결정론) 필연성에 귀속되는 것(약한 결정론)으로 간주한다(Michael, Heim, 여명숙 역, 1997: 236).

외엔 아무것도 없다"로 된다. 그러나 쟈크 데리다의 해체론은 서구 담론 속에 유지되어 온 진리 / 허위, 주관 / 객관 등의 이분법이 어떻게 이데올로기적 담론을 구성해 왔는가를 질문하지만 이 이분법을 폐기하거나 진리나 재현의 문제를 포기하지 않는다. 그러나 장 보드리야르의 내파의 세계는 진리 / 허위, 현실 / 기호 사이의 구분을 전면 폐기하고 재현의 종말을 선언한다. 이런 점에서 장 보드리야르의 포스트모더니즘은 언어와 지시대상 그리고 리얼리티의 문제에 대한 후기구조주의 입장의 극단을 취한 것처럼 보인다.

이것은 장 보드리야르가 세계를 '알 수 있게' 설명하기 위해 기호학의 방법론적 모형을 '빌려오는' 것이 아니라 기호 그 자체를 현대세계의 '보편적 현실'로 확대 과장했기 때문이다. 이런 과장의 결정적 계기는 노리스(Norris)가 지적한 대로 구조 언어학이 언어체계의 공시성을 기술하기 위해 내놓았던 '방법론'을 장 보드리야르가 사회현상의 '일반원칙'으로 확대한 데 있다(도정일, 1991a: 149).

그래서 노리스는 장 보드리야르가 이 시대의 지배적인 생활상에 대한 묘사적 설명에서 곧바로 '정당성'이나 '진리' 등의 모든 주장을 해체하는 전면적인 반리얼리즘의 입장(anti-realsit stance)으로 나아가는 오류를 범했다고 보며, 장 보드리야르의 포스트모더니즘을 동굴 밖엔 어떤 삶도 없다고 생각하는 고착된 결정성(fixed determination), 전도된 플라톤주의(inversed platonism)의 또 다른 양상이라 비판한다.

이런 점에서 내파현상도 장 보드리야르 자신이 비판한 형이상학으로 되돌아가는 아이러니를 범하게 된다. 형이상학에 대한 비판에도 불구하고 장 보드리야르의 사고는 항상 형이상학적이라고 비판받는다. 가치교환의 시대인 모더니티를 생산과 욕망의 거울시대라고 비판한 장 보드리야르가 그 이분법을 넘어선 영역으로 제시한 것은 바로 '상징계'였다. 그러나 상징계라는 또 하나의 기호영역을 포스트모던 시대의 안정책으로 내놓은 것은 장 보드리야르의 사고 또한 형이상학적 틀에서 벗어난 기호 또는 이미지를 보편현실로 올려 세우는 기호의 형이상학에 해당한다(도정일, 1991a: 150).

장 보드리야르의 포스트모던 세계에서는 주체 / 객체, 심층 / 표층, 현실 / 기호, 진리 / 허위, 여성 / 남성, 기표 / 기의 등의 구분이 내파로 인하여 존재치 않으므로 인식 주체와 재현대상 간의 거리(차이) 또한 소멸된다. 장 보드리야르에 따르면 주/ 객의 구분이 없고 인과성과 결정론 등 모든 리얼리티 원칙의 파괴 위에 세워진 시뮬라크르의 세계가 내파로 생성된 과실재성이며, 이 세계에서는 내파로 모델과 코드의 변형, 조합에 따라 그 형식을 달리하는 시뮬라시웅된 예술만이 그 가능으로 남기게 된다.[7]

또한 이미지가 내파되어 재현이나 모방을 부정하고 있다. 이는 기의가 내파되어 하나로 흡수 통합됨으로 기의 궁극적 소멸이다. 따라서 재생산(재현)된 것은 본래 것이자, 또한 이미지이면서 동시에 지시대상인 것이다. 따라서 지시대상체도 없고 재현도 불가능하다. 이를 장 보드리야르는 현대 자본주의에서 기표는 더 이상 기의를 표상하지 않고 기표 그 자체가 기의가 돼버린 것이다. 그러나 '이미지'는 내파적이지 않다는 것이 피스크(Fiske, in Curran, 1993)의 주장이다. 왜냐하면, 이미지는 지시대상과 차이에 의존하기 때문이다. 한편 '재현(재생산)' 개념도 이와 비슷하게 '본래의 것'을 필요로 하기 때문에 내파적이지 않다. 아직도 미디어 관점에서는 모방과 재현이론은 이미지가 그 지시대상을 최소한 반영이라는 가정에 바탕을 깔고 있다. 만약 장 보드리야르의 내파현상 대로 이미지가 내파되었다면, 수많은 화면에서 재생산된 이미지의 본래 현실이란 존재할 수가 없다. 전통 모방 및 재현에서는 이미지가 그 지시대상을 최소한 반영이라는 데 있다. 또한 기호가 표상하는 것은 저 밖의 지시대상체이고, 기호는 항상 그것이 표상하는 대상체를 가리키고 있다. 비록 장 보드리야르의 과실재성(예 황금산, 신(神) 등)은 지시대상이 없다고 하는데 이는 그렇지 않다. 우리가 추구하는 대상체는 아직도 자연에 존재한다. 단지 저 밖의 지시대상이 객관적으로 너무 많이 무수히 존재하기 때문에 우리가 선택의 폭이 너무 많아졌다는 것이다. 예를 들어 신의 지시대상은 기원하는 사람에 따라, 성공, 행복, 출세 등 너무 많다는 것이다. 그래서 기의가 최소한 존재하고 이에 따라 지시대상도 소멸된 것이 아니란 논리이다. 장 보드리야르는 이미지의 내파로 지시대상이

---

7) "Triump of the sign over its referent, the end of representational art, the begining of a new from art which he will privilege with his term 'simuiation' art as the simulation of models"(Kellner, 1989: 109).

소멸됨으로써 재현의 불가능성을 보인 것은 주/객의 전통적 구분법 위에 서 있는 재현적 인식론의 종말을 의미한 것이지만, 포스트모던 시대의 예술로서 '내파된 시뮬라크르의 모델 예술'을 그 가능성으로 내세운 것은 그 또한 인간 세계에 있어서 재현적 인식이 불가피함을 드러내는 것이다.

전통적 주류미디어는 현실이 부호화된(en‑code) 현실이다. 이는 현실을 재현하는 일련의 이데올로기 체제 속에서 거짓말과, 왜곡과, 생략과, 현실을 얼버무리는 것으로 차이는 생성되기 마련이다. 비록 우리의 인식과는 별개로 객관적이고 실증적인 현실이 따로 존재한다 하더라도 우리가 갖고 있는 문화적 코드를 떠나 현실을 객관적으로 인식하고 이해할 수 있는 방법은 따로 없다. 이런 점에서 어느 문화에서나 우리가 인식하는 현실이랑 항상 한 문화의 코드에 의한 산물일 수밖에 없다. 결국, 우리가 알고 있는 현실은 이미 부호화되어 있는 것이며, 결코 '있는 그대로'일 수는 없다.

그리고 만약 코드화된 현실의 일부가 방영될 경우 이것은 가시 문화적으로 이해 가능한 것으로, 그리고 기술석으로 전달 가능한 것으로 만들이져 나타나게 된다. 장 보드리야르의 텍스트에 내재된 모든 텍스트를 소쉬르의 언어구조학과 쟈크 데리다의 해체전략에 상정할 때, 이 논리는 의미의 차이를 언어 외적 차이로 변별됨과 의미의 고정된 의미를 주장한 소쉬르의 논리보다는 쟈크 데리다의 차연 개념에 근거한 의미는 끝없이 지연되고, 재현의 가능성은 차연의 망각에 기인된 환상이라는 것이다. 따라서 장 보드리야르의 내파현상은 재현을 불가능하다고 보고 있기에 해체된다. 또한 포스트모던 시대는 차이를 교묘히 변조(modulate)하여 대량 생산하는 시대이다. 후기자본주의에서 차이의 변조가 아직도 생산조작의 기본이면, 소비문화가 지속하는 한 앞으로도 계속 그럴 것임을 가정하고 있다. 소비사회에 모조, 광고, 소모는 소비 사회를 이루는 기본요소이다. 차이변조(差異變調), 차이유도(差異誘導), 차이선택(差異選擇)은 소비사회를 연출하는 세 정수(整數: parameters)들이다. 모조는 차이의 변조에 의해서 소모품들을 재생산해 내고, 광고는 모조의 재생산과 가능한 소모에 대해 차이의 계열체(系列體)를 유도하며, 소비자는 차이의 계열로부터 통합체적 소모행위를 한다. 여기서 차이가 어떤 변수형태를 취하건 그 차이는 전적으로 부유가치에 의해서 무작위로 정해진 것이기 때문에, 그것은 전혀 불확정적이고 혼돈스러운 개념이다. 달리 말하면 차이를 의미롭게 정박시킬 아무런 준거가 없다. 현대의 기호학은 '기호 사이의 차이'로 넓게 변용되고 있다. 이와 같은 차이의 변조 개념은 장 보드리야르가 기술하는 '유혹의 기표'의 중요한 일면을 다른 각도에서 반영한 것이다. 따라서 장 보드리야르의 내파현상으로 우리 사회 대중문화를 읽어내기는 어렵다는 논리이다. 그래서 우리 대중문화 속에서 나타난 장 보드리야르의 내파이론의 그 진정성(authenticity)은 포스트모던 언어(과실재성 언어)로서 탈언어적 범주(기호학적 범주)로 재구성하려는 시도로 보아야 할 것이다.

제 11 장

장 보드리야르의 본질론(essentialism)과 재현 이론(representational theory)

문화연구 관점에서 내파논리를 어떻게 인식해야 하는가 하는 의문점을 남긴다. 문화연구의 영역에서 내파가 지니는 학문적 문화연구는 여러 분야에서 적용될 수 있을 것이다. 그러나 내파이론이 과연 후기산업사회에서 한국의 대중문화를 얼마만큼 적절히 설명해 낼 수 있는지를 대중문화, 소비문화 형태 중심으로 일어난 외파·내파현상을 살펴보았다. 기호학적 접근으로 내부를 해체하면, 내파는 대립되던 기호와 지시대상이 하나로 통합된 개념(a single concept)이다. 즉 이미지와 현실은 서로 다른 존재론적 지위를 갖는 것이 아니라 '본래의 것이 그대로의 이미지다'라는 점은, 전통적인 주류미디에서 우리의 현실을 부호화하여 현전(現前, presence)의 이미지 투영을 통하여 최대한 반영, 굴절되고 왜곡된 현실로 재현이나 재생산될 수 있는 개념과는 어떻게 다른가 하는 것이 하나의 쟁점이 될 수 있다.

또 하나는 전통적 재현체계에서는 우리가 체험한 현실을 기의와 기표로 연결해 이미지로 그대로를 반영하려는 재현체계이지만, 장 보드리야르의 내파이론은 기의 / 기표 / 이미지를 동일선상에서 중심적이고 고정된 차이 없는 의미관계로, 원본을 전제하지 않은 하나로 보는 로고중심주의(logocentrism)의 덫에 걸려서 본질론(essentialism)과 재현이론(representational theory)을 부정하고 있는데, 이를 후기구조주의와 쟈크 데리다의 해체주의 관점에서 내파가 차이를 소멸시켜, 장 보드리야르 자신이 오히려 기존의 이원적 대립 구도를 전제하고 있는 것은 폭력적인 서열제도를 실천하고 있다고 본다. 또한 쟈크 데리다의 해체주의 역시 의미 붕괴, 의미의 내포가 해체 전략이다. 그렇다면 내파이론은 쟈크 데리다의 해체론과 같은 맥락의 연장선에서 볼 수 있는 개념이 아닌가 하는 것이 주목된다.

향후 연구에서 내파이론을 기호학적 접근으로 내부의 해체론적 방법을 선택할 수 있을 것이다. 이 방법은 문헌상의 기술(description)과 논리적이고 이론적인 해석을 기초하여, 장 보드리야르의 내파이론이 근거하고 있는 그 중심적 구성요소를 재평가하는 소위 내재적 비평방법(the method of immanent critique)이다. 이 비평방법에는 연구대상이 되는 장 보드리야르의 내파이론을 중심으로, 그와 관련된 장 보드리야르의 이론들을 쟈크 데리다의 해체전략에 적용하여 비교 고찰할 수 있을 것이다. 이 해체전략은 모든 기준과 근원 및 중심을 거부하기 때문에 쟈크 데리다의 해체전략은 텍스트에 내재된 모순을 해체하고 재해석하는 것이다. 그 전략은 내파이며 내부로부터의 해체라 할 수 있다. 이 해체전략은 주어진 해체대상의 텍스트를 읽을 때마다, 비교되는 이론을 적용시켜 비교 고찰하는 형식을 취할 수 있을 것이다. 그 해체적 전략방법은 첫째 기호를 만들고 있는 숨겨진 원리인 코드들을 깨어보는 것이다. 둘째 궁극적으로 해체된 기호의 코드들을 재조립하여 그 문화적, 즉 언어적 의미를 재해석하는 것이다. 단계별 해체전략은 다음과 같이 항목별로 설명할 수 있다. 첫째, 해체전략 1단계에서 우선 각각의 텍스트에 상정된 이원적 대립체계를 발견하고, 이원항목들을 텍스트 자체의 논리에 따라서 철저히 심문하여, 그러한 논리에 내포된 모순을 지적한다. 그리고 상기의 이원적 대립체계를 변증법적으로 종합해, 특히 말보다 글, 즉 형식화된 언술(이미지, 영상, 기표)을 우선시하는 새로운 서열제도 관점에서 텍스트의 목적성, 객관성과 주관성, 존재와 사유, 지배와 종속관계, 자의성 관련 여부 등의 기준, 그리고 근원(중심)과 주변관계들을 쟈크 데리다의 해체론의 반근원주의(antifoundationalism)에 입각해 해체한다. 둘째, 해체전략 2단계로서 해체대상으로 상정된 텍스트에서 현실과 이미지가 서로 다른 평면에 존재하고 있는지 관계여부를 따져본다. 다시 말해 텍스트가 제시하는 기호의 기표, 기의와 지시대상 사이에서 의미의 차이가 존재하는 언어체계인지 분석하여 본다. 그리고 나서 현실과 이미지가 동일한 평면상에 존재하는가의 여부를 따져본다. 즉 기표, 지시대상, 그리고 기의 간에 내파되어 의미의 차이가 소멸된 관계의 언어체계인지 확인한다. 셋째, 해체전략 3단계에서는 해체대상으로 상정된 내파이론의 텍스트의 이미지에 함축된 의미를 찾아낸다. 즉 기호를 이루고 있는 기표가 어떤 형태를 하고 있으며 왜 그런 형태를 취하고 있는지를 알아보는 것이다. 그리고 이 단계에서 이미지가 나르는 의미(기의)들의 연쇄 고리들을 찾아내어 보는 것이다. 즉 기호에 감추어진 신화(이야기체)를 발견하고, 그 이야기체를 해석하여 본다.

장 보드리야르의 내파이론(implosive theory)은 이 시대의 사회·문화적 특성에서 나타난 현상을 적절히 설명할 것 같지만 그 구조를 자세 들여다보면 아직도 그 전제에 몇 가지 검증되어야 할 부분이 있다. 즉, 내파이론이 전통적인 재현개념과 마찬가지로 미디어가 제시하는 이미지의 밖의 객관적인 현실을 전제하는 개념인지, 또는 의미의 발산으로 기호학적 의미작용체계(signification system)에서 벗어나는 다른 변형에 불과한 이론인지를 재고찰해 볼 필요가 있다.

향후 연구문제

지금까지 논의된 바와 같이 장 보드리야르의 내파이론(implosive theory)은 이 시대의 사회·문화적 특성에서 나타난 현상을 적절히 설명할 것 같지만 그 구조를 자세 들여다보면 아직도 그 전제에 몇 가지 검증되어야 할 부분이 있다. 즉, 내파이론이 전통적인 재현개념과 마찬가지로 미디어가 제시하는 이미지의 밖의 객관적인 현실을 전제하는 개념인지, 또는 의미의 발산으로 기호학적 의미작용체계(signification system)에서 벗어나는 다른 변형에 불과한 이론인지 향후 연구자들의 몫이다.

첫째, 장 보드리야르의 내파이론은 전통적인 주류미디어 연구의 '재현 개념'과 어떻게 비교될 수 있으며, 전자에 의한 후자의 비판은 어떤 이론적 근거에서 성립 가능한 것인가?

둘째, 장 보드리야르의 내파이론이 지니는 특성으로, 미디어가 제시하는 현실의 이미지와 객관적 현실 사이의 내파는 후기구조주의 / 쟈크 데리다의 해체주의 관점에서 수용 가능한 것인가? 셋째, 장 보드리야르의 내파이론이 후기자본주의에서 상징적 이미지(기호)의 교환가치로서, 대중문화적 특성을 설명하는 이론적 틀로서 채택될 수 있는가. 그렇지 않다면 어떤 대안이 가능한 것인가? 재론의 필요가 있다. 본 연구를 위해 장 보드리야르의 내파이론의 기원과 그 의미를 찾아내 분석하고, 해체하며, 비교 고찰하는 형식에 따라 그 이론들과 유사한 개념이나 이에 상응하는 이론들과 비교하여 실체를 밝히는 데 이해가 될 것이다. 또한 그의 연구범위를 한정하여 볼 수 있다.

첫째, 장 보드리야르의 이미지, 시뮬라크르 논리의 기원적 의미와 그 사상, 그리고 사회·문화적 함의와 모방 및 재현에 대한 언급을 하고 있는 플라톤의 모방론(the mimetic approach), 들뢰즈와 푸코의 시뮬라크르 이론들을 비교한다. 둘째, 장 보드리야르의 내파이론적 시원은 마샬 맥루한의 '인간의 확장'에서 찾는다. 이는 장 보드리야르의 시뮬라크르와 하이퍼리얼리티 개념들의 원리, 그리고 그의 세계관을 분석하는 데 있어 통찰력을 제시한다. 이러한 맥락에서 그의 논리 또한 이분법적(dualistic) 사유를 전제하고 있음을 밝히는 데 초점을 맞추어 비교하겠다. 또한 이를 소쉬르의 '차이개념'과 쟈크 데리다의 반근원주의를 기초로 한 '차연(différance)'으로 하여금 내파이론의 모순점을 밝힌다. 셋째, 장 보드리야르의 내파이론에서 우리의 현실이 미디어를 통해 내파되어 과실재성으로 나타난다는 점에서는, 피스크(J. Fiske, 1990)의 텔레비전의 약호, 포스트모더니즘과 텔레비전 그리고 돈 이히데(Don Ihde, 1982)의 기술철학의 원리 등을 적용해 비교하겠다. 피스크가 주장한 텔레비전의 텍스트를 구성하는 약호들은 '현실'과 '재현' 그리고 '이데올로기'의 세 수준에서 논의되고 있으며, 돈 이히데의 이론은 인간과 미디어와 저 밖의 세계와의 체험과정을 체계화한 이론이기 때문이다. 또한 장 보드리야르의 세계관을 그레마스(Greimas, A., Julien)의 기호학적 사변형'을 적용시켜 그의 각 행위소(actant)를 해체할 것이다. 넷째, 장 보드리야르의 '내파이론'이 한국사회의 대중문화현상을 실명할 수 있는지를 살펴보고자 한다. 특히 프레드렉 제임슨(F. Jameson)의 '후기자본주의 문화론'이 어떻게 후기산업사회의 대중문화현상을 설명하고 있는가를 비교하겠다. 프레드렉 제임슨은 포스트모던적 소비자본주의 사회에서 내파가 문화영역과 경제영역을 와해시켰으며 경제적 생산물과 문화적 생산물과의 관계를 붕괴시켜 문화와 경제 간의 차이가 소멸되었다고 주장했기 때문이다. 이러한 점에서 프레드렉 제임슨의 이론은 장 보드리야르의 내파이론과 맥락을 같이하고 있다고 여겨진다. 그러나 장 보드리야르는 현실과 이미지, 그리고 지시대상이 소멸되어 더 이상 재현이 가능하지 않다는 주장으로 재생산의 논리를 가로막고 있지만 프레드렉 제임슨은 경제적 생산물과 문화적 생산물의 관계가 붕괴되었다고 주장한다 해도 동시에 재생산의 가능성을 인정하고 있어 비교가 된다. 그러므로 프레드렉 제임슨의 자본주의 문화론과 비교를 통해 장 보드리야르의 내파이론이 후기산업사회의 사회·문화를 설명하는 틀로서 채택될 수 있는지 점검할 수 있으리라 판단된다. 여기서는 모더니즘과 포스트모더니즘 관점에서 시장의 소비행위를 중심으로 그 사례를 분석하고자 한다. 시장은 사람과 사람, 공간과 공간을 한데 묶는 끈이다. 시장은 우리의 삶과 민속이 모이는 곳이며 대다수 민중(대중)[1]들의 삶의 실천에서 매개공간이 된다. 많은 형태의 시장 중에서도 현대 한국의 농수산물도매시장[2]은 재래시장과 다르다. 이 농수산물시장은 후기산업사회가 지니는 특성들이 총체적으로 발견될 수 있을 것이다. 이 총체는 스튜어트 홀(Hall)이 주장한 문화회로(curcuit of culture)의 다섯 단계(생산, 재생산, 규제, 정체, 소비) 이행 과정에서, 전통적으로 경제적 영역으로 여기는 시장을 문화의 공간으로 인식할 수 있다는 점이 주목할 만하다. 이 새로운 시각은, 시장에서 경제가치인 상품의 사용가치에서 상징적 교환 기호가치로 이행되는 실천을 관찰하게 될 것이다. 오늘날 농수산물시장에서는 생산자, 상인, 소비자, 상품들을 한데 묶은 등가적인 상징적 기호와 이미지 그 자체가 상품으로 구매되고 소비되고 있기 때문이다. 장 보드리야르의 내파이론을 보다 정확하게 분석하기 위해서 모더니즘적 시대를 특징짓던 테크놀로지, 기계화와 상품의 외파(explosion)의 연장선에서 전통적으로 당연시해 온 모든 유형의 이원적 대립체계가 근본적으로 무너지는 내파(implosion)현상, 즉 과실재성 상품, 재현(재생산)의 위기, 주체의 소멸 등 현상들을 시장의 소비문화 형태를 중심으로 쟈크 데리다의 해체주의 관점에서 살펴볼 것이다.

---

1) 현대에 와서 민중은 두 가지 서로 다른 종류의 함의를 지니게 되었는데 그 하나가 많은 사람들의 무리 혹은 군중이라는 것으로서 저급함, 무지, 불안정을 특성으로 지니고 둘째가 동일한 사람들이지만 긍정적인 사회세력으로 보이지도 않고 그럴 가능성도 없는 사람들을 가리키고 있다는 것이다(Williams, 1976: 192~195). 민중이란 표현은 많은 사람들, 흔히 피지배 계급으로서의 일반대중을 가리킨다. 특히 장 보드리야르가 표현하는 '대중'이란 표현은 전기적인 의미에서 쓴 것임을 유의할 필요가 있다. 즉 대중에 접하면 무엇이나 전기를 띠지 않은 중립상태로 되어버린다는 뜻이다. 단순한 무관심에 의해서 대중은 일체의 내용을 말소시켜 버린다(크리스티앙 데캉, 김화영 옮김, 1991: 112, 김성기, 1993: 121에서 재인용). 앞으로 연구의 진행을 위해 '사람들', '민중', '대중'을 같은 의미로 보고 '사람들'이나 '대중'으로 표기하겠다.

2) 농수산물도매시장(農水産物都賣市場)이란 농수산물유통및가격안정에관한법률(이하 '농안법'이라 한다)에 의하여 특별시, 광역시 또는 시가 농림부장관이나 해양수산부장관, 도지사의 허가를 받거나 또는 직접 관할 구역에 개설하는 시장을 말하며, 공공 주체가 시장을 관리·운영하는 것을 강조하여 공영 도매시장이라고도 한다. 현재 서울가락동 농수산물도매시장(1985년 6월 개장)을 비롯하여 구리, 수원, 인천, 대전, 부산, 대구 등 전국에 24개 공영 도매시장이 개설되어 있다. 본 연구에서는 농수산물도매시장을 '농수산물시장'이나 '시장'이라고 칭한다.

참고문헌

[국내 자료]

1) 단행본 및 전기류

강내희. (2000).『문학과학』, 2000년(겨울호).

강내희 외. (1996). "박명진: 청소년과 새로운 미디어문화—포스트모던 문화의 관점", 『문화연구 어떻게 할 것인가?』, 현실과 문화연구.

강만석. (1994). "의미 – 재미 – 권력의 문제를 통해 본 신수용자론 연구", 성균관대학교 대학원, 박사학위논문.

김경해. (2003).『Let's PR』, 매일경제신문사.

강명구. (1993).『소비대중문화와 포스트모더니즘』, 민음사.

강영계. (1994).『니체, 해체의 모험』, 고려원.

권택영. (1993).『포스트모더니즘과 사회』, 문예출판사.

김경용. (1993).『미디어 신화』, 경문사.

김경용. (1995).『기호학이란 무엇인가 』, 민음사.

김미경. (1999). "웹 미디어 시장의 자생적 질서 구축과정에 대한 연구", 중앙대학교 대학원, 박사학위논문.

김상환. (1995a). "매체와 공간의 형이상학",『언론과 사회』제9호, 성곡언론문화재단.

김상환. (1995b). "미의 초월성과 인공미",『문학동네』, 제3호(여름호).

김상환. (1999).『해체론 시대의 철학』, 문학과 지성사.

김선풍·리룡득. (1993).『속담이야기』, 국학자료원.

김성곤. (1986). "해체이론에 대한 논의",『예술과 비평』, 제9호.

김성곤. (1989). "모더니즘과 포스트모더니즘", 『현대시사상』, 3집.

김성기. (1993). "포스트모더니즘의 사회이론에 관한 연구", 서울대학교 대학원 사회학과 박사학위논문.

김성기. (1991). 『포스트모더니즘과 비판 사회과학』, 문학과 지성사.

김성도. (1999). 『로고스에서 뮈토스까지』, 한길사.

김성재 외. (1998). "윤선희: 포스트모던 영상미학의 아우라와 시뮬라시옹", 『매체미학』, 나남출판.

김우룡. (1992a). 『뉴미디어 개론』, 나남출판.

김우룡. (1992b). 『커뮤니케이션 기본이론』, 나남출판.

김우룡·정인숙. (1995). 『현대 매스미디어의 이해』, 나남출판.

김우창 외. (2000a). 『이미지는 어떻게 살고 있는가』, 생각의 나무.

김우창. (2000b). "이승환: 도와 로고스", 『비평』, 생각의 나무.

김욱동. (1990). "포스트모더니즘의 개념 정립을 위하여", 『포스트모더니즘 이해』, 문학과 지성사.

김욱동 외. (1991). "도정일: 표피문화이론 극복을 위하여", 『현대예술비평』, 청하, (여름호).

김원태. (1997). "속담의 커뮤니케이션 역할과 사회적 기능에 관한 연구", 『한국커뮤니케이션학』, 제5집, 한국커뮤니케이션학회.

김유경. (1999). "호프스테드의 문화차원(5-D)에 나타난 광고거리(Advertising Distance)에 관한 연구", 한국외국어대학교.

김유동. (1993), 『아도르노와 현대사상』, 문학과 지성사.

김영효. (1999). 『쟈크 데리다의 해체 철학』, 민음사.

김용호. (1990). "문화적 허구의 해체를 위한 기호론적 접근: 유식설의 적용", 서강대학교 대학원 신문방송학과 박사학위논문.

김정탁. (1995). "한국 TV 방송 뉴스 보도의 현주소와 발전 방안 연구", 방송문화진흥회 1995년도 하반기 심포지엄.

김준섭. (1966). 『논리학』, 정음사.

김지영. (1992). "장 보드리야르, 문화적 소비, 환영 아닌 환영", 『문학과 사회』, (겨울호).

김진균 외. (1998). 『사회학의 명저 20』, 샛길.

김진석. (1994). 『니체에서 세르까지』, 솔.

김흥규. (1990). 『Q 방법론의 이해와 적용』, 서강대언론문화연구소 편.

고종석. (1995). "정보화시대의 음산한 풍경화", 『한겨레신문』, 1995년 2월 8일, 13면.

권태환 외. (1997). 『정보사회의 이해』, 미래미디어.

뉴턴 가버·이승종. (1999). 『쟈크 데리다와 비트겐슈타인』, 민음사.

도정일. (1990). "자크 라캉이라는 좌절 / 유혹의 기표", 『세계의 문학』.

도정일. (1991a). "표피문화이론의 극복을 위하여", 『 현대예술비평』, 청하, (여름호).

도정일. (1991b). "리오따르의 소서사이론 비판", 『포스트모더니즘의 쟁점』, 정정호, 강
      내희 편, 터.

도정일. (1991c). 『창작과 비평』, 청하, (봄호).

라도삼. (1997). "가상공간에서의 주체의 형태변화에 대한 연구", 중앙대 대학원 신문
      방송학과 박사학위논문.

라도삼. (1999a). 『비트의 문명, 네트의 사회』, 커뮤니케이션북스.

라도삼. (1999b). "가상공간의 전경과 삶의 단편들: 리니지를 중심으로", 한국언론정보
      학회, (가을).

라도삼. (2000). "가상공간에 대한 권력-욕망론적 접근: 들뢰즈(Z.Deleze)·카타리(F.
      Guattari)의 욕망과 코드화 이론", 중앙대 신문방송학과.

문화연구회 편. (1994). 『혼돈과 질서』, 현실문화연구.

민중서관. (1997). 『엣센스 국어사전』, 민중서관.

박기순. (1998). "한국인의 커뮤니케이션: 체면-눈치-기분의 상호거래적 분석에 대한
      시론", 『한국커뮤니케이션학』, 제6집, 한국커뮤니케이션학회.

박기순. (2000). 『인간 매체, 커뮤니케이션』, 커뮤니케이션북스.

박명진. (1994). 『비판커뮤니케이션과 문화이론』, 나남출판.

박이문. (1997). 『현상학과 분석철학』, 일조각.

박정순. (1995). 『대중매체의 기호학』, 나남출판.

신재형. (1998). "대중 문화속에서의 하이퍼리얼리티 연구", 서강대학교 언론대학원.

심광현. (1993). "광고의 예술화와 예술의 광고화", 『광고의 신화, 욕망, 이미지』, 현실
      문화연구.

심광현. (1996). "전자복제시대와 이미지의 문화정치: 벤야민 다시읽기", 『문화과학』,

(여름호).

손병우. (1988). "라캉(J. Lacan)의 주체이론과 이념작용 분석에 관한 연구", 문학석사
　　　학위논문, 서울대학교.

손　용. (1984). 『뉴미디어론』, 세영사.

손　용. (1989). 『현대방송이론』, 나남.

서경철. (1998). 『기호에서 텍스트로』, 민음사.

서동욱. (2000). 『차이와 타자』, 문학과지성사.

성진근외. (1997). 『농산물 신물류 혁명』, 농민신문사.

양성호. (1999). "커뮤니케이션 정책으로서의 문화정책." 『韓國커뮤니케이션學』, 제7집,
　　　韓國커뮤니케이션學會.

원용진. (2000). 『대중 문화의 패러다임』, 한나래.

여건종. (2001). 『비평』, 생각의 나무.

이강수. (1993). 『현대 매스커뮤니케이션 이론』, 나남.

이기상·구연상. (1998). 『존재와 시간 용어 해설』, 까치.

이은우. (1998). 『멀티미디어 시대의 기호학』, 타임기획.

이동후. (2000). "사이버스페이스와 자아", 한국외국어 대학원 기획강좌.

이상섭. (2001). 『문학비평 용어사전』, 민음사.

이석현. (1997). "Postmodernism과 Video Art에 관한 연구", 동국대학교 교육대학원 미
　　　술교육전공.

이성원. (1994). "해체의 철학과 문학 비평", 『현대 비평과 이론』, 가을·겨울호, 한신
　　　문화사.

이승구 외. (1989). 『영화용어해설집』, 집문당.

이승환. (2000). "도와 로고스", 김우창 외, 『비평』, 제3집, 생각의 나무.

이승훈. (1997). 『포스트모더니즘 시론』, 세계사.

이승훈. (2000). 『유통 현장 실무 용어』, 남두도서.

이영철. (1997). 『현대모더니즘과 모더니즘론』, 시각과언어.

이우주. (1992). 『의학사전』, 아카데미서적.

이용옥. (1996). 『사이버문학의 도전』, 토마토.

이준일 외. (2000). 『영상매체학개론』, 커뮤니케이션북스.

이정우. (1999). 『시뮬라크르의 시대』, 거름.

이정우. (2000). 『가로지르기』, 산해.

이정호. (1995). 『포스트모던 문화읽기』, 서울대학교.

이정춘. (2000). 『미디어 사회학』, 이진출판사.

이진경 외. (1999). 『철학의 탈주』, 새길.

이화자. (1993). 『된 광고 든 광고 난 광고』, 나남출판.

이채린, (2001). "인터넷 방송단속 표현의 자유·법적근거 논란", 『뉴스메이커』, 제409호, 경향신문사.

유선영. (1995). 『커뮤니케이션과 문화』, 성균관대학교 출판부.

유평근·진형준. (2001). 『이미지』, 살림.

윤근관. (1997). "정치논리적 시각에서 본 장 보드리야르의 포스트모더니즘이론에 관한 연구", 부산대학교 교육대학원.

윤병철. (1999). 『커뮤니케이션, 사회학의 매듭』, 한올.

윤준수. (1998). 『인터넷과 커뮤니케이션 패러다임의 대전환』, 커뮤니케이션북스.

윤영민. (2000). 『사이버 공간의 정치』, 한양대학교 출판부.

윤채근. (2000). 『차이와 체계』, 월인.

전경갑. (1999). 『현대와 탈현대의 사회사상』, 한길사.

정기현. (2001). "광고와 커뮤니케이션", 조병량 외, 『현대광고의 이해』, 나남.

정승모. (1992). 『시장으로 보는 우리문화 이야기』, 웅짓단컴.

정창국. (1993). "Derrida의 해체이론 연구", 성균관대학교 대학원.

정정호·강내희. (1966). 『포스트모더니즘』, 문화과학사.

정재철. (1998). "포스트모더니즘과 문화연구", 『문화연구이론』, 한나래.

정정호. (1989). "영미에서의 포스트모더니즘 논의의 전개", 『외국문학』, (겨울호).

정현숙. (2001). "우리는 왜 문화간 커뮤니케이션을 알아야 하나", 김숙현, 박기순, 최윤희 외 『한국인과 문화간 커뮤니케이션』, 커뮤니케이션북스.

조봉환. (1978). "보부상의 커뮤니케이션 활동에 관한 연구", 서울대학교 대학원.

조 순. (1997). 『경제학 언론』, 법문사.

조종혁. (1994). 『커뮤니케이션과 상징조작』, 성균관대학교 출판부.

조종혁. (1998). 『현실과 신화』, 외대어대학교 출판사.

조종혁. (1999). 『커뮤니케이션學』, 세영사.

조종혁. (2001). 『커뮤니케이션학 연구 제9집』, "기표문화와 의미의 위기", 커뮤니케이션북스.

조철현. (1993). "대중문화의 상품미학과 스타이데올로기에 관한 연구", 서강대학교 대학원.

조우현 편. (1993). 『희랍 철학의 문제들』, 현암사.

채영숙. (1992). "포스트모더니즘과 재현의 문제", 경희대학교 대학원.

최문규. (1994). "포스트모더니즘과 해체구성", 『현대와 탈현대』, 사회문화연구소 연구회 편.

최 영. (1999). 『인터넷 방송』, 커뮤니케이션북스.

최윤희. (1999). 『비언어 커뮤니케이션』, 커뮤니케이션북스.

한국기호학회 편. (2000). 『영상문화와 기호학』, 문학과지성사.

허신행. (1999). 『우리 농촌, 희망은 있다』, 범우사

허신행. (2000). 『지식사회는 가고 정각사회가 온다』, 범우사.

허신행. (2001). 『상생의 사이버—정각사회』, 범우사,

허신행. (2001). "시장 유통의 진화와 농수산물 유통", 한국유통학회, (춘계).

홍성태 엮음. (1997). 『사이보그, 사이버걸쳐』, 문화과학사.

홍석경. (1999). "텔레비전 장치와 재연의 재현 양식", 황인성 편저, 『텔레비전 문화 연구』, 한나래.

2) 자료집

농어촌개발공사. (1981). 『유통 관련 용어집』.

서울특별시 농수산물공사. (1999). 『농수산물 가격월보』, (6월호).

서울특별시 농수산물공사. (2000a). "우리나라 농수산물 시장 변천 개요", 『가락시장 15년』, "우리나라 농수산물 시장 변천 개요".

서울특별시 농수산물공사. (2000b. 『농수산물 가격월보』, (6월호).

서울특별시 농수산물공사. (2000c). 『농수산물유통관련 용어집』.

서울특별시 농수산물공사. (2000d).『브랜드화 실태 및 개선방안』.

서울특별시 농수산물공사. (2000e).『서울의 다짐』.

동아출판사. (2001).『시사용어사전』.

새서울 뉴스, 2001. 11. 25일자

한겨레신문, 2007, 12, 5일자

조선닷컴, 2007. 12. 31일자

조선일보, 2007, 11. 24일자

조선일보, 2008. 1. 24일자

http://my.netian.com/~cyunk

http://dic.inuri.com

http://www.cprice.co.kr/cdic

http://hoshi.cic.sfu.ca/~guay/Paradigm/Global.htm

toughlb@ked.co.kr

http://www.agribrand.com

[국외 자료]

Acker, Kathy. (1986). ***Don Quixote***, New York: Grove Press.

Allen, R. (1992). 김훈순 역,『텔레비전과 현대비평』, 나남출판.

Altheid, L. David. & Snow, P Robert. (1979). ***Media Logic***. Beverly Hills & London: Sage.

Altman, R. (1986). "Television / Sound", in Modlsks, T. (ed.), ***Studies in Entertainment***: ***Critical Approaches to Mass Culture***. Bloomington and Indianapolis: Indiana University Press. Banner,

E. T. (1989). ***Structuralism & the Logic of Dissent***, Maccmillian Press.

Barthes, Roland. (1957). ***Mythologies***, ed. & tr., Annette Lavers, New York: Hill & Wang, 1972.

Barthes. (1964). "Rhétorique de l'image", *Communication(vol.no.4)*, 김인식 편역, 『이미지와 글쓰기: 롤랑 바르트의 이미지론』, 세계사, 1993.

Barthes. (1967). *Elements of Semiology,* tr., Annette Lavers & Colin Smith, New York: The Noonday Press, 1967.

Barthes. (1975). *The Pleasure of the Text*, tr., Richard Miller, New York: Hill and Wang, 1975.

Barthes. (1977). *Image－Music Text, tr., Stephen Heath*, New York: The Noonday Press.

Barthes. (1998). 이화여자대학교 기호연구소 옮김, 『모드의 체계』, 동문선.

Baudrillard. J. (1972). *For a Critique of the Political Economy of the Sign*, St. Louis: Telos Prsee.

Baudrillard. J. (1975). *The Mirror of Production*, St. Louis: Telos Press.

Baudrillard. J. (1981a). *Simulacres et Simulation*, Paris: Galilee.

Baudrillard. J. (1981b). *Simulacres et Simulation*, 하태환 옮김, 『시뮬라시옹』, 민음사, 1999.

Baudrillard. J. (1983a). *Simulations*, New York: Semiotext(e).

Baudrillard. J. (1983b). *In The Shadow of the Silent Majorities*, New York: Semiotext(e).

Baudrillard. J. (1983c). *Simulations*, tr., Paual Foss, Paul Patton, and Phillip Beitchman New York: Semiotext(e).

Baudrillard. J. (1983d). "The Ecstacy of Communication" in Foster.

Baudrillard. J. (1984a). "The Structural Law of Value and the Order of Simulacra", in J. Fekete(ed.), *The Structural Allegory*: *Reconstructive Encounters With the New French Thought*, Minneapolis: Minnesota Press.

Baudrillard. J. (1984b). "On Nihilism", *On the Beach(spring)*.

Baudrillard. J. (1987). *Forget Foucault,* New York: Semiotext(e)

Baudrillard. J. (1988a). *Selected Writings*, Mark Poster(ed.), Standford, Callifornia: Stanford University Press.

Baudrillard. J. (1988b). *Selected Writings*, Mark Poster(ed.), Cambridge: Polity Press.

Baudrillard. J. (1988d). *Consummer Society*, 이상율 역, 『소비의 사회』, 문예출판사, 1999.

Baudrillard. J. (1990a). *Seduction*, tr., Brian Singer, New York: St Martin's Press.

Baudrillard. J. (1990). *Fatal Strategies*, Jim Flemming(ed.), tr., Phiilip Betitchman and W. G. J, Niesluchowski, New York: Semiotex(e).

Baudrillard. J. (1992a), *De la Seduction*, Telis Press, 배영달 옮김, 『유혹에 대하여』, 백의, 1996.

Baudrillard. J. (1993a). *Baudrillard Live: Selected Interview*, Mike Gane(ed.), New York: Routledge.

Baudrillard. J . (1993b). *Symbolic Exchang and Death*, tr., Iain Hamilton Grant, London SAGE.

Baudrillard. J. (1993c). 김진석 편, 정연복 옮김, 『쟝 장 보드리야르 섹스의 황도』, 솔

Baudrillard. J. (1998b). *America*, New York: Verso.

Benjamin, W. (1982). *Das Passagen－Werk(vol.2)*, R. Tiederman(ed.), Frankfurt: Suhrkamp.

Benjamin, W. (1980). *The Work of Art In the Age of Mechanical Reproduction*, "기술복제시대의 예술작품", 차봉희 역, 『현대 사회와 예술』, 문학과 지성사, 1980.

Benjamin, W. (1969). *Illuminations*, tr., Harry Zohn, and Hannah Arendt(ed.), New York: Schocken Books.

Benveniste, Émile. (1985). "The semiology of language", in Robert E. Innis(ed), *Semiotics: An Introductory Anthology*, Bloomington: Indiana University Press.

Berger, Arthur. (1982). *Media Analysis Techniques*, Newbury Park, California: Sage.

Berger, John. (1990a). *Ways of Seeing*, 『이미지』, 동문선 편집부, 1998.

Berger, John. (1990b). *Ways of Seeing*, 강명구 역, 『영상커뮤니케이션과 사회』, 나남출판, 1998.

Berman, M. (1992). "Why Modernity Still Matters?" Lash / Friedman(eds.), *Modernity and Identity*, Basil Blackwell.

Berrng, H. Schmitt. (2002). *Experiential Marketing*, 박성연, 윤성준 옮김, 『체험마케팅』, 세종서적.

Best, Steven. (1989). "The Commodification of Reality and the Reality of Commodification: Jean Baudrillard and Postmodernism", *Current erspectives in Social Theory(vol.9)*.

Biocca, F. & Levy, M. R. (eds.). (1995). *Communication in the Age of Virtual Reality*, Lawrence Erlbaum Associates, Publishers.

Boorstin, Daniel J. (1987). *The Image*: *A Guide to Pseudo-Events in America. (25th Anniversary ed)*, New York: Atheneum / Macmillan.

Bourdieu, P.(1984). *Distinction*: *A Social Critique of the Judgement of Taste*, Cambridge, MA: Harvard University Press.

Bourdieu, P.(1986). *Sur La Télévision*, Liber-Raison, 현택수 옮김, 『텔레비전에 대하여』, 동문선, 1998.

Brown, Richard H. (1977). *A Poetic For Sociology*: *Toward a Logic of Discovery for the Human Sciences*, Cambridge: Cambridge University Press.

Brent D. Ruben. (1994). *Communication and Human Behavior*, 정근원 옮김, 『인간의 행동과 커뮤니케이션』, 민문사.

Bushev, M. (1994). *Synergetics*: *Chaos, Order, Self-Organization*, World Scientific Publishing Co.

Butler, C. (1995). *After the wake—An Essay on the Contemporary Avant-garde*, Oxford: Clarendon Press.

Capra, Fritiof. (1984). *The Tao of Physics. (2nd ed.)*, Toronto: Bantam Books.

Carey, James W. (1981). "McLuhan and Mumford: The Roots of Moderm Media Analysis", *Journal of Communication, Summer*.

Ceram, C. W. (1965). *Eine Archäology des Kinos*, 권기돈·이영미 옮김, 『사진으로 보는 영화의 역사』, 새물결, 1996.

Cho, M. and Cho, C. (1990). "Women Watching Together: an ethnographic study of Korean soap opera fans in the US," *Cultural Studies 4:1*.

Chultze, Quentin J. & Anker, Ray M. (eds.). (1991). *Dancing in the Dark*: *Youth, Popular Culture, and the Electronic Media, Grand Rapids*, Michigaan: Eerdmans.

Connor, S. (1988). *Postmodernist Culture*: *An Introduction to Theories of the Contemporary*, Oxford: Blackwell.

Connor, S. (1989), *Postmodern Culture,* 김성곤, 정정호 역, 『포스트모던 문화』, 한신문화사.

Cook and Kroker. (1994). *The postmodern Scene*, New York: Autonomedia.

Coquet, J. C. et al. (1982). *Sémiotique, l' Ecole de Paris*, Hachette.

Curran J., & Gurevitch, M. (1991). *Mass Media and Society*, Edward Arnold Press,

Curran J., & Gurevitch, M. (1991). *Mass Media and Society*, 김지운 외, 『현대언론과 사회』, 나남출판. 1993.

David R. Dickens and Fontana, Andrea. (1994). *Postmodernism and Sociaal Inquiry*, New York: The Guilford Press, 김시완 옮김, 포스트모더니즘과 사회논쟁』, 현대미학사, 1996.

Debord, Guy. (1977). *Society of The Spectacle*, Black & Red, 이경숙 역, 『스펙타클의 사회』, 현실문화연구.

Debray , Régis. (1992). *Vie et mort de l'mage,* 정진국 옮김, 『이미지의 삶과 죽음』, 시각과 언어, 1994.

Deetz, Stanley. (1973). Words without things: Toward a social phenomenology of language. *Quarterly Journal of Speech*. 59.

Deleuze, G. (1962). *Nietzsche et la Phoilosophie,* Paris: P.U.F., 이경신 옮김, 『니체와 철학』, 민음사, 1999.

Deleuze, G. (1969). *Logique Du Sens,* Paris: Ěd. de Minuit, 이정우 옮김, 『의미의 논리』, 한길사, 2000.

Deleuze, Gilles and Guattari. (1983). *Felix, Anti‐Oedipus*, Minneapolis: University of Minnesota Press, 최명관 옮김, 『앙띠 오이디푸스』, 민음사, 1999.

Dellilo, Don. (1986). *White Noise*, New York: Penguin.

Dennis L. Wulcix, Glen T. Cameron, Philip H. Ault, Warren K. Agee. (2003). *Public Relations, Strategies and Tactics*, Pearson Education, Inc.

Denzin, N. (1991). *Images of Postmodern Society: Social Theory and Contemporary Cinema*, London: Saga.

Derrida, J. (1976). *Of Grammatology*, Baltimore: Johns Hopkins University Press.

Derrida, J. (1973). *Speech and Phenomena*, Evanston: Northwestern University Press.

Derrida, J. (1977). *Of Grammatology,* trans., by G. C. Spivak, Baltimore, MD: Johns Hopkins Unversity Press.

Derrida, J. (1981). *Semiology and Grammatology: Interview with Julia Kristeva*, tr., Alan Bass, Posittions(15‐36), Chicago: The Univerisity of Chicago Press.

Derrida, J. (1982). *Positions,* trans., by Bass. A., Chicago, University of Chicago Press.

Doane, Mary Ann. (1990). "Information, Crisis, Catastrophe", in Patricia, Mellencamp.(ed.), *Logics of Television*: *Essays in Cultural Criticism*, Bloomington & Indianapolis: Indiana University Press.

Hall. S. et al. (1997). "The Story of the Sony Walkman", *Doing Cultural Studies,* SAGE Publications Ltd.

Ducrot. Oswald. (1990). *Encyclopedic*: *Dictionary of the Sciences of Language,* 이화여대 기호학 연구소 역, 『기호학사전』, 우석출판사.

Eco, Umberto. (1976). *A Theory of Semiotics*, Bloomington: Indiana Univ. Press.

Ellis, John. (1982). *Visible Fictions*: *Cinema, Television, Video*, London: Routledge and Keegan Paul.

Ellul, Jacques. (1990). *The Technological Bluff*, tr., Geoffrey W. Bromiley, Grand Rapids, Michiggan: Eerdmans.

Élisabeth, Clément. (1994). *Pratique de la Philosophie de a ÀZ, Hatier*, Paris, 이정우 옮김, 『철학사전』, 동녘, 2000.

Ewen, Stuart. (1988). *All Consuming Image*: *The Politics of Style in Comporary Culture*, New York: Basic Books.

Fast, Julius. (1970). *Body Language*, M Evans and Company, Inc, 김양호 옮김, 『보디랭귀지』, 언어문화사, 1981.

Featherstone, M. (1991). *Consumer Culture & postmodernism* , 정경숙 옮김, 『포스트모더니즘과 소비문화』, 현대미학사. 1999.

Fiedler, Leslie. (1971). "Cross the Border－Class the Gap", in *Gollected Essays vol.2*, New York.

Filey, A. (1991). *The Columbus Dispathch*, 2, 3. Sun.

Fiske, J. (1982). *Introduction to Communication Studies*, London & New York: Methuen.

Fiske, J. (1987). *Television Culture*, London & New York: Methuen.

Fiske, J. (1993). "Postmodernism and Television", in James Curran and Michael Gurevitch. (eds.), *Mass Media and Society*, Edward Arnold Limited.

Fiske, J. (1990). *Introduction to Communication Studies*, London and N.Y: Routledge.

Fiske, John. (1987). *Television Culture*, London & New York: Methun.

Fiske, John & Hartley, John. (1978). *Reading Television*, London: Methuen.

Foucault, M. (1966a). *Les Mots et les choses*, Paris: Gallimard.

Foucault, M. (1966b). *L'archeologie du Savoir*, Paris: Gallimard.

Foucault, M. (1977). *Discipline and Furnish*: *The Birth of the Prision,* tr., Alan Sheridan, New York: Pantheon.

Foucault, M.(1995). 김현 옮김, 『이것은 파이프가 아니다』, 민음사.

Gane, Mike. (1991). *Critical and Fatal Theory*, New York: Routledye.

Gans, Herbert. (1974). *Popular and High and High Culture*, New York: Basic Books.

Geertz, Clifford. (1973). *The Interpretation of Cultures*, New York: Basic Books.

Gerbner, G. (1973). "Cultural Indicators – the Third Voice", in Gerbner, G., Gross, L., Melody, W. (eds), *Communications Technology and Social Policy*.

Gerbner, G, and Gross, L. (1976). "The Scary Wold of TV's Heavy Viewer", in *Psychology Today(April)*.

Gibson, W. (1984). *Neuuromancer*, Ace Books.

Giddens, A. (1976). *New Rules of Sociological Method*: *A Positive Critique of Inter-pretative Sociologies,* New York: Basic Books. 윤병철, 박병규 옮김, 『사회이론의 주요쟁점』, 문예출판사, 1979.

Giddens, A. (1990). *The Consequences of Modernity*, Cambridege: Polity.

Greimas, A. J. (1990). *The Social Sciences*: *A Semiological View*. tr., Paul Peron & Frank H. Collins, Minneapolis: University of Minnesota Press.

Greme T. (1992). *Cultural Studies,* Rutledge, 김연종 옮김, 『문화 연구 입문』, 한나래, 1999.

Grossberg et al. (1988). *It's a Sin*; *Essays on Postmodernism, Politics and Culture*, Sydney: Power Publication.

Grossberg, L. (1987). "The In – Difference of Television", *Screen* 28: 2.

Grossberg, L. (1992). "It's a Sin; Politics, Post – Modernity and the Popular", in L. Guattari,Felix. (1992). *Regimes, Pathways, Subjects*, tr., Brian Massumi, Jonathan

Gray and Sanford Kwinter(ed.), Zone 6: Incorporation, Cambridge, MA: MIT Press.

Habermas, Jürgen. (1991). 고택영 옮김, 『포스트모던 문화』, 문예출판사.

Hall. S. et al. (1997). "The Story of the Sony Walkman", *Doing Cultural Studies,* SAGE Publications Ltd.

Haug. W. F. (1993). "Toward a Critique of Commodity Aesthetics" in *Commodity Aesthetics Ideology and Culture*, 백지숙 옮김, "상품미학과 대중문화", 『상품미학과 문화이론』, 눈빛.

Hall, Stuart, Held, David, & Mcgrew, Tony, (1992). *Modernity and its Futures*, Polity Press in association with Basil Blackwell and The Open University, 전효관·김수진 외 옮김, 『모더니티의 미래』, 현실문화 연구. 2000.

Hall, S. (1996). 임영호 편역, 『스튜어트 홀의 문화 이론』, 한나래.

Haraway, D. (1992). "The Promises of Monstersd: A Regenerative Politics for Inpproprate / d Others", Lawrence Grossberg 외 엮음, *Cultural Studies*, New York: Routledge.

Harland, R. (1987). *Supersturcturalism: The Philosophy of Structuralism and Poststructuralism*, London: Methuen.

Hassan, I. (1975). "the New Gnosticism", in *Paracriticisms: Seven Speculations of the Times*: Urbana.

Hassan, I. (1985). 정정호, 역, 『포스트모더니즘』, 종로서적.

Hawkes, T. (1984). 정병훈 역, 『구조주의와 기호학』, 을유문화사.

Harvey, D. (1989). *The Condition of Postmodernity*, Basil Blackwell.

Heath, S. (1981). "Jaws, Ideology and Film Theory", Popular Television and Film, BFI.

Heath, S. (1990). "Representing Television." in Patricia Mellencamp.(ed), *Logics of Television: Essays in Cultural Criticism*. Bloomington & Indianapolis: Iindiana University Press.

Hedges, B. (2000). *Copycat Marketing 101*, 조성임 옮김, 『카피캣 마케팅 101』, MEDIA −K INT'L.

Heidegger, M. (1976). *Zur Sache des Denken*, Tübigen: Niemeyer.

Heidegger, M. (1954). *Vortäge und Aufsätze, Pfüllingen*, Neske.

Heinz Kimmmerle. (1992). *Derrida zur Enführung,* 제3판, Hamburg: Junius Verlag, 박상선 옮김,『쟈크 데리다』, 서광사, 1996.

Henri Lefebvre. (1971). *La vie Quotidienne dans Le Monde Moderne*, 박정자 옮김,『현대세계의 일상성』, 도서출판, 1995.

Henri Lefebvre. (1971). *Everyday Life in the modern World,* tr., Sacha Rabinovitch, New York: Harper and Row.

Herbert, I. (1973). *The Mind Manager*, Boston: Beacon Press.

Hoggart, Richard. (1970). "Contemporary Cultural Studies: An Approach to the Study of Literature and Society", In Malcolm Bradbury and David Palmer, eds., *Contemporary Criticism, Stratford－upon－Avon Studies 12*, London: Arnold.

Hung Kyu Kim. (1997). "Q Methodolgy and Creation of Advertising Message: An Example of Coffee", in *Operant Subjectivity*, University of Missouri.

Ihde, Don. (1979). *Technics and Praxis*, Kluwer Acadimic Publishers, 김성동 옮김,『기술철학』, 철학과현실사, 1998.

Hyde, Michael J. (1982). "The Technological Embodiment of Media", in Michael J. Hyde. (ed.), *Communication Philosophy and the Technological Age*. University, Alabama: The University of Alabama Press. Jakobson, R. and Hall, M. (1956). The Fundamentals of Language, The Hague: Mouton.

Jamaes Curran et al. (1996). *Cultural Suudies and Communications,* 백선기 옮김,『대중문화와 문화연구』, 한올, 1999.

Jameson, F. (1979). "Refication and Utopia in Masss Culture", *Social Text,* Winter.

Jameson, F. (1981). *The Political Unconscious*: *Narrative As A Socially Symbolic Act.* Ithaca, New York: Cornell University Press.

Jameson, F. (1983). "Postmodernism and Consumer Society", In Hal Foster. (ed.), *The Anti－aesthetic*: *Essays on Post－Modern Culture*, Port Townsend, Washington: Bay Press.

Jameson, F. (1984). "Postmodernism, or The Cultural Logic of Late Capitalism", *New Left Review*, 146, July / August.

Jameson, F. (1985). "Postmodernism and consumer society", H. Foster, (ed.), *Postmodern Culture,* London: Pluto.

Jameson, F. (1989). "포스트모더니즘-후기자본주의의 문화논리", 강내희 역, 『포스트모더니즘론』, 도서출판, 1989.

Jameson, F. (1991). *Postmodernism, or, The Cultural Logic of Late Capitalism*, Durham: Duke University Press.

Joly, Martine. (1994). *Introduction A L'analyse de L'image, Nathan*, 김동윤 옮김, 『영상이미지 읽기』, 문예출판사, 1999.

John, Lecht. (1994). "from structuralism to postmodernity", *Ffifry Key Contemporary Thinkers*, Routledge, 김시무, 곽동훈 옮김, 『문화연구를 위한 현대사상가 50』, 현실문화연구실, 1996.

Josiane Schifres. (1996). *Lexique de Philosophie*, 이재현 옮김, 『철학 용어집』, 예하.

Judovitz, Dalia. (1988). "Representation and its limits in Descartes", In Hugh Silverman, J., Walton, Donn(eds.), *Postmodernism and Continental Philosophy*, Albany, New York: State University of New York Press.

George Ritzer. (1996). *The Mcdonaldization of Society*, 김종덕 옮김, 『맥도날드 그리고 맥도날드화』, 시유시, 2000.

Kaplan, E. A., *Rocking Around the Clock*, London and New York: Routledge.

Kearney, Richard. (1986). *Modern Movements in European Philosophy,* 임헌규 외, 『현대유럽철학의 흐름』, 한올, 1998.

Kellner, D. & Best, S. (1991). *Postmodern Theory: Critical Interrogations*, New York: The Guilford Press, 정일준 옮김, 『포스트모던의 사회이론』, 현대미학사, 1999.

Kellner, Douglas. (1988). *Postmodernism as Social Theory: Some Challenges and Problems, Theory, Culture, Society*, London: SAGE Publication.

Kellner. (1989). *Jean Baudrillard: From Marxism to Postmodernism and Beyond*, Cambridge: Polity Press.

Kellner. (1990a), *Television and the Crisis of Democracy, Boulder*, Colorado: Westerview Press.

Kellner. (1990b), "Advertising and consumer culture", in John Dowing, A. Mohammadi,

& A. Sreverny－Mohammadi. (eds.), *Questioning the Media*: *A Criittical Intro-duction*, Newbury Park, Californial: Sage.

Kellner. (1994). *Baudrillard a Critical Reader*, Blackwell Publishers.

Kippenhan, Rudolf, *Code Breaking,* (2000). 김시형·이지복 옮김, 『암호의 세계』, 이지북. 2001.

Kochen, Manfred. (1981). "Technology and Communication in the future", *Journal of the American Society for Information Science*, March.

Korzybski, Alfred. (1933). *Science and Sanity*: *An Introduction to Non－Aristolelian Sytems and General Semantics*, Lancaster, Pennsylvania: International Non－Aristotelian Library Publishing Co.

Kroker, A. (1985). "Baudrillard's Marx", in *Theory, Culture & Society2(3)*.

Kroker, A. and Leven, C. (1984). "Baudrillard's Challenge", *Canadian Journal of Political and Social Theory, Vol. Ⅷ, nos. 1～2(Spring / Winter)*.

Kuan－Hsing, Chun. (1987). "The Masses and the Media: Baudrillard's Implosive Postmodernism", in *Theory, Culture & Society*, SAGE, London, Newbury Park, Bevery Hills and New Delhi, Vol.4.

Strate, L., Jacobson, R. & Gibson. S. B. (1994). "Surveying the Electronic Landscape: An Introduction", *Communication and Cyberspace*: *Social Interaction in an Elec-tronic Environment*.

Lacan, Jacques. (1977). *Écrits: A Selection,* tr., Alan Sheridan, New York: Norton.

Lacan, Jacques. (1979). *The Four Fundamental Concepts of Psycho－Ananlysis.* ed. by Jacques－Alain Miller, tr., by Alaln Sheridan, London & New York: Penguin Books.

Lacan. (1999). 권택영 엮음, 『욕망이론』, 문예출판사.

Lapsley, Robert & Westlake, Michael. (1988). *Film Theory*: *An Introduction*, Manchester, UK: Manchester University Press.

Lasica, J. D. (1989). *Photographs that lie: The ethical dilemma of digital retouching*, Washington Journalism Review, June.

Leal, O. and Oliver , R. (1988). "Class Interpretation of a Soap Opera Narrative: The

Case of the Brazilian Novella", "Summer Sun", *Theory, Culture and Society*, 5.

Leal, O. (1990). "Popular Taste and Erudite Repertoire: The Place and Space of \Television in Brazil", *Cultural Studies.*

Lefebvre, Henri. (1971). *Everyday Life in the Modern World*, tr., Sacha Rabinovitch, New York: Harper and Row.

Lemaire, Anika. (1977). *Jacqus Lacan.* tr., by D. Macey, London: Routledge & Kegan Paul.

Levi‑Strauss. (1963). *Structural Anthropology*, N. Y.

Levitt, Theodore. (1970). *The morality (?) of advertising*, Harvard Business Review. Vol.48. July / August.

Lipsitz, G. (1989). *Time Passages*: *Collective Memory and American Popular Culture*, Minneapolis: University of Minnesota Press.

Littlejohn, Stephen W. (1996). *Theories of Human Communication,* Wadsworth Publishing Co., 김홍규 역, 『케뮤니케이션이론』, 나남출판.

Luhmann, N. (1976). "Generalizes Media and the Problem of Contingency", J. Lobbser 등 편, *Explorations in General Theory in Social Science,* New York, Free Press.

Lyotard, Jean‑Francois. (1984). *Drifworks*. New York: Semiotext(e).

Maffesoli micjel, (1993). *La contemplation du monde*, Paris, Grasset", 김동윤 옮김, "현대를 생각한다", 김우창 외, 『이미지는 어떻게 살고 있는가』, 생각의 나무, 1997.

McLuhan, M. (1964). *Understanding Media*: *The Extensions of Man*, The MIT Press , 박정규 옮김, 『미디어의 이해: 인간의 확장』, 커뮤니케이션북스.

McLuhan, M. (1969). *The Mini‑State and the Future of Organization*, The Mucluhan Dew‑Line Newsletter, 1 / 8(Feb.).

McLuhan, M. & Fiore, Quentin. (1967). *The Medium is the Massage*: *An Inventory of Effects*. New York: Bantam Books.

Mellencamp, Patricia. (1990). *Indisretions*: *Avant‑Garde Film, Video & Feminism*. Bloomington & Indianapolis: Indiana University Press.

Meyrowitz, J. (1985). *No Sense of Place*: *The Impact of Electronic Media on Social Behavior*, New York: Oxford.

Michael, Heim. (1997). 여명숙 역, 『가상현실의 철학적 의미』, 책세상.

Mitchell, W.J.T. (1986). *Iconology*: *Image, Text, Ideology*, Chicago & London: The University of Chicagp Press.

Negroponte, N. (1988). *Being Digital*, 백욱인 옮김, 『디지털이다』, 커뮤니케이션북스.

Newman, Michael. (1994). "Revising Modernism, Representing Postmodernism: Critical Discourses of the Visual Arts", Lisa Appignanrsi(ed.), *Postmodernism*: *ICA Documeuts.*

Nguyen, Dan Thu and Jon Alexander. (1996). "The Coming of Cyberspacetime and the End of the Polity", in Rob Shields(ed.), *Cultures of Internet*: *Virtual Space, Real Histories, Living Bodies*, London: Sage Publications.

Norris, Christopher. (1990). "Lost in the Funhouse: Baudrillard and the Politics of Postmodernism", R. Boyne and A. Rattansi(eds), *Posrmodernism and Society*, London: Macmillan.

Norris, Christopher. (1987). *Derrida*, Cambridge: Harvard Univeristy Press.

Okta Ssum. (2000). 『映像學 序說』, 강상옥 역, 『미디어 영상학』, 이진출판사.

O"sullivan. T. (1993). *Key Concepts in Communication*, London.

Ornstein, Robert & Ehrlich, Paul. (1989). *New World－New Mind*: *Moving Toward Conscious Evolution*. New York: Doubleday.

Pefanis, Julian. (1991). "Heories of the Third Order", *in Heterology and the Postmodern*, Durham and London: Duke University Press.

Peirce, Charles Saunders. (1931). Collected Paper Vol.V. (Charles Hartshorne &Paul Weiss. eds.), Cambridge, Massachusetts: Harvard University Press.

Peirce. (1931∼58). *Speculative Grammar, in Collected Papers*, Combridge, Mass: Harvard University Press.

Plato. (1968). *The Republic*, tr., Allan Bloom, New York.

Poster, Mark. (1975). *Existential Maxism in Postwar France,* Princeton: Princeton University Press.

Poster. (1988). *Jean Baudrillard*: *Selected Writings*, Stanford University Press.

Poster. (1990a). *The Mode of Information*, Cambridge: Polity Press.

Poster. (1990b). *The Mode of Information*, Polity Press, 김성기 옮김, 『뉴미디어의 철학』, 민음사, 1994.

Poster. (1995). *The Second Media Age*, Polity Press Limited, 이미옥·김준기 옮김, 『제2미디어 시대』, 민음사, 1998.

Postman, Neil. (1985). *Amusing Ourselves to Death: Public Discourse in the Age of Show Business*, New York: Penguin Books.

Propp, V. (1968). Morphology of the Folk Tale, Austin, Texas University Press.

Prédal, R. (1994). *Histoire du Cinéma, Cinéma Action — Corlet*, 김희균 옮김, 『세계 영화 100년사』, 이론과 실천, 1999.

Pynchon, Thomas. (1990). *Vineland*, New York: Penguin.

Richard, M. et al. (1996). *Penseurs Pour Aujourd'hui,* 이상률·양운덕 옮김, 『오늘의 프랑스 사상가들』, 문예출판사, 1998.

Rogers, Everett M. & Larsen, Judith K. (1984). *Silicon Valley Fever: Growth of High Technolgy Culture*, New York: Basic Book.

Rojek. C. (1985). *Capitalism and Leisure Theory,* London: Tavistock.

Ross, Andrew, "Baudrillard's Bad Attitude", *Seduction and Theory.*

Brodie, Richard. (1996). Virus of the Mind, 백한올 옮김, 『마인드 이러스』, 동연, 2000.

Ryotard. (1984). *The Postmodern Condition,* 유정완 외 역, 『포스트모던의 조건』, 민음사, 1997.

Sarup, Madan. (1988). *An Introductory Guide to Post — structuralism and Postmodernism*, NY: Harvester Wheatsheaf.

Saussure, Ferdiand de. (1931). *Grundfragen der allgemeinen Sprachwissenschaft*, Berlin.

Saussure, Ferdiand de. (1966). *Course in General Linguistics*, tr., Wade Baskin, NY: Mcgraw — hill.

Saussure, Ferdiand de. (1990). *Cours de Linguistique Générale*, 최승언 역, 『일반언어학 강의』, 민음사.

Schiller, Herbert. (1973). *The Mind Managers*, Boston, Massachusetts: Beacon Press.

Schifres, Josiane. (1991). *Lexique de Philosophie,* 이재현 옮김, 『철학 용어집』, 예하. 1996.

Sobel. E. (1982). *Lifestyle*, New york: Academic Press.

Scobie, W. (1988). 'Carlo, suitor to La Grande Dame', *Observer*, 14 February.

Schwartzman, Helen B. (1978). *Organizatuional Dancing*: *How play works in a community mental health center*. in M. A. Salter. (ed.), Play: An Thropological Perspectives, West Point, New York Lleisure Press.

Seidman, Steven. (1998). *Contested Knowledge*: *Social Theory in the Postmodern Era*, 박창호 옮김, 『지식논쟁: 포스트모던 시대의 사회이론』, 문예출판사, 1999.

Sontag, Susan. (1967). "One Culture and the New Sensiblility", in *Against Interpretation*: New York.

Stephenson, William. (1967). *The Play Theory of Mass Communication*, Chicago: University of Chicago Press.

Storey, John. (1994). 박모 역, 『문화연구와 문화이론』, 현실문화연구, 1995.

Strate, L., Jacobson, R., & Gibson, S. (1996). *Communication and Cyberspace*: *Social Interaction in an Electronic Environment*, Hampton Press Inc.

Susan Sontag. (1967). "One Culture and the New Sensiblility", in Against Interpretation, New York; Leslie Fiedler, "Cross the Border − Class the Gap", in Gollected Essays, vol.2(New York, 1971).

Terdiman, R. (1985). *Discourse / Counter − Discourse*: *The Theory and Practice of Symbolic Resistance in Nineteenth − Century France,* Ithaca, Cornell University Press.

Thompson, J. B. (1994). "Social Theory and the Media", *Communication Theory Today*, Stanford Univ. Press.

Toffler, A. (1980). 이규행 역, 『제 3의 물결』, 한국경제신문.

Vološinov, V. N. (1973). *Maxism and the Philosophy of Language*, New York: Seminar Press.

Virilio, Paul. (1986). *Speed and Politics,* Mark Polizotti, tr., New York: Semiotext(e).

Virilio, Paul. (1989). "The Last Vehicle", in *Looking Back on the End of the World*, New York: Semiotext(e.).

Wagstyl, S. (1989). 'Chief of Sony tells why it bought a part of America's soul', *Financial Times,* 4 October.

Waters, Malcolm. (1995). *Globalization, London*: Routledge.

W. Bashkin, J. Culler & Galsgrow(trans.). (1974). *Courses in General Linguistics*, Fontana / Collins.

Watt, Stephen. (1991). Baudrillard's America(and our?); Image , virus catastrophe. In James Naremore. & Patrick Brantlinger. (eds.), Modernity and Mass Culture. Bloomington Indianaloplis: Indiana University Press.

Weber. M. (1968). *Economy and Society*, 3 vols. Bedminster Press.

Weizsäcker, Carl Friedrich. (1980). *The Unity of Nature(trans. Francis J. Zucker)*, New York: Farrar－Straus－Giroux. Inc.

Wiener, Nobert. (1954). *The Human Use of Human Beings*, New York: Anchor.

Willams, B. (1988). *Upscaling Downtown*: *Stalled Gentrification* in Washington, D.C., Ithaca and London: Cornell University Press.

Williams, R. (1974). *Television*: *Technology and Cultural Form*, London: Fontana.

Williams, R. (1976). *Keywords*: *A Vocabulary of Culture and Society,* Great Britain: Fontana Paperbacks.

Williams, R. (1990). *Problems in Materialism and Culture*, London: Verso.

Williamson, R. H. (1982). *Dream Worlds*: *Mass Consumption in Late Nineteenth Century France*, Berkeley: California University Press.

Winston, B. (1977). *Media Technology and Society*; *A History*: *From the Telegraphy to the Internet*, Routledge.

W. F. 하우크. (1995). "유물론적 문화이론의 입장과 전망", 백지숙 옮김, 『상품미학과 문화이론』, 눈빛.

Wollen, P.(1986). "*Ways of Thinking About Music Video(and Post Modernism)*", Critical Quarterly 28: 1 and 2.

Wyner, J. (1986). "Television and Postmodernism", in Lisa Appignanesi(ed.), *Postmodernism*: *ICA Documents 5,* London: ICA. ZG magazin, London and New York.

工藤綏夫. (1980). 金文科 역, 『니체의 철학과 사상』, 문조사.

勞思光. (1993). 정인재 역, 『중국철학사(고대편)』, 탐구당.

東京大 中國哲學 研究室. (1993). 『中國思想史』,東京: 東京出版社, 조경란 역, 『중국

　　　사상사』, 동녘.

『孟子』, 「公孫丑」上. "其爲氣也, 至大至剛, 以直養而害, 則塞于天地之間."

『莊子』, 「天地」, "汝方將妄神氣, 墮汝形骸, 而庶幾乎!"

井筒　俊彦. (1985). "テリダのなかの「ユグヤ人」", 井筒　俊彦, 意味の深みへ: 東洋哲學
　　　の水　位(87~120), 東京: 岩波.

• 저자 •

김만기   •약 력•

한국외국어대학교 영어과 졸
한국외국어대학교 대학원 정치학(PR) 석사(MA)
한국외국어대학교 대학원 정치학(PR) 박사(Ph.D.)

미8군·한미1군단·미해군보안단·국방부 통역장교·영어교수(1973-1985)
한국PR전략연구소 연구위원(2002-2003)
국제영어 박람회 홍보분과위원(2003)
전국대학생토론대회 조직부위원장(2003-2004)
충청북도지방교육원 위기관리 강사(2005-2006)
한국감정원 열린감정위원회 심의위원(2005-2006)
여의도순복음교회 제2성전 홍보실장(2004-2007)
청주대학교 사회과학연구소 편집위원(2005-2007)
서울시농수산물공사 홍보실장(1986-2008)
한국외대·한세대·서강대 강사, 겸임교수(2000-2008)
한국커뮤니케이션학회·한국방송비평회 총무이사(2001-2008)
중앙산업신문·녹색신문 편집위원장·가락신문 편집장(2002-2008)
커뮤니케이션즈 코리아 자문위원(2002-2008)
출판사리시움 대표(2003-2008)
한국홍보학회 홍보이사·한국PR협회 운영이사(2005-2008)
아시아태평양커뮤니케이션학회(PACA)정회원(2006-2008)
한국홍보전문가회·CS컨설턴트회 회장(2007-2008)
VIP(주) 대표컨설턴트·콘텐츠플렉스(주) 홍보이사(2007-2008)
민주평화통일자문위원 자문위원(2007-2008)
강남구주민자치위원회 위원(2007-2008)
한국에코팜(주) 고문(2008)

미공로훈장 수상(1983)
부총리 표창 외 5회(1997-2003)
한국PR논문대상 수상(2003)

•주요논저•

『공중집단간 정보화 전략』(2003)
『이해집단간 갈등에 대한 홍보전략』(2003)
『고객만족(CS)을 위한 경영 혁신전략 구축』(2004)
『소비패턴변화에 따른 마케팅홍보(MPR)전략』(2004)
「농림수산 정보체계구축에 관한 연구」(1995)
「TV드라마의 현실적 이데올로기에 관한 연구」(1999)
「공중집단간 갈등해소에 대한 중재PR전략에 관한 연구」(2003)
「공중유통과정에서 공중집단간 갈등에 대한PR협상 커뮤니케이션 전략」(2003)
「공중집단간 갈등해소에 대한 중재 홍보 전략」(2004)
「소비변화에 대한 대형유통소매점들의 커뮤니케이션과 마케팅 PR전략 고찰」(2004)
「농산물 브랜드 이미지에 내포된 마케팅홍보(MPR)전략과 실제」(2004)
「관계-체험 마케팅 홍보(PR)전략에 대한 일 고찰」(2007)
「농수산물 유통정책의 위기관리에 따른 커뮤니케이션전략에 관한 연구」(2008)
외 다수

이미지 문화 커뮤니케이션
현실의 체계 해체

• 초판 인쇄	2008년 5월 15일
• 초판 발행	2008년 5월 15일
• 지 은 이	김만기
• 펴 낸 이	채종준
• 펴 낸 곳	한국학술정보㈜
	경기도 파주시 교하읍 문발리 513-5
	파주출판문화정보산업단지
	전화 031) 908-3181(대표) · 팩스 031) 908-3189
	홈페이지 http://www.kstudy.com
	e-mail(출판사업부) publish@kstudy.com
• 등 록	제일산-115호(2000. 6. 19)
• 가 격	26,000원

ISBN   978-89-534-9176-2 93070 (Paper Book)
　　　　978-89-534-9177-9 98070 (e-Book)